未成年人发展权研究

RESEARCH ON THE RIGHT
TO MINORS DEVELOPMENT

李文静 著

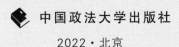
中国政法大学出版社

2022·北京

图书在版编目（ＣＩＰ）数据

未成年人发展权研究/李文静著. —北京:中国政法大学出版社,2022.7
ISBN 978-7-5764-0556-9

Ⅰ.①未… Ⅱ.①李… Ⅲ.①未成年人保护法－研究－中国 Ⅳ.①D922.74

中国版本图书馆 CIP 数据核字(2022)第 118533 号

出 版 者　　中国政法大学出版社

地　　址　　北京市海淀区西土城路 25 号

邮寄地址　　北京 100088 信箱 8034 分箱　邮编 100088

网　　址　　http://www.cuplpress.com (网络实名：中国政法大学出版社)

电　　话　　010-58908586(编辑部) 58908334(邮购部)

编辑邮箱　　zhengfadch@126.com

承　　印　　固安华明印业有限公司

开　　本　　720mm×960mm　　1/16

印　　张　　21.25

字　　数　　360 千字

版　　次　　2022 年 7 月第 1 版

印　　次　　2022 年 7 月第 1 次印刷

定　　价　　86.00 元

前 言

2006 年《未成年人保护法》第 3 条第 1 款规定未成年人享有生存权、发展权、受保护权和参与权。这是我国首次确认未成年人发展权。未成年人发展权的确立必然要求我国以立法方式规定未成年人发展权的具体内容，以此规范政府、父母、学校以及社会组织和个人不同主体的义务和法律责任。但自未成年人发展权入法以来，实践中，未成年人发展仍存在诸多问题。未成年人发展权的设立对于促进未成年人的健康发展具有重要意义，通过立法保障未成年人发展权是解决当前未成年人发展问题的重要途径。本书将以儿童发展理论为视角，运用法理学原理和方法，对未成年人发展权的内涵和外延、性质、内容等问题进行研究，以期指导未成年人立法实践。

儿童发展理论揭示了未成年人身心发展的特殊性，为构建未成年人发展权提供了分析框架。未成年人发展是未成年人身体发展、智力发展、德性发展的整体性过程。未成年人发展权的设立旨在促进未成年人不同方面的健康发展。未成年人发展权区别于其他具体权利，它是一项母权利，具有基础性和母体性。未成年人发展权与《未成年人保护法》中的生存权、受教育权、受保护权、参与权不是并列关系，它属于更高位阶的权利，借由其他具体权利的落实实现其自身。未成年人发展权蕴含正义的价值，它构成未成年人立法的目标价值。未成年人发展权作为未成年人立法的基本价值要求未成年人立法将其具体化为法律规范。未成年人发展权这一价值具体化为法律规范时应围绕未成年人不同方面发展的保护展开，从而规范不同主体的义务和法律责任。

对未成年人身体发展的立法保护是未成年人发展权具体化为法律规范的

内容之一。依据儿童发展理论和需要理论、国际法和国内法的规定，将未成年人身体发展的立法保护转化为生存权、休息权、受保护权。美、英、日三国针对未成年人生命权、健康权、休息权等权利构建的法律制度较为完善，还建立了预防未成年人虐待的专项法律。我国对未成年人生存权的保障尚未完全转化为未成年人身体发展的具体法律规范。未成年人生命安全、医疗保障、母婴保健服务、未成年人照料方面的法律制度设计尚不健全。未成年人睡眠、体育锻炼和娱乐配套法律制度的缺失，会影响未成年人的身体健康发展。预防未成年人虐待保护的内容分散在其他法律当中，尚未从未成年人虐待定义、管理体制、强制报告措施、保护和干预等方面建立预防未成年人虐待的专门法律。

未成年人智力发展的立法保护是未成年人发展权具体化为法律规范的内容之二。依据儿童认知发展理论和素质教育理论、国际法和国内法的规定，构建未成年人智力发展立法保护的内容包括课程与教学、学生学业评价与考试、教师资格与培养、经费和条件保障等方面。美、英、日三国针对课程与教学、学生学业评价和考试问题的立法较为注重未成年人的发展，建立了较为严格的教师资格准入制度，确立了政府在学前教育和残障未成年人受教育中的经费投入义务。我国立法关于课程目标和课程内容的规定对于未成年人发展的关注不够，忽视了对未成年人创造力的培养。学生学业评价和考试的配套制度设计不足，导致学生偏科学习现象严重。教师资格与培养的法律制度欠完善，表现为教师资格准入标准较低、教师教育专业标准可操作性弱、教师培训制度保障缺乏等问题。此外，还缺乏对政府在学前教育和残障未成年人受教育中的经费保障义务的具体规定，这使得学前未成年人和残障未成年人的受教育权益实现变得困难。

对未成年人德性发展的立法保护是未成年人发展权具体化为法律规范的内容之三。依据儿童发展理论和公民理论、国际法和国内法的规定，构建未成年人德性发展立法保护的内容包括学校德育、学校美育、家庭教育、未成年人网络保护等方面。美、英、日三国十分重视针对学校德育和美育、家庭教育的立法，制定有未成年人网络保护的专项法律。我国学校德育课程内容强调知识传授，课程评价忽视未成年人的道德情感、能力的发展。学校美育立法存在课程内容门类较窄、学生艺术素质评价制度欠完善、经费和条件保障规定不明确等问题。家庭教育立法散见于其他法律当中，缺乏国家引导和支持家庭教育的义务规定，父母的教育能力不足影响了未成年人的德性发展。关于未成年人网络保护的专门立法尚未形成，对于学校教育未成年人安全使用网络，父母及其监护人监管未成年人获取网络信息等缺乏具体规定，这使得未成年人的上网安全缺失法律保障。

在上述基础上，本书提出我国完善未成年人发展权保护的立法建议：修改《未成年人保护法》第3条第1款，规定未成年人享有生存权、受教育权、受保护权和参与权，并将发展权确立为立法的目标价值。将未成年人发展权的内容具体化为法律规范。①健全和完善未成年人生存权、休息权保护的法律制度；建立预防未成年人虐待的专项法律。②完善国家课程设置和教学方法的具体制度设计；健全中学综合素质评价制度，完善学生成长档案袋和学生发展报告等配套制度；完善教师资格准入和分类制度，建立教师专业教育和教师教育评价制度。③完善学校法治教育课程和心理健康教育课程的制度设计；拓宽美育课程内容门类，制定美育课程标准，建立学生艺术素质评价制度；完善家庭教育法律制度，明确家庭教育指导课程设置，强化父母及其监护人的法律责任等。同时，健全未成年人发展权的法律体系，制定未成年人福利法、学前教育法、未成年人网络保护法等专门法，保障未成年人发展权的实现。

目 录

第一章

绪　论

2006 年 12 月 29 日，第十届全国人民代表大会常务委员会第二十五次会议通过了修订的《未成年人保护法》[1]。其中第 3 条第 1 款明确规定未成年人享有生存权、发展权、参与权、受保护权。该法第一次明确未成年人享有发展权，这是 1991 年《未成年人保护法》所没有的。未成年人发展权与未成年人生存权、未成年人受保护权、未成年人参与权是对《儿童权利公约》各项具体权利的高度概括。我国立法将未成年人发展权与其他三项权利并列纳入了《未成年人保护法》，"应有权利"一旦得到国家法律的确认和保障，法定权利就成了一种更具体与规范化的权利，渴望得到切实实现。[2]未成年人发展权作为一项法定权利，就必然要求未成年人立法体现未成年人发展权的内容，并对个人、家庭、国家、社会应承担的义务作出安排。

第一节　问题提出

发展主要是指随年龄（时间）递增而发生的个体的身心变化。[3]未成年人处于发展过程当中，他们的身心发展蕴藏着极大的可能性，是具有巨大发展潜力的个体。但基于未成年人自身的弱势性，他们的身体处于发育过程当中，心智尚不成熟，发展对未成年人具有特殊性，需要国家立法给予专门特

---

〔1〕《未成年人保护法》，即《中华人民共和国未成年人保护法》，为表述方便，本书涉及的我国法律直接使用简称，省去"中华人民共和国"字样，全书统一，不再赘述。

〔2〕李步云：《论人权》，社会科学文献出版社 2010 年版，第 4 页。

〔3〕〔日〕筑波大学教育学研究会编：《现代教育学基础》，钟启泉译，上海教育出版社 1986 年版，第 69 页。

殊保护。然而，实践中，我国未成年人发展存在诸多问题，已有文献对于未成年人发展权的深入研究不足，难以为未成年人立法提供理论支撑。这些问题使得未成年人发展权研究成为必要。

一、我国未成年人发展亟待解决的问题

（一）部分地区未成年人营养不良问题突出

身体健康是未成年人获得发展的基础和前提，没有健康的身体作为基础，未成年人亦无法实现发展。目前，我国未成年人身体发展状况明显得到改善，但是部分地区未成年人的身体健康状况问题仍然突出。据中国发展研究基金会数据显示：贫困地区儿童营养不良率由 2012 年的 18.5% 下降到了 15.4%，但仍是城市儿童的 2.5 倍。[1]未成年人营养不良不仅会影响未成年人正常体格发育，还会影响其学习和认知能力，不利于未成年人的发展。

（二）未成年人的睡眠，娱乐和体育锻炼时间不足

睡眠和娱乐活动是未成年人健康成长的基本需要。在应试教育导向下，我国学校教育容易片面追求知识的积累，未成年人学生学习任务、作业负担过重，每天面临大量的重复性作业和练习，导致睡眠和运动缺乏。中国青少年研究中心发布的《中国少年儿童十年发展状况研究报告（1999—2010）》显示：我国中小学生睡眠时间持续减少，近八成中小学生睡眠不足。对比 2005 年的调查我们可以发现，2010 年，中小学生平均睡眠 7 小时 37 分，比国家规定的 9 小时低 1 个小时 23 分，中小学生睡眠时间低于国家规定时间的比例达 78.1%，比 2005 年增加了 32.4%。也就是说，近八成的中小学生睡眠不足。周末的情况也不乐观。据调查，在周末，中小学生平均睡眠时间仅为 7 小时 49 分钟。[2]未成年人休息、睡眠不足会影响未成年人的身体健康，还会影响未成年人的正常学习，影响未成年人的智力发育。此外，睡眠不足会引发肥胖、抑郁症等疾病。有研究指出，慢性睡眠剥夺是未成年人肥胖的主要因素，平均每天睡眠时间不足 8 小时的儿童的肥胖率分别是睡眠时间大于 10

---

[1] "15.4%，贫困地区儿童营养不良率有所下降"，载《领导决策信息》2017 年第 26 期。

[2] 孙宏艳主编：《中国少年儿童十年发展状况研究报告（1999—2010）》，人民日报出版社 2011 年版，第 9 页。

小时和睡眠时间在 9 小时至 10 小时儿童的 2.87 倍和 1.49 倍。[1]

（三）未成年人人身伤害事件频发

生命安全是未成年人健康成长的基本保障，是未成年人获得发展的前提。近年来，媒体频频报道未成年人人身伤害事件，引发了社会的广泛关注。南京养母李某琴因写作业鞭打 9 岁儿子、浙江温岭幼儿园教师仅是"为了好玩"虐童、海南小学校长带 6 名小学生"开房"、广西容县小学生遭社会青年性侵、北京中关村某学生校园欺凌等诸多事件不仅给未成年人的身体造成了损害，而且也给他们的心理健康成长造成了不良影响。

此外，意外伤害是未成年人健康发展的重要威胁。其中，跌落伤、交通事故、烧伤、中毒、溺水是未成年人意外伤害的主要因素。《中国儿童道路交通伤害状况研究报告》显示：2013 年，全国共发生儿童道路安全事故 19 620 起，造成死亡的有 3749 起。其中，3994 名未成年人因此丧失生命，17 955 名未成年人因此受伤。意外伤害不仅会给未成年人造成躯体上的残疾，还会影响未成年人的身体发育和智力发展，对未成年人的长远发展不利。

（四）学前教育小学化倾向严重

接受教育对未成年人的发展至关重要。当前，在未成年人培养过程中，教育者容易片面追求未成年人发展的效率和效益，尤其是学业成就等外显的智力成长，对未成年人的创造力和好奇心关注不够。在应试教育导向下，各地幼儿园存在"抢跑"情况，小学化现象严重。一些民办幼儿园打着"双语教育""艺术教育""国学教育"等特色教育的旗号，在实际办学过程中却以单纯的艺体技能训练、客观知识掌握为培养目标。[2]学前教育小学化倾向过度重视未成年人的知识和记忆能力的训练，抹杀了未成年人的创造力、想象力，会对未成年人的智力发展造成负面影响。

（五）中小学生偏科学习现象严重

偏科学习是中小学生在学习过程中重点学习某些科目而忽视其他科目的现象。我国中小学学生偏科现象较为普遍。山东省"中学生偏科状况调查分析"课题组通过调查发现：67.5%的学生存在偏科现象。语文、数学、外语

---

〔1〕 陈琨等："睡眠时间对中小学生超重肥胖与血清总抗氧化能力的影响"，载《中国学校卫生》2016 年第 4 期。

〔2〕 李相禹、康永祥："幼儿园教育'去小学化'的制度基础及对策建议"，载《教育科学研究》2014 年第 7 期。

这三科的中学生出勤率达到 65.3%，但在其他科目上仅为 34.7%。相差了 30 个百分点。[1]偏科学习会导致未成年人智力片面发展及缺损，不利于未成年人的全面发展。

(六) 特殊未成年人群体受教育难以得到平等保护

未成年人是发展中的个体，接受教育是其实现发展的重要方式和内容。20 世纪 80 年代以来，随着工业化和城镇化进程的加快，城市中流动儿童的数量急剧上升。特殊社会背景下的农民工子女接受义务教育问题日益凸显。在我国长期的城乡二元教育体制下，农民工子女进入公立学校面临多重人为障碍，集中体现为入学机会不平等；受教育过程不平等、辍学无人问津；流动未成年人中还存在"超龄入学""童工"等现象。这些情况损害了农民工子女的受教育权，辍学、超龄入学对未成年人的智力发展极为不利，会影响未成年人的长远发展。

随着农村劳动力大量向城市转移，留守未成年人发展问题突出。至今，我国已经有 6100 万留守未成年人。其中，921 万留守未成年人一年也见不到父母一面。46.74%留守未成年人的父母都已外出，他们大多数由祖父母来照料。[2]由于长期与父母分离，留守未成年人本身缺乏亲情和安全感，身体健康、学习、心理和行为问题突出。留守未成年人所处的寄宿学校，由于缺乏生活教师，因而缺乏对留守未成年人的心理健康辅导，容易导致他们的心理发展受阻。留守未成年人在心理和性格方面的障碍，使得他们的学习更容易受阻，行为更容易越轨。

(七) 未成年人遭受不良信息侵害，影响未成年人的思想品德形成

网络文化不仅是现代社会文化的延伸，而且业已日益成为影响未成年人思想品德发展和形成的重要力量。网络文化包含了大量的文化知识和思想道德教育内容，为未成年人思想道德的形成提供了丰富的素材。同时，网络文化内容庞杂，各种价值观和思想均会在网络上呈现。由于未成年人的道德认知和判断能力不足，未成年人在浏览网络时容易受到不良信息的影响。动漫、网络游戏等形式的网络文化含有色情、暴力内容，致使许多未成年人沉浸其中，严重影响他们的健康成长，甚至引导一些未成年人走向犯罪。《2010 年我

---

〔1〕 徐华："对中学生偏科状况的调查分析"，载《教学与管理（中学版）》2010 年第 6 期。
〔2〕《中国留守儿童心灵状况白皮书（2015）》。

国未成年犯抽样调查分析报告》显示：未成年罪犯中上网聊天和玩游戏的占
60%以上，许多未成年人犯罪与网络的不良影响有关。调查显示，有近80%
的未成年人通过网络途径来获取色情信息。[1]可见，网络暴力、网络色情是
很多未成年人犯罪的诱因。

二、未成年人发展权立法保护亟待完善

法律对权利的保障首先是通过立法确认权利。我国《未成年人保护法》
首次将未成年人发展权纳入法律，将其确立为一项法定权利，这是1991年
《未成年人保护法》所没有的。2006年《未成年人保护法》体现权利本位，
从禁止虐待、禁止遗弃未成年人，学校教育、家庭教育，未成年人休息和睡
眠，听取未成年人意见等方面对未成年人发展作出了规定。但是，从2006年
至今，我国未成年人发展问题依然较为突出。

（一）作为法定权利的未成年人发展权的范围和界限尚不清楚

未成年人发展权作为法定权利，具有特定的内涵。全国人民代表大会法
律工作委员会信春鹰主编的《中华人民共和国未成年人保护法释义》（以下简
称《未保法释义》）一书对生存权、受保护权、参与权的内容规定是具体的。
如规定生存权是指生命权、健康权、获得基本生活保障等具体权利。对于未
成年人发展权，《未保法释义》明确指出："发展权是指充分发展其全部体能
和智能的权利，包括未成年人有权接受正规和非正规的教育，有权享有促进
其身体、心理、精神、道德等全面发展的生活条件。"[2]这一解释只是明确了
受教育权作为未成年人发展权的权利内容，而对于哪些权利内容可表现为能
够促进未成年人身心、道德等全面发展的条件，却并没有明确规定。作为法
定权利，未成年人发展权的内容应该是明确的、具体的，只有这样立法才能
将未成年人发展权具体化为法律规范，使未成年人发展权从法定权利走向实
有权利。尽管我国法律明确规定了未成年人发展权，但并没有厘清未成年人
发展权作为一项法定权利的范围和界限，无法为确立未成年人发展权的内容
提供支撑。

---

〔1〕　赵运锋、周静："未成年人网络犯罪原因探析与治理对策"，载《青少年犯罪问题》2014年
第4期。

〔2〕　信春鹰主编：《中华人民共和国未成年人保护法释义》，法律出版社2007年版，第11页。

（二）我国《未成年人保护法》对于未成年人发展权的规定不够全面

《未成年人保护法》是一部保护未成年人权利的专门性法律。该法从家庭保护、学校保护和社会保护角度对未成年人权利的内容作出了规定。从我国《未成年人保护法》规定的未成年人发展权的内容来看，该法对受教育权作出了详细而全面的规定。如该法第 3 条第 2 款规定国家、社会、学校和家庭应尊重和保障未成年人的受教育权。第 13、18、28 条明确规定了家庭、学校以及社会在未成年人受教育权中承担的义务和责任。此外，还规定了为未成年人提供良好的家庭环境、提供文化活动场所和设施、不得使未成年人遭受到家庭暴力和虐待、实施流浪儿童救助、预防未成年人沉迷网络等内容。另外，《教育法》第 9 条明确规定公民享有受教育的权利和义务。《义务教育法》第 1 条明确规定未成年人享有接受义务教育的权利。为了保障未成年人的受教育权，制定该法。并对受教育权的具体内容进行了详细规定。可以看出，已有法律对未成年人发展权中受教育的内容作出了较为全面的规定。而从《儿童权利公约》规定的内容来看，涉及未成年人发展的条款就有 25 条之多，如生存与发展、健康与保健服务、生活标准、教育、闲暇与文化活动、父母责任、儿童虐待和忽视儿童、脱离家庭的儿童、难民儿童、残疾儿童、性剥削与性虐待、童工、公正对待少年犯等。[1]可见，我国《未成年人保护法》在未成年人健康与保健服务、生活标准、父母责任、预防未成年人虐待等方面缺乏立法规范。现有立法并不能涵盖未成年人发展权的全部内容。该法将受教育权作为发展权的核心权利的认识，并没有反映出未成年人不同方面发展的需要，对于这一权利的认识无论从观念上还是制度上都还存在不足，并没有将未成年人发展权放在整体当中去考虑。

实践中，2011 年，2 岁女童小悦悦在马路上被过往车辆两度碾压无人问津、2013 年南京市女子乐某身为母亲，置自己的孩子于家中不顾，去吸毒导致 2 个小孩活活饿死、2013 年贵州毕节 5 名儿童闷死于垃圾箱事件、2015 年南京养母因教育鞭打 9 岁儿子、2016 年北京中关村小学校园欺凌事件……我们可以发现，尽管未成年人发展权已经被纳入《未成年人保护法》，成为一项法定权利，但这一权利规定对保护未成年人健康发展的作用并未完全发挥，

---

[1] 余雅风："未成年人发展权与农村青少年发展的立法保护"，载《"十一五"与青少年发展研究报告——第二届中国青少年发展论坛暨中国青少年研究会优秀论文集（2006）》，第 688~695 页。

也并没有完全解决实践中未成年人发展存在的问题。

（三）地方未成年人保护条例对未成年人发展权的规定不一

地方立法不仅负责实施宪法、法律和行政法规以及国家大政方针，而且负责制定实施细则使得宪法、法律等更为具体化、更具可操作性。从地方未成年人保护立法来看，《未成年人保护法》出台后，各省相继修订和执行了一系列地方未成年人保护条例，其中只有浙江、安徽、山东、河南、湖北、广东、四川、贵州、西藏、陕西、青海以及重庆在地方立法中明确规定了"未成年人享有发展权"。其他省市并没有将未成年人发展权纳入地方未成年人保护条例。而且各省未成年人保护条例有关规定未成年人发展权的条款内容各异。

从法律上来看，我国立法规定未成年人发展权，这意味着未成年人发展权从国际法转入国内法，成为法定权利。然而，无论从未成年人发展权的内涵，还是从法律规定未成年人发展权的内容来看，未成年人发展权的设立在实践中都并没有起到保护未成年人的作用。

三、现有文献缺乏对未成年人发展权的深入研究

从相关文献来看，专门研究未成年人发展权保护的文献比较少，关于未成年人发展权立法保护的文献缺乏系统的研究。总体来看，现有关于未成年人发展权的研究存在以下缺失：

第一，现有文献缺乏对未成年人发展权内涵和外延的研究。陆士桢认为，发展是儿童的本质，儿童拥有充分发展其全部体能和智能的权利，包括有权接受一切形式的教育（正规的和非正规的教育），有权享有促进其身体、心理、精神、道德和社会发展的生活条件。[1]卜卫认为，儿童的发展权是儿童拥有受教育的权利（正规和非正规教育），充分发展其全部体能、智力、精神、道德、个性和社会性的权利。[2]这两种观点从内容角度认识未成年人发展权，缺乏对未成年人发展权作为一项法定权利应有的内涵进行研究。余雅风认为，未成年人发展权是法律赋予未成年人的身体和心理在社会化过程中得

---

〔1〕　陆士桢、魏兆鹏、胡伟编著：《中国儿童政策概论》，社会科学文献出版社2005年版，第175页。

〔2〕　卜卫：《媒介与儿童教育》，新世界出版社2002年版，第67页。

以健康发展的一项基本权利。[1]这一观点从法定权利的角度对未成年人发展权概念进行研究，但对未成年人发展权的内容所指为何，并没有明确。彭清燕认为，留守儿童平等发展权是指留守儿童作为权利主体依法享有平等的个体性发展和社会性发展的基础性权能。[2]这一观点从特殊未成年人群体出发来认识未成年人发展权，并不能揭示作为整体的未成年人发展权的内涵。

第二，现有文献对未成年人发展权如何具体化为不同的权利内容缺乏理论探究，对未成年人发展权的性质缺乏研究。学者们对未成年人发展权进行了有益的分类。学者王雪梅将未成年人发展权划分为受教育权、参与权和基本自由权。孙莎莎将受保护权和参与权包括在未成年人发展权内。彭清燕将未成年人发展权分为个体性发展权和社会性发展权，其中个体性发展权包括了受保护权、生存权、安全保障权、社会保障权等。其将生存权纳入了发展权。然而，不同学者对未成年人发展权的内容依据为何，缺乏理论说明。由于对未成年人发展权性质认识的缺乏，学者们在这一权利内容的认识上存在分歧。学者们将未成年人发展权的内容与生存权、受保护权、参与权、受教育权放在一起，亦未从未成年人发展权与《未成年人保护法》中的生存权、受保护权、参与权、受教育权等权利的关系角度进行探讨。

第三，现有文献关于未成年人发展权的立法保护缺乏系统、全面的分析，无法为未成年人立法提供切实、可靠的立法建议。现有研究探讨未成年人发展权的法律保护的文献只有几篇，仅是从特殊未成年人（如农村未成年人、留守儿童等）群体立法保护角度进行探讨，并没有从未成年人整体角度出发探究未成年人发展权立法保护问题，亦不能提出全面完善未成年人发展权保护的立法建议。

总体来看，尽管未成年人发展权作为一项法定权利，已被我国《未成年人保护法》所确认，然而，在实践中，未成年人发展仍存在一些问题，未成年人发展权立法保护亟待完善，已有文献对未成年人发展权缺乏深入研究，集中体现为未成年人发展权没有得到良好保障。那么，既然法律已经规定了未成年人享有发展权，如何通过立法保障未成年人发展权得以实现，便是需

---

〔1〕 余雅风：“未成年人发展权与农村青少年发展的立法保护”，载《“十一五”与青少年发展研究报告——第二届中国青少年发展论坛暨中国青少年研究会优秀论文集（2006）》。

〔2〕 彭清燕：“农村留守儿童平等发展权理论新思考”，载《当代青年研究》2012年第12期。

要研究的问题。基于此，系统开展这一研究应解决以下几个问题：

（1）作为法定权利的未成年人发展权的内涵与外延是什么？它与《未成年人保护法》规定的受教育权、生存权、受保护权、参与权之间的关系是什么？

（2）未成年人发展权是一项什么权利，它的性质是什么？如何在立法上体现，并具体化为可操作的法律规范？

（3）如何通过立法保护和实现未成年人发展权？

这一研究的目的在于：

通过对未成年人发展权的内涵和外延的分析，进一步讨论它与《未成年人保护法》规定的受教育权、生存权、受保护权以及参与权之间的关系，明确未成年人发展权在《未成年人保护法》中的地位。

通过对未成年人发展权性质和内容的分析，为未成年人立法规范未成年人发展权提供理论支撑。

通过对未成年人发展权现行立法进行分析，揭示其存在的问题，提出未成年人发展权保护的立法建议。

第二节 研究意义

一、理论意义

（一）通过未成年人发展权内涵和外延研究，有助于丰富发展权理论研究

发展权作为基本权利系统当中的一项新的基本权利，具有重要的价值，在学界已经得到关注。未成年人发展权是发展权的组成部分，未成年人是发展权的主体，未成年发展权不同于成年人发展权，具有自身的特殊性。未成年人处于发展过程当中，他们的身心尚不成熟，需要立法给予专门保护。未成年人发展权的设立对于未成年人的发展具有特殊意义。本书以儿童发展理论和权利理论为基础，从未成年人发展的认识出发，对未成年人发展权内涵和外延展开全面分析，对未成年人发展权的性质、内容等问题展开研究，进一步深化未成年人发展权的理论认识。这将丰富发展权的理论研究。

（二）通过未成年人发展权及其立法研究，有助于丰富未成年人法学理论研究

未成年人法学是一门以未成年人权利保护为核心的新兴学科，它处于发展过程中，需要不断深入研究。本书将通过对未成年人发展权概念、性质及其内容的基本理论问题探讨，明确未成年人发展权在未成年人权利体系中及法律中的地位，探究未成年人立法如何将未成年人发展权具体化为法律规范，规定不同权利主体的义务和责任，以实现未成年人发展权。通过对未成年人发展权有关法律法规现状和存在问题进行系统分析，为未成年人发展权保护提供立法建议。基于此，本书将有助于丰富未成年人法学理论。

二、实践意义

（一）有利于实现未成年人权利，维护未成年人的发展权益

未成年人是国家的公民，他们享有实现自身发展的权利。同时，未成年人又是社会的弱势群体，他们权利的实现有赖于成年人社会的保障。尽管我国法律规定了未成年人享有受教育权、生存权、受保护权等基本权利，但单一权利的实现无法保障未成年人的健康发展。未成年人发展权的设立，要求在立法上给予未成年人发展以全面保障。未成年人发展权作为未成年人的一项基本权利，已经得到法律的确认。立法对未成年人发展权的保护有利于真正实现未成年人的权利，使得未成年人的各项权利由法定权利走向实然权利。

（二）有利于为未成年人立法提供建议，完善我国未成年人法制

保护未成年人权利，不仅是依法治国的要求，还是促进社会公平正义的体现。一项没有具体定位和具体内容的权利很难得到法律保障。本书将通过未成年人发展权的理论构建，对未成年人发展权进行定位，为立法规范未成年人发展权提供理论支撑。基于法律实践分析和揭示现有未成年人立法对未成年人发展权的法律保护现状以及存在问题，并分析成因。同时，比较和借鉴部分发达国家不同时期关于未成年人发展权保护的法律制度。通过理论分析和法律实践分析，为建立和完善我国未成年人发展权的法律制度提供建议和参考，也将有利于完善我国的未成年人法制。

第三节 文献综述

笔者以"发展权""未成年人（儿童）发展权""未成年人立法""未成年人（儿童）发展"等为关键词，通过中国知网、维普、读秀、Google、书生之家、万方数据等相关网站，对涉及未成年人发展权的相关文献、著作等进行检索，对搜集的文献进行分类，主要分为与未成年人发展权相关的研究和未成年人发展权研究两方面。

一、与未成年人发展权相关的研究

在与未成年人发展权相关的研究中，笔者主要从发展权研究、未成年人立法研究和儿童发展理论研究三个方面进行综述。

（一）发展权研究

"发展权"作为一项新型基本权利，始于 20 世纪 60 年代末。1970 年，塞内加尔第一任最高法院院长、联合国人权委员会委员凯巴·姆巴耶正式提出发展权的概念并试图对其内涵进行阐释。直到 1986 年，《发展权利宣言》以国际法形式确认发展权是一项不可剥夺的基本权利。

从发展权的研究文献来看，国外学者对发展权的研究相对较早，国内关于发展权的研究起步较晚。汪习根的《法治社会的基本人权——发展权法律制度研究》（2002 年）是第一部专门从法学的角度研究发展权的理论专著。该书系统阐述了发展权的基本理论，内容涵盖发展权的主体、性质、内容、价值、宪法规范、法律保障及其司法救济，对发展权的法律制度保障进行专门论述。姜素红的《发展权论》（2006 年）从发展权的渊源、内涵、价值、法律重心、法律制度和发展权实现方面进行系统论述，提出了发展权的法律规范及立法、司法保障。从搜集到的文献来看，不同学者对于发展权的讨论集中在概念和本质、主体、内容、性质、价值、保障机制等方面。

1. 发展权的概念和本质

在发展权的概念方面，国内外学者们的观点不一，存在个人发展权、集体发展权、国家发展权以及个体和集体发展权几种观点：①发展权是一项个人的权利。国外学者唐纳利（Donnelly）认为，发展权是一项个体权利，由国家来保障个体的资源、服务和机会，国家是保障个体权利的义务方。克劳福德（Crawford）进一步指出，发展权是一项个人权利，本质上是属于每个人的权利。个人的权利离不开集体，个人是集体的成员。发展权是超出基本需求的实现，其一般定义包括可持续经济发展、社会利益、最大限度地免受剥夺，以至于基本需求满足和贫穷消减。它的评估包括收入增长、收入分配、消除贫困手段、基本需求满足和发展权的政治、文化方面。他提出发展权已经延伸到文化和政治的发展，这些不是基本需求的方法。[1]国内学者夏清瑕认为，个人发展权的实现以生存权和自由权利为保障，以个人能力的拓展与个性的充分发挥为导向，平等地参与发展及公平地分享发展成果是实现个人发展权的主要手段。[2]②发展权是一项集体的权利。姜素红认为，由于"所有发达国家的人民都必须向他们的政府主张发展权，而发展中国家（以人民的名义）主张国际社会的发展权。因此，发展权仍然是人民的权利，而不是国家的权利"。[3]③发展权是一项国家权利。蔡卓芸认为，国家是代表无数国内公民的集体，在国际社会中享有发展权。[4]④发展权既是一项集体权利又是一项个人权利。汪习根指出，发展权是每个人主张参与、促进和享受经济、政治各方面全面发展所获利益的一项基本权利，也是其所在的集合体有资格自由地向国际和国内社会主张发展的权利。[5]

在发展权的本质方面，国外学者阿琼·阿森古普塔（Arjun Asengupta）认为，发展权是发展过程的权利，这一过程并不是以经济发展为根本，而是权利主体的基本权利主张，把这一过程看作公平机会享有的过程。发展权的本质是公平和正义。公平、正义、参与和自由是发展权的内在价值。[6]我国学者何颖认为，发展权是一项基本权利，同时也是一项国家权利和义务。发展权的中心内容是经济的发展，国家权利和自然人基本的权利自由的实现是把

---

〔1〕 Frances Stewart, "Basic Needs Strategies, Human Rights, and The Right to Development", *Human Rights Quarterly*, 1989, 11 (3): 347~374.

〔2〕 夏清瑕："个人发展权探究"，载《政法论坛》2004 年第 6 期。

〔3〕 Subrata Roy Chowdhury, Erik M. G. Denters & Paul J. I. M. de Waart, "The Right to Development in International Law", *Martinus Nijhoff Publishers*, 1992, 2 (1): 81~82.

〔4〕 蔡卓芸："全球化背景下发展中国家的发展权问题研究"，昆明理工大学 2010 年硕士学位论文。

〔5〕 汪习根："发展权含义的法哲学分析"，载《现代法学》2004 年第 6 期。

〔6〕 Arjun Asengupta, "On the Theory and Practice of the Right to Development", *Human Rights Quarterly*, 2002, 24 (4): 837~889.

经济发展当作基石。[1]这一观点把发展等同于工业化过程中的经济增长，发展最根本的含义就是经济增长。学者何志鹏认为，发展权具有狭义和广义两个层次的含义。狭义上发展权主要用于国际法领域，是发展中国家向发达国家争取发展机会，争取权利，要求发达国家承担义务的权利。其前提是国家关系。广义的发展权的前提是人的发展，它本质上是一个权利束。他从基本权利的角度将人的需要分为四个层次：生存、安全、相互关系和自我实现。发展权对应于自我实现，属于广义的发展权。[2]

2. 发展权的内容

在发展权的基本内容方面，国外学者卡雷尔·德维·梅斯特达格（Karel de Vey Mestdagh）认为，国际法中发展权被视作习惯权利，很难被解释。当前，发展权并没有以权利和义务形式进入国际法及国内法，其表现为一般法律原则，但这并不意味着其没有约束力。之后，他进一步将发展权分为两类：一类是基本权利，即满足个人基本物质和非物质需求，如生命权、食物权、衣着、居住和医疗等，此外还包括个人基本安全、思想自由、宗教信仰等。除了这些基本权利，个体发展过程中的最低限度的参与机会应该受到保障（因此，发展权与自决权密切相关）。[3]国内学者连保君、孟鸣歧认为，发展权的基本内容为：生命（生存）发展权、政治发展权、经济发展权、文化发展权和社会发展权。[4]与此观点不同，姜素红强调公民发展权，认为公民发展权包括生存权、生命权、健康权、自由权、人格权、平等权。[5]翟红芬认为，发展权具有母体性，它派生出一系列非基本权利，诸如经济发展权、政治发展权、文化发展权、生存发展权等。[6]何志鹏从基本权利的角度将人的需要分为四个层次：生存、安全、相互关系和自我实现。发展权对应于自我实现，属于广义的发展权。这一发展权包括不同主体（儿童、妇女、残疾人等）

---

〔1〕 何颖："发展权：人权实现与发展的保障"，载《新视野》2008 年第 5 期。

〔2〕 何志鹏：《权利基本理论：反思与构建》，北京大学出版社 2012 年版，第 178 页。

〔3〕 Karel de Vey Mestdagh, "The Rights to Development", *Netherlands International Law Review*, Asser Press, 1981, 28 (1): 30~53

〔4〕 连保君、孟鸣歧："论人权中的发展权问题"，载《北京师范大学学报（社会科学版）》1992 年第 3 期。

〔5〕 姜素红：《发展权论》，湖南人民出版社 2006 年版，第 67 页。

〔6〕 翟红芬："发展权的基本人权价值"，载《法制与经济》2009 年第 12 期。

的发展权、不同领域的发展权（涉及政治、经济、文化、社会等领域）。[1]

3. 发展权的性质

在发展权的性质方面，其作为一项人权曾遭到过国外学者的反对。学者克劳福德认为，发展权容易和国家的权利混淆，指出在某些方面作为人民权利的发展权与国家或政府的相关权利没有重要区别。[2]美国宪法学家亨金也认为，发展权是人权是不存在的。他指出："发展还盗用人权的名义，把自己与人权连接起来，宣布自己是最年轻的一代人权之一。"[3]不承认发展权是一项人权，主要是因为发展权无法从人权法哲学中得到证实，因而它只不过是国际斗争的一种手段和工具。发展权是否是一项人权还在争论中，然而这种争论并没有使发展权在国际条约中的地位有所下降。我国学者汪习根认为，人权法上对发展权的否定具有一定的片面性。人是社会关系的总和，人的发展的障碍真正来自社会分工造就的人们在发展过程中人类活动和活动对象、劳动过程和劳动结果、生命活动和精神活动社会力量——极度扭曲的社会关系。因而，要获得人的发展，就要给否定人的社会关系予以否定之否定。人权具有批判精神，它能超越特定的政治争执、经济考虑和文化冲突，以人的全面发展为根本依据。[4]此外，梅斯特达格认为，当前发展权并没有以权利和义务形式进入国际法及国内法，发展权表现为一般法律原则，但这并不意味着其没有约束力。其作为一项原则是国际法的基础。尽管国际社会呼吁为发展权的实现共同负责，但是落实到国家责任却很难。[5]

4. 发展权的价值

汪习根认为，发展权的价值分为内在价值和外在价值。发展权以社会关系的有序和社会结构的正义为前提，同时以赋予人全面、均衡的发展机会和对社会进步及其发展成果的充分占有为根本归宿。[6]学者翟红芬认为，发展

---

〔1〕 何志鹏：《权利基本理论：反思与构建》，北京大学出版社2012年版，第186页。

〔2〕 James Crawforded, "The Rights of Peoples：'peoples' or 'Governments'？", *The Rights of Peoples*, Clarendon Press, Oxford, 1985：136~138.

〔3〕 [美] L. 亨金：《权利的时代》，信春鹰等译，知识出版社1997年版，第256页。

〔4〕 汪习根："发展权法理探析"，载《法学研究》1999年第4期。

〔5〕 Karel de Vey Mestdagh, "The Rights to Development", *Netherlands International Law Review*, Asser Press, 1981, 28（1）：30~53.

〔6〕 汪习根：《法治社会的基本人权——发展权法律制度研究》，中国人民公安大学出版社2002年版，第133页。

权的功能具有母体性。发展权不否认个人主义法律价值观合理的一面，侧重"人"作为社会集合体的普遍存在的价值。[1]

5. 发展权的法律保障

国外学者阿琼·阿森古普塔认为保护发展权实施的机制应由三部分组成：国家义务、国际合作、监督机制。[2] 艾琳·哈迪普拉伊诺（Irene Hadiprayit-no），认为发展权的保障需要国家作为义务方尊重人权，发展权应作为可持续发展和减少贫穷和社会不公的指向，而参与将成为发展中国家发展的一种方法，国家在制定政策时要保障人民的参与，这有助于提高发展中国家发展权中的实施参与权的可能性。他还指出，发展政策的受益者应该始终是个人。[3] 梁新明认为，发展权入法的方式可以分为五种：①在宪法中规定发展权的基本属性。②用原则性的规范确定发展权是一项国家的基本任务。③通过确立发展权与发展计划、发展规划和特别发展之间的法律关系，明确实现发展的途径。④确定公民在"基本公民权利"中规定的发展权。⑤实现法律规范化。[4] 这一观点将发展权纳入法的范畴，为实现个体发展权提供了可能和保障。姜素红提出了发展权法律保障的基本原则：平等性保障原则、权力能动性原则、尊重生态自然的原则。[5] 周明海、张晓路从宪法机制、政府责任机制、法律保障机制和司法救济机制角度对农民发展权及其保障机制进行了探讨。[6]

6. 特殊群体的发展权

汪习根认为，妇女权利的实质在于赋予妇女同男性同等的发展权利。妇女发展权要求国家对其提供福利或者积极参与。[7] 周明海认为，农民发展权是农民在现阶段的中国社会"弱势群体"和"贫困解除"的平权式的自由

---

[1] 翟红芬："发展权的基本人权价值"，载《法制与经济》2009 年第 12 期。

[2] Arjun Sengupta, "the Right to Development as a Human Right", *Economic and Political Weekly*, 2001, 36（27）：2527~2536.

[3] Irene Hadiprayitno, "In Search of National Action to Implement the Right to Development", *SSRN Electronic Journal*, 2005（2）：1~16.

[4] 梁新明、翟红芬："发展权的基本人权定位"，载《法制与经济》2008 年第 16 期。

[5] 姜素红："发展权应成为当代法制保障的重点"，载《长沙电力学院学报（社会科学版）》2003 年第 4 期。

[6] 周明海、张晓路："试论新农村建设中的农民发展权及其保障机制"，载《农村经济》2008 年第 7 期。

[7] 汪习根、占红沣："妇女发展权及其法律保障"，载《法学杂志》2005 年第 2 期。

发展主张。农民"可行能力"的提升是实现农民发展权的最终标志。[1]刘安华对农民文化发展权进行了研究。他认为,我国农民文化发展权保障存在立法不健全、财政投入不足等问题,提出构建农民文化发展权的法律保障机制。[2]

(二) 未成年人立法研究

未成年人立法方面,国外研究集中在未成年人权利保护、儿童福利立法等方面。

国外学者希拉·戴维(Ciara Davey)对《儿童权利公约》中的儿童游戏权利进行研究。他认为,《儿童权利公约》第 31 条规定儿童游戏的权利,为英国儿童游戏政策的制定提供了依据,但并没有基于权利视角对游戏权利进行深入讨论。他认为,儿童游戏权利不是一个单独的权利,与其他权利密切相关。如何通过游戏的权利分类,他强调自由、安全、选择和包容四个要素。他进一步指出儿童权利原则:儿童利益最大化、生命权,存活与发展;儿童自由表达观点的权利以及给予适当的看待[3]。劳拉·伦迪(Laura Lundy)致力于《儿童权利公约》对欧洲教育政策制定的影响。他认为,欧洲多个国家已签约《儿童权利公约》,但由于实施手段限制,对于儿童受教育权的规定并没有在国内法中完全落实。[4]皮亚·丽贝罗·布里托(Pia Rebello Britto)等学者认为《儿童权利公约》规定了未成年人的生存、发展和受保护的权利,对各国政策的制定产生了影响。儿童权利保护应来自家庭、社区、地方政府、国家和国际社会的共同努力。同时,他特别强调政府应承担保护儿童权利的义务。[5]艾德(A. Eide)对食物权进行研究,指出儿童食物权是一项个人权利,不是集体权利。他认为,评估对儿童获得食物权实现的质量依赖于国家的制度安排。通过法律规定儿童食物权,得以使国家履行义务,并指出通过系

---

[1] 周明海:"农民发展权及其实现——兼论新农村建设的合理性",载《理论研究》2008 年第 5 期。

[2] 刘安华:"农民文化发展权的保障问题探析",载《江西行政学院学报》2011 年第 1 期。

[3] Ciara Daey, "Toward Greater Recognition of the Right to Play: An Analysis of Article 31 of the UN CRC", *Children & Society*, 2011, 25 (1): 3~14.

[4] Laura Lundy, "Children's Rights and Educational Policy in Europe: the Implementation of the United Nations Convention on the Rights of the Child", *Oxford Review of Education*, 2012, 38 (4): 405.

[5] Pia Rebello Britto & Nurper Ulkuer, "Child Development in Developing Countries: Child Rights and Policy Implications", *Child Development*, 2012, 83 (1): 92~103.

列保障机制实现儿童食物权。[1]弗洛伦蒂娜·布拉克（Florentina Burloucu）对《儿童权利公约》缔约国的儿童受教育权实施状况进行调查，发现一些国家由于贫穷、不重视等原因，儿童受教育权没有得到尊重。国家对教育的投入旨在培养公民和促进经济发展，而对于世界各国在儿童受教育方面更多事情需要解决和加强。[2]这些研究从权利角度给予关注，同时凸显不同主体的义务，给本书带来了启示。米歇尔·卡特兰（Michelle Cutland）从全球视角对儿童虐待立法进行回顾，他指出施行儿童虐待国际立法在儿童暴力禁止、专业能力提升以及数据收集和研究三个领域存在困难和限制。[3]其对未成年人虐待的法律定义进行探究，认为未成年人情感虐待和忽视不应以父母的虐待行为和未成年人的伤害结果为证据，而是应该以父母的行为为证据。立法应该聚焦于虐待父母的行为有可能导致未成年人累积伤害，如父母的性暴力和吸毒行为，这些比情感虐待和忽视更为具体和可操作。[4]

国内关于未成年人权利保护立法研究的起步较晚，学者康树华先生的《青少年法学》《青少年立法论》是最早的有关未成年人保护立法的著作。这两部著作侧重于未成年人犯罪和治理方面的研究。康树华先生将我国未成年人立法分为朴素主义保护阶段、刑事政策保护阶段、理论准备阶段和专门立法四个阶段。佟丽华的《未成年人法学》从未成年人保护的角度明确未成年人是弱者，通过权利和义务理论，对国家、学校和家庭所负有的法定职责进行系统论述。刘金霞的《未成年人法律制度研究》从历史的角度梳理我国未成年人权益保护制度、未成年人犯罪制度、未成年人监护制度、未成年人福利制度、未成年人教育制度、未成年人司法制度，考察日本、美国、德国、挪威等未成年人法律制度及其借鉴意义，对我国未成年人法律制度的构建进行前瞻性思考。张文娟的《中国未成年人保护机制研究》从横向和纵向两个角度对我国国家和地方未成年人保护机制的立法和实践进行研究，介绍了美

---

〔1〕　George Kent, "Realizing International Children's Rights Through Implementation of National Law", *The International Uournal of Chidlren's Rights*, Printed in the Netherland, 1997, 5（4）：439~456.

〔2〕　Florentina Burlacu, "Children's Rights to Education", *Euromentor*, 2012（4）：126~136.

〔3〕　Michelle Cutland, "Child Abuse and Its Legislation：the Global Picture", *Humboldt Journal of Social Relations*, 2012, 34（8），85~104.

〔4〕　Karen Boadley, "Equipping Child Protection Practitioners to Intervene to Protect Children from Cumulative Harm：Legislation and Policy in Victoria, Australia", *Australian Journal of Social Issues*, 2014,（49）：265~284.

国、澳大利亚、挪威和英国的未成年人保护制度，提出了可操作的具体建议。关于未成年人立法的研究文献主要集中在对未成年人权利立法的内容、立法理念及其存在问题进行梳理。从已有研究文献来看：

1. 未成年人立法的内容

未成年人立法内容主要涉及未成年人福利立法、未成年人教育立法、未成年人犯罪立法、未成年人权利保护立法等内容。

在未成年人福利立法方面，易谨认为，家庭、社会、政府应承担儿童福利内容的义务和责任。儿童福利法律制度内容应包括教育学服务、保健性服务、福利性措施和保护性处置。[1]刘继同认为，我国未成年人福利立法和政策框架的预防性和服务性思维薄弱，刑罚化与法律化思维盛行，儿童福利政策框架、儿童福利服务体系尚不清晰，严重缺乏未成年人福利服务体系。[2]他提出要尽快建立"国家儿童福利和家庭福利局"，建立综合性和系统性家庭津贴制度，制定《儿童福利法》与《家庭福利法》，加强社会立法与社会福利立法等。[3]

在未成年人教育立法方面，王素蕾认为，我国儿童的家庭法律保护处于一种边缘化的状态，家庭教育呈现过度、缺乏和违法等现象。完善家庭教育立法的保护机制，需要从家庭教育中家长理念的更新、家庭教育立法体系的完善、家庭教育法的执行监督机制以及家庭教育的社会支持体系几个方面进行。[4]李菊对家长教育立法的必要性进行了分析，从家长教育的总则、方式、实施、保障条件等方面提出了家长教育立法内容设想。[5]刘岩华对我国残疾人特殊教育立法的进程进行了回顾，指出了立法必要性，强调残疾人教育立法一方面要受宪法指导，教育法的辖制，另一方面要加强地方立法，制定特殊教育法。[6]

在未成年人监护方面，佟丽华认为，监护制度的核心目的是保障未成年人的健康成长，监护制度不仅是基本民事法律制度，在民事立法中也应当涉

---

〔1〕 易谨："我国儿童福利立法的几个基本问题"，载《中国青年政治学院学报》2014年第1期。

〔2〕 刘继同："中国儿童福利立法与政策框架设计的主要问题、结构性特征"，载《中国青年研究》2010年第3期。

〔3〕 刘继同："中国儿童福利制度构建研究"，载《青少年犯罪问题》2013年第4期。

〔4〕 王素蕾："家庭教育立法与儿童成长保护机制研究"，南京师范大学2011年硕士学位论文。

〔5〕 李菊："家长教育立法探究"，载《河北科技师范学院学报（社会科学版）》2014年第4期。

〔6〕 刘岩华："试论我国残疾人教育立法的完善与发展"，载《中国特殊教育》1998年第4期。

及，而且在未成年人保护立法中也应当重点涉及。[1]吴国平认为，成年人监护方面存在着监护内容不具体、监护种类不全面、监护产生的程序不明确、监护监督制度未建立等许多问题，我们应以《民法典》的制定为历史契机，全面完善我国未成年人监护制度。[2]李晓郛认为，现行未成年人监护的政策与法律脱节，对于剥夺父母监护权后有效、完整的法律制度和配套措施缺乏，国家并没有承担未成年人监护中的兜底责任。他提出健全监护监督和监护干预制度，并完善对监护失职行为的处罚措施。[3]

在权利保护立法方面，尹力以良法为基本标准，对我国改革开放以来的儿童权利保护法律制度的发展进行梳理，提出我国儿童权利保护法律制度经历了提高人口素质为目的儿童保护阶段、儿童作为权利主体受到保护阶段以及走向保护儿童最大利益阶段。这意味着我国儿童法律保护制度正式确立。[4]郭开元认为，我国未成年人权利保护的法律面临着立法观念落后、未成年人主体地位缺失，法律系统性和操作性不强等问题。他提出，明确未成年人权利保护的利益最大化、尊重未成年人等原则。[5]饶勇认为，应完善家庭中儿童权利的保护制度、建立儿童社区监护制度以及推动儿童福利制度的健全。对于已经外出流浪的儿童，则需要改进现有的流浪儿童救助制度。[6]

在未成年人犯罪立法方面，赵秉志等认为，我国未成年人犯罪的刑事立法注重对未成年人利益的保护，强调刑罚的宽严结合，但也存在问题。应当在刑法典中设立未成年人犯罪刑事责任的专章，明确并适当调整未成年人相对负刑事责任的犯罪范围，降低对未成年人犯罪的惩罚力度。[7]储殷认为，我国校园暴力现象中存在对未成年人违法犯罪的主观恶性估计不足带来的刑事责任缺位，刑事立法缺乏。我国刑法对于未成年人的刑事责任年龄明显较高，只规定了 14 岁以上未成年人犯罪。对于校园暴力的立法思路以物理后果

---

〔1〕　佟丽华："对未成年人监护制度的立法思考与建议"，载《法学杂志》2005 年第 3 期。

〔2〕　吴国平："我国未成年人监护立法的不足与完善"，载《政法学刊》2008 年第 1 期。

〔3〕　李晓郛："法政策学视角下的未成年人监护立法"，载《青少年犯罪问题》2016 年第 5 期。

〔4〕　尹力："良法视域下中国儿童保护法律制度的发展"，载《北京师范大学学报（社会科学版）》2015 年第 3 期。

〔5〕　郭开元："论未成年人权利的法律保护"，载《少年儿童研究》2010 年第 6 期。

〔6〕　饶勇："流浪儿童权利法律保护研究"，中南民族大学 2012 年硕士学位论文。

〔7〕　赵秉志、袁彬："我国未成年人犯罪刑事立法的发展与完善"，载《中国刑事法杂志》2010 年第 3 期。

作为判断危害性的主要依据，导致侮辱人格、压抑被侵害人心理的"霸凌"行为往往处于无法可治的空白。刑事立法和执法思路已经落后于社会现实。[1]

2. 未成年人立法的理念

张传华认为，国外未成年人保护立法理念发展的新动向经历了从"儿童不能预谋犯罪"到"社会防卫主义"理论，从"国家亲权"到"国家主义监护"的发展过程。国外立法对未成年人的保护力度逐渐加大，而且更加注重为未成年人成长营造良好的社会环境。[2]马兰花认为，未成年人立法上首先要解决的问题是科学的未成年人法观念以及应当如何树立符合这种标准的未成年人法观念。未成年人法既要具有实体价值，又要具有程序价值。其要义是在实体上设置未成年人的权利，在程序上安排成年人社会保障未成年人权利的实现。[3]这一观点对未成年人保护立法的价值标准进行探究，指出应将未成年人权利作为立法的依据。余雅风认为，在未成年人网络社会问题日益严峻的现实下，必须改变未成年人网络保护无法可依的现状，以未成年人发展权作为未成年人网络保护立法的价值，确立和强化政府、学校、家长以及其他社会主体的法定义务与法律责任。[4]吴鹏飞等认为，儿童福利立法价值应以全体儿童健康全面发展为取向，保障未成年人人性尊严，满足儿童的基本生存需求，保障儿童的平等自由，政府、家庭责任均衡，促进儿童发展是儿童立法价值的基本内容。[5]易谨认为，儿童福利立法的基本理念应着眼于儿童福利需求的满足、儿童权利保护，并指出儿童福利立法的机制包括安全、平等和发展。[6]

3. 未成年人立法存在的问题

姚建龙认为，现行未成年人法律呈现缺乏操作性、专门性立法少、效力层次低、立法内容不充分等问题，亟须对顶层设计加强研究。[7]王雪梅认为，儿童权利委员会将儿童保护原则归纳为：最大利益、无歧视、保护儿童生存

---

〔1〕 储殷："当代中国'校园暴力'的法律缺位与应对"，载《中国青年研究》2016 年第 1 期。

〔2〕 张传华："外国未成年人立法理念的新动向"，载《法制与社会》2006 年第 23 期。

〔3〕 马兰花："未成年人立法之我见"，载《青海民族大学学报（社会科学版）》2012 年第 1 期。

〔4〕 余雅风："论网络环境下未成年人的立法保护"，载《少年儿童研究》2009 年第 8 期。

〔5〕 吴鹏飞、刘金晶："儿童福利立法价值论"，载《江西青年职业学院学报》2016 年第 4 期。

〔6〕 易谨："儿童福利立法的理论基础"，载《中国青年政治学院学报》2012 年第 6 期。

〔7〕 姚建龙、张少男："我国未成年人立法状况与完善愿景"，载《预防青少年犯罪研究》2016 年第 5 期。

权和发展权、尊重儿童意见四项原则。但是，我国《未成年人保护法》第 5 条确立的基本原则在内容上与国际公约的原则差距较大，有些原则的内容尚未在立法当中反应，如最大利益原则。我国立法对于《儿童权利公约》第 6 条提出保留。[1]柳华文认为，儿童最优和儿童最大权利原则并列成为指导原则，儿童福利成了国家纲要的重要组成部分，"软法之治"和"软规之治"成为社会发展新趋势。[2]

（三）儿童发展理论研究

在著作方面，现有关于儿童发展理论研究的著作较多。具有代表性的有 R. 默里·托马斯的《儿童发展理论》、桑特洛克的《儿童发展》、洪秀敏的《儿童发展理论与应用》等。还有学者专门从未成年人的心理（认知）发展和社会性发展方面作出探索，如朱智贤的《儿童心理发展的基本理论》、林崇德的《发展心理学》、凯斯的《智能的阶梯：儿童发展的新皮亚杰理论》、克斯特尔尼克的《儿童社会性发展指南：理论到实践》、周宗奎的《儿童社会化》等。这些著作深入分析了未成年人身体、心理以及社会性发展的内在机制和外在条件，为认识未成年人发展权提供了理论视角。

文献方面，在儿童发展理论研究上，张莉对儿童社会化理论的发展和演进进行了梳理，指出儿童发展与社会化理论的演绎遵循了从个体私密性的决定论模式走向带有"泛决定论"元素的建构主义，再朝向集体再生产的解释主义理论转变的轨迹。这一发展过程更加关注儿童社会化过程中的文化影响和儿童的自主性和儿童创造自身文化的意义。[3]麻彦坤梳理了新维果茨基学派强调将儿童的认知、动机与社会学发展整合进一个统一的整体模式，将维果茨基的观点和皮亚杰的观点综合在一起，合理解释了儿童从一个发展阶段转向另一个发展阶段的过程和机制。[4]在儿童发展理论应用上，国外学者蒙娜·沙伊赫（Mona El-Sheikh）认为，关于儿童睡眠和儿童发展的研究从多学

---

〔1〕 王雪梅："从《儿童权利公约》的视角看中国儿童保护立法"，载《当代青年研究》2007 年第 10 期。

〔2〕 柳华文："中国儿童权利保护新趋势——评《中国儿童发展纲要（2011-2020 年）》"，载《中国妇运》2012 年第 3 期。

〔3〕 张莉："成长之本义：西方儿童发展与社会化理论嬗变"，载《广东第二师范学院学报》2017 年第 4 期。

〔4〕 麻彦坤："新维果茨基学派对维果茨基儿童发展理论的发展"，载《广州大学学报（社会科学版）》2009 年第 8 期。

科视角迅速发展。而发展生态系统理论说明了睡眠与儿童发展的重要性。[1]
我国学者陈蕾清认为，认知发展理论对家庭教育的启示有：家庭教育要配合
儿童的认知发展顺序、注重激发儿童的好奇心，培养儿童的主动性，重视活
动在家庭教育中的作用，培养儿童的社会交往能力，让儿童在游戏中度过童
年等。[2]杜宁娟等以布罗芬布伦纳（Brofenbrenner）生态系统理论为基础，
探讨父母的工作单位、家庭所处的邻里社区、学校管理部门、学生可以访问
的网络站点等环境对儿童健康发展的影响。在生态系统理论基础上，为家长、
教师及社会团体提供看待儿童健康问题的新视角。[3]王娟等人认为，对"小
学化"对幼儿发展的危害缺乏正确认识是幼儿教育"小学化"现象屡禁不止
的根源。运用格赛尔的成熟势力说、皮亚杰的认知发展阶段理论、维果斯基
的社会文化理论以及埃里克森的心理社会发展理论对"去小学化"进行分析，
发现儿童发展不同理论流派对儿童身心发展规律的研究，为幼儿教育"去小
学化"提供了科学的理论支持。[4]夏代英基于早期阅读材料自身内容对儿童
发展产生全方位影响的重要性，探讨了皮亚杰的认知理论对早期阅读材料选
择的启示，提出如何为学前儿童选择适宜的阅读材料促进儿童发展。[5]张宁
娟立足于科尔伯格道德发展理论，强调道德判断能力和发展水平对儿童道德
成长的作用，认为"三水平六阶段"对预防和解决留守儿童道德成长问题具
有重要启示。[6]

二、未成年人发展权研究

对未成年人发展权的研究主要从未成年人发展权概念、内容、保护现状、
立法保护四个方面进行综述。

---

〔1〕 Mona El-Sheikh, *Sleep and Development*: *Advancing Theory and Research*, Wiley, 2015：1~14.
〔2〕 陈蕾清、卢清："认知发展理论对儿童家庭教育的启示"，载《湖北第二师范学院学报》
2011 年第 7 期。
〔3〕 杜宁娟、范安平："从 Bronfenbrenner 生态系统理论的外层系统看儿童发展"，载《健康研
究》2013 年第 1 期。
〔4〕 王娟、夏婧："幼儿教育'去小学化'的必要性分析——基于儿童发展理论的视角"，载
《教育导刊（下半月）》2015 年第 2 期。
〔5〕 夏代英："如何选择适宜的早期阅读材料促进学前儿童的发展——基于皮亚杰认知发展理
论"，载《现代阅读（教育版）》2013 年第 2 期。
〔6〕 张宁娟："科尔伯格道德发展理论及其对预防留守儿童道德成长问题的启示"，载《外国教
育研究》2008 年第 9 期。

（一）未成年人发展权概念

关于未成年人发展权，国外学者进行了一系列研究。法勒（N. Peleg）从能力角度对未成年人发展权的理论框架进行构建。他认为，未成年人发展权是未成年人转变为成年人的权利。已有认识未成年人发展权的视角侧重于儿童发展理论，缺乏对未成年人权利的关注。以能力方法认识未成年人发展权概念，不仅可以照顾和关注未成年人的生活，促进对儿童代理人的尊重和在其成长过程中的积极参与，还能够为政策实施提供理论依据。[1]加雷思·琼瑟夫（Gareth A. Joneself）认为，从儿童福利到儿童权利的转变中，儿童与发展的关系被重塑。但1959年《儿童权利宣言》规定的诸如促进儿童身体、心理、精神、道德和社会发展的充足的生活水准的权利，休息、娱乐，让儿童适当地在游戏和创造性活动中参与以及义务教育、健康照料、法律责任和自由表达的权利，无论儿童的能力、种族、宗教、性别，都是今后的法律义务。他认为，未成年人发展权应该包括：充足的生活水准权、娱乐的权利、创造和参与文化活动的权利、表达自由权、宗教自由权、受教育权、受照顾权。[2]他还特别提到需在全球化视野下去分析儿童与发展，强调儿童免于贫困和享有机会的重要性。艾德认为，儿童发展权的内容包括有权接受一切形式教育，以及有权享有足以促进其身体、心理、精神、道德与社会发展的生活水平的权利。[3]威尔曼（Wellman）认为享有促进未成年人身体、心理、精神、道德与社会发展的生活水平的权利是不现实的，它更多是一种理想和目标。[4]艾德等认为《儿童权利公约》第6条"保障每个儿童最大限度的生存与发展"中的"发展"一词扩大了该条内容的质的范畴。它关心每一个儿童个体，并且应该得到一个广泛意义上的解释，不仅仅涉及身体健康，而且要有精神的、情绪的、认知的、社会的和文化的发展。因此，他认为可以将第6条看作是《儿童权利公约》中涉及儿童的经济、社会和文化权利的所有

〔1〕 N. Peleg, "Reconceptualising the Child's Right to Development: Children and Capability Approach", *Social Science Electronic Publishing*, 2017, 21（3）: 523~542.

〔2〕 Gareth A. Jones, "Children and Development: Rights, Globalization and Poverty", *Progress in Development Studies*, 2005, 5（4）: 336~342.

〔3〕 A. Eide, "Cultural Rights as Individual Human Rights", in A. Eide et al. (eds.), *Economic, Social and Cultural Rights*, Martinus Nijhoff Publishers, 2001: 289~290.

〔4〕 C. Wellman, *the Proliferation of Rights: Moral Progress or Empty Rhetoric*, Westview Press, 1999, 110（3）: 649~651.

其他条款的政纲。[1]弗里曼（Freeman）认为，在"human becoming"理念的指导下，未成年人发展权是一项使儿童成为成年人的权利，设置这一权利的目的是维持儿童的生存以使其达到成年。[2]他指出，传统上把儿童看作是"human being"，这一概念旨在按照成年人的要求来培养儿童，忽视了儿童自身的特殊性，并没有把儿童看作是真正权利的主体。

国内关于未成年人发展权概念的研究，概括起来有五种进路：

第一，从发展权视角看待未成年人发展权。彭清燕等认为，留守儿童发展权应当包括留守儿童在内的所有儿童的机会平等和分配正义，受教育权是留守儿童平等发展权的核心。[3]陈江新认为，留守未成年人发展权是关于留守未成年人发展机会均等和发展利益共享的权利。[4]这两种观点采取属加种差的方法，从发展权的视角对留守未成年人发展权概念作出规定。其将机会平等和分配正义、发展利益作为留守未成年人发展权的本质。

第二，从权利内容视角看待未成年人发展权。大多数学者将未成年人发展权看作是具体权利的集合。国外学者艾德认为，未成年人发展权是有权接受一切形式教育，以及有权享有足以促进其身体、心理、精神、道德与社会发展的生活水平的权利。[5]国内学者王雪梅认为，未成年人发展权主要从未成年人应得到的基本教育、在身心和社会获得充分发展两个方面进行，主要包括生存权、受教育权以及基本自由权等权利。[6]这一观点将生存权、基本自由权看作是未成年人发展权的组成部分。佟丽华将未成年人发展权简化为保障未成年人健康成长的各项权利。[7]卜卫认为，未成年人发展权是儿童拥有受教育的权利（正规和非正规教育），充分发展其全部体能、智力、精神、道德、个性和社会性的权利。[8]这些观点强调了未成年人发展权（包括受教

---

〔1〕 ［挪］A. 艾德、C. 克洛斯、A. 罗萨斯主编：《经济、社会和文化权利教程》，中国人权研究会组织翻译，四川人民出版社 2004 年版，第 291 页。

〔2〕 Michael Freeman, "The Human Rights of Children", *Current Legal Problem*, 2010, 63（1）：1~44.

〔3〕 彭清燕、汪习根："留守儿童平等发展权法治建构新思路"，载《东疆学刊》2013 年第 1 期。

〔4〕 陈江新："留守儿童发展权在体制壁垒中的突围之道"，载《学理论》2010 年第 31 期。

〔5〕 A. Eide, *Economic, Social and Cultural Rights, A Textbook, Second Revised Edition, Martinus Nijhoff Publishers*, The Hague/Boston/London, 2001：36~37.

〔6〕 王雪梅：《儿童权利论：一个初步的比较研究》，社会科学文献出版社 2005 年版，第 114 页。

〔7〕 佟丽华：《未成年人法学》，中国民主法制出版社 2001 年版，第 206~210 页。

〔8〕 卜卫：《媒介与儿童教育》，新世界出版社 2002 年版，第 67 页。

育权），是诸多具体权利的综合。

第三，从法律赋权的角度看待发展权。余雅风认为，发展权是法律赋予的，是未成年人的身体和心理在社会化过程中得以健康发展的一项基本权利。[1]彭清燕对留守儿童平等发展权进行了研究，认为留守儿童平等发展权是指留守儿童作为权利主体依法享有平等的个体性发展和社会性发展的基础性权能。[2]

第四，从权利主张或要求的角度看待发展权。孙毅认为，未成年人发展权是指儿童拥有的要求社会提供有利于其充分发展身心潜能的社会环境和条件以满足儿童发展过程中的身体、心理和精神需要的权利。[3]这一观点指出权利主体是儿童，权利客体为社会。

第五，从权利主体角度研究未成年人发展权。严妮认为，发展权既是一项个人人权，也是一项国家或民族的集体人权，两者相辅相成。从农村残疾儿童的个人发展权来看，农村残疾儿童的发展权主要体现在获得康复服务、接受教育和参与社会生活方面。[4]还有学者认为，未成年人发展权是儿童的个体权利。未成年人发展权作为儿童的基本权利，其主体是个体主体，不包括集体主体。[5]这一儿童发展权区别于发展权，明确提出儿童权利是个人权利，而不是集体权利。

（二）未成年人发展权的内容

关于未成年人发展权的内容的研究，学者们根据不同的标准划分为不同的权利类型。

第一类是基于儿童权利视角，主要依据《儿童权利公约》的规定来划分。王勇民认为，未成年人的发展权主要包括受教育权，休闲、娱乐、文化活动权，基本的自由权、劳动权和劳动保障权。[6]这一划分是从儿童权利公约角度规定的。包运成认为，未成年人发展权包括参与权，儿童参与家庭、学校、

---

〔1〕 余雅风："未成年人发展权与农村青少年发展的立法保护"，载《"十一五"与青少年发展研究报告——第二届中国青少年发展论坛暨中国青少年研究会优秀论文集（2006）》。

〔2〕 彭清燕："农村留守儿童平等发展权理论新思考"，载《当代青年研究》2012 年第 12 期。

〔3〕 孙毅："论儿童发展权法律保护的原则"，山东大学 2007 年硕士学位论文。

〔4〕 严妮："农村残疾儿童生存权和发展权状况值得关注——基于《儿童权利公约》和《残疾人权利公约》的分析"，载《残疾人研究》2012 年第 2 期。

〔5〕 谌香菊："儿童发展权保护立法研究"，广东商学院 2008 年硕士学位论文。

〔6〕 王勇民："儿童权利保护的国际法研究"，华东政法大学 2009 年博士学位论文。

社会活动，有助于儿童的全面发展，发展权是儿童权益的核心内容。[1]李宁认为，发展权主要包括信息权、受教育权、娱乐休息权、思想和宗教自由、个性发展权。[2]学者孟戡将儿童发展权归纳为受教育权、参与权、信息权、休息权和娱乐权等。[3]谌香菊认为，未成年人发展权主要包括受教育权、信息权、娱乐与休息权、思想与宗教信仰自由、表达自由。[4]王雪梅将儿童权利分为儿童生存的权利和儿童发展的权利。儿童发展的权利主要包括儿童应得到的基本教育、在身心和社会获得充分发展两个方面，具体来看，儿童发展权主要包括受教育权、参与权和基本自由的保障。[5]孙莎莎认为，广义的未成年人发展权是与人生存权相对应的概念，将受保护权和参与权包括在内，具体包括受教育的权利、参与社会生活和文化活动的权利、享受咨询和信息的权利、发表意见的权利、娱乐和休闲的权利、宗教信仰的权利、性格发展的权利、享受和睦家庭的权利以及身份、国籍等方面的权利。[6]吴鹏飞认为，《儿童权利公约》所倡导的儿童权利非常全面，主要包括儿童的基本权利和特殊权利。从内容上分为三类：生存权利、受保护权利、发展权利。发展的权利包括了安全的环境，借由教育、游戏、良好的健康照顾及社会、宗教、文化参与的机会，使儿童获得均衡的发展。[7]可见，这里把未成年人发展权看作是儿童权利的内容。

第二类是从发展权视角出发来划分未成年人发展权的内容。彭清燕认为，留守儿童发展权包括个体性发展权和社会性发展权两个方面。[8]胡凡青基于发展权的特点将未成年人发展权划分为三个层次：安全成长的权利和不受虐待的权利；受教育的权利和玩耍的权利；获得健康信息的权利。[9]宋丁博南认为，未成年人发展权包括经济发展权、政治发展权、文化发展权、社会发

〔1〕 包运成："我国儿童发展权的保障——《以儿童权利公约》在中国的实施为视角"，载《辽东学院学报（社会科学版）》2011年第4期。

〔2〕 李宁："浅析儿童权利的法律保护"，山东大学2007年硕士学位论文。

〔3〕 孟戡："浅议中国家庭中儿童的发展权"，载《理论导报》2007年第8期。

〔4〕 谌香菊："儿童发展权保护立法研究"，广东商学院2008年硕士学位论文。

〔5〕 王雪梅：《儿童权利论：一个初步的比较研究》，社会科学文献出版社2005年版，第114页。

〔6〕 孙沙沙："保护儿童发展权视域下的网络色情立法监管"，载《郧阳师范高等专科学校学报》2011年第1期。

〔7〕 吴鹏飞：《儿童权利一般理论研究》，中国政法大学出版社2013年版，第110页。

〔8〕 彭清燕："农村留守儿童平等发展权理论新思考"，载《当代青年研究》2012年第12期。

〔9〕 胡凡青："儿童发展权及其法律保护研究"，南京工业大学2013年硕士学位论文。

展权、可持续发展权。〔1〕

　　第三类是从权利主体的视角出发来划分未成年人发展权的内容。宋青楠从智障未成年人发展需求的角度提出智障未成年人发展权的主要内容包括受教育权、平等权、康复权以及参与权。〔2〕严妮对农村残疾未成年人的个人发展权进行研究，认为农村残疾未成年人的发展权主要体现在获得康复服务、接受教育和参与社会生活方面。〔3〕

表 1-1　未成年人发展权的内容观点分类

视角	未成年人发展权的内容	代表学者
儿童权利视角	生活水准权、受教育权、参与权、基本自由权、受照顾权	Gareth A. Joneself（2005 年）
	生活水准权、受教育权	A. 艾德（2001 年）
	受教育权，基本的自由权，参与权，劳动权和劳动保障权，休闲、娱乐、文化活动权	王勇民（2009 年）
	受教育权、基本自由权、参与权	王雪梅（2005 年）
	获得安全的环境，获得健康照顾，获得社会、宗教、文化参与的机会	吴鹏飞（2013 年）
发展权视角	受教育权、娱乐休息权、思想和宗教自由、个性发展权，信息权，包括所有儿童的教育机会平等和分配正义	李宁（2007 年）
	安全成长的权利和不受虐待的权利、受教育的权利和玩耍的权利、获得健康信息的权利	胡凡青（2013 年）
	个体发展权层面：受保护权、生存发展权、身心健康成长权、安全保障权、获得帮助权、社会保障权；社会发展权层面：受教育权、休息娱乐权、获得信息权、参与权	彭清燕（2012 年）

〔1〕　宋丁博男："论我国儿童发展权的法律保障"，武汉大学 2018 年博士学位论文。
〔2〕　宋青楠："智障儿童发展权的法律保护"，黑龙江大学 2013 年硕士学位论文。
〔3〕　严妮："农村残疾儿童生存权和发展权状况值得关注——基于《儿童权利公约》和《残疾人权利公约》的分析"，载《残疾人研究》2012 年第 2 期。

续表

视角	未成年人发展权的内容	代表学者
权利主体视角	受教育权、平等权、康复权以及参与权	宋青楠（2013年）
	康复权、受教育权、参与权	严妮（2012年）

（三）未成年人发展权保护的现状

高敏、李佳孝指出，当前中小学未成年人发展权保护不尽人意，包括不按规定开齐开足课程、设置尖子班和重点班严重影响学生健康等。[1]关颖指出，当前家庭教育中存在把孩子当大人看的成年人本位，把未成年人缺点当优点看的认识偏颇，不允许未成年人失败等问题。提出独生子女发展权的家庭保护要以儿童为本的理念、注重儿童全面发展、注重儿童的发展过程和儿童发展的主体性。[2]陈江新指出，留守儿童在现行体制壁垒中他们的自由全面发展面临着信息接收不完整、享受教育不够充分、个性发展不够全面等严峻挑战，需要得到政府及各方面的力量开展对留守儿童的发展权的保护工作。[3]赵文认为，上海未成年人发展权保护方面存在着"过度"保护与保护不足、畸轻畸重、不平衡的状况。[4]中国青少年研究中心课题组对1991年《未成年人保护法》颁布以来的未成年人的权益状况进行调查。在未成年人发展权状况方面，指出未成年人保护机构、法律体系、保护机制、实现和保障等方面仍存在不健全、不完善之处。[5]

（四）未成年人发展权立法保护

在未成年人发展权立法保护方面，专门论及未成年人发展权立法保护的研究只有零星的几篇文章。如余雅风的《改革开放30年青少年发展政策的回顾与展望》《未成年人发展权与农村青少年发展的立法保护》《未成年人法学

---

〔1〕高敏、李佳孝："学校保护中小学生发展权的现状与对策"，载《太原师范学院学报（社会科学版）》2007年第4期。

〔2〕关颖："关于童年的思考——论独生子女发展权的家庭保护"，载《当代青年研究》2009年第3期。

〔3〕陈江新："留守儿童发展权在体制壁垒中的突围之道"，载《学理论》2010年31期。

〔4〕赵文："从联合国《儿童权利公约》看上海未成年人权利保护"，载《上海青年管理干部学院学报》2008年第3期。

〔5〕中国青少年研究中心课题组："中国未成年人权益状况报告"，载《中国青年研究》2008年第11期。

学科建设及其体系架构——从未成年人法的立法目的及其研究现状谈起》，谌香菊的《儿童发展权保护立法研究》，彭清燕、汪习根的《留守儿童平等发展权法治建构新思路》，宋青楠的《智障儿童发展权的法律保护》，杨国平的《论儿童发展权及其法律保护》，孙毅的《论儿童发展权法律保护的原则》等。

余雅风认为，我国农村青少年的身体和心理发展现状不容乐观，针对平等发展权的立法存在不足，需要确立和保障农村青少年的平等发展权、通过专项设立、法律赋权的形式保障农村青少年发展权。[1]宋青楠认为，我国智障儿童发展权存在专门性立法缺乏；相关法律缺少罚则，操作性差；权利受到侵害缺乏救济机制等问题。他提出立法要遵循基本人权优先原则、政策强制平衡原则、司法及时救济原则；确立宪法司法保护机制，建立健全司法援助制度；加强政府和社会监督等来保障智障儿童的发展权。[2]谌香菊认为，尽管我国制定了关于儿童发展权的立法保障体系，但仍存在儿童发展权保护的立法原则不完善、立法观念落后、基本内容规范不完整、特殊儿童发展权保护规定不全面等问题。究其原因，一方面保护儿童发展权的权利意识淡漠，另一方面儿童发展权的理论研究滞后，不能为立法提供充分的理论支持。[3]孙毅认为，未成年人发展权具有必然性、依赖性和多样性。在此基础上提出了未成年人发展权保护的原则：尊重原则、非歧视原则和利益最大化原则。[4]杨国平指出我国对儿童发展权法律保护存在尚未形成完备的法律体系、对儿童发展权的保护缺乏执行力度等不足，并提出建立家庭法律制度、完善少年司法法律制度等完善我国儿童发展权保护的制度构建。[5]李飞飞从国际法视角对未成年人发展权进行探讨，指出我国在保护儿童发展权认识上缺乏，缺乏儿童最大利益原则，立法过于形式化，具体法律保障措施缺乏。[6]李梦阳认为，网络环境下未成年人发展权面临网络暴力、网络隐私泄露、网络识别能力不足、法律保护规定不足等新的网络信息安全问题，需要通过《未成年人保护

〔1〕 余雅风："未成年人发展权与农村青少年发展的立法保护"，载《"十一五"与青少年发展研究报告——第二届中国青少年发展论坛暨中国青少年研究会优秀论文集（2006）》。
〔2〕 宋青楠："智障儿童发展权的法律保护"，黑龙江大学2013年硕士学位论文。
〔3〕 谌香菊："儿童发展权保护立法研究"，广东商学院2008年硕士学位论文。
〔4〕 孙毅："论儿童发展权法律保护的原则"，山东大学2007年硕士学位论文。
〔5〕 杨国平："论儿童发展权及其法律保护"，贵州大学2008年硕士学位论文。
〔6〕 李飞飞："儿童发展权的国际法研究"，辽宁大学2016年硕士学位论文。

法》拓展保护范围、完善未成年人隐私保护立法规范。[1]

三、现有研究述评

第一，在发展权、未成年人立法、儿童发展方面，国内外学者进行了大量的研究，为本书提供了较为丰富的资料和理论来源。①在发展权方面，学者们对发展权的本质、主体、性质、内容、价值以及保障机制进行了充分探讨，这些研究为认识未成年人发展权提供了基本的研究范式和研究路径。②在未成年人立法方面，已有研究主要对未成年人立法的内容、理念、存在的问题进行研究。在未成年人立法价值研究中，吴鹏飞等以全体儿童健康全面发展作为儿童福利立法价值取向。余雅风认为，未成年人发展权应该作为未成年人立法的基本价值。这些观点为本书进一步认识未成年人发展权提供了视角。③在儿童发展理论方面，国内外学者对儿童发展理论和实践进行了积极探索，对儿童发展的内容和影响因素的探究取得了丰富的成果，这些研究为本书认识未成年人发展权提供了较为丰富的资料和理论来源。

第二，通过研究综述发现，对未成年人发展权的研究主要集中在以下几个方面：

在未成年人发展权的概念界定方面，汪习根、陈江新对留守儿童发展权作出界定，他们从发展权的一般定义来简单地推导未成年人发展权的概念，强调未成年人发展权与发展权之间的内在联系，但任何事物都既具有该类事物的普遍性，又有自己的特殊性。未成年人发展权亦是如此。未成年人与成年人不同，他们是发展的个体，身心处于发展过程当中。如果缺乏对未成年人发展内在规定性的认识，就无法认识未成年人发展权的本质。佟丽华、王雪梅、卜卫等人从儿童发展的角度对未成年人发展权概念进行界定。如卜卫认为未成年人发展权既包括受教育权，还包括充分发展其全部体能、智力、精神、道德、个性和社会性的权利。[2]这一定义将精神、道德、个性和社会性放在一起产生重复，不够周延。缺乏对未成年人发展的全面认识，更不能得出作为法定权利的未成年人发展权的内涵和外延。彭清燕、严妮分别对留守儿童、农村残疾儿童发展权进行界定。留守儿童、智障儿童均属于未成年

[1] 李梦阳："网络环境下未成年人发展权及其保护"，载《人权研究》2019年第2期。
[2] 卜卫：《媒介与儿童教育》，新世界出版社2002年版，第67页。

人群体，他们是未成年人群体中的特殊群体。这些研究揭示了特殊未成年人的发展权，但未将未成年人作为整体来认识未成年人发展权。我们可以发现，现有研究存在的主要问题有：①缺乏对未成年人发展权作为法定权利的内涵和外延的认识。②缺乏从未成年人作为整体角度来认识未成年人发展权。总而言之，已有研究由于对未成年人发展缺乏系统的认识，亦无法形成对未成年人发展权的全面认识。儿童发展理论以未成年人为研究对象，对未成年人发展进行全面、系统的研究，它能够揭示未成年人发展的特殊性，这一理论为认识未成年人发展权提供了认识可能和理论支撑。本书将从儿童发展视角出发来全面认识未成年人发展的特殊性，进而探究作为法定权利的未成年人发展权概念的内涵和外延。

在未成年人发展权的内容方面，已有研究从不同视角对未成年人发展权的内容进行探究。王勇民根据《儿童权利公约》的内容规定，对未成年人发展权的内容作出分类。王雪梅、吴鹏飞分别从儿童权利角度将未成年人发展权视为儿童权利的重要内容，并对其进行分类。如王雪梅将未成年人发展权划分为受教育权、参与权和基本自由权。彭清燕将未成年人发展权分为个体性发展权和社会性发展权，其中个体性发展权包括了受保护权、生存权、安全保障权、社会保障权等。这一对未成年人发展权的认识增加了生存权的内容。然而，关于未成年人发展权的内容研究存在的问题是：①学者对于未成年人发展权的内容进行划分，但对于如何将未成年人发展权具体化为不同权利内容，相关研究缺乏理论论证。由于缺乏对未成年人发展权性质的讨论，对未成年人发展权的内容亦无法作出合理的分类。对于未成年人发展权是一项怎样性质的权利，还有待于进一步认识。这就为本书提供了研究的空间。②已有研究将生存权、参与权、受保护权、受教育权作为发展权的内容进行讨论。但是缺乏从入法的视角对将未成年人发展权作为一项法定权利与《未成年人保护法》规定的生存权、受保护权、参与权、受教育权等权利之间的关系进行讨论，对于未成年人发展权在未成年人保护法当中的地位缺乏探讨。

在未成年人发展权立法保护方面，学者们对未成年人发展权立法保护研究数量比较少。余雅风、宋青楠对农村未成年人、留守儿童的发展权立法保护进行专门研究，但这些研究无法为未成年人作为整体的发展权的立法保护提供支持。谌香菊、杨国平等分别对未成年人发展权立法保护进行研究，由于缺乏未成年人发展权的深入理论研究，对未成年人发展权立法保护的研究亦缺乏从系统的角度出发，不能为未成年人立法提供充分的理论支持。因此，对立法如何规范未成年人发展权有待于深入研究。

概而言之，现有关于未成年人发展权的研究，缺乏未成年人发展权作为法定权利的内涵和外延、性质及内容的研究，也缺乏如何从立法上保障未成年人发展权的探讨。因此，本书将对未成年人发展权展开深入系统研究，探究如何通过立法保护未成年人发展权。

第四节　核心概念

一、未成年人

未成年人是一个法学概念。在《法学大辞典》中，未成年人是指"没有达到法定成年年龄的公民"[1]。我国《未成年人保护法》明确规定未成年人系指未满 18 周岁的公民。未成年人这一概念包含几层含义：①从年龄上来看，未成年人是未达到成年年龄的个体，主要是指 0 岁至 18 岁的人。②未成年人是一国的公民。公民一词源于拉丁语"civis"或"cititas"，意思是古代城邦的成员。[2]《辞海》对公民的定义是："具有本国国籍、并依据宪法或法律规定，享有权利和承担义务的人。"公民和公民身份联系在一起。公民身份的获得是公民拥有权利和义务的基础和前提。未成年人作为公民意味着他们是享有权利的主体，享有宪法和法律规定的权利。未成年人理应依法享有与其他公民同等的权利，诸如平等权、人身权、政治和自由权利、宗教自由权、社会经济权、文化教育权方面的基本权利。

未成年人与儿童常常联系在一起。在《教育大百科全书》中，儿童主要指"身心处于未成熟阶段的个体"。儿童年龄阶段被划分为：乳儿期（出生至1 岁），婴儿期（1 岁至 3 岁），幼儿期（3 岁至 7 岁），童年期（6 岁到 12岁），少年期（12 岁至 15 岁），青年初期（15 岁至 18 岁）。陆士帧认为，儿童不仅是一个生理发展概念，而且是一个心理发展概念，甚至是社会化性发展概念。儿童这一概念是对一个人的发展阶段的表达，处于这一发展阶段是

---

〔1〕　周振想主编：《法学大辞典》，团结出版社 1994 年版，第 265 页。

〔2〕　[英] 恩靳·伊辛、布雷恩·特纳主编：《公民权研究手册》，王小章译，浙江人民出版社2007 年版，第 144 页。

一个人的生理、心理和社会性发展特别快的时期，即一个人的快速生长期。[1]从法律上来看，1989 年，联合国《儿童权利公约》明确规定 18 岁以下的任何人均可以被称为儿童。但在我国，儿童一般指 6 岁至 14 岁或 14 岁以下的人。《流动儿童少年就学暂行办法》第 2 条规定本办法所称流动儿童少年是指 6 周岁至 14 周岁（或 7 周岁至 14 周岁）的儿童少年。我国《刑法》猥亵儿童罪中的"儿童"是指 14 周岁以下的人。

本书所使用的是未成年人这一法律概念，是指未满 18 周岁的公民。未成年人这一概念具有以下内涵：①从法律规定来看，未成年人是未满 18 周岁的公民。未成年人作为公民意味着未成年人是享有权利的主体，这也就明确了未成年人的权利主体。未成年人同宪法规定的其他公民享有同等的权利，此外，根据我国宪法和法律规定，未成年人作为宪法规定的特殊群体，不仅享有宪法规定的一切权利，还享有特殊权利。②未成年人是发展中的人，与成年人不同，儿童期是未成年人发展的关键期。他们的身心处于不断发展的过程中，机体的骨骼、肌肉、大脑的发育以及思维、记忆、想象、创造等认知能力都处于不断发展的过程中。同时，未成年人的发展又是一个社会化的过程。

二、发展权

（一）发展

"发展"一词，英文为"develop"（动词）或"development"（名词）。当作为名词讲时，主要指发育、成长；发展的结果；开发之意。[2]"发育、成长"可以被理解为物的发育、生长，也可以被理解为人的发育、成长。

发展是一个被广泛用于生物学、经济学、哲学、法学、教育学以及心理学等领域的复杂概念。不同学科的研究者对发展进行了不同解释，赋予了发展不同的内涵。如将发展视为内在潜能的实现过程、经济增长、赋权、人的身心发展变化等。可以说，发展一词有着丰富的内涵。尽管研究者们的解释各不相同，但当发展指向人时，主要是指人的发育、成长。在《心理学大辞典》中，发展在广义上是指从出生到成熟直至衰老的生命全程中，个体生理

---

〔1〕 陆士桢、魏兆鹏、胡伟编著：《中国儿童政策概论》，社会科学文献出版社 2005 年版，第 4 页。
〔2〕 黄文仪主编：《牛津英汉百科大辞典》，旺文社股份有限公司 1989 年版，第 479 页。

与心理随年龄增加而变化的过程。在狭义上是指从出生到青春期的身心变化过程。[1]由以上解释可以看出，当发展指向人时，其原初含义是个体的发育、成长的过程。这里的发展还是一个过程性概念，强调个体的身心变化的过程。

本书中的发展是从人的发育、成长的角度出发，是指个体的身心随年龄增加而变化的过程。

（二）权利

对于权利一词，《布莱克法律词典》将其定义为"一个人所具有的在国家认同并帮助下控制他人行为的能力"。[2]关于权利的理论主要有以下几种观点：一是自由论。霍布斯、斯宾诺莎、康德从伦理角度将自由看作是权利的本质，或者将权利看作是"自由""免受干扰的条件"。[3]二是资格论。格劳秀斯最初将权利看作是道德资格。资格论代表人物马丁、迈克洛斯基和米尔恩认为权利是一种（法律授予的）资格，而不是对别人的要求。米尔恩认为某人对某物享有权利，是说某人有资格享有它。三是利益说。利益说的主要观点是将权利的基础看作利益。其强调利益是权利的基础，义务的设置是为了满足个人的利益。奥斯丁认为，权利的特质在于给所有者以利益。[4]四是选择说。选择说的主要观点强调自由和选择是权利的本质。这是由于法律关注自由和选择，其构成了权利认识的核心。五是法力说。德国法学家梅克尔认为权利的本质是法律和国家权利保证人民为实现某种特定利益而进行一定行为的"力"。后来法力说进一步表述为：权利是法律赋予权利主体的用以享有或维护特有利益的力量，或为保障权利主体的利益而对一定法律结果所应承受的影响。[5]这一理论强调权利是法律赋予的，权利指向于利益，法律保护权利，也即保护权利主体的利益。

为了全面认识权利概念，对权利下一个确切的定义，张文显概括了八种权利的学说，分别为资格说、利益说、主张说、自由说、法力说、规范说、可能说、选择说。[6]无论哪种学说都可以从一个侧面对权利进行认识。本书

---

〔1〕 林崇德等主编：《心理学大辞典》，上海教育出版社 2003 年版，第 280 页。

〔2〕 *Black's Law Dictionary*, 6th Edition, St. paul, Minn. : West Publishing Co. 1990：1324.

〔3〕 张文显：《权利与人权》，法律出版社 2011 年版，第 10 页。

〔4〕 张文显：《法学基本范畴研究》，中国政法大学出版社 1993 年版，第 76 页。

〔5〕 佟柔主编：《中国民法学：民法总则》，中国人民公安大学出版社 1990 年版，第 68 页。

〔6〕 张文显：《法哲学范畴研究》，中国政法大学出版社 2001 年版，第 303~305 页。

对权利的理解立足于我国学者对权利的要素和形态的论述。本书从综合的、多维的角度来了解权利这一概念。在论文讨论中，结合不同理论对具体权利进行论证。

（三）发展权

发展权是发展和权利的结合。发展权概念最早由非洲提出。它的最初含义是不发达国家向发达国家要求发展的权利。直到 1986 年，联合国大会通过《发展权利宣言》明确规定了发展权这一概念。

关于发展权内涵的争论，国内外学者莫衷一是。归纳起来有几种观点：一是主体定义法。从人权主体出发，有的学者认为狭义上发展权主要被用于国际法领域，是发展中国家向发达国家争取发展机会，争取权利，要求发达国家承担义务的权利，其前提是国家关系。广义发展权的前提是人的发展，它本质上是一个权利束。他从人权的角度将人的需要分为四个层次，即生存、安全、相互关系和自我实现。发展权对应于自我实现，属于广义发展权。[1]有的学者认为发展权只是"一项不可剥夺的国家的权利，不能将它视为一项抽象的个人权利"。[2]二是内容定义法。阿琼·阿森古普塔从发展的特性出发，认为发展权是发展过程的权利，这一过程并不是以经济发展为根本，而是以权利主体的人权为主张，把这一过程看作公平机会享有的过程。发展权的本质是公平和正义。公平、正义、参与和自由是发展权的内在价值。[3]这一观点不仅仅将发展看作是一个过程，并且指出发展的实质是人的公平享有机会。此外，他还指出发展权是一个由食物权、保健权、受教育权、住房权以及经济、社会和文化权，公民权利和政治权利多种要素组成的权利矢量。约翰·奥马尼克（John O'Manique）认为发展与权利结合的理论基础是基于这样的信念和理论基础。这里的发展是个人或集体实现他所信念的善的过程。权利是个人要求发展的主张，这一主张是人类相信发展是善的信念的支持。他认为，发展权利主要包括：食物、住所、安全的环境、安全、健康、知识、工作、

---

〔1〕 何志鹏：《权利基本理论：反思与构建》，北京大学出版社 2012 年版，第 178 页。

〔2〕 转引自汪习根：《法治社会的基本人权——发展权法律制度研究》，中国人民公安大学出版社 2002 年版，第 52 页。

〔3〕 Arjun Asengupta, "On the Theory and Practice of the Right to Development", *Human Rights Quarterly*, 2002: 848~849.

信仰自由、表达自由、交往自由、自我决定等。[1]三是"资格说"和"利益说"。汪习根认为，发展权是全体个人及其集合体有资格自由地向国内和国际社会主张参与、促进和享受经济、政治、文化和社会各方面全面发展所获利益的一项基本权利。[2]

这些观点解释的差异性导致了对发展权概念的理解分歧，因此有必要对这些观点进行辨析。其一，主体定义法将发展权看作发展中国家向发达国家争取发展机会和权利，要求发达国家承担义务的权利。这种权利关注"发展"的经济增长内涵，忽视人的发展要求，与人的全面发展本性和发展权的实质相背离，具有一定的片面性。其二，从传统人权形式来看待发展权，那么可以得出发展权是和具体人权的综合。正如有学者所指出的，发展权被认为是"各种公认的人权的'综合体'"。这样一来，它就失去了独立的存在价值，充其量也不过从是被当成"认识新的人权的一个步骤"[3]。其三，"资格说"和"利益说"不仅指出发展权的人权特征，还强调从权利属性的角度认识发展权，从发展的实质和发展权形式上的本质特征对发展权概念进行诠释，揭示了发展权这一权利的内涵。对发展权的权利结构进行分析，指出发展权的主体不仅包括个体和集体，发展权的义务主体不局限于国际，而且还包括国内，这一定义拓宽了发展权的范围和广度，为发展权由应然人权向法律权利的转变提供了基础。

本书从发展和权利认识的角度，认为发展权指的是作为个体的人享有的满足其发展所需的基本条件的权利。这一概念具有以下含义：①从权利主体来看，作为个体的人是发展权的主体，这里的人包括成年人也包括未成年人。②从发展权的内容来看，发展权涉及人的身心发展需要的方方面面。诸如食物、住房、安全、自由、健康、教育、环境等。

三、未成年人立法

（一）立法

立法一词，英文为"legislation"。它有两层含义：一是指法律的制定，英

---

[1] John O' Manique, "Human Rights and Development", *Human Rights Quarterly*, 1992, 14（3）：84.

[2] 汪习根："发展权含义的法哲学分析"，载《现代法学》2004 年第 6 期。

[3] Oscar Schachter, *Implementing the Right to Development：Programme of Action*, Martinus Nijhoff Publishers, 1992：27.

文为"legislation"或"to enact laws";二是指制定的法律,英文为"law enac-ted"。《牛津法律大辞典》中的立法是指:"通过具有特别法律制度赋予的有效地公布法律的权力和权威的意志制定或修改法律的过程。它也指在立法过程中所产生的结果,即所制定的法律本身。"〔1〕这一定义将立法界定为制定法律的过程和结果。从法律本身来讲,立法是指立法活动所产生的规范性文件这一结果。如民事立法,也可指某些民事方面的具体法律。《法学词典》中的立法是指:"国家立法机关按照立法程序制定、修改或废止法律的活动……广义上的立法,包括由国家立法机关授权其他国家机关制定法规的活动。"〔2〕

关于立法,学者们的认识见仁见智。周旺生认为立法是指由特定主体,依据一定职权和程序,运用一定技术,制定、认可和变动法这种特定的社会规范的活动。〔3〕李步云在《法理学》一书中将立法定义简化为法的制定即立法,也就是说立法即制定、认可和修改、废止法律规范以及把法律规范系统化的活动。〔4〕可以说,法学界对立法概念的理解一般分为广义和狭义之说。广义上的立法与法理学所讲的法的创制同义,是指有关国家机关在其法定的职权范围内,依照法定的程序、制定、修改、补充和废止规范性文件以及认可法律规范的活动。正如凯尔森所言:"立法是自觉有意识地来创造法律。"〔5〕狭义的立法,专指国家最高权力机关制定、修改、补充、废止基本法律和基本法以外的法律的活动。

本书主要从制定法的层面,即制定的法律本身来理解立法这一概念。本书理解的立法是广义的立法,主要是指立法主体依据其法定职权制定法律文本的活动。立法主体包括中央立法主体和地方立法主体。中央立法主体包括全国人民代表大会、国务院等。地方立法主体主要包括地方人大及其机构。本书所指的法律文本包括宪法、法律、行政法规(包含部门规章)、地方性法规等。

(二)未成年人立法

未成年人立法主要是指立法主体依据其法定职权制定有关未成年人法律

〔1〕 [英]戴维·M. 沃克:《牛津法律大辞典》,李双元译,法律出版社 2003 年版,第 547~548 页。

〔2〕 《法学词典》编辑委员会编:《法学词典》,上海辞书出版社 1984 年版,第 217 页。

〔3〕 周旺生:《立法学教程》,北京大学出版社 2006 年版,第 61 页。

〔4〕 李步云主编:《法理学》,经济科学出版社 2000 年版,第 505 页。

〔5〕 [美]汉斯·凯尔森:《国际法原理》,王铁崖译,华夏出版社 1989 年版,第 338 页。

文本的活动，是未成年人法所要促进的价值法律化的过程。由于未成年人是社会的弱势群体，他们在法律上无行为能力或限制行为能力，身体和心智发育尚不健全，必须通过制定专门的法律对未成年人进行特殊保护。同时，未成年人与成年人不同，他们的身体和心智正在发育过程中，是一个人发展过程中的特殊阶段，未成年人立法必须针对未成年人这一保护对象，根据其身心发展的特性，设计与成年人不同的制度，并规定不同主体的义务和责任。目前，从我国未成年人立法涉及的内容上来看，主要包括三类：未成年人刑事立法，未成年人福利立法，未成年人教育、保护立法。从未成年人立法的体系上来看，主要包括《宪法》《未成年人保护法》《预防未成年人犯罪法》《民法典》《刑法》《义务教育法》《母婴保健法》等基本法律，《中国儿童发展纲要（2011-2020 年）》《国家中长期教育改革和发展规划纲要（2010-2020 年）》等与未成年人有关的行政法规及其部门规章，以及未成年人保护条例等地方法规。此外，国际上关于未成年人权利的法律主要包括《经济、社会及文化权利国际公约》《公民权利及政治权利国际公约》《儿童权利宣言》《儿童权利公约》《儿童生存、保护和发展世界宣言》《千年宣言》等国际条约。

四、法的目标价值

（一）法的价值

价值一词，在日常生活中常常被理解为有用、有益。价值的英文为"value"，即表示物对于人的有用性。哲学上，价值是一个表征关系的范畴。它反映的是人与外界物的关系。

关于法的价值，卓泽渊认为："法的价值是法律对人的意义、作用或效用和人对这种效用的评价。"[1]张文显认为，法的价值是指"在人（主体）和法（客体）的关系中体现出来的法律的积极意义或有用性"。[2]他进一步指出，在法学研究中，法的价值包含三层含义[3]：其一，法的价值是指法律在发挥其社会作用的过程中能够保护和促进的那些值得期冀、希求或者美好的东西。

---

〔1〕 卓泽渊：《法的价值论》，法律出版社 1999 年版，第 8 页。
〔2〕 张文显：《法哲学范畴研究》，中国政法大学出版社 2001 年版，第 192 页。
〔3〕 张文显主编：《法理学》（第 2 版），法律出版社 2004 年版，第 306~307 页。

它们构成了法律所追求的理想和目的，也被称为"目标价值"或"外在价值""目的价值"。其二，法的价值是指法律自身所应当具有的值得追求的品质和属性。即与法的目的性价值不同，这些品质和属性不是法律追求的理想和目的，而是法律自身在形式上应当具备的和值得肯定的好品质，被称为法的"内在价值"或"形式价值"。其三，法的价值是指法律所包含的价值评价标准。这里的价值当动词使用，表示"评价"。法的价值问题也就是法评价的标准问题。可以说，法的价值既包含了法的理想和目标，也包含了法的自身的价值以及在法的价值选择时所遵循的标准或准则。

法的价值是一个由多种要素构成、以多元形态存在的体系。法的价值主要包括秩序、正义、自由、效益、人权，这些都是法的基本价值。在社会发展的不同时期，一种价值处于首要地位，而其他价值会处于次要地位。因此，法的价值是一个选择和判断的过程。

（二）法的目标价值

法的目标价值也可以被称为法的价值目标，是法的目的性价值的体现。本书所指法的目标价值主要是指立法者把价值期望赋予法律，这种体现在法律之中的目标和价值取向可以被称为法的目标价值。实际上，凡是借助于法律上的权利以及义务加以保护和促进的美好事物，都可以被视为法的目标价值。

第五节　研究思路、研究方法及研究创新

一、研究思路

本书主要以儿童发展理论和权利理论为理论来源和依据，厘清作为法定权利的未成年人发展权的内涵和外延，对未成年人发展权的权利性质和内容进行探究，探究立法如何将未成年人发展权具体化为法律规范。比较和借鉴国外未成年人立法，分析我国现有立法在未成年人发展权保护中存在的问题及成因，最后提出关于未成年人发展权保护的立法建议。这一研究将未成年人发展权的理论探讨与未成年人发展权立法保护的实践分析结合起来。为了更好地探讨上述问题，本书主要通过文献研究法、文本分析法、比较研究法等具体方法展开对未成年人发展权这一理论问题的研究。

第一，从理论层面探讨未成年人发展权的分析框架。本书以儿童发展理论为研究视角，运用法理学的概念和研究方法，从法理上认识和构建未成年人发展权，明确了未成年人发展权的内涵、性质，并对未成年人发展权与其他权利的关系进行分析。在此基础上，从未成年人发展权与未成年立法关系出发，揭示如何将未成年人发展权具体化为法律规范。从而奠定未成年人发展权的分析框架。

第二，在理论探讨基础上，梳理现有未成年人法律，分析和揭示未成年人发展权保护立法存在的问题并分析成因。通过运用文本分析法，对与未成年人相关的现行法律文本进行系统梳理和分类。按照立法主体的不同，主要分为三类：基本法律、行政法规和规章以及地方法规。基本法律主要选取《宪法》《未成年人保护法》《预防未成年人犯罪法》《民法典》《刑法》《教育法》《义务教育法》等基本法律为分析对象。行政法规主要选取《国家中长期教育改革和发展规划纲要（2010-2020年）》《残疾人教育条例》等。地方性法规主要以地方未成年人保护条例为对象进行分析。从未成年人发展权的不同层面探讨现有未成年人立法存在的问题并分析成因。

第三，在上述研究基础上，进一步提出关于未成年人发展权保护的立法建议。

研究内容共分为四个部分。第一部分，第一章。主要介绍选题背景、意义、文献综述、研究思路、研究方法、研究创新。第二部分，第二章。对未成年人发展权的提出和入法背景、内涵、性质进行法理分析，对未成年人发展权与其他四项具体权利的关系进行分析。在此基础上，分析如何将未成年人发展权具体化为法律规范，提出关于未成年人发展权研究的分析框架。第三部分，第三、四、五章。在完成对未成年人发展权的基本理论探讨后，构建未成年人不同层面发展立法保护的具体内容。比较和借鉴美国、英国、日本三国未成年人立法，并对我国现行法律在未成年人发展权保护中的现状、存在问题及其成因进行分析。第四部分，第六章。研究结论与建议。提出完善我国未成年人发展权保护的建议。

二、研究方法

对科学研究来讲，用于研究的方法本身是否科学和正确，是决定研究活动成功与失败的关键所在。本书在规范分析基础之上，运用法理学的相关概念和理论，并借鉴法学、教育学、心理学、哲学、伦理学、社会学等多学科的知识，对未成年人发展权展开研究。具体采用文献法、比较研究法、文本分析法作为本书的研究工具。

（一）文献研究法

文献是记录知识的载体，它是将知识、信息用文字、图像、音频等记录在一定的物质载体上的结合体。[1]文献研究法是科学研究中重要的研究方法之一。它是通过查阅、分析和整理与研究对象相关的文献和资料，以达到对研究对象的系统认识。通过文献检索，不但可以获得与研究选题相关的文献、著作、文本、网站资料等信息，了解相关领域的前沿动态，还可以对所获得的信息进行整理、分类和归纳，以进一步明确所研究的问题和确立研究的视角。可以说，文献研究非常重要，只有全面占有文献和掌握文献所涵盖的丰富的内容，才能够对所研究的问题有深入、全面的认识，从而进行整体把握。

本书主要围绕未成年人发展权的基本理论问题及其实现进行研究。通过对《儿童权利公约》及《未成年人保护法》的相关文献检索，通过对发展权、未成年人发展权等相关概念的国内外文献检索，分析已有研究的成果和不足，确立本研究的基本问题和研究视角。对于核心概念的确定，本书同样采取文献检索方式，对与本书核心概念相关的期刊文献、著作等进行检索，通过辨析和归纳确定核心概念在本书中的内涵。

本书主要文献检索的过程是：以发展权、未成年人发展权、未成年人立法、儿童发展等为关键词，通过中国知网、维普、读秀、书生之家、万方数据、Google、Westlaw、HeinOnline等相关网站，对涉及未成年人发展权的相关文献、著作、案例等进行检索。同时，通过联合国、联合国儿基会、中国政府网、教育部、中国法律法规信息系统、中国人大网等相关网站搜集我国未成年人相关的法律文本。本书将检索到的资料分为三类：一是期刊类文献（包括期刊、博硕士论文）；二是著作类文献（包括法学、心理学、政治学、教育学、社会学等中外著作）；三是法律类文献，主要包括联合国有关未成年人的法律文件、国家层面未成年人保护法律法规、地方未成年保护法规及规章。

在文献检索的过程中，还采取"顺查法"和"逆查法"相结合的方式，

---

[1] 陈向明主编：《教育研究方法》，教育科学出版社2013年版，第37页。

首先采取顺查法，根据研究主题按时间顺序，由远及近、从旧到新地进行全方位检索；逆查法主要是在已有的文献中对引文文献、附录参考文献进行检索。同时，本书还采取了关键学者跟踪法。关键学者跟踪法是为了避免搜集到的文献繁多，对所研究领域的关键学者进行文献检索，以获得有关领域较为前沿和有价值的观点。本书主要关注相关领域的学者有：劳凯声、余雅风、尹力、康树华、佟丽华、柳华文、王雪梅、张文娟、汪习根、姚建龙等；儿童发展及心理学领域的学者有：R. 默里·托马斯、林崇德、桑标等。

（二）比较研究法

比较研究法也被称为比较法，它既是一种研究方法也是一门学科。比较研究法是指两个或两个以上的事物或对象加以对比，以找出它们之间的相似性与差异性的一种分析方法。[1]本书运用比较研究法主要是通过横向比较不同国家的法律制度、理念、原则、内容等，发现其中的共同点和差异，以达到分析的目的。欧美国家建立了较为完善的未成年人保护的法律制度体系，通过分析和比较国外未成年人保护法律制度，可以为建构我国未成年人发展权的法律制度保障体系提供参考和借鉴。本书以美、英、日[2]三国作为分析和比较的对象进行考察，分别选取美国、英国、日本具有代表性的未成年人法律进行比较。如美国《儿童保护法》《让每个孩子成功法》《2000年目标：美国教育法》《不让一个孩子掉队法》《儿童早期教育法案》《儿童虐待预防与处理法案》等；英国《儿童法》《儿童照顾法》《教育法》《初等教育法》等；日本《宪法》《儿童福利法》《学校教育法》《教育基本法》等进行比较，主要分析国外关于未成年人保护法律制度的立法目标、原则、保障措施等，为我国未成年人保护立法提供可资借鉴的经验。此外，本书还梳理有关未成年人发展权的国际性文件，如《儿童权利宣言》《儿童权利公约》《儿童生存、保护和发展世界宣言》等文件等。

（三）文本分析法

文本分析法是一种运用一定的步骤对文本进行分析，推敲文本背后隐藏的价值和意图的方法。文本分析分为三类：一是文本定量分析，对文本中关

---

〔1〕 林聚任等主编：《社会科学研究方法》，山东人民出版社2004年版，第151页。

〔2〕 美国拒绝加入联合国《儿童权利公约》，但在未成年人权利保护方面依然走在前列，所以作为考察对象之一。日本和英国也在未成年人保护方面建立了相对完备的保障体系。英国早在1919年就成立了儿童救助组织，在儿童权利保护制度建设方面卓有成效。

键词的词频统计，重在描述文本中某些规律性现象或者特点；二是文本定性分析，通过对文本中的词语、语句、主题进行阐释，解读文本背后制定者所传达的价值和意图；三是综合分析，即文本的定量分析和文本的定性分析相结合，既对文本进行定量描述也对文本进行阐释和预测。[1]通过对文本的描述、阐释、预测，挖掘文本深层结构以及文本制定者所要传达的意图。法律是由国家颁布的法律、法规和规章，通常以文本形式表现，法律文本反映立法者的价值意图。

国家对于未成年人的保护集中反映在制度和规范上。未成年人发展权作为一项法定权利必然要求立法规定不同权利主体的义务和责任来实现。立法如何规定未成年人发展权，通过具体的法律及其法律制度来反映。因此，研究未成年人发展权的法律文本尤为必要。本书运用文本分析法主要是对未成年人相关法律文本进行分析。通过法律文本分析，可以深入文本背后认识法定权利是否得到充分反映以及立法者的意图。

就本书而言，通过图书馆查找资料和政府官网上搜集与未成年人有关的法律文本，对我国现有未成年人法律文本进行梳理和分类。具体分为三类：第一类是与未成年人有关的法律，主要包括《宪法》《未成年人保护法》《预防未成年人犯罪法》《教育法》《义务教育法》《家庭教育促进法》《民法典》《刑法》《网络安全法》等基本法律；第二类是与未成年人有关的行政法规和规章，主要包括《中国儿童发展纲要》《国家中长期教育改革和发展规划纲要》《残疾预防和残疾人康复条例》《学校体育工作条例》《幼儿园管理条例》《电影管理条例》等；第三类是与未成年人有关的地方性法规，主要选取我国各省市未成年人保护条例。如《北京市未成年人保护条例》《上海市青少年保护条例》等。（见表1-2）

表1-2 关于未成年人发展权的主要法律文本一览

名称	颁布机构	时间
宪法	全国人大	2018年修正
未成年人保护法	全国人大	2020年修订

[1] 涂端午："教育政策文本分析及其应用"，载《复旦教育论坛》2009年第5期。

名称	颁布机构	时间
预防未成年人犯罪法	全国人大	2020 年修订
教师法	全国人大	2009 年修正
教育法	全国人大	2021 年修正
义务教育法	全国人大	2018 年修正
家庭教育促进法	全国人大	2021 年
网络安全法	全国人大	2016 年
民法典	全国人大	2020 年
刑法	全国人大	2020 年修正
……		
义务教育法实施细则	国务院	1992 年
教师资格条例	国务院	1995 年
中国儿童发展纲要（2001-2010 年）	国务院	2001 年
母婴保健法实施办法	国务院	2017 年修订
国家中长期教育改革和发展规划纲要（2010-2020 年）	国务院	2010 年
学校体育工作条例	国务院	2017 年修订
道路交通安全法实施条例	国务院	2017 年修订
残疾人教育条例	国务院	2017 年修订
关于深化教育教学改革全面提高义务教育质量的意见	中共中央、国务院	2019 年
中小学教师继续教育规定	教育部	1999 年
基础教育课程改革纲要（试行）	教育部	2001 年
互联网上网服务营业场所管理办法	公安部等	2001 年
全国家庭教育指导大纲	妇联、教育部等	2010 年
关于进一步做好弃婴相关工作的通知	民政部等	2013 年
……		
北京市未成年人保护条例	北京市人大	2003 年修订
陕西省实施《未成年人保护法》办法	陕西省人大	2009 年修订

续表

名称	颁布机构	时间
上海市青少年保护条例	上海市人大	2013 年修订
辽宁省学前教育条例	辽宁省人大	2017 年
……		

三、研究创新

（一）厘清未成年人发展权的内涵，揭示未成年人发展权与未成年人
　　　生存权、受教育权、受保护权、参与权四项权利之间的关系

厘清未成年人发展权的内涵和外延是未成年人发展权的前提和基础。本书以儿童发展理论为视角，进一步对未成年人发展权的内涵进行法理分析，揭示未成年人发展权是包括未成年人身体发展、智力发展和德性发展内容的基本权利，它是一个权利束，具有母体性。它涵盖了未成年人各个方面发展的权利内容，它借以其他具体权利的落实实现其自身。因此，它与《未成年人保护法》规定的生存权、参与权、受保护权、受教育权不是并列关系，不应该并列在《未成年人保护法》中。

（二）探究未成年人发展权的性质，揭示立法如何将未成年人发展权
　　　具体化为法律规范

已有研究对未成年人发展权的内容划分存在诸多分歧，无法为立法提供有力的理论指导。本书在分析未成年人发展权概念基础上，对未成年人发展权的性质展开论述。未成年人发展权是未成年人的基本人权，是一项母权利，具有价值导向功能。未成年人发展权作为未成年人立法的基本价值和逻辑起点，不但为未成年人立法提供一般思维范式和分析维度，而且也构成了未成年人立法的目标价值。未成年人立法是将未成年人发展权目标价值具体化为法律规范的过程，必须将这一价值全面具体化为对未成年人不同方面发展的保护，并规范父母、国家、社会等主体权利和义务的行为准则，才有可能形成完善的规范基础，未成年人发展权才能得以实现。

（三）分析现有未成年人发展权保护的法律法规，提出关于未成年人
　　　发展权保护的立法建议

已有研究对未成年人发展权的理论认识相对薄弱，对未成年人发展权的

立法保护缺乏系统分析。本书从法理上构建未成年人发展权，将未成年人发展权具体化为未成年人不同方面发展的法律规范。一方面，本书比较和借鉴美国、英国、日本三国未成年人立法，为我国未成年人发展权的法律制度构建提供借鉴。另一方面，本书对我国现有未成年人发展权保护的法律法规进行梳理，揭示未成年人立法在未成年人身体发展保护、智力发展保护、德性发展保护中存在的问题并分析其成因。在此基础上，本书提出了关于完善我国未成年人发展权保护的立法建议。

第二章

未成年人发展权构建的法理分析

未成年人发展权概念是未成年人发展权研究的基础和前提。本章研究的目的是从法理上认识和构建未成年人发展权，明确未成年人发展权作为法定权利的内涵，对未成年人发展权的性质进行定位，并分析立法如何将未成年人发展权具体化为法律规范，构建未成年人发展权的范畴，从而奠定本书研究的基础。本章共分为四节。第一节介绍未成年人发展权的由来、进入我国法律的背景和过程以及入法存在的问题。第二节对未成年人发展权的内涵进行法理分析，厘清未成年人发展权的概念及其特殊性、性质，并对未成年人发展权与生存权、受教育权、受保护权、参与权之间的关系进行分析。第三节从未成年人发展权与未成年人立法的关系出发，明确未成年人发展权是未成年人立法的目标价值。第四节对未成年人发展权的法律具体化进行分析，对未成年人发展权不同方面的内容展开论述，提出关于未成年人发展权研究的分析框架。

第一节　未成年人发展权的提出和入法

未成年人发展权是联合国《儿童权利公约》规定的一项权利，是一个国际法概念。它的产生与发展历史并不长。通过回顾未成年人发展权产生、形成和发展的过程，我们可以更清楚了解这一权利，为研究未成年人发展权提供认识前提。进一步梳理未成年人发展权在我国法律中的背景和过程，可以使我们认识到未成年人发展权入法的意义。本节主要从以下三个方面来论述：第一，结合儿童权利国际文件，回顾未成年人发展权在国际法中的形成过程和发展。第二，从法制史角度分析未成年人发展权进入我国法律的背景和过程。第三，对未成年人发展权入法存在的问题进行分析。

一、未成年人发展权在国际法中的提出

关于未成年人发展权，1989 年联合国《儿童权利公约》规定缔约国最大限度地保障未成年人的生存与发展（第 6 条第 2 款）。这一规定是确立未成年人发展权的里程碑，标志着未成年人发展权作为一个国际法概念的诞生。事实上，未成年人发展权的形成与未成年人的发展具有密切联系。1924 年 9 月24 日《日内瓦儿童权利宣言》（也称为《日内瓦宣言》）规定必须提供未成年人正常发展所需之物质与精神上的各种需要（第 1 条）。可以说，未成年人发展权的形成分为三个阶段：第一阶段，未成年人发展的立法阶段。主要包括《日内瓦宣言》《儿童权利宣言》中关于未成年人发展的规定。第二阶段，未成年人发展权在国际法中的确立。主要分为前期儿童权利工作组的讨论过程、联合国人权委员会准备国际文件的阶段和《儿童权利公约》的正式形成阶段。第三阶段，《儿童权利公约》后续执行中关于未成年人发展权的新发展。（见图 2-1）

图 2-1　未成年人发展权的历史发展过程

（一）未成年人发展的立法阶段

法律对未成年人发展的关注和保护起源于 20 世纪初。随着人们对人权认识的不断深入，未成年人不再被视为父母的财产，而是成了被投资的对象，是具有发展潜力的个体。他们的成长关乎个体发展和社会发展。社会开始保护未成年人的成长，尤其是未成年人的教育和健康。各国也开始重视推进未

成年人福利。

1924 年 9 月 24 日《日内瓦宣言》诞生，它是第一份承认儿童权利和福利的普遍性国际性文件。该宣言共 5 条，在第 1 条中规定必须提供儿童正常发展所需之物质与精神上的各种需要。这一规定没有提出未成年人发展权，但是已提出"发展"一词，并以需要的形式对未成年人发展进行规定，这是以法律的形式初次提出未成年人发展概念。对于"正常"发展，《日内瓦宣言》提出包括物质和精神两个层面。但这一发展是指发展的过程还是结果，并没有明确。这里"必须"强调较强的义务。突出国家在保护未成年人的正常发展中负有责任和义务，国家应为未成年人提供物质与精神上的各种需求。

第二次世界大战之后，觉醒的人们开始认识到人权保护的重要性，人权在世界范围内得到承认。1948 年，联合国《世界人权宣言》第 2 条规定人人均有资格享有本宣言所载的一切权利自由。这里的"人人"是指每一个人，这里将权利主体扩展至未成年人，确立了对未成年人的权利保护。未成年人发展的理念，体现在《世界人权宣言》第 26 条第 2 款。该款明确教育目的是充分发展人格，加强对人权及基本自由之尊重……这一条款对未成年人的人格发展的规定，与《日内瓦宣言》规定儿童在物质上和精神上的发展相比，在一定程度上拓展了对未成年人发展的保护。

直到 1959 年，联合国《儿童权利宣言》原则二确立了未成年人身体、心智、道德、精神以及社会五个方面发展的范围，大大拓展了未成年人发展保护的内容规定。此外，它还规定了未成年人照料、营养、住宅、娱乐和医疗服务等社会保障利益与发展（原则四）、未成年人照顾与个性发展（原则六）、童工保护（原则九）等内容。这些规定明确了未成年人不同方面发展的内容，并将未成年人的发展与其成长过程联系在一起。

从不同时期未成年人权利的国际文件来看，对未成年人发展保护的范围在不断扩展，对未成年人发展的内容也在不断丰富。《儿童权利宣言》不仅确认了未成年人发展的内容，还以未成年人作为人权主体的形式确立了国际社会对未成年人发展的保护。尽管这一时期并没有讨论未成年人发展权，但这些规定为未成年人发展权的提出奠定了一定的基础。

（二）未成年人发展权的确立阶段

最终确立未成年人发展权的是《儿童权利公约》。它在国际法中的确立经历了一个讨论和准备、正式确立以及进一步发展的过程。

1. 讨论和准备阶段

1978 年，在联合国人权委员会会议上，波兰教授亚当·罗帕萨提议起草《儿童权利公约》。随后，荷兰政府提交了一份《儿童权利公约草案》。在此背景下，联合国成立儿童权利公约起草小组。起草小组在《儿童权利宣言》规定的基础上，先后进行了多次讨论。[1]其中，1979 年、1985 年、1987 年以及 1988 年圆桌会议关于未成年人发展内容的讨论较多，也涉及对未成年人发展权的讨论。在此，本书将予以集中说明。

在 1979 年的圆桌会议中，波兰第三次递交《儿童权利公约草案》。[2]这一草案多处论及未成年人发展问题。其中，第 3 条指出缔约国应当采取适当立法手段保障未成年人受到保护和照顾、创造适合未成年人不同发展阶段的家庭环境和社会条件。第 9 条指出父母、监护人、国家以及社会组织应保护未成年人免受大众媒介侵害，尤其是广播、电影、电视、印刷品以及展品等可能影响未成年人的精神和道德发展的媒介。第 13 条指出基于未成年人身体、智力和道德的发展，未成年人应受到最高标准的健康照料。如果需要，应提供医疗和康复措施。第 15 条第 1 款规定缔约国应承认未成年人的适当生活水准权。此外，第 17 条和第 19 条还规定了未成年人抚养和教育、童工保护等内容。这次会议集中讨论生活水准、健康以及大众媒介对未成年人发展的影响，并从法律层面予以保护。

在 1985 年的圆桌会议上，未成年人发展也被较多讨论。涉及未成年人健康权（第 12 条）、适当生活水准权（第 14 条）、受教育权（第 15 条）、教育目的（第 16 条）以及休息和闲暇权（第 17 条）。[3]尤其是第 14 条适当生活水准权的规定，明确指出缔约国应当承认未成年人的生活水准权以确保儿童的身体、智力、道德和社会的发展。在针对受教育权和教育目的讨论中，会议指出，受教育权旨在推进未成年人的才智（talent）和个性（individual）以实现未成年人的潜能和为社会生活做准备。会议在教育目的条款的讨论中也

---

〔1〕 儿童权利公约起草小组从 1979 年开始讨论，每年一次圆桌会议，直到 1989 年《儿童权利公约》正式形成，总共经历了 10 次论证和讨论。

〔2〕 UNHCR，"Report of the Open-Ended Working Group on a Draft Convention on the Rights of the Child"（12 March 1979）UN Doc E/CN. 4/L. 1468.

〔3〕 UNHCR，"Report of the Working Group on a Draft Convention on the Rights of the Child"（11 March 1985）UN Doc E/CN. 4/1985/L. 1.

谈及了未成年人的发展，指出未成年人接受引导、训练和教育应当促进其社会的、精神的、道德的发展和福祉。引导、训练和教育的目的是推进未成年人个体的和谐发展和他们潜能的实现。这里将未成年人的发展划分为身体的、智力的、精神的和社会的发展四个方面。可以说，进一步对未成年人发展的范围进行了讨论。

在 1987 年圆桌会议过程中，关于未成年人权利内容的讨论更为广泛。诸如鼓励未成年人阅读、医疗照顾、免受侵害、教育目的、少数群体的受教育权、免受性剥削、交通安全、父母责任、表达自由权、隐私权等。对这些权利的讨论与发展紧密联系在一起。如在父母责任（第 5 条）的讨论当中指出父母及其监护人应当负有未成年人照顾、养育和发展的权利和责任，考虑到未成年人转变为成年人发展其技能和知识的重要性。这里将未成年人发展与未成年人作为成年人联系起来。把未成年人看作是一个成熟的过程。此外，会议还规定了未成年人表达自由、结社自由以及隐私权。（第 7 条）会议成员聚焦于未成年人的政治权利，对未成年人是否具有相应的能力进行讨论。这一时期对于未成年人权利的讨论开始越来越多地加入未成年人发展的内容。并将未成年人发展作为公约权利的目标。尤为重要的是，在联合国儿童权利公约起草圆桌会议结束时，印度提交了一份关于第 1 条的提议。提议内容指出："缔约国在其能力和宪法程序下创造环境，保障最大限度促进未成年人的生存和健康发展。"[1]这是第一次将未成年人生存和发展作为单独的概念，即第一次提出未成年人发展概念，与其他权利分开，并明确缔约国承担未成年人健康发展的义务。

随后，1988 年圆桌会议上，成员们集中讨论了未成年人发展、生存以及生命权的概念，并将生命权、儿童生存和发展联系在一起。会议重点讨论生命权和生存权。生存权是积极保障生命权的一项权利，它以死亡率的下降为意旨。[2]生存权是对未成年人健康发展的补充。遗憾的是，这里并没有讨论未成年人发展权的内涵。但这次圆桌会议将儿童生命、生存、发展放在一起，要求缔约国履行义务，还进一步明确了未成年人发展的保护是《儿童权利公

---

[1]　UNHCR, "Pre-Sessional Open-Ended Working Group on the Question of a Convention on the Rights of the Child", Proposal Submitted By India（28 January 1988）UN Doc E/CN. 4/1988/WG1/WG. 13.

[2]　UNHCR, "Report of the Working Group on a Draft Convention on the Rights the Child"（6 April 1988）UN Doc E/cn. 4/1988. 28.

约》的宗旨。这些认识为未成年人发展权转入国际法视野提供了较为充足的前期准备。

2. 确立阶段

未成年人发展权的真正创设，是在 1989 年的《儿童权利公约》。该公约第 6 条规定缔约国最大限度地保障未成年人的生存与发展。这一条被认为是《儿童权利公约》的总纲，也是对未成年人发展权的最直接规定。儿童权利委员会将未成年人发展权作为《儿童权利公约》四大原则之一。此外，《儿童权利公约》还规定了未成年人发展的内容，如未成年人养育和发展（第 18 条）；残疾未成年人个性发展（第 23 条）；生理、心理、精神、道德、社会发展的社会水平（第 27 条）；教育目的（第 29 条）以及未成年人受保护（第 32 条）方面作出规定。需要指出的是，第 18 条规定缔约国应尽最大努力确保父母双方认识到养育和发展未成年人的共同责任原则。这一规定将未成年人发展权作为一项权利确立。这意味着未成年人发展权与未成年人最大利益原则、平等原则、非歧视原则等构成《儿童权利公约》四大原则之一。从《儿童权利公约》的规定来看，未成年人发展权不仅是一项权利，同时还是一项原则。然而，遗憾的是，《儿童权利公约》并没有对未成年人发展权的内涵作出明确的解释。

这一时期国际社会将未成年人发展上升为一项法定权利有两个原因：第一，受新儿童观的影响。传统的观点认为，未成年人是弱小的，心智不健全，他们是受保护的对象，法律需要对他们的成长和安全给予保护。也就是说，传统上，未成年人是法律保护的对象。但是，这是一种基于成年人判断的保护，并不是基于未成年人自身发展的需要。随着对未成年人认识的不断加深，未成年人被认为是转变中的人，他们处于成长过程当中。保障他们成长的需要是儿童权利立法的基本出发点。基于未成年人是转变中的人的认识，未成年人发展权开始进入儿童权利法的视野。第二，受发展权的影响。1986 年 12 月 4 日，联合国通过《发展权利宣言》。发展权是一项基本人权，每一个人都是发展权的主体。未成年人是发展中的人，同样享有发展权。在发展权的影响下，为了保障未成年人的发展以及人权，应将未成年人发展上升为一项法定权利。

（三）未成年人发展权的进一步发展

尽管《儿童权利公约》对于未成年人发展权的内涵没有给出一个确定的

解释，但是关于未成年人发展权的讨论和认识并没有停止。2003 年，儿童权利委员会在《儿童权利执行一般手册》中明确指出缔约国应将未成年人发展权理解为一个广泛的、综合的概念，它包括未成年人身体、智力、精神、道德、心理和社会的发展。[1]

可以说，这是对未成年人发展权进行较为全面的认识。这些规定澄清了未成年人发展权的基本内容、法律性质和人权义务，有利于全面认识未成年人发展的内容。但是，这些内容之间明显存在交叉。按照儿童发展理论的观点，身体的发展是较为明确的，而心理的发展一般来讲包括认知发展和社会性发展，其中认知发展也被称为智力发展。这样一来，"心理的发展"和"智力的发展"就会重复。同样，"道德的发展"和"社会的发展"放在一起也会产生歧义。道德发展是社会化的过程，是在社会中完成的。道德的发展和社会的发展放在一起容易混淆。

概而言之，联合国《儿童权利公约》针对未成年人发展内容和范围的规定为各国将未成年人发展权转入国内法提供了基准和基本原则。但从未成年人发展权的具体内容和范围来看，《儿童权利公约》存在界限不够清晰，甚至相互交叉等问题。

二、未成年人发展权进入我国法律的背景和过程

1989 年 11 月 20 日，联合国大会第 44/25 号决议通过《儿童权利公约》。该公约首次确认了未成年人发展权，标志着未成年人发展权的正式形成。17 年后，我国 2006 年修订的《未成年人保护法》将未成年人发展权上升为一项法定权利，使得未成年人发展权这一概念从国际法转入国内法，其对于保护未成年人的健康成长具有重要意义。通过对未成年人发展权进入我国法律的背景和过程进行分析，我们可以更好地认识未成年人发展权的内涵。

（一）未成年人发展权入法的背景

一项权利与其产生的历史背景有着密切联系。只有了解它的产生的背景才能正确理解它的重要意义。因此，考察未成年人发展权入法的背景尤为重要。

---

〔1〕　UNCRC, "General Measures of Implementation of the Convention of the Rights of the Child" (27 November 2003) UN Docs CRC/GC/2003/5, paragraph 12, available at: http: www. refworld. org/docid/ 45388341f11. html.

1. 国际社会和国内对未成年人权利保护的加深和重视

20 世纪 80 年代以来，随着全球化趋势的加强，我国在未成年人保护方面越来越注重与国际接轨。我国政府相继签署和批准《儿童权利公约》（1989年）、《儿童生存、保护和发展世界宣言》（1990 年）、《确定准许使用儿童于工业工作的最低年龄公约》（1990 年）、《执行九十年代〈儿童生存、保护和发展世界宣言〉行动计划》（1990 年）、《儿童权利公约关于儿童卷入武装冲突问题的任择议定书》（2000 年）以及《关于买卖儿童、儿童卖淫和儿童色情制品问题的任择议定书》（2000 年）等国际文件。这些文件的签署为我国立法保护未成年人提供了依据和契机。

受联合国《儿童权利公约》的影响，20 世纪 90 年代后，我国相继出台了《未成年人保护法》《预防未成年人犯罪法》两部专门法律，以对未成年人进行专门的保护。同时，我国在《刑法》《民法典》《教育法》《义务教育法》等基本法中明确了未成年人享有的权利及利益，通过出台一系列法律保障未成年人的发展。在未成年人政策法规方面，我国国务院先后出台《九十年代中国儿童发展规划纲要》《中国儿童发展纲要（2001-2010 年）》《国家中长期教育改革和发展规划纲要（2010-2020 年）》《中国儿童发展纲要（2011-2020 年）》等，充分表明我国将未成年人发展放在重要的地位，突出了国家在未成年人发展中的义务。2004 年，我国《宪法》明确规定"国家尊重和保障人权"。这一规定同样为未成年人发展权的入法提供了理论依据。

2. 未成年人权利意识的兴起

未成年人权利一词是一个舶来品，在欧美社会，关于未成年人是否拥有权利经历了一个漫长的发展过程。传统上，未成年人一直被看作是父母的财产。随着天赋人权的提出和人权的不断发展，未成年人不被看作是成年人的附庸，而且逐渐被承认是拥有权利的主体。当今，未成年人拥有权利以及尊重未成年人权利已经成为不可否认的事实，为国际社会所接受。

我国未成年人权利意识的真正兴起是在 20 世纪 80 年代以后。受国际上未成年人权利发展以及未成年人国际条约的影响，我国政府相继签署了一系列联合国未成年人权利文件。随着我国与国际未成年人权利法律接轨程度的加深，我国公众的未成年人权利意识普遍得到增强，对未成年人法律保护的认识也在不断提高。对未成年人的保护更多地要求体现权利本位。未成年人不仅仅是受保护的对象，而且是享有权利的主体。对未成年人权利的保护实际上要求成年人把未成年人当人看，把未成年人作为权利主体。未成年人权利意识的增强为立法保护未成年人权利提供了认识基础。

3. 实践中未成年人权利受侵害频发

20 世纪 90 年代以来，尽管我国出台了保护未成年人的专门法律。但从实践来看，我国在此时对未成年人保护依然不乐观。这一时期家庭遗弃和虐待儿童、拐卖儿童、流动儿童和留守儿童上学难、校园安全事故、青少年沉迷网络、少年犯罪呈低龄化趋势等问题仍然突出。

长期以来，未成年人一直被看作是弱势群体，是被保护的对象。但在未成年人立法保护领域，法律制度在设计时过多地强调成年人社会的义务安排，而忽视了未成年人的权利。比较《儿童权利公约》，我国《未成年人保护法》（1991 年）以及《预防未成年人犯罪法》（1998 年）等专门保护未成年人的法律缺乏对未成年人权利的明确规定。实际上，未成年人作为权利主体，与成年人具有平等地位，享有平等的权利。但由于我国立法过分强调成年人社会的义务本位，导致实践中成年人社会以保护之名侵害未成年人权益的情形不断发生。实践中的问题呼吁对未成年人权利进行立法保护。

这一时期，未成年人成长的社会环境发生了很大的变化，给未成年人法律保护提出了新的要求，迫切要求法律进行调整和规范。

（二）未成年人发展权入法的过程

尽管未成年人发展权是一项年轻的权利，但这并不意味着对未成年人发展权的法律保护也是最近的事情。也就是说，我国法律对于未成年人发展的保护早已有之。

1. 不同时期宪法关于未成年人发展的规定

关于对未成年人发展的保护，我国不同时期的《宪法》均作出了规定。本书梳理了中华人民共和国成立以来的几部《宪法》对未成年人发展的规定，从中均可以发现未成年人发展的内容。

我国重视对未成年人的保护。中华人民共和国成立后，1954 年我国第一部《宪法》第 94 条规定国家特别关怀青年的体力和智力发展。第 96 条规定婚姻、家庭、母亲和儿童受国家保护。尽管这里没有直接提出未成年人，但青年、儿童也包括了一部分未成年人。

1978 年《宪法》第 51 条规定国家特别关怀青少年的健康成长。第 53 条规定婚姻、家庭、母亲和儿童受国家的保护。比较 1954 年《宪法》，这里将

"青年"变化为"青少年"，将未成年人主体的范围进一步扩大。

1982年《宪法》第46条规定"中华人民共和国公民有受教育的权利和义务。国家培养青年、少年、儿童在品德、智力、体质等方面全面发展。"这一规定不仅包括了未成年人这一主体，还进一步明确了未成年人身体、智力、品德的发展。第49条规定婚姻、家庭、母亲和儿童受到国家的保护。同时规定禁止虐待儿童。

2004年修订的《宪法》第33条第3款规定："国家尊重和保障人权。"第46条第2款："规定国家培养青年、少年、儿童在品德、智力、体质等方面全面发展。"第49条第1款规定："……儿童受到国家的保护。"第4款规定："禁止……虐待……儿童。"这些规定均与未成年人的发展相联系。

此外，我国《义务教育法》专门对受教育权作出了规定。这也是最早对未成年人发展内容作出的规定。如《义务教育法》明确未成年人享有受教育权，并从学校、教师、教育教学、经费保障方面对未成年人的受教育权作出了规定。可以说，该法从教育的角度对未成年人发展的内容作出了详细规定。

2. 未成年人发展权写入我国法律当中

未成年人发展权明确作为一项法定权利，它的提出经历了一些变化。进入2000年后，我国经济和社会发展进入关键时期。为满足我国生产力和经济与社会协调发展的需要，国家高度重视未成年人的发展。2001年国务院《中国儿童发展纲要（2001-2010年）》从未成年人与健康、未成年人与教育、未成年人与法律保护、未成年人与环境等角度提出了目标和具体措施。在未成年人与法律保护内容部分，该纲要提出依法保障未成年人生存权、发展权、受保护权和参与权。可以说，这是未成年人"发展权"第一次出现在国内法规中。

2006年3月由全国人民代表大会颁布的《中华人民共和国国民经济和社会发展第十一个五年规划纲要》第38章第4节提出依法保障未成年人生存权、发展权、受保护权和参与权。这是未成年人发展权第二次被提出，它与生存权、受保护权、参与权共同被上升到国民经济社会发展规划纲要高度，成了未成年人保护的内容，突出了未成年人的权利主体地位。

2006年修订的《未成年人保护法》第3条第1款规定未成年人享有生存权、发展权、受保护权、参与权。这是我国第一次明确提出未成年人发展权这一概念，并将其与未成年人生存权、未成年人受教育权、未成年人受保护权、未成年人参与权规定在该法。这意味着未成年人发展权从国际法转入国内法，成了一项法定权利。

三、未成年人发展权入法存在的问题

尽管未成年人发展权已经入法，但是对于未成年人发展权作为法律概念的内容认识尚不清晰。我国未成年人立法对于未成年人发展权的法律规范亦存在不足。

（一）未成年人发展权作为法律概念的内容尚不明确

作为法定权利，未成年人发展权的内容应该是明确的、具体的，只有这样立法才能将未成年人发展权具体化为法律规范，使未成年人发展权从法律权利走向实有权利。尽管我国法律规定了未成年人发展权，其作为一项法定权利，范围和界限仍不清楚，无法为立法确立未成年人发展权的内容提供支撑。

从未成年人发展权入法的过程来看，在针对 2006 年《未成年人保护法》修订的数次讨论当中，关于未成年人发展权与其他几项权利的关系以及转化为法定权利的可能等问题，代表们的观点并不相同，引发了诸多讨论。最为突出的问题是发展权与受教育权的关系。第一种观点认为受教育权属于发展权，既然把发展权纳入未成年人保护法，那么就没有必要将受教育权重复规定。如有的委员提出，受教育权属于发展权，建议不要单列，而是修改为"未成年人享有生存权、发展权、受保护权、参与权等权利……"[1]第二种观点认为，受教育权虽然属于发展权，但是应该突出受教育权，这样才能够保障发展权。有的委员认为应当进一步突出未成年人享有受教育权，建议在《未成年人保护法（修订草案第三次审议稿）》第 3 条的未成年人享有生存权、发展权、参与权、受保护权等权利之后增加"受教育权"。[2]还有的委员认为"发展权"涵盖"受教育权"在理论上还讲不太清楚，本法应该突出未成年人的"受教育权"，建议恢复一审稿中未成年人享有"受教育权"的表述。[3]从上述观点争论我们可以发现，委员们就发展权和受教育权的关系还

---

〔1〕 信春鹰主编：《中华人民共和国未成年人保护法释义》，法律出版社 2007 年版，第 335 页。

〔2〕 信春鹰主编：《中华人民共和国未成年人保护法释义》，法律出版社 2007 年版，第 342 页。

〔3〕 信春鹰主编：《中华人民共和国未成年人保护法释义》，法律出版社 2007 年版，第 356 页。

没有形成共识。在讨论中，更多地强调受教育权，而忽视了对未成年人发展权这一概念的内容、范围的讨论。有些委员甚至对未成年人发展权还抱有怀疑的态度。此外，就未成年人发展权与未成年人生存权、参与权、受保护权之间的关系为何，它们之间各自的内容边界为何等问题，委员们并没有形成一致观点。2020 年修订的《未成年人保护法》第 3 条去掉了受教育权，将受教育权的内容分散在《未成年人保护法》各个部分当中，但依然没有明确未成年人受教育权和发展权的关系和边界。

从未成年人发展权的法律释义来看，《未保法释义》明确了未成年人生存权、受教育权、受保护权和参与权的具体内容。对于未成年人发展权，《未保法释义》指出："发展权是指充分发展其全部体能和智能的权利，包括未成年人有权接受正规和非正规的教育，有权享有促进其身体、心理、精神、道德等全面发展的生活条件。"[1]这一解释明确了受教育权作为未成年人发展权的具体权利内容。但该释义并没有明确指出有权享有促进未成年人身体、心理、精神、道德等全面发展的生活条件具体所指为何，表现为具体的权利是什么。由于未成年人发展权的内容和范围尚不明确，未成年人发展权的法律规范也就缺乏有力支撑。

从国际上未成年人发展权的形成过程来看，尽管联合国《儿童权利公约》对于未成年人发展的内容和范围规定得较为全面，为各国将未成年人发展权转入国内法提供了基准和基本原则，但从国际圆桌会议的讨论情况来看，对未成年人发展权的讨论尚在争议当中，关于未成年人发展权的具体内容和范围也存在界限不够清晰（甚至相互交叉）等问题。可以说，无论是国际法还是国内法对于未成年人发展权均尚未形成统一的认识，还有待于进一步探究。

（二）未成年人发展权的法律规范不足

从立法上来看，《未成年人保护法》对未成年人发展权的内容作出了规定。但是关于未成年人发展权的法律规范仍存在诸多问题。

第一，突出强调未成年人受教育权，忽视未成年人其他方面发展的规定。2006 年《未成年人保护法》对受教育权作出了详细而全面的规定。如第 3 条明确未成年人享有受教育权。第 13 条、第 18 条、第 28 条明确规定家庭、学校以及社会在未成年人受教育权中所承担的义务和责任。此外，还规定了禁

---

〔1〕 信春鹰主编：《中华人民共和国未成年人保护法释义》，法律出版社 2007 年版，第 9 页。

止虐待未成年人、提供文化活动场所和设施、实施流浪儿童救助、预防未成年人沉迷网络等内容，从未成年人其他发展方面作出了规定。可以看出，立法者已经对未成年人发展权的问题作出了回应，对于未成年人发展权的具体内容作出了规定。2020 年修订的《未成年人保护法》增加了未成年人监护具体职责、未成年人用车安全、校园欺凌等内容。从《儿童权利公约》规定的内容来看，涉及未成年人发展的条款就有 25 条之多，如生存与发展、健康与保健服务、生活标准、教育、闲暇与文化活动、父母责任、儿童虐待和忽视儿童、脱离家庭的儿童、难民儿童、残疾儿童、性剥削与性虐待、童工、公正对待少年犯等。[1] 比较而言，我国《未成年人保护法》在未成年人健康与保健服务、生活标准、父母责任、预防未成年人虐待等方面缺乏立法规范。该法将未成年人受教育权作为发展权的核心权利，并没有充分反映出未成年人不同方面发展的需要，对于未成年人发展权的认识无论在观念上还是在制度上都还存在不足。

第二，对于未成年人发展权的规定缺乏可操作性。新修订的《未成年人保护法》明确了未成年人的权利主体地位。但从未成年人发展权的规定来看，该法第 26 条规定幼儿园促进幼儿体质、智力、品德等方面和谐发展的保育和教育工作。这一条内容是对幼儿园保育、教育目标的规定，缺乏具体的内容和可操作性。同时规定各级人民政府和有关部门应采取多种形式，使幼儿园、托儿所的保教人员得到培训。这里的有关部门所指为何并不清楚。法律一旦没有处罚措施，执行与否就会依赖于人们的自觉。也就是说，缺乏罚则会使法律缺乏可操作性，进而难以保障未成年人的权利。

第三，未成年人发展权的法律制度缺乏。《未成年人保护法》第 15 条规定未成年人的父母及其监护人应当学习家庭教育知识，接受家庭教育指导。这一规定明确了父母对未成年人的教育义务。然而，为未成年人的父母及其监护人提供家庭教育指导，缺乏相应的制度设计。《未成年人保护法》第 55 条规定生产、销售用于未成年人的食品、药品等，应符合国家标准或者行业标准。这一规定依赖于具体的制度实施。从相关法律来看，我国目前缺乏配套的法律制度。如《食品安全法》规定对专供婴幼儿和其他特定人群的主辅

---

〔1〕 余雅风："未成年人发展权与农村青少年发展的立法保护"，载《"十一五"与青少年发展研究报告——第二届中国青少年发展论坛暨中国青少年研究会优秀论文集（2006）》，第 688~695 页。

食品的营养成分制定食品安全标准。这里的权利对象是 0 岁至 3 岁未成年人,针对 3 岁以上未成年人的食品尚缺乏食品安全标准。

可以说,当一项权利被确认为法定权利时,它的内容应该是明确的。由于国际上对未成年人发展权概念及其性质的认识尚在发展当中,这也从客观上导致我国的未成年人立法未能全面规定未成年人发展权的内容。因此,需要进一步从学理上厘清未成年人发展权的内涵、性质、内容等基本理论问题。

第二节　未成年人发展权的内涵

"应有权利"一旦得到国家法律的确认和保障,其就成了一种更具体与规范化的权利,渴望得到切实实现。[1]未成年人发展权在我国《未成年人保护法》已经确立。那么,作为一项法定权利,未成年人发展权的内涵是什么?具有什么样的性质?它与未成年人生存权、受教育权、参与权、受保护权之间的关系是什么?对这些问题的回答是整个未成年人发展权研究的逻辑起点和认识前提,也是未成年人发展权保护的前提和基础。本书将通过对未成年人发展权概念及其特殊性、性质的分析,揭示未成年人发展权的内涵。在此基础上,进一步对其与未成年人生存权、受教育权、参与权、受保护权四项权利的关系进行分析。

一、未成年人发展权概念及其特殊性

未成年人发展权概念是整个研究的基础和前提。本书将对学者们关于未成年人发展权概念的认识进行梳理和分析,结合儿童发展理论以及权利理论对未成年人发展权作为法定权利的概念及其特殊性进行分析。

（一）未成年人发展权概念

学者们对未成年人发展权概念进行了界定,但是囿于研究视角和方法,对未成年人发展权概念的认识可谓见仁见智,反映出了未成年人发展权概念内涵的复杂性和丰富性。

第一种是从发展权视角看待未成年人发展权。汪习根认为,未成年人发展权是包括留守未成年人在内的所有未成年人的机会平等和分配正义,受教

_____

〔1〕　李步云:《论人权》,社会科学文献出版社 2010 年版,第 4 页。

育权是留守未成年人平等发展权的核心。[1]陈江新认为，留守未成年人发展权是关于留守未成年人发展机会均等和发展利益共享的权利。[2]这两种观点将机会平等和分配正义、发展利益作为留守未成年人发展权的内核。采取属加种差的方法，从发展权的角度对未成年人发展权概念作出规定。但尚未揭示出未成年人发展权与成年人发展权的区别，缺乏对未成年人自身特殊性的认识。

第二种是从权利内容视角看待未成年人发展权。虞永平认为，保障未成年人发展权的关键在于保障受教育权。[3]王雪梅认为未成年人发展的权利主要从未成年人应得到的基本教育、在身心和社会获得充分发展两个方面进行，主要包括生存权、受教育权以及基本自由权等权利。[4]佟丽华将未成年人发展权简化为保障未成年人健康成长的各项权利。[5]任何法律权利都预设了他人对权利的法律义务。"如果权利是法律权利的话，它就必须是对某个别人行为、对别人在法律上负有义务的那种行为的权利。"[6]这些观点强调了未成年人发展权的内容，却忽视了未成年人发展权作为法定权利的性质和义务。

第三种是从未成年人与国家权利义务关系视角看待未成年人发展权。余雅风认为，发展权是法律赋予的，未成年人的身体和心理在社会化过程中得以健康发展的一项基本权利。[7]这一观点从未成年人"发展"的内涵出发，揭示了未成年人的发展权利，并指出未成年人发展权在法律上的设定，究其实质是通过国家、父母、社会组织和个人履行相应义务。彭清燕认为，留守未成年人平等发展权是指留守未成年人作为权利主体依法享有平等的个体性发展和社会性发展的基础性权能。[8]从权利属性角度进行分析，明确了留守未成年人发展权的权利主体、权力内容，但并没有从整体上分析未成年人发

〔1〕　彭清燕、汪习根："留守儿童平等发展权法治建构新思路"，载《东疆学刊》2013年第1期。
〔2〕　陈江新："留守儿童发展权在体制壁垒中的突围之道"，载《学理论》2010年第31期。
〔3〕　虞永平："发展权——儿童的核心权利"，载《早期教育（教师版）》2011年第2期。
〔4〕　王雪梅：《儿童权利论：一个初步的比较研究》，社会科学文献出版社2005年版，第114页。
〔5〕　佟丽华：《未成年人法学》，中国民主法制出版社2001年版，第206~210页。
〔6〕　[奥]凯尔森：《法与国家的一般理论》，沈宗灵译，中国大百科全书出版社1996年版，第84页。
〔7〕　余雅风："未成年人发展权与农村青少年发展的立法保护"，载《"十一五"与青少年发展研究报告——第二届中国青少年发展论坛暨中国青少年研究会优秀论文集（2006）》。
〔8〕　彭清燕："农村留守儿童平等发展权理论新思考"，载《当代青年研究》2012年第12期。

展权。

通过梳理不同学者从不同视角对未成年人发展权概念的认识和分析我们可以发现，基于对发展、权利、发展权的认识不同，学者们得出的未成年人发展权的概念亦不相同。这也反映出了未成年人发展权内涵的复杂性和丰富性。权利是关系性范畴，在考察法律权利时，权利主体享有的权利和义务主体应履行的义务构成了法律意义上的社会关系。基于未成年人自身的特殊性，他们权利的实现涉及不同主体的义务履行。因而构建未成年人发展权概念也必须反映各个方面的属性，才能更加全面地认识未成年人发展权。《儿童权利公约》规定了未成年人发展权的国家义务以及父母义务，因此对于这一权利的认识应从法律权利关系角度出发。

未成年人发展权作为一个法律概念，它应当体现未成年人发展权的权属所承载的法律价值，考虑借助该权利达到的目的。本书赞同余雅风从法定权利角度来认识未成年人发展权的观点。需要指出的是，发展在广义上是指从出生到成熟直至衰老的生命全程中，个体生理与心理随年龄增加而变化的过程。在狭义上指从出生到青春期的身心变化过程。[1]未成年人发展主要包括生理和心理的发展，未成年人发展的过程同时也是社会化的过程。社会化的过程是在一定的社会环境下，个体通过接受教育而在生理和心理上获得发展，形成适应社会的人格并掌握社会认可的行为方式的过程。

法律权利是法律赋予的，由法律这种形式加以保障的权利形式。因此，本书认为未成年人发展权是法律赋予的未成年人的生理和心理在社会化过程中得以健康发展的权利。简单的概念不足以解释未成年人发展权的丰富内涵。任何一项权利的结构均包括权利主体、权利客体、权利内容、相对义务人四个方面。[2]本书将以权利主体、权利客体、相对义务人几个维度为主，展开对未成年人发展权内涵的全面分析。

1. 从权利主体来看，未成年人发展权的主体是未成年人

权利的主体是能够享有权利的人。未成年人发展权的主体是能够享有发展权利的0岁至18岁的人。传统认为，未成年人的权利是建立在未成年人具有缔约能力基础上的，即建立在人的理性基础上，将未成年人分为无民事行

---

〔1〕 林崇德等主编:《心理学大辞典》，上海教育出版社2003年版，第280页。

〔2〕 杨春福:《权利法哲学研究导论》，南京大学出版社2000年版，第96~97页。

为能力人、限制民事行为能力人以及完全行为能力人。事实上，这一未成年人假设学说忽视了未成年人作为人的本质属性。未成年人首先是人，与成年人一样，享有人权，他们首先是"Human being"（人）。其次，未成年人还是"Human becoming"（转变中的人），未成年人是未成熟的人，也是将要成熟的人。从不成熟到成熟的过程是未成年人发展的特点，他们需要更多的保护。罗尔斯认为具有道德人格的人一般有两个特点：①有能力获得一种关于他们的善的观念；②有能力获得一种正义感，一种正常情况下有效的应用和实行——至少在较小程度上——正义原则的欲望。[1]这种道德人格能力是获得自由平等权利的基础。同时，这种道德人格在这里被规定为一种在一定阶段上通常能实现的潜在性。正是这种潜在性使人们的正义要求发挥作用。[2]"潜在性"表明未成年人并不具备道德上完善的人格，但是具有这种完善的潜在性。这种潜在性预示着未成年人能够受到正义原则的保护。罗尔斯认为："规定着道德人格的最低要求所关涉的是一种能力而不是它的出现。一个人具有这种能力，不论其能力是否得到发展，都应当得到正义原则的充分保护。"[3]未成年人在这一意义上被认为具有权利，被当作权利主体来看待。

对于未成年人发展权的主体，从国际公约、区域人权法相关文件的规定来看，未成年人发展权的权利主体是每一个未成年人。然而，对于未成年人中的特殊主体，如残障未成年人、留守未成年人、流动未成年人、童工等，他们是未成年人群体中的弱势群体，需要得到特殊的照顾和保护。在这一意义上，这些未成年人是特殊的权利主体。基于此，我们将未成年人发展权的权利主体分为普通权利主体和特殊权利主体。普通权利主体是指具体的每一个未成年人。《儿童权利公约》规定的每个儿童是指每个未成年人，主要是指0岁至18岁的未成年人。我国《未成年人保护法》第3条规定未成年人享有发展权。第2条规定该法所称未成年人是指未满18周岁的公民。可见，未成年人是未成年人发展权的主体。特殊权利主体是指作为群体的未成年人。特殊权利主体是指那些因先天或后天原因造成的弱势地位而需要给予特殊照顾的群体。我国法律规定未成年人发展权的权利主体是0周岁至18周岁的未成

---

〔1〕 王立："罗尔斯对平等之基础的三种证明"，载《社会科学战线》2012年第5期。

〔2〕 杨立英："公民道德人格的价值涵摄"，载《东南学术》2005年第1期。

〔3〕 ［美］罗尔斯：《正义论》（下），何包钢、何怀宏、廖申白译，京华出版社2000年版，第539页。

年人。特殊权利群体的范围亦是如此。这些群体并不是固定的，随着社会发展变化而变化。就我国目前来看，特殊权利主体主要包括残障未成年人、留守未成年人、流浪未成年人、贫困未成年人、童工、犯罪未成年人、女童等。

2. 从权利客体来看，未成年人发展权的客体指向未成年人健康发展的物质条件和精神条件

权利的客体是权利所指向的对象，其范围非常广泛，是可以变化的。权利的客体表现为利益。准确地说，权利的客体是立法者通过授权主体法律上的权利予以保护利益的具体化。权利客体既可以是物质的，也可以是观念上的；既可以是实际存在的事物，也可以是制度上的建构，即法律上的权利。[1]未成年人发展权的客体指向未成年人作为主体的发展所需要和应该获得的利益，其主要包括物质利益和精神利益。具体来看，未成年人发展权的客体指向满足未成年人生理和心理发展所需要的物质性条件和精神性条件的总和。从物质性条件来看，主要包括满足未成年人生存所需要的食物、住房、安全的环境、医疗等方面。从精神性条件来看，主要包括教育、社会文化、艺术、社会环境等方面。满足未成年人身心获得健康发展的需要依赖于成年人社会提供的物质条件、环境和尊重未成年人自身发展的规律。

3. 从义务主体来看，国家、父母、学校、社会等不同主体构成了未成年人发展权的义务主体

权利和义务天然就在一起。当把发展设置为一项法定权利时，根据法定权利的内涵，需要明确界定其义务主体对应的法律义务。未成年人不同于成年人，他们的权利实现依赖于成年人义务的履行。由于未成年人自身的特殊性，对未成年人发展权在法律上的设定，实质上是通过对国家、父母及其他监护人、其他社会组织义务与法律责任的规定来保障未成年人发展权的实现。

从未成年人发展权的义务主体来看，联合国《儿童权利公约》第6条规定缔约国应最大限度地确保儿童的存活与发展。这一国际性法律文件明确规定了国家在未成年人保护中的义务，为未成年人发展权转入国内法，规定国家在未成年人发展权中的义务提供了法律依据。"人权与国内法有关，又与国际法有关，而以国内法对人权保障为主。"[2]因此，对于人权的保护应表现为

---

〔1〕 方新军："权利客体的概念及层次"，载《法学研究》2010年第2期。

〔2〕 孙国华、何贝倍："人权与社会主义法治"，载《法学家》2001年第6期。

国内法的地位，要求国家履行保护人权的义务。挪威人权专家艾德提出国家对人权的实现承担尊重、保护、实现三个层次的义务。[1]未成年人发展权也要求国家承担三个层次的义务。在国家承担未成年人发展权保障的义务当中，未成年人发展权的内容中有一些属于核心内容，这些内容产生具体义务，这些义务可以表述为底线义务，其要求国家立即予以实现。而其他非核心义务，需要国家渐进实现。

在未成年人成长的过程中，父母、学校、教师、社会与未成年人有着密切的联系，这些主体也理应成为未成年人发展权的保障主体。如在父母义务方面，《儿童权利公约》第18条确认父母或法定监护人对儿童的养育和发展负有"首要责任"并要求缔约国提供适当协助。第23条规定其协助应有利于该儿童尽可能充分参与社会、实现个人发展，包括文化和精神方面的发展。

（二）未成年人发展权的特殊性

未成年人发展权不同于成年人发展权，具有自身的特殊性。未成年人的发展不同于成年人，未成年人的发展是人的一生发展过程中的特殊阶段，具有不可逆性。其发展的需要、利益与成年人不同。未成年人发展权的特殊性集中体现在权利主体的身心特殊性、权利实现的依赖性、权利的易受侵害性、不可转让性和不可剥夺性、不可克减性几个方面。

1. 未成年人发展权主体的身心特殊性

首先，未成年人是尚未成熟的个体，他们的健康成长需要成年人社会给予帮助，需要立法给予特别保护。这是因为未成年人的发展是成人的必经阶段，是人一生发展的基础。未成年人从出生到成人，他们的生理和心理发展水平处于未成熟向成熟过渡的阶段，需要很长时间才能达到身体上的成熟并获得智力和道德的能力，从而获得判断和选择的能力以及对自己的能力负责。就未成年人的身体而言，在未成年人机体的生长和发育过程中，他们身体各个器官的功能尚不成熟。正是由于未成年人身体的未成熟性，他们才需要成年人社会的照顾。对于婴幼儿而言，他们必须在父母及其监护人的照顾和看护下才能获得生存和发展。从历史上来看，成年人社会无不把照顾和保护未成年人作为社会的责任。因此，基于自身发展的特殊性，未成年人需要立法予以特别保护。其次，未成年人的发展遵循一定的规律，具有自主性和能动

---

[1]　申素平：《教育法学原理、规范与应用》，教育科学出版社2009年版，第63~64页。

性。人的发展是自觉能动的过程，这是人区别于动物的一个重要特性。未成年人与成年人一样，具有自主性和能动性。未成年人在从未成熟走向成熟的过程中，发挥自身能动性，是其自身的主体。杜威认为："儿童是教育的中心，教育的各种措施围绕着他们而组织起来。"[1]其强调未成年人是教育的中心和主体，意味着教育因此成了未成年人内在潜能的发展过程，而不是外部灌输和强加的过程。因此，促进其智力和道德的发展需基于未成年人不同阶段的主体性特征。

2. 未成年人发展权实现的依赖性

未成年人发展权的依赖性特征源自未成年人自身所具有的依赖性。未成年人在经济上、能力上以及经验上的不足是未成年人产生其依赖性的根源。首先，未成年人生理和心理发展包括的每一部分内容都是未成年人发展权不可或缺的组成部分，任何强调一方面而忽视其他方面的行为，都会导致未成年人发展的缺失。未成年人的身体柔弱性和心智的不成熟性导致未成年人身心健康发展所需要的足够的营养、住宅、娱乐、医疗服务以及教育，均依赖于国家、父母及社会履行义务。其次，未成年人的身体自由、表达自由的行使也依赖于成年人的帮助。未成年人心智未臻成熟，尚不具备或不完全具备法律上要求的能力。因此，未成年人的权利必须由其法定代理人以及其他主体代为行使。当未成年人的基本权利受到侵犯时，他们不具备主动向社会提出权利诉求的能力，无法独立行使诉权，只能由其父母或监护人代为行使。在绝大多数情况下，未成年人发展权的实现均离不开成年人社会的帮助，没有成年人社会的帮助，未成年人将无法真正享有并实现这一权利。

3. 未成年人发展权的易受侵害性

未成年人发展权与成年人发展权不同，未成年人发展权涵摄了未成年人身心发展的各个方面的内容，它是一项综合性的权利，未成年人发展权需通过法律制度保障来实现，也需要通过具体的权利保护来实现。未成年人的弱势地位以及与成年人力量上的悬殊，使得这一权利也更容易受到侵害。首先，未成年人发展权具有易受侵害性是因为未成年人缺乏自我保护能力。由于未成年人自身羸弱，他们的权利在遭到侵害或将遭到侵害时，没有能力阻止。

---

〔1〕［美］约翰·杜威：《学校与社会·明日之学校》，赵祥麟等译，人民教育出版社1994年版，第44页。

其次，未成年人发展权具有过程性。未成年人是发展的个体，他们的发展需求在不同阶段呈现不同的内容。未成年人发展权的内容也随之拓展。因此，未成年人发展权也是一种过程性权利。它不因某一权利最初的实现而终止，而应该是围绕未成年人发展的各个阶段进行。未成年人在不同阶段的需求不同，而这些需求则会催生出新的权利需求，但由于这些需求一时无法转化为权利并体现在法律当中，导致成年人社会漠视未成年人的发展。最后，由于未成年人的教育和社会经验有限，未成年人的权利意识不足，他们无法主动维护自己的权利，甚至在权利受到侵害时都没有察觉。

4. 未成年人发展权具有不可转让和不可剥夺性

未成年人发展权是一项特殊权利，具有不可转让性和不可剥夺性。这是由未成年人自身的特殊性所致。从不可转让性方面来看，未成年人是未成熟的人，他们正在发展过程当中，他们的发展具有不可逆性，一旦错过发展的时机，就无法获得充分的发展。仅依靠生存权确立未成年人生存的最低标准，难以使未成年人的心理和社会化的方面得到全面发展。未成年人发展权的设立目标是保障未成年人的身心健康发展。未成年人只有获得这种权利，才能实现其身心以及社会化的发展。承认未成年人发展权，也即承认未成年人发展权作为人权的法律性质，进而也决定了这一权利的不可转让性。从不可剥夺性方面来看，未成年人从出生到青春期是一个由低级到高级、由量变到质变的连续不断的发展过程，遵循一定的顺序，具有不可逆性。他们生存所需要的营养、医疗、环境、受教育条件缺失或不足，会导致他们发展受损。可见，未成年人发展权是保障未成年人身心健康成长的基本要求。如果未成年人发展权被剥夺，那么未成年人将无法健康成长。

5. 未成年人发展权具有不可克减性

不可克减权利是指缔约国在任何情况下，包括在紧急状态或战争时期，都不得减损或损害人权条约所规定的、缔约国应承担义务加以保护的特定的基本权利。[1]不可克减权利应是一些特定的基本权利的集合体。未成年人发展权是未成年人的一项基本权利，也是一项特殊权利。联合国《儿童权利公约》在关于未成年人发展权的规范中明确了缔约国在未成年人发展权中的义

---

[1] 王祯军："对保护不可克减的权利的一些思考"，载《中国社会科学院研究生院学报》2008年第3期。

务，要求缔约国切实履行。《儿童权利公约》规定了未成年人的生命权、高标准的健康权、表达自由权、受教育权等诸多内容，这些权利与未成年人发展权密切相关。未成年人发展权借这些权利来实现自身。也就是说，未成年人发展权是一项综合性的权利，是诸多权利的集合体。对未成年人某一个或多个权利的侵害或忽视往往导致未成年人发展受损。无论在任何时候，侵害未成年人生命权、健康权都会影响甚至导致未成年人发展的丧失。因此，未成年人发展权具有不可克减性，即无论在何种状态下，缔约国都应履行义务，不得损害未成年人发展利益。

二、未成年人发展权的性质

对于未成年人发展权是一项何种性质的权利，学界并没有探讨。对这一问题的回答不仅关系到它在未成年人权利体系中的地位，还关系到未成年人发展权法律保障的具体方式。对于未成年人发展权的性质的认识，有助于我们更进一步认识未成年人发展权的法定内涵。

（一）发展权是未成年人的基本人权

未成年人发展权是发展权的组成部分，具有发展权的一般性质。发展权是国际社会承认的一项基本人权。未成年人发展权作为发展权的组成部分，也是一项基本人权。

1. 未成年人发展权是一项具有普遍性、基础性的基本人权

发展权是基本人权已经得到了国际社会的确认。联合国《发展权利宣言》第1条第1款规定每个人和所有各国人民均有权参与、促进并享有经济、社会、文化和政治发展，在这种发展中，所有人权和基本自由都能获得充分实现。这里的"每个人"强调发展权利主体的普遍性，发展权的主体涵盖了社会中所有的人，具有绝对性、普遍性。李步云认为，人权是具有普遍性的，这是因为人权是一个人作为人所应享有的权利，是基于人类共同的利益、理想和道德的。[1]未成年人享有发展权的普遍性意味着：①未成年人发展权的主体具有普遍性，是指每一个未成年人，包括0岁至18岁的未成年人。发展权对于每一个未成年人来讲是生存发展所必需的，具有不可转让性。对于未成年人中的特殊主体（如残障未成年人、留守未成年人、流动未成年人、童

---

[1] 李步云主编：《人权法学》，高等教育出版社2005年版，第64~70页。

工等）而言，他们是未成年人群体中的弱势群体，同样享有发展权，同时还需要得到特殊的照顾和保护。②平等性。只要是中国公民，无论是何种性别、民族、种族、家庭财产状况、宗教信仰，都依法享有发展权。未成年人享有发展权，意味着每一个未成年人均平等享有发展权，不因性别、民族、种族、家庭财产状况、宗教信仰的不同而受到不平等对待。同时，未成年人发展权是未成年人生理和心理在社会化过程中健康发展的基本权利。生理的发展主要是身体的发展，心理的发展包括认知和社会性的发展，这三个方面的发展无论哪一方面受到损害都不利于未成年人的健康发展。未成年人发展权是保障未成年人身心获得健康发展的权利，它涵盖了未成年人发展的方方面面，因而具有基础性和根本性。

2. 未成年人发展权是一项具有母体性特征的人权

未成年人发展权是一项基本人权，具有母体性特征。未成年人发展权的母体性特征体现在三个方面：其一，全面的包容性。未成年人发展权的特征在于未成年人自身发展的特殊性。未成年人的发展区别于成年人。未成年人尚处于发展过程当中，他们的身体和心理处于从不成熟到成熟的转变过程当中。未成年人发展权是未成年人生理和心理发展的综合和有机统一，在理论上可以具体拆分和细化。其二，高度的抽象性。未成年人发展权是对未成年人身体、心理以及社会化过程的全面发展的各个层面的内容的高度抽象和概括，未成年人发展权作为统摄和整合未成年人人权的一项基本权利，需要在未成年人发展权的母体中派生出各种具体的形式，需要相应的宪法、法律和法规进行整合，将未成年人发展权具体化为法律规范并加以落实。其三，形式的开放性。未成年人发展权作为一个由各种结构形式与层次构建而成的人权形态，随着未成年人发展内容的不断更新和人权本质的不断优化而呈现出开放的而非封闭的特征，在未成年人发展权自身的不断进化过程中，通过吸纳性的人权要素而使其不断完善、丰富。与发展权所包含的公民发展权、政治发展权、经济发展权、文化发展权所不同的是，未成年人发展权的内容和范围并不是确定的，而是不断变化的。它随着未成年人发展的需要的变化而产生新的具体权利，也随着国家的经济发展和社会对未成年人发展权的重视程度提升而不断扩大。

（二）未成年人发展权具有社会权和自由权特性

未成年人发展权是未成年人实现健康发展的根本保障，在未成年人的成长过程中具有基础性地位。未成年人发展权作为未成年人的基本人权，具有发展权的一般性质。此外，未成年人发展权还具有社会权和自由权的特性。

自由权和社会权是对人权的基本划分。《公民权利及政治权利国际公约》（1966 年）和《经济、社会及文化权利国际公约》（1966 年）体现了此种二分法。近代宪法主要保护自由权，如人身自由、政治性自由和经济性自由。[1]现代宪法主要保护社会权，如生存权、受教育权等。自由权是一种消极的权利，国家对自由权负有消极不作为的义务。社会权是一种积极的权利，国家负有保护和实现的积极作为义务。但是，这种划分是相对的。自由权并非只是国家的消极不作为的义务，事实上，国家若不履行积极的义务，自由权可能完全无法实现。同样，社会权亦是如此。未成年人发展权同时具有社会权和自由权的特性。这就要求：一方面国家尊重未成年人的发展需要，为未成年人身心健康发展提供物质条件；另一方面要求国家放弃干预，尊重、保护未成年人的发展自由。

1. 从未成年人发展权概念上看

在法律制度层面，未成年人发展被确认为一项权利——未成年人发展权。权利意味着资格，"资格"决定了权利人拥有权利及权利的具体内容。未成年人发展权作为一项法定权利而存在，意味着未成年人享有发展权利的资格。未成年人享有发展权利的资格是由未成年人作为公民具有公民身份所决定的。马歇尔从历史的视角考察了公民身份的发展过程。他认为公民身份包括三个要素：公民的要素、政治的要素和社会的要素，与之对应的是公民权利、政治权利和社会权利。[2]公民基于身份享有基本权利，公民身份赋予社会成员以权利。未成年人作为公民，具备享有社会权利的资格条件。社会权利是一项积极的权利，它所产生的义务是积极的义务，要求国家提供其实现的条件。未成年人发展权更多地呈现社会权的特征，即要求国家积极作为，满足未成年人健康发展的需求。《儿童权利公约》规定了缔约国在未成年人生命安全、教育、娱乐与休息、游戏、参与社会文化等方面应承担的义务。这些都体现出了未成年人发展权的社会权属性。此外，社会权不仅应当以国家为前提，

---

〔1〕 郑贤君主编：《宪法学》（第2版），北京大学出版社 2007 年版，第 164 页。
〔2〕 ［英］T.H.马歇尔、安东尼·吉登斯：《公民身份与社会阶级》，郭恩华、刘训练译，江苏人民出版 2008 年版，第 18 页。

还要以父母、学校和社会组织来承担相应的保障义务为前提。

未成年人发展权被确认为一项自由——发展自由。作为一项自由，它带有强烈的自由权色彩，以防止国家的恣意干涉。从未成年人发展权的属性上来看，自由是其属性之一。作为权利要素的自由，通常是权利主体可以按照个人意志享有或放弃该项权利，不受外来的干预或胁迫。对于未成年人来讲，自由是实现未成年人发展的手段。按照柏林对自由的划分，自由分为积极自由和消极自由。积极自由是可以做……的自由，也被称为积极权利。消极自由是免于干预的自由，也被称为消极权利。未成年人的积极自由体现为未成年人作为权利主体为实现其发展，要求义务方提供条件，履行相关责任以保障其实现。未成年人从他律到自律，从自律逐渐到自由，是一种生长的自由、发展的自由。这种自由是需要在外界干预下实现的。从消极权利的角度来看，未成年人发展权作为自由权，要求免于干预。如未成年人生命权是自由权，但是这一权利的实现仍然需要外部条件来保障。这种消极权利不是绝对的，要实现这种自由，不仅需要国家消极地不予干预，而且需要国家积极地予以保障。联合国《公民权利及政治权利国际公约》第18条规定，缔约国应尊重父母和法定监护人保证他们的子女享有宗教信仰自由和道德教育的自由。在《儿童权利公约》中，这一权利特性表现得更为淋漓尽致。如保障未成年人的言论自由、宗教自由、发表意见等权利。因此，未成年人发展权既具有积极的一面，即要求国家通过各种措施予以保障，又具有消极的一面，即要求国家免予干预。

2. 从权利构造入手来看

大须贺明认为，在一般情形下，每一项基本人权都存在着权利主体及其承担客体。权利主体对应于权利，权利客体承担与此权利相对应的义务。以权利和义务为内容，二者在某种意义上形成了一种相互对应的构造。[1]对于未成年人发展权，作为发展权主体的未成年人和作为义务承担者的国家之间存在着承担客体义务的教育者。也就是说，一般基本权利存在着双方关系，未成年人发展权却存在着多方关系，即父母、学校、社会、国家。就社会权属性而言，不仅国家要承担未成年人发展权的积极义务，父母、学校、社会组织也要承担相应的义务。就自由权属性来看，学校开展的保障未成年人发

---

〔1〕 〔日〕大须贺明：《生存权论》，林浩译，法律出版社2001年版，第166页。

展的教育活动必须与国家的教育目的相一致；学校教师的教育自由和独立得到宪法的保障，对国家权力的介入提出了不同的要求。未成年人发展权构造是基于未成年人、未成年人发展的权利与国家、社会、父母等相应义务以及教师、父母等所享有的教育自由方面，双方复杂地相互纠合在一起而形成的。这一权利复杂特性表现出了社会权和自由权的权利特性。

三、未成年人发展权与未成年人生存权、受教育权、受保护权、参与权四项权利之间的关系

在未成年人权利体系当中，未成年人发展权是一项特殊权利，它与其他权利有密切的联系。我国《未成年人保护法》将未成年人发展权与未成年人生存权、未成年人受教育权、未成年人受保护权、未成年人参与权并列放在一起，而这几项权利之间的关系为何，尚未明确。本书主要基于《未成年人保护法》的规定，对未成年人发展权与未成年人生存权、受教育权、受保护权、参与权的关系进行分析。

（一）未成年人发展权与未成年人生存权

未成年人生存权，英文为"the child's right to survival"，它是指未成年人享有的生命权、健康权以及获得医疗保障的一项基本权利。未成年人生存权与生命权常常被联系在一起，但其又不同于生命权。它的外延比生命权更为广泛。有学者认为，未成年人生存权利包括充足的食物、居所、清洁的饮用水及基本的健康照顾等。未成年人发展的权利包括安全的环境，借由教育、游戏、良好的健康照顾及社会、宗教、文化参与的机会，使儿童获得均衡的发展。[1] 这一观点将未成年人发展权和未成年人生存权割裂开来，但生存权中基本的健康照顾和发展权中良好的健康照顾之间并没有明确的界限。还有学者认为未成年人生存权分为两个层面：①一个人生存所具备的基本权利，包括生命权、高标准的健康权、相当生活水准的权利；②较高层面的生存权，是指活得快乐而有尊严，包括身份权、安全社会环境权。[2] 这一观点将未成年人发展权看作是受教育、基本自由和参与的权利，对未成年人生存权和发展权进行了严格区分。

---

[1] 吴鹏飞：《儿童权利一般理论研究》，中国政法大学出版社 2013 年版，第 110 页。
[2] 王雪梅：《儿童权利论：一个初步比较的研究》，社会科学文献出版社 2005 年版，第 118 页。

关于未成年人生存权与未成年人发展权的关系，本书认为，对未成年人发展权与未成年人生存权的认识不可割裂开来。未成年人发展权与未成年人生存权的关系体现在：未成年人生存权是未成年人发展权的基础和前提性权利。生存是未成年人获得发展的基础，没有未成年人生存权作为前提权利，未成年人发展权就无法实现。从本质上讲，未成年人生存权是合乎人性尊严的生活，是国家对未成年人生命及生活水平的维持和补助，国家须给予生活在人性尊严下的未成年人公民以救助，使其活得像一个人。对未成年人而言，他们是发展过程中的人，他们的身心获得全面发展，依赖于成年人社会提供给他们适当的营养、健康、医疗、教育等基本生存需求和保障，这样他们才有可能成为合格的、健全的公民。《儿童权利公约》规定了未成年人生存权从根本上是为了保障未成年人的健康发展。因此，未成年人生存权包含于未成年人发展权之中，是未成年人发展权实现的先决性条件。

（二）未成年人发展权与未成年人受教育权

未成年人发展权与受教育权的关系密切。未成年人发展权与未成年人受教育权的关系表现为：其一，受教育权是未成年人发展权的核心权利。关于受教育权与发展权的关系，第二次世界大战后，国际社会普遍认识到受教育权对人的个性、才智和身心能力发展具有重要的作用。受教育权被认为是发展权的思想已经开始萌芽。反过来看，未成年人发展权指向未成年人生理和心理在社会化过程中的健康发展。其需要通过其他权利的实施来得以实现。接受教育是实现未成年人发展的重要力量，未成年人通过受教育获得知识和技能，在社会上学会生存。因此，受教育权是保障未成年人发展权实现的核心权利，是实现未成年人发展权的途径之一。其二，受教育权的最终目的是实现未成年人的全面发展。国际 21 世纪教育委员会在向联合国教科文组织提交的报告中专门指出："教育的首要作用之一是使人类有能力掌握自身的发展。"[1]可见，受教育权的目的是实现人的发展。其三，尽管受教育权也是一项基本权利，但是未成年人发展权作为基本权利更具有基础性地位。这是因为：①未成年人发展权是一项母权利，具有高度的抽象性和概括性，它是未成年人身心各个方面发展的具体权利的综合。②未成年人发展与

---

〔1〕《教育——财富蕴藏其中：国际 21 世纪教育委员会报告》，联合国教科文组织总部中文科译，教育科学出版社 1996 年版，第 68~70 页。

教育有着天然的联系，受教育权是保障未成年人发展的必然要求，也是未成年人发展权的重要内容之一。未成年人发展权借以受教育权以及其他权利的实施而实现其自身。因此，未成年人发展权在未成年人权利体系中具有基础性地位。

未成年人发展权与未成年人受教育权是有区别的，具体表现在：①从权利的性质来看，未成年人受教育权既是未成年人的权利也是未成年人的义务。而未成年人发展权是未成年人的一项基本权利，父母、国家、社会构成未成年人发展权的义务方。②从权利的内容上来看，未成年人受教育权核心内容旨在保障未成年人的教育机会平等和条件保障权。未成年人发展权的内容涉及未成年人身体和心理发展的方方面面，权利内容范围远远大于受教育权。针对未成年人发展权，《儿童权利公约》作出了全面的规定，不仅规定了未成年人受教育权，同时还规定了未成年人生活水准、健康等其他方面的权利。把未成年人发展权看作是受教育权，这种逻辑推演，缩小了未成年人发展权的内涵。③从权利的特征上来看，未成年人受教育权和未成年人发展权均是未成年人的基本人权，未成年人发展权作为基本人权更具有基础性地位，是未成年人其他具体权利的综合。

（三）未成年人发展权与未成年人参与权

未成年人参与权，英文为"the minors right to participation"。它是指未成年人参与家庭、文化和社会生活的权利。[1]未成年人参与权是《儿童权利公约》规定的未成年人享有的一项重要权利，也是促进未成年人其他权利实现的一项基本原则。《儿童权利公约》和我国相关法律均对此予以明确规定。如《儿童权利公约》第12条规定缔约国应确保有主见能力的未成年人有权发表自己的意见等。第13条规定未成年人应有自由发表言论的权利，此项权利应包括通过口头、书面或印刷、艺术形式或未成年人所选择的任何其他媒介，不论国界，寻求、接收和传递各种信息和思想的自由。此外，宗教信仰自由（第14条）、结社自由及和平集会自由（第15条）条款均包含了未成年人参与的内容。可见，未成年人参与权的行使与其他权利联系在一起。

未成年人发展权与未成年人参与权之间具有密切的关系。具体体现在：

---

〔1〕 关于参与权，王雪梅认为，未成年人参与权是未成年人享有参与社会生活的权利。事实上，未成年人的参与不仅限于社会生活，他们的参与形式是多种多样的，包括家庭参与、表达自由等。

其一，未成年人参与权是未成年人发展权实现的方式和途径。未成年人参与权是未成年人自主权的一种，是未成年人表达意见，作出决策的权利。参与是未成年人健康发展的基本需求，它对于未成年人的情感、智力、社会健康发展具有重要意义。未成年人是处于发展中的个体，他们与外界环境处于互动过程当中。法国社会学家涂尔干认为，人的成长便是由"个体我"走向"社会我"的社会化的过程。童年时期是社会化的一个关键阶段。[1]未成年人是从个体发展到社会化的过程，他们通过参与社会生活，表达自己的观点和想法，逐步成为民主社会的公民。进一步来看，一个充分意义上的公民，其核心在于其公共理性的形成。公共理性建立在公民对公共生活参与的基础之上而形成。因此，参与是培养未成年人成为民主公民的前提。未成年人发展权的实现是以参与权实现为基础和条件的，只有赋予未成年人参与的权利和能力，他们才能发展自己、完善自己，从而保障他们的健康发展。其二，未成年人参与权设立的最终目的是促进未成年人的健康发展。同未成年人发展权一样，未成年人参与权既是一项基本权利，也是一项基本原则。传统观点认为，由于未成年人的心智不健全，应更多地保护未成年人而不主张未成年人自主作出决定和行动。事实上，未成年人是社会的一员，参与是他们获得自尊、自信以及管理自己的生活的一种方式。[2]参与有助于未成年人的自主性和社会技能的习得。未成年人通过参与家庭、社会生活，完成社会化从而形成健全的人格，进而获得全面发展。因此，未成年人参与是实现发展的途径和手段。未成年人参与权的行使有利于未成年人发展权的实现。

（四）未成年人发展权与未成年人受保护权

受保护权是未成年人的一项特殊权利，每一个未成年人都有受保护的权利。关于受保护权，分为广义和狭义两种。广义上，未成年人受保护权可以理解为对未成年人各项权利进行保护的权利，是一个较为宽泛的概念。狭义上来讲，《未保法释义》关于受保护权的解释是指未成年人不受歧视、虐待和忽视的权利，包括保护未成年人免受歧视、剥削、酷刑、暴力或者疏忽照料，

---

〔1〕［法〕涂尔干："教育及其性质与作用"，载张人杰：《国外教育社会学基本文选》（修订版），华东师范大学出版社 2009 年版，第 8 页。

〔2〕M. de Winter, C. Baerveldt and J. Kooistra, "Enabling Children: Participation as a New Perspective on Child-health Promotion", *Child Care Healthy & Development*, 1999, 25（1）: 15~25.

以及失去家庭和处于特殊困境中的未成年人的特别保护。[1]这一规定相对比较粗糙。而《儿童权利公约》第19、34、39条都对受保护权作出了规定。第19条规定未成年人受保护权的义务主体指向国家，要求国家通过立法、行政、社会和教育措施对受到伤害的或可能受到虐待、剥削、性侵害等形式伤害的未成年人提供一系列救助和保护，使其免受伤害。对这类未成年人进行保护是对缔约国的底线要求，也是缔约国应当履行的义务。为了保护未成年人，该条还特别规定向未成年人或其家庭提供支助以及进行司法干预。

未成年人发展权与未成年人受保护权有着密切的联系。受保护权是未成年人发展权的重要组成部分，受保护权旨在保护未成年人的身体、精神免受侵害，促进未成年人身体和心理的健康发展。其与未成年人发展权实现未成年人身心发展的目的一致。因此，可以说，未成年人受保护权是实现未成年人发展权的手段，它是为未成年人发展权这一目标服务的。

通过以上分析我们可以看出，未成年人发展权与生存权、受教育权、参与权、受保护权相互依存、不可分割。在这些权利当中，未成年人发展权具有基础性和根本性，它属于更高位阶的权利，是一项母权利，通过其他权利的实施实现其自身。未成年人发展权在未成年人权利体系中处于基础性地位，具有终极价值。因此，未成年人发展权不宜和其他权利并列放在一起。只有认识到这一点才能对未成年人发展权进行更好的保护。

第三节　未成年人发展权是未成年人立法的目标价值

发展对于未成年人具有特殊性，健康发展是未成年人的必然要求。未成年人发展权的设立对于促进未成年人的健康发展具有重要意义。保护未成年人发展权已成为各国未成年人立法的重要任务。本书认为未成年人发展权不同于其他具体权利，具有母体性、基础性，是一项终极性价值。未成年人发展权构成了未成年人立法的目标价值——正义。未成年人发展权是分析现代未成年人立法乃至政府活动的一个重要分析工具，也是评判未成年人立法的基准性价值，应成为未成年人立法分析的基本理念和精神。未成年人立法也须以未成年人发展权作为目标价值。

---

[1] 信春鹰主编：《中华人民共和国未成年人保护法释义》，法律出版社2007年版，第9页。

一、发展是未成年人的基本要求

未成年人是发展的个体，发展对未成年人不仅具有特殊性，而且至关重要。健康发展是未成年人成长的必然要求。

第一，未成年人发展具有内在的规律和要求，这是由未成年人的特殊身份决定的。未成年人的发展从属于人的发展，但又不同于成年人的发展。儿童时期是未成年人发展的关键期，这一时期未成年人的发展具有特殊性。一方面，未成年人是发展着的人，他们的发展是一个内在潜能不断发掘的过程，在不同阶段会有新的能力和社会期望的出现。因此，未成年人的发展为人的一生奠定基础，他们的发展对社会和个人都具有不可估量的意义和价值。另一方面，未成年人发展是个体从出生到成年期间的身心变化过程。他们的身体发展、心理发展相互影响、不可分割。同时，未成年人的发展有阶段性、不可逆性，一旦错过发展的最佳时期便无法再弥补。

第二，健康发展是未成年人成长过程中的必然要求，未成年人要获得健康发展，应满足未成年人不同方面发展的需要。儿童发展理论揭示未成年人的发展是身体、认知和社会化发展的整体性的过程，具有整体性、内在关联性、快速和递进性的特点。由于未成年人身体弱小，无法实现自我发展，需要成年人社会创造条件和环境予以特殊保护。未成年人的身体发展依赖于外部条件，为未成年人提供充足的食物、水、住房、医疗、照顾以及其他条件，这些是未成年人身体发展以及生存发展的基本要求。未成年人认知发展受教育的影响巨大，保障未成年人受教育权益是未成年人健康成长的重要途径。可以说，未成年人获得的营养、医疗、照顾、教育等条件是未成年人发展过程中的基本的需要，只有满足这些条件未成年人才能得到健康发展。

二、未成年人立法应围绕未成年人发展权展开保护

健康发展是未成年人成长的必然要求。未成年人发展权对于促成未成年人健康发展具有特殊意义。未成年人立法应该通过保护未成年人发展权，从而促进未成年人的健康发展。从各国未成年人立法的实践来看，未成年人发展权已经得到确立并给予立法保护。不同时期各国政府通过法律制度的安排对未成年人发展的内容作出保护。

（一）未成年人发展权对于未成年人具有特殊意义

未成年人发展权对于未成年人的健康发展具有重要的作用，其对于未成年人具有特殊意义。由于未成年人的弱势性，必须通过立法保障未成年人发展权得以实现。

1. 未成年人发展权是未成年人发展的内在要求使然

在未成年人权利认识中，早期以理性能力作为未成年人权利享有的依据。20 世纪以来，随着新的儿童观的诞生以及人权的发展，未成年人作为权利主体的法律地位将得到承认。强调未成年人首先是人，而不因为其理性能力来判定是否拥有人权是这一时期的特点。未成年人与成年人享有同等的人权，这在一定程度上消减了传统社会中成年人与未成年人之间的支配-服从关系。伴随着人权的发展，新的成年人-儿童关系开始产生。儿童与成人的关系不再是一种"依附-隶属"关系，而是一种"伙伴-合作"关系。[1]这一关系从根本上承认未成年人的权利主体地位和独立价值。未成年人是独立的个体，具有发展潜力的个体，对于未成年人的健康、教育、照料等是未成年人获得自身成长的内在需要，也是成年人社会健康、和谐发展的需要。促进未成年人的潜能开发，使他们发挥更大的作用。

进入 20 世纪 60、70 年代，国际社会掀起了儿童解放运动。这一运动将重点转向未成年人自主和自决。相对于传统上成年人负有保护未成年人的责任，控制和施威于未成年人，儿童解放运动主张未成年人与成年人具有平等的地位，能够与成年人平等对话，参与到社会生活当中。霍查德·法森认为自决权是未成年人拥有其他权利的根本性权利。未成年人与成年人一样，必须在与其相关的事务中拥有决定权，防止未成年人与成年人使用不同的标准，他提出未成年人拥有选择自己家庭环境的权利、信息权、教育选择权、性自由权、工作权、政治权等 10 项权利。[2]约翰·赫特的观点影响了 20 世纪 60 年代的教育改革。他反对学生把精力放在如何取悦教师，而是让每个未成年学生成为自己教育的计划者、指导者和评估者，每个未成年人都可以决定自己学什么，何时学，如何学以及如何学好。他鼓励让学生参与到教学计划、课

〔1〕 王本余："教育中的儿童基本权利及其优先性研究"，南京师范大学 2007 年博士学位论文。
〔2〕 Philip E. Veerman, *The Rights of the Child and the Changing Image of Childhood*, Martinus Nijhoff Publishers, 1991: 134~140.

程的过程中，突出强调学生的自主性。他提出了未成年人拥有与成年人同等的权利，具体包括投票权、财产权、选择自己的抚养人、开车、学习、承担法律和经济责任的权利等 11 项权利。[1]同时，儿童保护保守论者认为成年人之所以被赋予公民权，主要是因为他们已经具有政治理论家所提出的公民资格。[2]因此，成年人应对未成年人自我决定的自由给予限制和干预，防止未成年人自我伤害。

这一时期未成年人发展权亦开始成为国际社会的法律准则。《儿童权利公约》以权利的形式对未成年人发展作出了全面的规定，它涉及未成年人健康、教育、环境等方面的内容。该公约还规定缔约国、父母、社会的义务，要求他们提供条件，对未成年人的健康发展给予保护。

2. 未成年人发展权的设立保障未成年人的健康发展

未成年人的发展离不开教育。教育对未成年人的发展起主导作用。教育把人类积累的生产经验和社会生活经验转化为受教育者的智慧、才能和品德，使他们的身心得到发展，成为社会所要求的人。也就是说，教育对人的发展不仅要体现社会的要求，也要体现人的身心发展需要，因而是一个统一的活动过程。国际社会认识到教育的重要性，赋予个体受教育权。未成年人受教育权是社会、国家履行促进未成年人发展义务而选择的一种实践方式。社会、国家基于未成年人身心稚弱的特点，通过设置一定年限的义务教育，帮助未成年人形成初始以及基础的发展能力。然而，法律上的受教育权并不能保障未成年人发展的各个方面的需要，而未成年人发展权是对未成年人各个层面发展的保护，它的内容和范围较为广泛。根据《儿童权利公约》的规定，未成年人发展权的内涵不仅包括受教育权，而且包括未成年人享有健康、医疗、环境等方面的保障。因此，未成年人的受教育权只能构成未成年人发展权的基础和核心，也就是说，通过未成年人发展权的保障能够全面保障未成年人的发展。

概而言之，未成年人发展是未成年人最重要的时期，是未成年人身体、认知和社会化发展的整体性的过程，他们的发展具有不可逆性，一旦错过发

---

〔1〕　Philip E. Veerman, *The Rights of the Child and the Changing Image of Childhood*, Martinus Nijhoff Publishers, 1991: 134~140.

〔2〕　Francis Schrag, "The Child's Status in the Democratic State", *Political Theory*, 1975, 3（4）: 453~468.

展的最佳时期，无法再弥补。未成年人的发展是一个内在潜能不断发掘的过程，处于上升的时期。他们的成长在不同阶段会有新的能力和社会期望的出现。未成年人要获得健康发展，需要满足他们各个方面的需求。由于未成年人弱小，无法实现自我的发展，需要成年人社会创造条件和环境予以保障。未成年人的发展对社会和个人都具有不可估量的意义和价值。《儿童权利公约》以权利的形式对发展作出了全面的规定，它涉及未成年人健康、教育、环境等诸多方面的内容，并规定缔约国、父母、社会的义务，要求他们提供条件和保障，对未成年人的健康发展给予保护。因此，确立未成年人发展权对未成年人的健康发展具有极其重要的意义。

(二) 各国未成年人立法已经确立对未成年人发展权的保护

尽管未成年人发展权是一个国际法概念，是一项年轻的权利，但从其产生来看，未成年人发展权与未成年人发展紧密联系在一起。发达国家非常重视未成年人的发展，不同时期各国通过法律制度对未成年人发展的保护作出了安排。

美国国会于 1946 年通过了《全国学校午餐法》，通过经费补助方式要求学校实施非营利性学校营养午餐方案。20 世纪 60 年代美国的反贫困运动将政府对未成年人的资助项目扩大到教育、未成年人医疗健康、未成年人营养等。美国国会通过《儿童营养法》以及《健康专业教育协助法》，为未成年人的营养和健康提供服务。20 世纪 70 年代，随着儿童解放运动的兴起，未成年人的参与权受到重视。1979 年美国通过的《少年权利》论述了未成年人参与权的重要性。为了保障未成年人的健康发展，美国还出台了《儿童电视法》(1990 年)、《儿童网络隐私保护法》(1998 年)、《卓越阅读法》(1998 年)、《不让一个孩子掉队法》(2001 年)、《儿童虐待防治与处理法》(2010 年)、《青少年户外健康法案》(2011 年) 等。这些法律从未成年人健康、教育、信息保护、免受预防虐待等方面作出了规定。

英国是最早通过立法保护未成年人的国家。早在 1802 年，英国便通过了《学徒健康与道德法》，它是第一部保护童工的法律。该法要求限定学徒的工作时间，保障学徒的休息。为了保护未成年人免受虐待，英国人阿格纽于 1833 年在利物浦建立了欧洲第一个防止对儿童犯罪的机构——防止儿童虐待会。[1]1894 年和 1889 年，英国分别出台了《预防虐待儿童法》《预防虐

---

[1] 刘智成："儿童游戏权研究"，南京师范大学 2014 年博士学位论文。

待儿童和忽视儿童法》等。20 世纪之后，在福利国家理念的推动下，英国越来越重视政府在未成年人保护当中的义务，政府越来越多地承担保护、照顾未成年人的责任。1989 年《儿童法》对未成年人发展的情感需要、教育需求、环境变化、父母文化等方面作出了详细的规定。这一法律对未成年人发展的内容进行了详细的规定。

日本大部分关于未成年人的法律是在第二次世界大战之后制定的。1947 年至 1949 年短短三年间，日本先后制定了《儿童福利法》（1947 年）、《少年院法》（1948 年）、《少年法》（1949 年）等法律。为了防止因贫困造成的失学未成年人、童工等，日本制定了《学校营养午餐法》。随后，日本还制定《营养师法》（1947 年）、《营养改善法》（1952 年）、《酪农振兴法》（1959 年）等，通过一系列法律保障未成年人的营养健康。随着经济和社会的发展，日本出台了《母子及孀妇福祉法》（1964 年）、《儿童抚养津贴法》（1961 年）、《母子保健法》（1965 年），这些法律强调对未成年人生活、母婴健康的保护。进入 20 世纪 90 年代以后，为适应国际和国内未成年人保护的需要，日本先后制定了《少年保护事件补偿法》（1992 年）、《对嫖雏妓和儿童色情行为的处罚及儿童保护法》（1999 年）、《未成年人虐待防止法》（2019 年修订）、《未成年人饮酒禁止法》《未成年人吸烟禁止法》等，通过立法保障了未成年人的健康发展。此外，日本各都、道、府、县均制定了《保护青少年条例》。可以说，日本通过制定完善的法律体系以保障未成年人的健康发展。

未成年人发展权对于未成年人的意义重大，它的设立有助于保障未成年人的健康发展。通过对各国未成年人立法的梳理我们可以发现，未成年人发展权得到了发达国家未成年人立法的重视。因此，未成年人立法应围绕未成年人发展权进行保护。未成年人发展权的立法保护为未成年人的健康成长提供了根本保障。

三、未成年人发展权构成未成年人立法的目标价值

庞德说过："在法律史的各个经典时期，无论古代还是近代，对价值的论证、批判或合乎逻辑的适用，都曾是法学家的主要活动。"[1]未成年人立法的价值是未成年人立法的前提和基础。未成年人立法存在多种价值博弈，不同

---

〔1〕 ［美］罗斯科·庞德：《通过法律的社会控制》，沈宗灵译，商务印书馆 1984 年版，第 55 页。

价值目标之间存在诸多冲突与重叠，需要在不同价值之间进行评价和判断，从而确立未成年人立法的总体性价值目标。因此，确立立法的目标价值是进行未成年人立法的前提和基础。

我国现行未成年人法律缺乏操作性、专门立法少，这些原因使得未成年人立法实施效果不佳。法律实施的好坏取决于立法的质量。正如良法是善治之前提。针对未成年人立法现状，有必要对未成年人立法的价值选择进行反思。

（一）未成年人发展权构成未成年人立法的目标价值——正义

法律的价值目标，通常可以表现为广泛认同、预见和期望的法律价值关系运动的方向和前途，它在人们的法律实践中具有重要的指引和导向作用。[1]未成年人立法是未成年人社会秩序和正义的最为可靠的保障，这就要求未成年人法在实体和程序上设置未成年人的权利，保障未成年人的权利。正义是未成年人立法的基本价值取向，未成年人立法应当保障每一个未成年人得到平等保护和对待。具体来看，正义首先体现为平等，平等享有权利是未成年人发展的前提和基础，也是未成年人立法的内在价值要求。每一个未成年人都不应因种族、民族、肤色、身份、性别、语言、宗教、政治、出身以及其他身份而受到歧视。其次，正义还体现为对不平等的补偿。在对每一个未成年人平等对待、一视同仁的情况下还应该对处境不利的特殊未成年人给予区别对待，消除他们的弱势，保障他们能够享有实质的平等保护。

从未成年人发展权的功能来看，未成年人发展权是未成年人正义的体现，具有重要价值。阿琼·阿森古普塔认为公平、正义、参与和自由是发展权的内在价值。[2]对于未成年人发展权而言，正义也是未成年人发展权的内在价值。首先，平等享有权利是未成年人发展的前提和基础，也是发展权的内在价值要求。未成年人发展权是每一个未成年人发展权利的主张，不因未成年人的种族、肤色、性别、语言、宗教、政治、民族、财产、社会出身、身份而有任何差别。满足他们身心以及社会化发展的需求，是每一个未成年人要求的平等权利。未成年人发展权平等的核心是发展机会平等，包括受教育机

---

〔1〕 谢鹏程：《基本法律价值》，山东人民出版社 2000 年版，第 18 页。

〔2〕 Arjun Asengupta, "On the Theory and Practice of the Right to Development", *Human Rights Quarterly*, 2002, 24（4）：848~849.

会平等、参与机会平等等方面。其次，对特殊未成年人的补偿平等是未成年人发展权的内在要求。特殊平等是建立在一般平等基础上的平等，也可以被称为差异平等。由于每一个未成年人个体的先天和后天禀赋和环境的不同，他们发展的内容有所不同，因此需要给予特殊平等对待。如在智障未成年人和留守未成年人发展方面，由于他们存在身体和心理的弱势，他们的弱势地位不可改变，立法者要在一般平等基础上确保有特殊需要的未成年人能够平等和全面地享有所有人权和基本自由，包括享受保健、教育和娱乐服务，确保他们的尊严，促进他们的发展，从而实现实质平等。实现未成年人的发展有赖于发展权的保障。未成年人发展权蕴含了正义的价值，未成年人立法理应以发展权为目标价值，实现未成年人正义。

（二）未成年人发展权成为评判未成年人立法的基准性价值

从未成年人发展权的性质来看，未成年人发展权具有母体性，因而具有高度的涵摄性和优位性。未成年人发展权是统摄和整合未成年人各项权利的人权，当未成年人发展权结合了各种形式的具体未成年人人权后，未成年人发展权便提高了人权体系中的基本人权水平，而不再是一般的人权层次，是一项基本人权。进一步说，它与其他具体的权利不同，未成年人发展权具有综合性和抽象性，它聚集了未成年人身心以及社会化发展过程中需要的各项具体权利，它需要借助这些具体权利的实施来实现其自身。也就是说，未成年人发展权属于位阶更高的基本权利。未成年人发展权这一特性对于完善未成年人权利立法、实现通过司法公正的未成年人人权救济具有重要的意义。未成年人发展权将有助于将未成年人具体权利上升到宪法的高度，取得最高效力，从而提升未成年人具体权利的法的效力位阶。立法是未成年人法所要促成的目标价值法律化的过程，是公众意志的具体体现。未成年人发展权作为一项基本权利，是分析现代未成年人立法乃至政府活动的重要工具，也是评判未成年人立法的基准性价值，应成为未成年人立法分析的基本理念和精神。未成年人立法须以未成年人发展权为目标价值。同时，确保未成年人发展权成为现代未成年人立法的基本价值和逻辑起点。未成年人立法无论坚持哪一种价值取向，或者几种价值取向，都必须服从更高的价值目标，即未成年人发展权。未成年人发展权应该成为未成年人法制建构的价值基础，同时也是一切未成年人法律和政策的出发点和归宿点。未成年人发展权使未成年人立法有了一个评价标准，即通过未成年人身心以及社会化发展的实现状况来评价未成年人立法的价值目标是否得以实现。未成年人立法对未成年人发展不同方面保护程度如何，直接影响未成年人发展权的实现。

从未成年人发展权的目的来看，未成年人发展权保障未成年人的健康发展是未成年人立法的目标价值所在。未成年人法是以未成年人为对象进行保护的法律。"法的价值是以法与人的关系作为基础，法对于人所具有的意义，是法对于人的需要的满足，是人关于法的绝对超越指向。"[1]发展对于未成年人至关重要，它不仅是未成年人的内在需要还是社会进步的必然要求。未成年人的发展包括了身体、智力和社会化三个方面，这三个方面构成未成年人发展的整体。由于未成年人发展的整体性，他们要获得健康发展，需要满足他们身体、智力以及社会化不同方面的需求。不同阶段的未成年人的需求不同，只有满足未成年人的不同的需求，才能使其健康成长。针对未成年人成长的需要，需要国家设计相应的法律制度，规范不同主体的义务和责任。未成年人发展权的设立旨在保障未成年人的健康发展，未成年人发展权应成为未成年人立法的目标价值所在。

从各国立法实践来看，尽管没有直接规定未成年人发展权，但从相关规定中可以体现出未成年人发展权，并将未成年人发展权作为立法的基本理念和目标价值。在美国，《儿童保护法》将保护未成年人的身心、智力和情感的健康视为未成年人最大利益保护的内容。《儿童在线保护法》明确立法宗旨是保护未成年人的身心健康发展，免受不良信息的侵害，是政府的最大利益。在日本未成年人立法的理念当中，保护主义理念是主要的立场，而健康成长与保护主义具有相同的内容。1947年《儿童福利法》第一章总则规定一切国民皆应培养未成年人，并致力于未成年人身心的健康成长，一切儿童平等，其生活必须得到保障和爱护。第2条规定国家和地方公用团体是儿童的保护者，负有培养儿童及其身心健康成长的责任。这两条成了日本保障儿童福利的原则。《学校教育法》第77条规定幼儿园的目的在于保育幼儿，提供适当的环境，以帮助其正常地发展。从中我们可以看出，未成年人发展是日本未成年人立法的理念。英国的《儿童法》被称为世界上规模最为宏大的儿童立法，对未成年人发展作了详细的法律规定。这一法案在地方政府对儿童和家庭支持与服务部分，针对困境儿童的服务，明确了"发展"包括身体、智力、

---

[1] 卓泽渊："论法的价值"，载《中国法学》2000年第6期。

情感、社会性及行为的发展。

综上所述，未成年人发展权是未成年人权利中的基本人权，具有基础性、母体性地位。未成年人发展权作为未成年人的基本人权，蕴含正义的价值，它是一项终极性价值，可以构成未成年人立法的目标价值，不仅为未成年人立法提供指向，而且是评价未成年人法制的基本价值和逻辑起点。

第四节　未成年人发展权应具体化为未成年人发展保护的法律规范

法律规范是法的基本单位，它是由国家制定或认可的，体现国家意志，并以国家强制力保证实施的行为规则。法律对权利加以保护的前提是将权利具体化，使其成为法律规范，通过国家强制力来保障实施。法的价值和法的规范是一个统一体。法律规范是法律价值的体现，法律规范通过规定权利和义务使法律价值得以具体化。未成年人立法是将目标价值具体化为法律规范的过程。未成年人发展权是未成年人立法的目标价值。未成年人发展权作为价值要求未成年人立法将这一目标价值具体化为法律规范，并以此分配国家、家庭、社会不同主体的权利和义务，进而才有可能形成完善的规范基础，未成年人发展权的目标才能实现。那么，未成年人发展权作为一项价值，将其转化为法律规范时便应该从未成年人发展的具体内容展开。

未成年人发展是未成年人的身体和心理随着时间的变化过程。关于未成年人发展的内容和范围，本书将进一步展开探讨。

从理论上来看，儿童发展理论揭示了未成年人身心发展的内在规律和特殊性。国外学者劳拉·E.贝克把儿童发展分为生理的发展、认知的发展和社会发展三个领域。[1]我国教育学家王道俊和郭文安先生认为，人的发展是整体性的发展，包括生理发展、心理发展和社会发展。[2]这三个方面具有一定的相对独立性，又十分密切地联系在一起。它们与教育所要培养的人的体、智、德的发展具有内在联系，它包括体、智、德这三个方面的内容。尽管学者们的分类不同，但我们可以发现，未成年人的发展可以被概括为生理发展、

---

〔1〕〔美〕劳拉·E.贝克：《儿童发展》（第5版），吴颖等译，江苏教育出版社2002年版，第50页。

〔2〕王道俊、郭文安主编：《教育学》，人民教育出版社2009年版，第29页。

认知发展以及社会发展三大方面。生理发展主要是指身体的发展，个体各项官能的发展。认知发展与心理发展相关，也被称为智力发展，关注未成年人的思维发展、语言发展、注意力发展、记忆力发展等方面。社会发展是在个体社会化过程中习得社会规范，培养个性品质的过程。这几个方面的内容与体、智、德是一致的。

从立法实践来看，《儿童权利公约》明确指出应将未成年人发展权看作是一个综合的概念，包括未成年人身体、智力、精神、道德、心理和社会的发展。[1]可以看出，未成年人身体的发展、智力的发展是比较清楚的。未成年人精神、道德、心理和社会的发展之间存在交叉，理解起来较为困难。广义上的精神的发展主要一般是指个体的理想、信念、道德品质等。未成年人道德的发展是指个体道德品质的发展。未成年人心理和社会的发展主要包括个人的情感、价值观、情绪等内容。这样看来，这些发展均与未成年人的道德发展有关。我国《宪法》第 46 条第 2 款规定："国家培养青年、少年、儿童在品德、智力、体质等方面全面发展。"这里提出了未成年人的品德、智力、体质的发展。2021 年修订的《教育法》第 5 条规定教育必须培养德、智、体、美、劳全面发展的社会主义建设者和接班人。这一教育方针明确了未成年人的品德、智力、体质、审美等方面发展的内容。与国际公约规定了未成年人发展权包括的六个方面相比较，我国法律集中规定了未成年人的身体、智力、品德、审美方面的发展。通过对比可以发现，身体的发展、智力的发展是一致的。品德的发展对应道德的发展，审美的发展与精神的发展具有一定的联系。可以发现，国际法和国内法规定未成年人发展的内容都包括了身体发展、智力发展、道德或品德发展、审美发展或精神发展。

本书认为未成年人的发展是一个整体性的过程，它包括身体发展、智力发展、德性发展三个方面。首先，身体发展。未成年人要获得发展，必须要有一个健康的身体。毛泽东主席早年在《体育之研究》中指出："体者，载知识之车而寓道德之舍也。""无体是无德智也。"[2]可见，身体健康是未成年人获得发展的基础和前提。其次，智力发展。智力是未成年人获得知识和技能

---

〔1〕 UNCRC, "General Measures of Implementation of the Convention of the Rights of the Child" (27 November 2003) UN Docs CRC/GC/2003/5, paragraph 12, available at: http: www. refworld. org/docid/45388341f11. html.

〔2〕 申伟华：《毛泽东体育思想研究》，湖南人民出版社 2009 年版，第 82 页。

的能力，是未成年人社会生存的重要手段。根据儿童发展理论，智力发展也被称为认知发展。智力发展关注未成年人在感知、记忆、想象、言语、思维等过程中具有的发展机制。这些方面的发展囊括了未成年人认知发展的内容。

最后，德性发展。未成年人德性是未成年人作为个体和公民拥有的好的品质和能力。德性发展是未成年人社会化过程的基本要求。未成年人德性的发展与未成年人情绪发展、道德的发展、审美发展等联系在一起。我国教育方针提出德、智、体、美等方面全面发展，也是对未成年人发展作出的较为全面的概括。实际上，审美发展、劳动发展与未成年人德性发展密不可分。审美发展是未成年人精神发展的内容，是未成年人德性发展的辅助手段和实现途径。席勒说过："要使感性的人成为理性的人，除了使他成为审美的人，没有其他途径。"[1]未成年人道德发展中的知、情、意、行四重心理结构中，情感是知觉和意志的桥梁和中介。审美的发展属于未成年人感性发展的内容，它是通往未成年人理性发展的桥梁。在这一意义上，审美的发展是促进未成年人德性发展的途径。也就是说，未成年人德性的发展囊括了未成年人道德发展、审美发展等方面的内容，构成未成年人社会发展的主要内容。

未成年人身体发展、智力发展、德性发展构成未成年人发展的整体。未成年人身体发展是其他方面发展的基础。没有身体，未成年人其他方面的发展都将无法实现。智力培养未成年人的理性思维能力，帮助未成年人进行道德判断，是未成年人德性形成的前提。德性发展是未成年人的最高发展，德性是培养未成年人成为人的最根本要求。正如杜威所言："儿童在智力上、社会性上、道德上和身体上是一个有机的整体。须从最广义上把儿童看作是社会成员之一，要求学校做的任何事情都必须能够理智地认识他的一切社会关系并参与维护这些关系。"[2]因此，只有这三者的结合才能构成完整的人。这三者也是未成年人走向社会，成为合格公民的基本要求。

本书将进一步对未成年人发展之身体发展、智力发展、德性发展的内容和范围进行论述，并对它们之间的相互关系展开论述。在此基础上，探究未成年人发展权的法律规范。

---

〔1〕 ［德］席勒：《美育书简》，徐恒醇译，中国文联出版公司1984年版，第116页。

〔2〕 ［美］约翰·杜威：《学校与社会·明日之学校》，赵祥麟等译，人民教育出版社1994年版，第145页。

一、未成年人身体发展是未成年人生命存在和发展的基础

未成年人发展包括生理发展和心理发展。未成年人身体发展是生理发展的内容。未成年人身体发展是未成年人发展的基础，没有身体发展，未成年人其他方面的发展便无法实现。因此，未成年人身体发展也是未成年人发展权的首要内容。本书将从未成年人身体发展的含义、内容、地位等方面展开进一步论述。

（一）未成年人身体发展的含义及内容

未成年人身体发展是生理发展的内容。未成年人身体发展是指机体的各种组织系统（骨骼、肌肉、心脏、神经系统、呼吸系统、生殖系统等）的发育和机能的发展。对于未成年人来讲，身体发展是其成长过程的重要内容。未成年人身体发展包括身高、体重、肌肉和骨骼、脑发育等方面。不同阶段未成年人身体发展的内容侧重点有所不同。

第一，婴儿期（0岁至3岁）的身体发展。这一时期婴儿身体的发展主要是感觉的发展和动作的发展、脑的发展。随着儿童从翻身、坐、爬、站到行走动作技能的发展，不但可以使儿童主动接触各种事物，而且有利于各种器官（听觉器官、视觉器官、言语器官）的发展，大大扩大了儿童的认识范围。未成年人身体各项器官都在发育过程当中，到3岁时的脑重量已经达到人脑重量的2/3，脑细胞的连接已完成80%。这一时期未成年人的身体和心理功能逐渐发展，可塑性最大，适宜的环境和教育将促进未成年人的内在潜能的实现。

第二，学前儿童（3岁至6岁）的身体发展。这一时期儿童的身体发展还集中在动作技能的发展，表现在运用物体动作的发展。如较小动作适应性的发展、精细动作的协调等。平衡能力、协调能力、灵敏性、力量和耐力都是这一时期未成年人身体发展的内容。增强其身体运动能力，使其肌肉的力量、骨骼发育、内脏器官的健全、整体匀称与协调发展。学前儿童的神经系统继续发展，大脑重量继续增加，基本上接近成年人的脑重量。神经纤维继续增长，神经纤维髓鞘化逐渐接近完成，整个大脑皮质达到成熟程度。同时，这一阶段的儿童好奇心强，喜欢接触外界物体，但是由于肢体动作协调不高，容易发生意外伤害，如高空坠落、交通意外、跌伤等。防止未成年人意外伤害的发生，更多地需要成年人的照顾和保护。

第三，进入学龄阶段的儿童（6岁至12岁）的身体发展。这一时期儿童

的身高和体重明显慢于学前儿童，肌肉和骨骼也逐渐发育完善。他们脑的重量继续增加，额叶显著增大。高级神经活动的基本过程——兴奋和抑制的技能也在增强。它们将面临营养不良和儿童肥胖症的干扰。营养缺乏或不合理的饮食结构都将引起儿童的营养不良和肥胖。此外，睡眠和娱乐活动对于这一时期儿童的身体生长和发育有重要影响。

第四，进入青春期（一般分为 10 岁至 20 岁）儿童的身体发展。青春期是未成年人发育到成年人的过渡时期。[1]一般青春期分为早、中、晚期。早期主要表现为生长突增高峰，性器官和第二性特征开始发育。中期以性器官和第二性征开始发育为主要特征。晚期体格生长速度减慢，性器官和第二性特征的发育达到成年人水平。这一时期未成年人应受到特殊保护。一方面，处于青春期的未成年人对性的认识不足，需要开展性教育。学校通过开设性教育课程，使未成年人学生获得正确的性知识、科学的性观念，促进其安全、健康的行为。另一方面，由于未成年人的弱势地位，未成年人的身体容易受到侵犯，遭受虐待以及性侵犯，需要给予特殊保护。

（二）未成年人身体发展构成其生命存在和发展的基础

未成年人的身体发展对未成年人至关重要，是未成年人发展的基础。具体表现在：

第一，从人的存在来看，身体是人的生命存在的基础。胎儿的身体从母体娩出时，其便已成为受法律保护的利益主体。未成年人的身体是未成年人生命得以存在的基础和前提，未成年人的身体发展在未成年人发展中具有基础性地位。洛克的绅士教育论强调"健康的精神寓于健康的身体"。[2]未成年人身体发展是未成年人发展的基础和前提。如果未成年人身体得不到发展，那么未成年人其他方面的发展也将会受损。

第二，未成年人的身体处于发展过程当中，仅仅维持活着远远不够，他们必须身体健康才能成为一个健全的人。没有健康的体魄，未成年人其他方面的健康成长将会受到制约，甚至无从谈起。未成年人身体健康发展是由未成年人的需要所决定的。正如光线、空气、水分是植物发展的必要条件一样，未成年人的身体健康发展依赖于外部条件。未成年人是身心尚在发育成长的

---

〔1〕　徐震雷、张玫玫主编：《性教育学》，人民卫生出版社 2014 年版，第 19 页。

〔2〕　［英］约翰·洛克：《教育漫话》，傅任敢译，人民教育出版社 1963 年版，第 4 页。

个体，他们不具备自食其力和自我保护的能力，从出生到青春期这一发展过程，他们依赖于父母与其他监护人的照顾和帮助实现自身的发展。离开成年人的照料，他们难以生存和健康成长。给未成年人提供充足的食物、住房、医疗、安全以及其他方面，这些对于未成年人来讲，是生存发展的基本条件。

第三，未成年人身体发展的好坏影响其他方面的发展。从心理学角度来看，未成年人生理和心理是一个统一的整体，身体的发育影响着心理的发展，早期动作的发展对于大脑的发育具有重要的影响，能够促进未成年人认知的发展。同时，还能促进未成年人参与社会、适应社会能力的发展。未成年人身体发展为未成年人其他方面发展提供了物质保障和前提条件。我国教育家陶行知先生认为，实现儿童的创造教育必须给予充分的营养。小孩的体力只有得到适当的营养，才能发生高度的创造力。[1]可见，未成年人身体是未成年人智力发展的前提。

二、未成年人智力发展是未成年人学会社会生存的重要途径

未成年人智力发展是未成年人心理发展的内容。未成年人智力发展是未成年人发展的重要内容。未成年人智力发展的保护也是未成年人发展权的核心内容。本书主要从未成年人智力发展的含义、内容、地位等方面进一步展开论述。

（一）未成年人智力发展的含义及内容

智力发展是指个体智力在社会生活条件和教育的影响下，随年龄的增长而发生的有规律的变化。[2]未成年人智力发展主要包括思维发展、语言发展、创造力发展、注意力发展、记忆力发展等方面。思维发展是智力发展的核心。思维能力是把人同动物区别开来的机能。思维是语言发展的核心，思维的发展又离不开语言的发展。未成年人的早期语言发展将会影响儿童一生的语言、思维和智力的发展。未成年人语言习得具有关键期。一般是从出生到 5 岁前，其中 0 岁至 3 岁最为关键。在关键期内，未成年人可以通过接触自然的语言环境以及与语言环境的相互作用自然地学会语言。如果错过了关键期，未成

---

〔1〕《陶行知全集》（第 4 卷），四川教育出版社 2005 年版，第 543 页。

〔2〕 卢乐山、林崇德、王德胜主编：《中国学前教育百科全书·心理发展卷》，沈阳出版社 1995 年版，第 121 页。

年人的语言学习效率会大大降低。未成年人创造力是未成年人智力发展的最高表现。培养未成年人的创造力是检验未成年人的智力开发程度的根本标准。吉尔福德认为，发散性思维是创造力的主导成分，发散性思维表现为流畅性、独特性和变通性。[1]承认每个未成年人具有创造潜力，通过创造力培养使学生的智力得到发展。

对未成年人智力发展来说，遗传素质是其智力发展的生物前提和自然条件，没有遗传素质，智力就不能发展。遗传对未成年人智力发展的影响不可忽视。有些未成年人生下来就存在智力障碍，对于智力障碍未成年人进行早期干预，为发展迟缓或发展具有迟缓风险的未成年人及其家庭提供服务、教育与支持，是促进智障未成年人智力发展，减少社会依赖的重要措施。同时，智力的发展受教育和社会生活条件的影响，尤其是教育，它在未成年人的智力发展中起主导作用。家庭教育、学校教育和社会教育是未成年人智力发展的主要途径。

（二）未成年人智力发展是其社会生存的重要途径

智力开发是个体发展和社会进步的不竭动力。智力发展对未成年人的发展意义重大。具体表现在：

第一，智力开发是未成年人成长的重要途径。智力是一种获得知识和技能的能力，这种能力能够帮助一个人在社会中积累资本。发展未成年人的智力是未成年人获得生存发展的重要途径。可以说，智力开发是社会进步的重要动力。未成年人通过接受教育，获得一定的基础知识和技能，学会在社会上生存。在个体价值实现的同时，也可为社会作出贡献。

第二，从教育上来看，智力是教育的重要内容。教育对于未成年人的智力发展产生的影响重大。教育是实现未成年人智力发展的主要手段。未成年人智力发展遵循一定的顺序，具有不可逆性。维果茨基的最近发展区理论指出，儿童智力发展具有"现有发展水平"和"最近发展区"两种发展水平，"只有走在发展前面的教学才是好的，它能够激励和引起处于最近发展区中成熟阶段的一系列功能"。[2]由于未成年人的发展水平不同，教学应该注意到未成年人发展的不同层次，根据未成年人的发展水平给予教育。未成年人的智

---

〔1〕　桑标主编：《儿童发展》，华东师范大学出版社 2014 年版，第 220~221 页。
〔2〕　［苏］维果茨基：《维果茨基教育论选著》，余震球译，人民教育出版社 2005 年版，第 248 页。

力发展存在关键期。6 岁以前未成年人是智力发展的关键期。因此，早期教育对于儿童的智力发展具有重要作用。实行早期教育，对于发展未成年人的创造力尤为重要。未成年人的创造力分为创造性想象和创造性思维。在幼儿阶段，未成年人借助想象来思考。保护未成年人的好奇心和探索精神，鼓励未成年人大胆想象，通过各种方式丰富他们的经验，活跃他们的思维，培养他们的独立性，给予他们充分的创造自由。

三、未成年人德性发展是未成年人成为合格公民的基本要求

德性是一个人所拥有的道德品质，对未成年人的成长至关重要。未成年人德性发展是未成年人发展的重要内容，也是未成年人发展权的重要内容。未成年人不仅作为自然人而存在，也作为社会人而存在。未成年人在社会化过程中，形成自己的道德品质，成为社会的公民。对此，本书将从未成年人德性发展的含义、内容、地位等方面进行论述。

（一）未成年人德性发展的含义及内容

德性发展是德性和发展的结合。认识德性发展，首先需要来梳理德性。

"德性"一词，英文为"virtue"，最初在荷马史诗《奥德赛》中使用，意为优秀、高贵或卓越，用来指事务的特长、用处和功能。在亚里士多德看来："德性不是情感，也不是潜能，而是品质。品质就是人们所有的、并由之对情感所持有的好的或坏的态度。"[1]可见，德性是被人所赞的或可贵的品质。麦金泰尔则把德性看作是获得实践的内在利益所必需的品质，它是高于整体生活的善的品质。[2]他强调德性与实践的互动关系。英国剑桥大学的斯金纳教授从公民的角度，提出了公民德性概念。他认为："公民德性是我们作为公民最需要拥有的一系列能力，这些能力能够使我们自觉服务于公共利益，从而自觉捍卫我们共同体的自由，并最终确保共同体的强大和我们自己的个人自由。"[3]可见，公民德性所指的优秀品质和能力使公民成为好公民，并获得相应的内在利益和外在利益。

在中国古代，《说文解字》对"德"的解释是："德者，得也，从直从心，

---

〔1〕　[古希腊] 亚里士多德：《尼各马科伦理学》，苗力田译，中国社会科学出版社 1990 年版，第 31 页。

〔2〕　陈根法：《德性论》，上海人民出版社 2004 年版，第 1~2 页。

〔3〕　转引自张宜海：《论公民德性》，郑州大学出版社 2011 年版，第 183 页。

外得于人，内得于己。"[1]这里的"德"等同于"得"。"内得于己"主要强调个人的修养，即主体的行为源于自我道德需求。德性常常与道德相联系，作为道德的同义词来使用。中国传统道德建立在德性的基础上，并把道德直接理解为人的德性。《中庸》曰："故君子尊德性而道问学，致广大而尽精微……"[2]这里强调人的德性的重要性。

尽管中西方关于德性的认识不同，但仍具有共性。德性是指一个人所拥有的品质。"品质"一词，是指人在心理和行为方面带有稳定倾向的个体特征，个人在整体中展现的素质、人品和价值意义。品质有好坏之分。德性是指个体具有的善的品质。[3]可以从三个层面来理解：一是从德性本身来看，它是内在于人的一种品质，这种品质的核心是道德。[4]"道德实质上就是追寻完美人生的一系列不间断的实践活动，此时的道德也就是德性。"[5]可见，德性与主体扮演的角色相关，个体扮演角色是个体社会化实现的重要方式。德性是道德、伦理主体化、个性化的结果。二是德性不是天然形成的，而是经过后天培养，在社会化中形成的。个体社会化过程也是造就个体德性的过程。在社会化过程中，个体能够体会到伦理秩序和道德规范对人的意义。可以说，只有在社会化过程中个体的德性才能够得以实现。三是德性不仅是一个人生活在社会上应该具备的品质，而且还是作为公民参与政治生活所应具备的品质。也就是说，可以从主体自身善的品质的获得和主体运用已获得的善的品质处理与社会、他人关系两个层面来理解德性。质言之，德性是个体践行社

---

[1] 胡绪阳："德性的概念与内涵"，载《求索》2006年第8期。

[2] 王国银：《德性伦理研究》，吉林人民出版社2006年版，第3页。

[3] 德性与品德相关，但又有所不同。品德是道德品质，即个人的道德面貌，是指社会道德现象在个人身上的表现，是一个人依据一定的社会道德行为规范行动时表现出来的较为稳定的一贯的心理特征，是被个体化了的道德规范和准则。品德是个体的道德品质，德性具有品德的含义，德性是人的生命整体的生长和发展形态，体现个体性的一面。同时，德性还是人的社会本质的表现。德性与公民相联系，公民德性表现在公民的一般德性，还表现为公民的政治德性、经济德性和社会德性，因此，它的内涵更为丰富。

[4] "道德"是一个伦理学常用的词。道德英文为"morality"。它源于拉丁文"mores"，是指公众的习俗。古罗马思想家西塞罗在"mores"基础上创制了"moralis"，主要来指国家生活中的道德风俗和人们的道德个性。当道德指向个人的时候，往往指的是个体的"德性""品性"。在这一意义上道德和德性是等同的。"道德"的范围比"德性"要大得多。道德还可以从三个层次上来认识。一是在日常生活中，表示一个人的品质；二是在表示一种社会规范或社会的行为规则；三是表示思想观念。一般人们把道德和德性等同起来，实际上道德只有指个体时，道德与德性是一致的。

[5] 陈根法：《德性论》，上海人民出版社2004年版，第64页。

会道德要求，并以自身的行为处理与自我、他人、社会的关系的品质。德性还可以被分为个体德性和公民德性。作为个体的德性和作为公民的德性有所不同。作为个体的德性是指个人所拥有的优秀品质和能力，这些优秀品质和能力能够使其成为好人，并获得相应的利益。作为公民的德性是指公民为了实现自身价值和追求幸福生活，行使宪法所规定的权利和义务所拥有的优秀的品质和能力。正如亚里士多德所言："做一个好人与做一个好公民可能并不完全是一回事。"[1]

未成年人德性的发展是未成年人逐步社会化，由一个生物个体转向社会个体的过程。未成年人的道德品质主要包括知（对道德价值与知识的认知）、情（道德情感）、意（道德追求的执着和意志力）和行（道德行为的策略、能力等）。这四个方面的发展构成了未成年人个体的品德（德性）。未成年人德性的培养是通过教育来实现的，主要集中在学校德育和环境方面。儿童期间养成的习惯是未成年人德性养成的基本要求和内容。学校教育通过传授知识培养未成年人的德性，学校对于未成年人的德性培养涉及公民教育、法治教育、爱国主义教育等多个方面的内容。

（二）未成年人德性发展是其成人的基本要求

德性是人之为人的根本。赫尔巴特把德性视为教育的最高目的。他认为："道德普遍被认为是人类最高目的，因此也是教育的最高目的。"[2]德性对于未成年人的发展至关重要。具体表现在：

第一，德性培养是未成年人成为一个人的根本要求。德性是一个人的存在的基本规定性，也是其存在的安身立命之本。从教育上来看，鲁洁先生说过："道德教育从根本上来讲是成人的教育，就其具体目标来说是成就人的德性的教育。"[3]教育的目的是使人成为人，一切教育工作均是围绕人的德性发展而展开的。可见，德性在人的教育中的重要地位。德性是主体自我的内在品质，这些品质能够使个体成为一个优秀的人。未成年人个体德性的生成受个体先天的道德天赋以及后天的生活和实践的影响。从未成年人德性发展的内在规律来看，未成年人德性的形成是从无律、他律到自律的过程，不

〔1〕［古希腊］亚里士多德：《尼各马可伦理学》，廖申白译注，商务印书馆2003年版，第133页。
〔2〕张焕庭主编：《西方资产阶级教育论著选》，人民教育出版社1979年版，第249~250页。
〔3〕鲁洁："关系中的人：当代道德教育的一种人学探寻"，载《教育研究》2002年第1期。

同年龄段道德发展的内容不同。因此，未成年人的道德发展具有阶段性特征。然而，这一过程不是自发的，需要不断地加以引导和教育。社会化过程中，道德发展阶段较低的未成年人，道德行为和认知容易产生偏差，如果不给予教育和引导，将可能走向犯罪。因此，对未成年人进行德性的培养尤为重要。

第二，德性是未成年人从自然人转变为社会人，成就为一个合格的公民的基本要求。一个充分意义上的公民，其核心在于公共理性的形成，在于其对公共生活积极参与品质的形成。进一步来讲，公民社会要求每一个公民都具备基本的公民素质。美国前总统罗斯福曾言："只培养一个人的心智而不培养他的道德，就会给社会培养危害者。"[1]因此，未成年人要学会适应社会、遵守社会秩序、寻求幸福，这就要求未成年人具备德性，成为一个合格的社会成员。

小　结

未成年人发展是一个整体性的过程，包括未成年人身体发展、智力发展以及德性发展。未成年人发展权作为未成年人立法的目标价值具体化为法律规范时应根据未成年人发展的不同方面展开。

（一）未成年人身体、智力、德性的发展构成未成年人发展的整体

未成年人的发展不同于成年人的发展，未成年人处于发展过程当中，他们的身心发展具有特殊性。

未成年人的发展是一个整体性的过程，包括未成年人身体发展、智力发展和德性发展。这三个方面相互影响，不可分割。首先，未成年人要获得发展，必须要有一个健康的身体。身体健康是他们获得发展的基础和前提。没有一个健康的体魄，未成年人其他方面的健康成长将会受到制约。其次，智力发展是未成年人发展的重要内容。开发未成年人智力，使他们获得知识和技能能够帮助未成年人在社会中积累资本。未成年人智力发展是未成年人获得生存发展的重要途径。教育是未成年人智力发展的重要途径。未成年人通过接受教育，获得相应的知识和技能，从而学会在社会上生存。最后，德性发展是未成年人社会化过程的基本要求。公民社会要求每一个公民都具备基

---

〔1〕　Lickona, *Educating for Character*, New York：Bantam Books, 1991：3.

本的公民德性。未成年人要学会适应社会，遵守社会秩序，寻求幸福，要求未成年人具备相应的道德品质，即德性。德性是未成年人从自然人转变为社会人，成为合格公民的基本需要。

未成年人发展是未成年人身体、智力和德性的发展，它们三者构成未成年人发展的统一体。未成年人身体发展是其他方面发展的基础。没有身体，未成年人其他方面的发展都无法实现。智力培养未成年人的理性思维能力，帮助未成年人进行道德判断，是未成年人德性形成的前提。德性发展是未成年人的最高发展，是培养未成年人成为人的最根本要求。未成年人身体、智力和德性的发展是相互影响的、不可分割的统一体。只有这三者的结合才能构成完整的人，也是未成年人走向社会，成为合格公民的基本要求。

（二）未成年人发展权应具体化为未成年人身体、智力、德性发展保护的法律规范

法律规范是法律价值的体现，法律规范通过规定权利和义务使法律价值得以具体化。未成年人立法是法律价值和法律规范的统一。未成年人发展权作为未成年人立法的价值具体化为法律规范时，应围绕未成年人发展权的具体内容展开。

通过研究我们可以发现，未成年人身体发展、智力发展和德性的发展构成未成年人发展的有机整体，它们之间相互影响，不可分割。未成年人身体的发展是未成年人发展的基础和前提，没有健康的身体未成年人的发展将无从谈起。未成年人智力的发展是未成年人发展的核心，它是未成年人在社会上获得生存的重要途径。未成年人德性的发展是未成年人发展的根本要求，是未成年人成为公民的基本要求。

未成年人身体、智力、德性三个方面发展的保护也构成未成年人发展权的主要内容。因此，未成年人立法将未成年人发展权这一目标价值具体化为法律规范也应该从未成年人身体发展、智力发展、德性发展三个方面的保护展开。针对未成年人发展权不同方面的内容，未成年人立法分配国家、家庭、社会不同主体的权利和义务。也就是说，法律规定政府、父母、学校以及社会组织和个人等主体的义务和法律责任也应该从未成年人身体发展、智力发展、德性发展三个方面的内容体现出来，从而形成完善的规范基础，这样未成年人发展权才能够实现。

立法是未成年人保护的前提和基础。未成年人立法应将未成年人发展权这一目标价值具体化为未成年人发展保护的法律规范。本书后面几章将从未成年人身体发展的立法保护、智力发展的立法保护和德性发展的立法保护三个维度来展开对未成年人发展权的具体研究。

第三章

未成年人身体发展的立法保护

　　未成年人身体发展的立法保护是未成年人发展权具体化为法律规范的首要内容。本章将首先对未成年人身体发展转化为权利的具体内容进行论述。其次，通过分析发达国家未成年人身体发展的立法保护，比较发达国家规范未成年人身体发展的方式、重点和异同，为我国未成年人身体发展的立法保护提供参考和借鉴。最后，对我国未成年人立法进行梳理，分析我国未成年人立法在未成年人身体发展保护中的现状及其存在的问题，并揭示其成因，从而提出我国未成年人发展权保护的立法建议。

第一节　未成年人身体发展转化为权利的具体内容

　　未成年人身体发展的保护是未成年人发展权具体化为法律规范的首要内容。立法是保障未成年人身体健康发展的重要手段。未成年人立法规定政府、父母、学校、社会组织和个人等主体的义务和法律责任也应该围绕未成年人身体发展不同方面的内容展开。进一步来看，立法保护未成年人身体发展应将未成年人身体发展不同方面的内容转化为法律上的权利予以保障。这是因为：首先，从法理上来看，权利和法律有着内在联系。"法律的真谛在于对权利的认可和保护。"[1]法律以权利保障和实现为目的，是权利实现的基本保障。立法首先确认权利，然后再确定权利如何实现。反过来看，权利和义务是法律的核心内容。法律以设立义务为手段，以实现权利为目的，通过设置义务保障权利的实现。未成年人身体发展不同方面的内容只有转化为不同的

---

　　[1]　孙国华："法律的真谛在于对权利的认可和保护"，载《时代论评》1988 年第 1 期。

具体权利，才能为法律确认和保护。其次，从未成年人作为权利主体的内在需要来看，未成年人是权利的主体，拥有与成年人同样的权利。同时，他们还享有特殊权利。未成年人获得发展的需要是丰富的、不断发展的，并以利益需求的形式体现出来，但并非所有的利益都受保护，只有被法律确认下来的利益事实才受到保护，这些利益事实只有上升为法律权利才能得到保护。最后，从国际法规定未成年人身体发展的内容来看，《儿童权利公约》以权利的形式规定了未成年人发展的内容。明确了未成年人的权利主体地位，而且要求缔约国履行义务保障未成年人身心发展的各项权利。因此，应将未成年人身体发展不同方面的内容转化为权利来进行保护。

　　探究未成年人身体发展转化为权利的具体内容是分析未成年人身体发展的立法保护的前提和基础。本节的重点在于从应然层面构建未成年人身体发展转化为权利的具体内容。围绕这一目的，首先，本书对未成年人身体发展转化为权利的理论依据进行探讨。其次，本书对未成年人身体发展转化为权利的考量因素进行分析。最后，本书对未成年人身体发展转化为权利的具体内容进行论证。

一、需要理论和儿童发展理论：未成年人身体发展转化为权利的理论依据

　　权利和需要有着密切联系。一方面，权利来自于需要。需要是权利的基础和本质。需要是人们为了在某一社会中为了使自己的生存和发展成为可能而要得到满足的要求，它是某种必要条件，表现为至少要在某种程度上得到满足，只有这样才能使得需要的主体作为人而存在。[1]权利的本质就是人类内在需要的制度性表达。另一方面，人的需要是人的质的属性，是社会存在和发展的内驱力。个体的需要推动个体为获得相应权利而努力。

　　未成年人身体发展的内容转化为权利是根据未成年人身体发展的内在需要而设置的。未成年人的需要与人的需要具有一致性，但又具有自身的特殊性。以马斯洛和莱恩·多亚尔为代表的需要理论揭示了人类需要的多样性，为未成年人身体发展转化为权利提供了基本框架。同时，儿童发展理论揭示了未成年人发展的影响因素，其对于构建未成年人身体发展转化为权利的内容具有重要作用。本书将从马斯洛和莱恩·多亚尔的需要理论以及儿童发展

---

〔1〕　[德]凯特琳·勒德雷尔主编：《人的需要》，邵晓光等译，辽宁大学出版社1988年版，第6页。

相关理论入手，明确这些理论对于分析未成年人身体发展的内在需要的意义和价值。

(一) 以马斯洛和莱恩·多亚尔为代表的需要理论为未成年人身体发展转化为权利提供了基本框架

人本主义心理学家马斯洛的需要层次理论对社会学、心理学、教育学产生了重要影响。它说明了人类需要的多样性，也为未成年人身体发展转化为权利的讨论提供了理论基础。

马斯洛认为人类行为的动力主要来自于对一系列的需要寻求满足。[1]他将需要分为匮乏性需要以及成长需要或自我实现需要。在此基础上，马斯洛进一步将他的需要层次理论划分为五种需要，即生理需要、安全需要、爱和归属感、尊重需要和自我实现需要。这些需要由低到高排列，只有较低层次的需要得到满足后才能追求最高层次的需要。其中，生理要得到是最基础的需要，也是最先要得到满足的需要，诸如食物、空气、水、性、健康等；安全需要对人身安全、生活稳定，免受疾病、威胁和痛苦的需要。爱和归属的需要属于较高层次的需要，主要是指人为了避免孤独、寂寞，将自己依附于某一群体，并希望得到该群体的认同的需要。尊重的需要主要包括自尊、他尊以及权力欲，如地位、认同、成就等。自我实现是最高层次的需要，主要是指获得至高的人生境界和人生目标的需要。马斯洛的需要层次理论为未成年人发展权的内容划分提供了一般分析框架。生理需要和安全需要不仅是成年人最基本的需要，同时也是未成年人最基本的需要。这些需要对应于相应的权利，要求得到保障。只有这些权利获得充分的保障之后才可能发展其他层面的权利，没有这些权利的实现，其他权利将无从谈起。

莱恩·多亚尔从社会学角度将人的需要分为基本需要和中间需要。[2]基本需要是身体健康和自主。中间需要是满意的营养食物和纯净的水、满意的具有保护功能的住房、无害的工作环境、无害的自然环境、适当的保健。莱恩·多亚尔指出，人的需要的实质是从身体健康和自主两方面进行的。他从实证方面描述身体健康和自主的基本需要，并对人的需要进行量化，使身体

---

〔1〕 ［美］马斯洛：《马斯洛谈自我超越》，石磊编译，天津社会科学院出版社 2011 年版，第 26 页。
〔2〕 ［英］莱恩·多亚尔、伊恩·高夫：《人的需要理论》，汪淳波、张宝莹译，商务印书馆 2008 年版，第 44 页。

健康和自主具有可操作性，以此来评估一个社会中的需要满足情况。这一理论为国家和政府责任承担划定了范围，会影响一个国家的社会政策和公共服务。莱恩·多亚尔将人的基本需要具体化为不同的内容，评估身体健康和自主的影响因素，诸如死亡率、水、营养、住房、疾病预防、教育、安全等，这些需要同样是未成年人的基本需要，其实现依赖于条件的保障，同样为转化为权利提供了更为详细的维度。正如莱恩·多亚尔所言，一个人在社会上不能仅限于活着，他们必须身体健康。身体健康不仅是生存，而是人类的基本需要。身体健康是一个人其他能力发挥的前提和基础。对于未成年人亦是如此。他们的身体处于发展过程当中，仅仅维持活着远远不够，他们必须身体健康才能为其他方面的发展提供基础。

可以说，马斯洛的需要层次理论和莱恩·多亚尔的需要理论为分析未成年人的需要提供了分析框架和理论支持。然而，未成年人的需要与成年人的需要存在差异性，这些差异体现在未成年人发展不同内容的需要当中，未成年人的需要具有自身的特殊性。未成年人发展的层次并不完全是马斯洛提出的从低级到高级的发展顺序。从儿童发展的过程来看，这些需要之间是平行的、互相影响的，对未成年人发展都是重要的。

（二）儿童发展理论为未成年人身体发展转化为权利提供直接认识来源

未成年人身体发展是指有机体的各种组织系统的发育和机能的发展。未成年人的健康发展受遗传和环境的影响。在遗传因素方面，未成年人身体发展具有自身的规律。格赛尔的成熟理论强调成熟在儿童发展中的重要性，他认为人作为一个个体，生理的发展和心理的发展都是按照遗传规则有顺序地进行。[1]未成年人的身体发展是遵循一定的顺序和规律，呈现阶段性特征。个体身高和体重的在婴儿期快速增长，在童年期发展相对较慢。在环境因素方面，营养、睡眠、娱乐活动等是未成年人身体变化的主要因素。未成年人获得健康发展需要外部条件的提供。

第一，营养对未成年人的正常发育至关重要。充足的营养是未成年人的正常发育的重要保障。缺乏营养或营养不良不仅会影响未成年人身体的发育和机能的完善，而且还会导致他们生长发育迟缓和抵抗力下降，甚至会影响心理的健康发展。未成年人出生后的 2 年，他们的生长速度非常迅速，婴儿

---

〔1〕　转引自桑标主编：《儿童发展》，华东师范大学出版社 2014 年版，第 30~31 页。

必须从外界摄取各种营养元素才能满足身体生长的需要。研究表明：婴儿吸收的 25% 热量是供给生长发育的，另外还需要额外的热量以保持快速发育的器官适当运行。因此，母乳喂养以及各种营养元素的合理搭配有助于婴幼儿的身体发育。[1] 处于儿童期的未成年人生长发育速度有所减慢，但身体依然处于不断成长的阶段，合理饮食有助于未成年人的身体发育和成长。

第二，睡眠是未成年人机体复原、大脑休息的最佳途径。儿童发展理论认为，睡眠对身体和脑具有恢复、补充和重建的作用。睡眠能够为觉醒时使用的神经元提供休息和自我复原的机会，这样可以促进未成年人大脑的发展。[2] 睡眠还和未成年人的肥胖存在密切联系。睡眠不足会导致未成年人肥胖的概率增高。

第三，意外伤害是未成年人的常见表现。未成年人的好奇心强，喜欢接触外界物体。由于他们缺乏处理突发事件的能力和经验，因此容易发生意外伤害。意外伤害可导致未成年人身体残疾，从而给未成年人制造生活、学习上的困难。由于未成年人的行为能力受限，因此需要设置成年人监护。

第四，身体活动是未成年人身体发育的基本要求。未成年人早期动作的发展是个体心理的起源。早期动作发展不仅能够促进大脑结构的完善，从而为个体心理发育奠定良好的基础，还可以使个体对外部世界各种刺激及变化更加警觉，并使感觉知觉精准化。通过身体锻炼和娱乐，未成年人的身体动作逐步协调，骨骼和肌肉得到锻炼。同时，早期动作的发展也可以促进他们认知的发展。

第五，照料是未成年人发展的内在要求。依恋是个体对特定个体长久的持续的情感联结。未成年人具有依恋的特点。习性学的依恋观点认为，人类婴儿和其他动物一样，都有先天遗传的行为，这种行为帮助婴儿留在父母身边，从而降低危险，增加生存的机会。[3] 未成年人的依恋特征导致其需要更多的照料。未成年人依恋行为与其监护人的抚养行为联系在一起。因此，对于早产儿、婴幼儿需要给予更多的照料。

儿童发展理论揭示了未成年人身体健康发展的影响因素，这些因素体现

---

〔1〕 桑标主编：《儿童发展》，华东师范大学出版社 2014 年版，第 117 页。

〔2〕 〔美〕约翰·W. 桑特洛克：《儿童发展》（第 11 版），桑标等译，上海人民出版社 2009 年版，第 134 页。

〔3〕 桑标主编：《儿童发展》，华东师范大学出版社 2014 年版，第 367 页。

出了未成年人不同于成年人需要的特殊性。对于构建未成年人身体发展转化为权利的内容具有指导意义和价值。

二、国际法和国内法：未成年人身体发展转化为权利的考量因素

未成年人身体发展的内容转化为法律上的权利一方面根植于未成年人自身发展的需要，另一方面又要以国际上普遍接受的关于未成年人的法律为指导基准，还要与国内法关于未成年人权利保护的法律制度相一致。本书主要以联合国《儿童权利公约》和我国《未成年人保护法》为考察对象，[1]对这两部法律中关于未成年人身体发展保护的内容进行分析，比较其中未成年人身体发展保护的内容，为未成年人身体发展转化为权利的内容构建提供依据。

（一）国际法关于未成年人身体发展保护的内容规定

从未成年人权利保护的国际法规定来看，在未成年人身体发展的保护方面，联合国《儿童权利公约》作出了最为详细、全面的规定。其内容主要涉及生命、虐待、忽视、健康、免受色情剥削和性侵害、免受剥削、医疗和康复设施、保健服务、保护和照料、受武装冲突影响未成年人、社会保障、休息和闲暇等方方面面。该公约不仅通过权利的形式明确了未成年人的权利主体地位，还要求缔约国履行义务，保障未成年人身体发展的各项权利得以实现。从国际法关于未成年人身体发展的内容来看，其主要可以被分为以下几个方面：

第一，有关未成年人生命保护方面的规定。如规定未成年人享有生命权（第6条）。

第二，有关未成年人健康方面的规定。主要包括未成年人得到医疗、康复设施、保健服务等。如规定缔约国确认未成年人有权享有可达到的最高标准的健康，并享有医疗和康复设施。缔约国应努力确保没有任何未成年人被剥夺获得这种保健服务的权利（第24条）；规定未成年人康复、健康、自尊、尊严等内容（第39条）。

第三，有关未成年人生活水准的规定。主要包括未成年人获得营养、衣

---

〔1〕　联合国《儿童权利公约》对未成年人发展权作出了最为详细、全面的规定。进而，我们可以发现其对未成年人身体发展的内容规定也最为详细、全面。我国《未成年人保护法》被称为保护未成年人的"小宪法"，是未成年人权利的集中体现。从《未成年人保护法》的规定来看，未成年人身体发展保护的内容，可以为分析未成年人身体发展转化为权利带来较大的启示。

着、住房。如规定未成年人享有生理、心理、精神、道德和社会发展的生活水平；营养、衣着、住房等（第27条）；规定未成年人的社会保障、社会保险等内容（第26条）。

第四，有关未成年人获得特别照料的规定。主要包括未成年人获得父母照料、残疾儿童的特别照料、脱离家庭未成年人的照料等。如规定残疾未成年人接受特别照顾的权利（教育、培训、保健服务、康复服务、就业、娱乐机会），这些应有助于该未成年人尽可能参与社会，实现个人发展，包括其文化和精神方面的发展（第23条）。

第五，有关未成年人特殊保护的规定。主要包括未成年人免受经济剥削、免受性剥削和性侵害、免受虐待和忽视等。如规定不受非法干扰权利、适当协助和保护权利（第9条）；规定缔约国应采取一切适当的立法、行政、社会和教育措施，保护未成年人在受父母、法定监护人或其他任何负责照管未成年人的人的照料时，不致受到任何形式的身心摧残、伤害或凌辱，忽视或照料不周，虐待或剥削，包括性侵犯（第19条）；规定脱离家庭的儿童特别保护和协助（第20条）；规定保护儿童不得非法使用麻醉药品和精神药品，防止利用儿童非法生产和贩运药物（第33条）；规定免受色情、性剥削和性侵害（第34条）。

第六，有关未成年人休息和闲暇的规定。包括未成年人享有休息和游戏的时间和设施保障。如规定缔约国确认未成年人有权享有休息和闲暇，从事与未成年人年龄相宜的游戏和娱乐活动，以及自由参加文化生活艺术活动（第31条）。

从这些规定中我们可以发现，《儿童权利公约》不仅规定了未成年人身体发展的内容，还通过权利的形式确立了未成年人身体发展保护的内容，如规定生命权、享有最高标准的健康权、享有休息和闲暇权、受保护权等内容。

（二）国内法关于未成年人身体发展保护的内容规定

从国内法来看，我国《未成年人保护法》规定了家庭、学校、社会、政府等在保护未成年人身体发展方面的责任，主要包括以下方面的内容：

第一，在家庭保护方面，主要规定了父母监护职责和不得对未成年人实施的行为（第16条）；创造安全家庭生活环境，排除未成年人触电、烫伤等安全隐患以及发生交通事故、溺水、动物伤害等（第18条）；未成年人父母或监护人不得使未满8周岁未成年人处于无人看护状态，或者交由无监护能力的人员进行临时照护（第 21 条）；监护人不能完全履行监护职责的，委托有能力的其他成年人代为监护（第 22 条）。

第二，在学校保护方面，主要规定了学校、幼儿园教职员工应当尊重未成年人的人格尊严、不得体罚、变相体罚或侮辱未成年人的人格尊严（第 27 条）；学校与未成年人的监护人相互配合，合理安排未成年人的学习时间，保障其休息、娱乐和体育锻炼的时间（第 33 条）；学校、幼儿园应建立卫生保健制度（第 34 条）；学校幼儿园应建立安全管理制度，对未成年人进行安全教育（第 35 条）；使用校车的学校、幼儿园应当建立校车安全管理制度（第 36 条）；学校应当建立学生欺凌防控工作制度（第 39 条）；学校、幼儿园应建立预防性侵害、性骚扰未成年人工作制度（第 40 条）。

第三，在社会保护方面，主要规定了国家鼓励大型公共场所、公共交通等场所设置母婴室，婴儿护理台等卫生设施（第 46 条）；禁止拐卖、绑架、虐待、非法收养未成年人，禁止对未成年人实施性侵害、性骚扰（第 54 条）；生产、销售用于未成年人的食品、药品、玩具等应当符合国家或行业标准，不得危害未成年人的人身安全和健康；（第 55 条）；未成年人集中活动的公共场所应当符合国家或行业安全标准，并采取安全措施（第 56 条）；禁止向未成年人出售烟、酒、彩票或对付彩票奖金（第 59 条）；禁止向未成年人提供、销售管制刀具或者其他可能致人严重伤害的器具等物品（第 60 条）；任何组织或个人均不得招用未满 16 周岁的未成年人（第 61 条）。

第四，在政府保护方面，地方政府及其部门应当保障校园安全、监督、指导学校、幼儿园等单位落实校园安全责任，建立突发事件的报告、处置和协调机制（第 87 条）；各级人民政府及其部门应当对未成年人进行卫生保健和营养指导，提供卫生保健服务（第 90 条）；各级人民政府应当对困境未成年人实施分类保障，采取满足其生活、教育、安全、医疗康复、住房等方面的基本需要（第 91 条）；民政部门对未成年人进行临时监护的情形（第 92 条）；国家建立性侵害、虐待、拐卖、暴力等违法犯罪人员信息查询系统，向密切接触未成年人的单位提供免费查询服务（第 98 条）。

第五，在司法保护方面，主要规定了公安机关、人民检察院、人民法院和司法行政部门应当确定专门机构或指定专门人员，办理未成年人案件。办理涉案人员应经过专门培训（第 101 条）；公安机关、人民检察院、人民法院和司法行政部门发现有关单位未尽到未成年人教育、管理、救助、看护等保护职责的，应当向单位提出建议（第114条）。

从《未成年人保护法》规定的未成年人身体发展的内容来看，其主要包括以下几个方面：其一，生命安全保障。主要包括建立安全教育制度，校车安全管理制度，校园欺凌防控制度，预防性侵害、性骚扰未成年人工作制度。其二，健康保障。包括卫生保健和营养；食品、药品、玩具、用具等设施应符合国家标准等。其三，困境未成年人生活救助。对困境未成年人进行分类管理，保障其生活、住房的基本需要。其四，睡眠保障。如规定保障未成年人睡眠、娱乐、体育锻炼。其五，特殊保护。如规定禁止家庭暴力、虐待未成年人；禁止使用童工等。

从国际法和国内法关于未成年人身体发展的内容规定来看，未成年人的生命安全，健康保障，生活水准（生活救助），特殊保护，睡眠、娱乐和闲暇这些方面是未成年人身体发展立法保护的主要内容。这一分析为构建未成年人身体发展转化为权利的内容提供了一定的启示。

三、生存权、休息权、受保护权：未成年人身体发展转化为权利的具体内容

在分析未成年人身体发展转化为权利的理论依据和考量因素之后，本书将进一步探究未成年人身体发展转化为权利的具体内容。未成年人的健康发展受遗传和环境的影响。一方面，未成年人身体发展具有自身的规律；另一方面，未成年人获得健康发展需要外部条件的支持。未成年人的身体发展转化为权利并非凭空而来，其根植于未成年人身体发展各方面的需要和对权利的认识。

第一，未成年人身体发展转化为权利时应从未成年人身体发展的内在需要入手。未成年人发展的层次并不完全是马斯洛提出的从低级到高级的发展顺序，从儿童发展的过程来看，这些需要之间是平行的、互相影响的，对未成年人发展都是重要的。而且，未成年人身体发展需要具有自己的特殊性。具体体现在：一是生理需要。未成年人的身体发展依赖于外部条件，提供给未成年人充足的食物、水、住房、医疗以及其他方面，这些是未成年人身体发展以及生存发展的基本要求。未成年人生理的需要转化为权利表现为生存权。二是安全的需要。未成年人生命安全免受侵害是未成年人身体活动健康发展的基础。没有生命存在，未成年人的发展也将无从谈起。三是获得充足

休息的需要。获得充足的休息是未成年人身体发展的基本需要，它为其智力发育提供条件。未成年人是成长中的个体，让他们的身体健康发育需要保障其获得充足的睡眠。未成年人正在长身体时期，同时还要为他们提供一定的娱乐和玩耍的时间。四是身体免受侵害的需要。由于未成年人心智不健全，缺乏自我保护能力，他们的身体极容易受到来自外界环境和成年人社会的侵害。因此，未成年人需要得到特殊保护。五是获得照料的需要。未成年人是身心尚在发育成长的个体，他们不具备自食其力和自我保护的能力，在从出生到青春期这一发展过程中，他们依赖于父母和其他监护人的照顾和帮助才能实现自身的发展。离开成年人的照料，他们难以生存和健康成长。

第二，不同学者对权利的解读不同，关于权利形成了不同的学说。权利来源于利益，所有义务都是为了保护个人的利益。奥斯丁认为，权利的特质在于给所有者以利益。[1]权利的基本特点是具体需要的满足能够被法律确认从而得到保障。"法是人们在社会实践过程中基于自身一定的需要而制造出来的权利义务体现。"[2]也就是说，权利是依靠法律保障得以实现的具体需要的满足。未成年人的这些需要只有转化为权利才能实现保障。未成年人身体发展需要所体现的利益形态，可表现为不同的权利。当然，不是所有的需要都要表达为权利。对于未成年人而言，基于其生物属性需要会产生一些共同需要，这些需要应该得到保障。当然，这些需要能否得到满足取决于国家的经济发展水平、文化传统以及制度等。

在上述分析的基础上，结合未成年人权利保护国际公约和我国现行法律关于未成年人权利的规定，本书将未成年人身体发展所包括的具体权利形态分为：生存权、休息权、受保护权等。每一项权利又具体化为不同的权利内容。生存权是未成年人生命维持、身体健康发展的基本保障。休息权是未成年人身体健康发育的重要权利。受保护权是未成年人健康成长的特殊权利。这些权利的划分与《儿童权利公约》和我国法律的规定是紧密相关的。当然，我国法律规定的身体权、肖像权等权利与未成年人身体发展也具有密切联系。由于这些权利在法律当中的规定较为具体和完善，本书在此不做讨论。本书将进一步对未成年人生存权、休息权、受保护权的内涵及其法律保障进行分析。

---

〔1〕 张文显：《法学基本范畴研究》，中国政法大学出版社 1993 年版，第 76 页。
〔2〕 张文显：《法学的理论与方法》，法律出版社 2011 年版，第 359 页。

（一）未成年人生存权是未成年人的首要权利

生存是一个人能够在社会上活下来的最基础的需要。生命首先是一种以身体为载体的存在，人的生命本身蕴含着持续性的特性，因此生存权是对生命持续的保障。当生存上升为一项权利时，就意味着要获得国家的保障。可以说，生存权利是人之为人的首要权利，也是未成年人的首要权利。

关于生存权，首先从生存一词来认识。生存，英文为"survival"。《英汉辞海》的解释为："1.幸存，比……活得长；2.继续存在或继续活着；3.生存，面对不顾困难的环境、生命或生存的接续。"[1]从字义上来理解，生存有两层意思：一是指生命存在；二是指要活下来，而且活得时间长。生存作为一项权利，常与生命权联系在一起，但又不同于生命权。它的外延比生命权更为广泛。关于生存权，学者们的观点不尽相同。有学者从广义上来理解生存权，认为生存权包括生命、财产、劳动、社会保障、发展、环境、健康、和平等内容。[2]其具体包括生命权、财产权、劳动权、社会保障权等诸多内容。这一观点泛化了生存权，容易将生存权与其他权利混淆。也有学者认为生命权属于自由权，生存权是社会权，所以不应该将生命权归入生存权的范围。因此，生存权应当包括社会保障权、适当生活水准权和健康权。[3]这一观点从狭义上来界定生存权，具有一定的启示。日本学者大须贺明认为生存权的目的是保障国民能过像人那样的生活，他认为生存权的内容是《日本宪法》第25条规定的"健康且文化性的最低限度生活"[4]。最低限度指明了这一权利的本质，旨在维护人在社会生活中为确保自我尊严的最低限度的生活。本书认为，生存权是作为人类生命延续和其他权利实现的必要条件出现的。因此，生存权不仅局限于生命权，也包括健康权、生活水准权等具体权利。

与成年人一样，未成年人也享有生存权。未成年人生存权具有生存权的一般性质，但又具有自身的特殊性。一方面，未成年人处于发展过程当中，他们的身体发展依赖于外部条件的提供；另一方面，由于未成年人赢弱，需要得到适当的照顾。根据未成年人自身发展的特殊性，本书认为未成年人生存权应包括未成年人生命权、健康权、适当生活水准权。

---

〔1〕 王同亿主编译：《英汉辞海》，国际工业出版社1990年版，第5306页。

〔2〕 徐显明："生存权论"，载《中国社会科学》1992年第5期。

〔3〕 龚向和："生存权概念的批判与重建"，载《学习与探索》2011年第1期。

〔4〕 ［日］大须贺明：《生存权论》，林浩译，法律出版社2001年版，第5页。

1. 未成年人生命权

生命存在是未成年人身体发展的基础。身体发展依赖于未成年人的生命存在而存在。法学意义上的生命是自然人最高的人格利益。生命权，英文为"the right to life"，可直译为"生命的权利"。关于生命权，学者们从不同角度进行了界定。李步云认为，生命权是一种维持生命存在的权利，即活着的权利。[1]这一观点强调生命权的自由权属性，目的是防止国家专断剥夺个人生命。王利民认为，生命权是以自然人的生命安全利益为内容的具体人格权。[2]可以说，生命权是自然人维持生命和维护生命安全的权利。生命权的客体是生命和安全利益，自然人只有在生命安全受到威胁或处于危险时才能够主张权利。生命权是其他所有权利的基础。

未成年人的生存和发展有赖于其生命的存在和延续。生命的存在和延续是未成年人身体获得发展的基础和前提。未成年人生命权是生存权的自然形式，是其他方面权利的基础。而生命权是以未成年人身体为基础的基本权利。未成年人生命权的主要内容包括三个方面：①生命维持的权利。保持未成年人的生命按照自然规律延续的权利。②排除妨害的权利。未成年人生命遇到外在的危险和行为，排除妨害的权利。③要求改变威胁生命安全的危险环境的请求权。尽管生命权在性质上属于消极权利，但未成年人生命权具有特殊性，它依赖于国家的积极干预，需要得到法律的保护。未成年人生命权具有不可克减性，未成年人的生命不能被任意剥夺。溺婴、弃婴都是对未成年人生命权的侵犯。

我国《民法典》规定了公民的生命健康权。这里也包括未成年人。对于胎儿是否具有生命权，学界还存在争议。2020 年颁布的《民法典》第 16 条规定涉及遗产继承、接受赠与等胎儿利益保护的，胎儿视为具有民事权利能力。但是，胎儿娩出时为死体的，其民事权利能力自始不存在。这被认为是对胎儿生命权的间接规定。除了规定涉及遗产继承、接受赠与的情况，这里的"等"包括其他情况，如胎儿利益受侵害的保护。胎儿在出生之前因错误诊断造成身体缺陷或者疾病的，可以提出损害赔偿的诉权。

---

〔1〕 李步云主编：《人权法学》，高等教育出版社 2005 年版，第 122 页。
〔2〕 王利明编：《民法学》（第 2 版），复旦大学出版社 2015 年版，第 187 页。

2. 未成年人健康权

健康一词，《辞海》的解释是"身体强壮安适"。[1]这一定义主要从生理角度对健康进行界定。而世界卫生组织对于健康的定义是：健康不仅是身体上的，它同时还需要有完整的身体、心理和社会适应能力。

王利明认为健康权是指自然人有完整的身体机能，维持一贯、稳定、良好的心理和精神状态的权利。[2]从健康权的内容来看，杨成铭将健康权的内容划分为与健康保护有关的内容，包括智力安全和预防保健；包括与健康状况的基本前提相关的内容，包括安全饮食、适当的卫生设施、适当的营养、有关健康的信息、环境健康和职业健康。[3]健康权是公民的一项基本权利，我国宪法上关于健康权的含义是："政府负责公民的健康，国家在某种作为或不作为中保证公民享有和有权保持身体正常的生理功能，精神状态，从而对社会适应的权利。"[4]它是自然人依法享有的以身体机能的健康为内容的权利。可见，健康权包括身体健康和心理健康。有学者指出健康权在宪法上的规范内涵应该包括"公民健康不受侵犯"，"公民在患病时有权从国家和社会获得医疗照护、物质给付和其他服务"，"国家应发展医疗卫生事业、体育事业、保护生活和生态环境，从而保护和促进公民健康"。[5]可见，健康权可以从公民身体健康免受侵犯、健康保健服务、健康条件保障等方面来认识。

未成年人健康权具有健康权的一般特征，同时也具有自身的特征。《儿童权利公约》第24条对未成年人健康权作出了最广泛的规定。所谓健康权是指未成年人享有可达到的最高标准的健康的权利。这里的健康包括生理健康和心理健康。生理健康主要指未成年人的身体发育正常，没有疾病。实际上，未成年人身体发育过程当中，一方面，他们的身体容易受到疾病的侵袭，患有疾病或者受到伤害后没有治疗和康复的能力。要保障未成年人身体获得健康发展，就必须给予其适当的医疗和保健服务。心理健康主要是指未成年人在自身及其环境条件允许的情况下所能达到的最佳功能状态。未成年人的身心处于快速发展阶段，未成年人的心理健康特征与他们的身心发展紧密联系

---

〔1〕 辞海编辑委员会编：《辞海》，上海辞书出版社1980年版，第254页。

〔2〕 王利明：《人格权法研究》，中国人民大学出版社2005年版，第369页。

〔3〕 杨成铭主编：《人权法学》，中国方正出版社2004年版，第128页。

〔4〕 杜承铭、谢敏贤："论健康权的宪法权利属性及实现"，载《河北法学》2007年第1期。

〔5〕 焦洪昌："论作为基本权利的健康权"，载《中国政法大学学报》2010年第1期。

在一起。概括来看，儿童心理健康的主要指标应是：①智力发展正常。正常的智力是实现未成年人与周围环境平衡协调心理方面的基本条件。②情绪稳定。情绪是个体对客观实在的一种内在体会，良好的情绪反映一个人的身体与精神处于一种正向的稳定状态。心理健康的未成年人对待环境中的各种刺激能够表现出与其年龄相符的适度反应，并合理疏泄消极情绪。③乐于与人交往。未成年人通过和他人交往，获得他者的了解、信任和尊重。④正确认识自我。心理健全的未成年人能够自尊、自爱，能够客观评价他人，正确认识自我。⑤人格健全。未成年人具有良好的自我感知能力，可以客观评价自己，有效调整个性和心理状态，且有自我控制能力。⑥有较强适应能力，能适应环境的变化。⑦心理活动应符合一定的心理发展年龄特征，表现为活泼可爱、朝气蓬勃。

关于未成年人健康权的内容，《儿童权利公约》第 24 条第 1 款规定缔约国必须保证未成年人有权得到最高标准的健康状况，同时能得到医疗服务和康复设施。缔约国必须尽最大力量保证所有未成年人都未被剥夺这种卫生服务的权利。此外还规定缔约国应致力于充分实现这项权利，特别是应采取适当措施，概括起来包括：未成年人的初级保健和医疗援助、孕妇产前和产后保健、母乳喂养以及计划生育、未成年人健康知识等内容。此外，健康权的实现涉及诸多经济和社会因素，如食物、住房、饮水、适当的卫生条件、健康的环境等。

3. 未成年人适当生活水准权

适当生活水准权是未成年人生命权、健康权的延伸和进一步保障，是未成年人生存权的重要组成部分。

生活水准是一个很难被明确定义的词语。阿玛蒂亚·森对生活水准进行了专门论述。他批判以快乐和效用作为生活水准的评价标准，提出借助人的"可行能力"和"功能活动"来评价生活水准。[1]他列举了死亡率、营养、疾病、教育等影响生活水准的因素。在他看来，生活水准是和贫困联系在一起的。适当生活水准的统一是难以界定的。一般来讲，如果满足了两个条件

---

〔1〕　在阿马蒂亚·森看来，功能活动是指我们能够或不能够实现的各种各样的生活状况。可行能力是实现这些生活状况的能力。[印] 阿马蒂亚·森等：《生活水准》，徐大建译，上海财经大学出版社 2007 年版，第 19 页。

便可被认为是适当的。表现在：首先，人人都应该在其有尊严的条件下满足他们的基本生活要求；其次，物质条件达到其社会贫困线以上的水准。[1]

适当生活水准权，英文为"the right to an adequate standard of living"，适当生活水准权是指人人都享有为他自己和家庭获得相当的生活水准，包括足够的食物、衣着、住房和必要的社会服务的权利。《世界人权宣言》第11条明确规定承认人人有权为他自己和家庭获得相当的生活水准，包括足够的食物、衣着和住房，并能不断改进生活条件。适当生活水准权涉及不同国家、不同文化的理解，对于国家在多大能力范围内提供未成年人的食物、衣着、住房等生活条件，取决于一个国家所具有的能力和资源。但是，这并不意味着国家不承担义务，对于那些满足个人生存所必需的主张和需要，国家应该给予保障。按照联合国《经济、社会及文化权利国际公约》的规定，获得适当生活水准权至少要包括适当的食物权和适当的住房权，它们构成适当生活水准权的核心内容。

未成年人适当生活水准权超越了食物权和住房权。人权学者艾德认为，未成年人的标准或生活条件必须足以促进未成年人的身体、心理、精神、道德和社会发展。其不仅仅限于安全保障，生活水准权是生存权的进一步发展，强调未成年人享有条件以使他们能够发展成为一个拥有完全能力和健全的成年人。[2]按照《儿童权利公约》关于适当生活水准权的内容，未成年人适当生活水准权主要是指未成年人有权享有权利，使其能够促进提高未成年人身体、心理、精神、道德和社会发展的生活水平。未成年人的直接照顾者对于未成年人的身体、情感和智力的照顾通常可以被视为一个最低限度的期望，我们称之为基本利益。[3]这些利益是未成年人得以生存和发展的基本保障。在未成年人发展初期，身体发展依赖于父母照顾。后期影响未成年人发展的机构包括幼儿园、学校、宗教机构和其他协会、网络等。因此，本书认为适当未成年人生活水准权是针对正常情况下的未成年人的权利，即足够的食物和营养、衣着、住房和在需要时得到必要的照料的权利。未成年人生活水准

---

〔1〕 刘海年："适当生活水准权与社会经济发展"，载《法学研究》1998年第2期。

〔2〕 A. Eide, *The United Nations Convention on the Rights of the Child: the Right to an Adequate Standard of Living*, Martinus Nijhoff Publishers, 2006: 15.

〔3〕 John Eekelaar, "The Emergence of Children's Rights", *Oxford Journal of Legal Studies*, 1986, 6 (2): 1705.

权的主要内容包括获得营养权、住房权以及获得照料的权利。

（1）获得营养权。在现代语境下，"食物"开始被更科学的"营养"一词所代替，在《美洲人权公约》附加议定书（《圣萨尔瓦多议定书》）中，充足的食物被代之以充足的营养。该议定书第12条第1款规定每个人都有权获得能保障其享有最高水平的生理、心理和智力发展的充足营养。饥饿和营养不良影响未成年人的健康成长，保障未成年人的营养是未成年人身体发展的基础条件。营养一词，主要是指人类从外界摄取食物，食物在体内经过消化、吸收、代谢以满足机体自身生长发育、生存和增进健康的需要。[1]未成年人获得营养的权利是指未成年人获得食物，满足其身体健康成长发育的权利。未成年人获得营养的权利内容主要包括获得充足的食物权利以及获得健康膳食的权利。一方面，未成年人为维持正常生理功能和满足其学习的需要，须每日从外界环境摄入充足的食物；另一方面，合理营养也是未成年人的基本需要。"吃什么""吃多少""怎么吃"是合理营养的核心。照料人需通过膳食调配和科学烹饪的方法为未成年人提供生理需要的能量和多种营养素，以利于各种营养物被吸收和利用，从而促进未成年人的身体健康发展。艾德指出未成年人食物权是一项个人权利，不是集体权利。他认为评估对未成年人获得食物权实现的质量依赖于国家的制度安排。通过法律规定未成年人食物权，得以使国家履行义务，并指出通过系列保障机制实现未成年人食物权。[2]因此，未成年人获得营养权有赖于国家的法律制度安排和保障。

（2）住房权。住房是指可居住的地方，能够提供足够的空间和保护居住者免受寒冷、潮湿、炎热、下雨、疾病等，同时也保护他们的人身安全。享有住房的权利是指未成年人享有免于遭受住房不足或无家可归的权利。《经济、社会及文化权利国际公约》对适当住房权作出规定，如安全的占用期、可供利用的基本服务、提供并获得住房。但这仅限于对一般意义上的人而言。对于未成年人而言，住房不仅是未成年人作为人的基本需要，还是享有作为一个人的最基本的尊严的要求。因此，不能从狭义上理解住房，对于未成年人来讲，住房权更应该被理解为居住某个安全可靠、和平并且有尊严的地

---

[1]　肖荣主编：《营养医学与食品卫生学》，北京协和医科大学出版社2003年版，第1页。

[2]　George Kent, "Realizing International Children's Rights Through Implementation of National Law", *International Journal of Children's Rights*, 1997, 5（4）：439~456.

方等。[1]由于未成年人自身较弱小，无法自我照顾和保护，需要成年人社会为他们建造一个可靠、安全和健康的居住环境。未成年人住房保障要考虑到未成年人的整个建造环境，在城市设计、市政升级和周围地区设计方面，照顾到未成年人的需要，为他们的生活条件提供安全。对于特殊未成年人，尤其是流浪未成年人、无家可归未成年人应给予特殊照顾。此外，还要求提供适当的住房，以便为未成年人提供就业选择、保健服务、学校、托儿中心和其他社会设施。

（3）获得照料权。未成年人获得照料权是未成年人特有的一项权利。未成年人获得照料是由未成年人的自身特殊性所决定的。与成年人一样，获得生活的基本保障是未成年人最基本的需要。但是，未成年人尚不具备自食其力和自我保护的能力，从出生到青春期的这一发展过程，他们依赖于父母和其他监护人的照顾和帮助实现自身的发展。离开成年人的照料，他们难以生存和健康成长。1990年联合国行政协调委员会营养小组委员会对"照料"进行定义，照料是指家庭和社区提供时间、关心和支持，最有效利用人力、经济和组织资源，以满足正在成长的孩子及其家庭成员的生理、心理和社会需要，培养完全的生理和心理健康。[2]未成年人获得照料权的内容主要包括未成年人作为照料接受者的公民权利以及保护父母作为照顾提供者的公民权利。[3]照料接受者权利的主要内容是获得足够的家庭照料的权利以及有助于全面发展其潜在能力的非家庭照顾资源的权利，如公共托幼服务、早教服务等。父母作为照顾提供者的权利内容包括亲职假、就业中断后的生活补贴等。

相较于未成年人受监护权、受抚养权，未成年人获得照料权具有更高的义务要求。具体来看，未成年人照料权不仅要求抚养人进行物质供给、担负抚养费以及生活上的照料，还要求情感上和心理上的照顾和满足。《世界人权宣言》第25条第2款规定未成年人有权得到特别照顾和帮助，所有未成年人，不管是婚生还是非婚生，都有权获得相同的社会保护。这一规定明确了

---

〔1〕《〈儿童权利公约〉执行手册》，全国妇联儿童工作部、联合国儿童基金会驻中国办事处2006年，第328页。

〔2〕白桂梅主编：《人权法学》，北京大学出版社2011年版，第157页。

〔3〕关于未成年人照料权的内容，本书主要借鉴了复旦大学张亮博士的学位论文《中国儿童照顾政策研究——基于性别、家庭和国家的视角》（2014年）。他提及了儿童照料的诸多内容，为本书提供了有价值的观点和思考。

未成年人受到社会保护，这一保护范围是社会，而不仅仅包括父母的保护。《儿童权利公约》第 27 条第 3 款规定缔约国应当根据当地情况，在自己的能力范围内采取合理措施，帮助父母照顾未成年人或帮助其他对未成年人负有照顾义务的人实现这一权利，并特别为解决方案提供物质帮助和支持，特别是在营养、衣着和住放方面。《儿童权利公约》进一步明确了国家在未成年人照料中的义务，强调国家提供物质援助的义务。

适当生活水准权是《儿童权利公约》规定的一项权利。目前，我国立法中没有直接的规定。我国《未成年人保护法》第 43 条、第 84 条是未成年人生活水准权的体现。可见，我国未成年人适当生活水准权的内容需要具体的法律制度设计予以规范。

（二）未成年人休息权是未成年人健康成长的重要权利

对于未成年人来讲，休息几乎与营养、住房、保健和教育等一样重要，是未成年人身体发展的重要方面。获得充足的休息是未成年人身体发展的基本需要，为其智力发育提供条件。休息权的确立有助于保障未成年人身体的健康发展。

1. 未成年人休息权的含义及其内容

一般而言，休息权是劳动者的基本权利。要想认识休息权首先要看"休息"的含义。对于"休息"一词，《现代汉语词典》的解释为"停止工作、学习或活动"。[1]这一定义将休息不仅限于工作后的消除疲劳，也包括停止学习或活动。这一定义是从消极的方面来认识休息。从积极的方面来看，"积极的休息是指人们在耗费一定的体力和脑力后，通过旅游、娱乐等方式，主动参加各种活动，对自身的生理机能和精神状态进行调整，从而使其身体和精神状态达到最佳水平的行为"。[2]由此来看，休息不仅包括睡觉，还包括娱乐活动的内容。

休息权作为一项权利，《北京大学法学百科全书 民法学 商法学》将它解释为"休息权是指劳动者在履行劳动义务的同时依法享有的休息、休养的权利"。[3]也有学者认为，休息权是"劳动者在劳动过程中经过一定的脑力

---

〔1〕 中国社会科学院语言研究所词典编辑室编：《现代汉语词典》，商务印书馆 1978 年版，第 1285 页。

〔2〕 程思良："休息权初探"，载《云梦学刊》2007 年第 3 期。

〔3〕 北京大学法学百科全书编委会：《北京大学法学百科全书 民法学 商法学》，北京大学出版社 2004 年版，第 1045 页。

和体力消耗后，依法享有获得恢复体力、脑力以及用于娱乐和自己支配的必要时间的权利"。[1]这一观点将休息权细分为休整权、休假权、休闲权以及安宁权。从上述定义来看，其均将休息权看作是劳动者的一项权利。本书认为休息权并非劳动者专门享有，而是每一个公民享有的自然权利。从休息权的主体来看，它包括劳动者、工人、未成年人等。

未成年人休息权是未成年人身体健康发展的权利之一。未成年人休息权不同于成年人休息权，具有自身特殊性。未成年人休息权是指未成年人基本的身体和脑力获得足够睡眠以及娱乐的权利。未成年人休息权的内容分为消极方面和积极方面。从消极的方面来看，未成年人休息权是指充足睡眠的权利。美国国家睡眠基金会（NSF）的一项睡眠研究发现，小学生最佳睡眠时间是 9 小时至 11 小时，中学生最佳睡眠时间是 8 小时至 10 小时。[2]保障未成年人充足的睡眠是未成年人身体和智力发展的重要条件，不得因学习或其他事务剥夺未成年人睡眠的权利。从积极方面来看，未成年人的积极休息应通过一定的身体活动来完成。不仅仅满足于夜间有足够的睡眠，休息之余，未成年人还需要有一定的游戏和娱乐活动。因此，未成年人休息权包括享有一定的闲暇，开展游戏和娱乐活动的权利。游戏和娱乐活动的权利主要包括课间活动和课外活动两个方面。在学校中，未成年人受教育不仅意味着到校上课，还要求保障他们的休息。自由活动和游戏是未成年人休息权的基本要求。课间自由活动能够增加未成年人的活动量，转移上课的紧张和疲惫，获得适当的放松。同时，游戏对于未成年人的发展至关重要。游戏是一个在特定的时间和空间中的未成年人，按照一定的规则，伴随着愉快的情绪，自主、自愿和有序进行的一项活动。[3]未成年人通过游戏，可以了解和遵守游戏规则，解决在游戏中产生的冲突，从而学会解决问题。课外活动方面主要是指未成年人在学校课后组织的游戏和娱乐活动或者在校外的游戏和娱乐活动。未成年人游戏和娱乐活动权要求提供一定的场地、游戏设施，可以帮助未成年人进行充分活动，获得修养。游戏和娱乐活动对于未成年人的身体发育，各项器官的锻炼至关重要。保障他们的游戏和娱乐活动是未成年人休息权的

---

[1] 黎建飞：《劳动法的理论与实践》，中国人民公安大学出版社 2004 年版，第 35 页。

[2] 参见 http://sleepfoundation.org/how-sleep-works/how-much-sleep-do-we-really-need.

[3] 邱学青：《学前儿童游戏》，江苏教育出版社 2008 年版，第 72 页。

重要内容。

对于 16 岁以上具有劳动能力的未成年人而言，他们具有与其他未成年人相同的休息权。同时，劳动未成年人的休息权具有一定特殊性。如果在时间、地点和年龄方面没有制约，那么未成年人将会有很大可能被雇用。他们很可能会被要求长时间工作并被加以利用来达到获得经济利益的目的。为满足劳动未成年人休息的需要，国家需要对劳动未成年人休息权作出具体规定和法律保护。

2. 未成年人休息权的法律规定

对于未成年人休息权的规定，《儿童权利公约》第 31 条明确缔约国在未成年人休息权保障中承担义务。我国法律并没有直接规定休息权，但《未成年人保护法》第 33 条规定了休息权的内容，这一规定强调了学校、父母及其监护人在未成年人休息权保障中的义务，但其对于国家在未成年人休息权保障中的义务并没有明确。同时，对于未成年人休息权中所包含的游戏和娱乐活动的设施保障、课间休息等内容尚未规定。休息权是未成年人的基本需求，也是其成长、成才的基本条件。因此，国家必须通过具体的法律规范保障未成年人休息权。

(三) 未成年人受保护权是未成年人的特殊权利

受保护权是未成年人的一项特殊权利，与未成年人的身体直接相关。广义上，未成年人受保护权可以被理解为对未成年人各项权利进行保护的权利。它是一个较为宽泛的概念。从狭义上讲，设置未成年人受保护权是为了使未成年人避免受到歧视、虐待和忽视，保护使其免受歧视、剥削、酷刑、暴力或忽视照顾，使未成年人在失去家庭和处于特殊境遇时得到特殊的保护。王雪梅认为，受保护权包括的诸如未成年人免受各种形式的剥削等内容，可以被纳入生存权利中未成年人有过快乐而有尊严的生活的权利。[1]本书认为，受保护权是未成年人生存权的进一步延伸，是防止未成年人遭受父母或他人的虐待、不充分的照顾以及受到剥削，防止他们在生活环境中遇到危险的一种特殊保护。因此，应将未成年人受保护权单列出来，形成对未成年人的全方位保护。

《儿童权利公约》第 19 条明确规定缔约国应当采取一切可能的立法、行政、社会和教育措施，保护未成年人免受父母、法定监护人或负有照顾义务

---

〔1〕 王雪梅：《儿童权利论：一个初步的比较研究》，社会科学文献出版社 2005 年版，第 114 页。

的任何其他人的任何形式的精神和肉体迫害、损害、虐待、忽视、疏于照顾或剥削，甚至性侵犯。该条被看作是未成年人受保护权的主要条款。此外，《儿童权利公约》在其他条款中还规定了对未成年人劳动的保护危害（第32条）、保护未成年人免受麻醉药品和精神药物危害（第33条）以及未成年人性剥削和性侵犯之害（第34条）。根据《儿童权利公约》对于受保护权内容的规定，本书将受保护权的内容分为未成年人虐待保护、性剥削保护、劳动保护以及滥用和利用未成年人生产精神药物等。

1. 未成年人虐待保护

对于虐待一词，《法学大辞典》将其解释为："使家庭成员在精神上和肉体上遭受痛苦的行为……虐待手段包括生理迫害（饥饿、受冻），肉体折磨（殴打、捆绑）、精神刺激（辱骂）等。对于未成年人的虐待以鞭挞常见，常导致其全身广泛皮下出血和骨折，严重者导致其重要器官损伤而死亡。"[1]这一定义将虐待看作一种痛苦行为，包括身体和精神两个层面。国外学者吉本斯（J. Gibbons）等认为未成年人虐待分为四种类型：①未成年人体格、生理损伤。对未成年人造成实际的或潜在的体格或生理损伤，或者不保护未成年人免受体格或生理损伤，其中包括投毒、窒息等。②未成年人性虐待。包括实际的或潜在的对未成年人的性骚扰。③未成年人情感虐待。由于长期持续或严重的情感虐待或情感拒绝致使对未成年人的情感和行为发育造成实际的或潜在的严重损伤。④未成年人忽视。监护人提供未成年人的食物、医疗等照料不足。[2]1999年世界卫生组织防止虐待儿童会认为，虐待或粗暴对待未成年人是指各种形式的躯体或精神的折磨、性虐待、漠视、商业的或其他的剥削，并导致未成年人的健康、生存、发展以及尊严受到实际或潜在的伤害。2006年联合国卫生组织和国际预防儿童虐待与忽视协会发布的《预防儿童虐待：采取行动与收集证据指南》将未成年人虐待分为身体虐待、情感虐待、性虐待、忽视、商业性或其他形式的剥削五种形式。从虐待未成年人的上述分类来看，基本上包括身体虐待、情感或精神虐待、有关性方面的虐待和对未成年人的忽视。

本书认为从类型上可以将未成年人虐待分为身体虐待、精神虐待、性虐

[1] 邹瑜、顾明主编：《法学大辞典》，中国政法大学出版社1991年版，第1169页。
[2] J. Gibbons, S. Conroy & C. Bell, *Operating the Child Protection System: A Study of Child Protection Practices in English Local Authorities*, London: HMSO, 1995: 10.

待以及未成年人忽视。未成年人身体虐待是指因故意或过失导致的对未成年人身体造成短暂或永久的伤害，或甚至造成未成年人的死亡。精神虐待是指对未成年人漠不关心、冷漠、排斥、恶语相向等，使未成年人的情绪处于紧张、不安的状态当中。性虐待是指为了满足个人的性欲或者为了追求某种经济利益，而与未成年人有直接的性接触或企图有性的接触。未成年忽视是指在获得营养、健康、安全和教育方面，未能尽到照料未成年人，甚至强迫未成年人做过量的工作等。

对于未成年人虐待的法律保护，《儿童权利公约》第 19 条规定缔约国应采取一切适当的立法、行政、社会和教育措施，保护未成年人在受父母、法定监护人或其他任何负责照管未成年人的人的照料时，不致受到任何形式的身心暴力、伤害或凌辱，忽视或照料不周，虐待或剥削，包括性侵犯。该公约从未成年人忽视、性虐待、身体伤害方面作出规定。第 32 条规定缔约国应认可未成年人有权获得保护，以避免经济上的剥削并从事任何可能妨碍或影响未成年人教育或有害未成年人健康或身体、心理、精神、道德或社会发展的行为。第 39 条要求保护未成年人在受父母或其他人员照料时不受任何形式的"身心暴力"，包括各种"侵权"以及酷刑和残忍、不人道或有辱人格的待遇或处罚。

我国《宪法》第 49 条规定婚姻、家庭、母亲和儿童受国家的保护。禁止破坏婚姻自由，禁止虐待老人、妇女和儿童。《未成年人保护法》第 17 条第 1 项规定未成年人的父母或者其他监护人不得实施下列行为：虐待、遗弃、非法送养未成年人或者对未成年人实施家庭暴力等。

2. 未成年人性剥削保护

未成年人性剥削是未成年人性虐待的延伸。对未成年人进行性剥削是国际社会强烈谴责的一种行为。未成年人性剥削还没有确切的定义。瑞典斯德哥尔摩（1996 年）和日本横滨（2001 年）反对未成年人性剥削世界会议对未成年人商业性剥削进行了讨论。对未成年人商业性剥削作出定义："未成年人商业性剥削系对未成年人权利的违反，包括未成年人的性虐待以及以现金或实物之酬赏给付未成年人或第三人；未成年人商业性剥削构成对未成年人的强迫与暴力。"[1]从具体的内容来看，未成年人商业性剥削主要涉及性旅游、

---

〔1〕 "World Congress I against Commercial Sexual Exploitation of Children. Stockholm Declaration and A-genda for Action"，http://www.csecworldcongress.org/en/stockholm/Outcome/index.htm.

卖淫、色情和贩卖方面[1]。

联合国《儿童权利公约》第 34 条规定缔约国承认保护未成年人免受一切形式的性剥削和性虐待之害。为此目的，缔约国应通过一切适当的国内、双边和多边合作性措施，以防止引诱或强迫未成年人从事任何非法的性活动，利用未成年人卖淫或从事其他非法的性行为以及利用未成年人进行淫秽表演和充当淫秽素材。根据法律的规定，对未成年人实施性剥削包括两种情况：利用未成年人卖淫对其进行性剥削以及在色情制品方面利用未成年人进行性剥削。

3. 未成年人劳动保护

未成年人劳动保护是指根据未成年人身体未发育成熟的特点，为保护其健康成长而对他们采取的各种特殊劳动保护措施。未成年人劳动保护分为对就业年龄、工作时间、从事有害健康作业的限制和禁止等内容。适度的劳动和锻炼有助于未成年人的身心健康发展。但未成年人正处于身体发育阶段，他们的发育还没有成熟，过早地让他们进入劳动领域，对未成年人的身心发展极为不利，因此，对未成年人劳动保护是未成年人身体发展的重要方面。

关于未成年人劳动保护，1999 年，国际劳工组织通过的《关于禁止和立即行为消除最有害的童工形式公约》规定凡批准公约的成员国均应采取立即和有效的措施，以保证将禁止和消除最有害的童工形式作为一项紧迫事务。该公约列出四种最有害童工的形式。我国《未成年人保护法》第 61 条明确规定了未成年人劳动的保护。

4. 禁止未成年人滥用和利用未成年人生产精神药物

未成年人身心尚处于发展过程当中，他们的心智能力尚不健全。由于他们好奇心强、判断能力和自控能力弱，往往容易成为贩毒分子寻找的对象。吸食麻醉或精神药物给未成年人的身体和大脑造成了严重损害，使未成年人产生依赖，容易走上犯罪道路。未成年人一旦与犯罪分子接触，很容易被利用从事非法生产和贩卖此类药物。因此，需要对未成年人给予特殊保护。联合国《儿童权利公约》第 33 条规定缔约国应采取一切措施（包括立法、行政、社会和教育措施），保护未成年人不至非法使用有关国际公约界定的麻醉

---

[1] Kevin Lalor, "Child Sexual Abuse, Links to Later Sexual Exploitation/High-Risk Sexual Behavior, and Prevention/Treatment Programs", *Trauma*, *Violence & Abuses*, 2010, 11 (4): 159~177.

药品和精神药物，并防止利用未成年人非法生产和贩运此类药物。

小　结

本书将未成年人身体发展的立法保护转化为权利（包括了未成年人生存权休息权、受保护权这几项权利）来论述，并从学理和法律保障方面给予说明。这三项权利构成了未成年人身体发展立法保护的主要内容。

第一，未成年人生存权是未成年人生命、身体发展的首要保障。未成年人生存权包括了生命权、健康权、适当生活水准权，这些权利是未成年人维持生命存在，得以生存的基础。生命权、健康权是未成年人的基本保障，没有生命和健康，未成年人的其他权利无从谈起。未成年人要活着就必须保障自身生命存在，由于未成年人较为弱小，需要获得食物、水等物质才能发展。适当生活水准权是未成年人生命权、健康权的进一步延伸，是未成年人获得身体、智力等全面发展的生活水平保障的权利。未成年人离不开成年人的照料，以为他们提供营养、住房以及基本的生活水平。

第二，未成年人休息权是未成年人的自然权利，获得充足的休息是未成年人获得身体发展、智力发展的重要保障，是未成年人身体健康发展不可或缺的组成部分。

第三，未成年人受保护权是未成年人的一项特殊权利。免受身体和心理的侵害是未成年人身心健康成长的基本要求。它是在原有权利的基础上，针对未成年人身心虐待、性剥削、劳动等内容的一种特殊保护。

这三项权利共同指向未成年人的身体健康发展，构成未成年人身体发展立法保护的主要方面。未成年人生存权是未成年人休息权和受保护权的基础。未成年人休息权和未成年人受保护权是对未成年人生存的进一步保障。需要说明的是，未成年人身体发展的权利内容不是确定不变的，它随着未成年人发展内在的需要而变化，产生新的权利诉求，通过立法予以确认和保护。因此，它具有开放性的特点。

第二节　发达国家未成年人身体发展的立法保护

立法是权利保护和实现的前提。未成年人身体发展转化为权利需要由立法来规范。本节主要对发达国家未成年人身体发展的立法保护进行分析。根据未成年人身体发展立法保护的内容，以美国、英国、日本三国为代表，分析美、英、日三国未成年人立法在未成年人身体发展保护中的方式、重点和差异等，从而为我国未成年人身体发展立法保护的分析提供借鉴和参考。在发达国家未成年人身体发展的立法保护中，着重讨论未成年人生存权、休息权、受保护权（主要讨论未成年人虐待保护）几个方面。

一、美国未成年人身体发展的立法保护

美国对未成年人的保护经历了漫长的历史发展过程。早在19世纪，纽约成立儿童援助协会及全国反虐待儿童协会。这一协会关注贫困未成年人，将一些被虐待及遗弃的未成年人从都市送到乡村进行家庭抚养。19世纪前半叶，关于未成年人的观念认识当中，一种观点认为环境对未成年人发展和培养至关重要。另一种观点认为未成年人担负将技能、知识和价值观世代相传的重任。[1] 基于未成年人对社会发展的重要性这一认识，培养未成年人成了父母的首要责任。进入20世纪，随着儿童福利工业化的到来和发展，未成年人的家庭和国家的关系发生变化，未成年人不再是家庭的私有财产，未成年人养育不仅是家庭的责任，而且还是整个国家的责任。从儿童福利制度来看，国家对未成年人的保护从补缺的方式逐步过渡到适度普惠制。随着儿童福利制度和儿童福利新观念的发展，国家在未成年人福利中扮演越来越重要的角色。如美国出台了《抚养未成年子女家庭援助计划》（简称"AFDC计划"）以及《贫困家庭临时救助计划》（简称"TANF计划"）。其通过家庭津贴补助的方式保障未成年人的健康发展。不仅如此，美国未成年人福利服务范围较广，内容涉及医疗卫生保健、护理、家庭指导、母婴保健等。从未成年人法律体系上看，美国未成年人身体发展的保护涉及宪法、行政法和普通法的规范。

（一）未成年人生存权的保护制度较为完善，法律体系较为健全

美国尚未在宪法层面明确规定未成年人享有生存权。其主要通过联邦和州层面的未成年人立法规定未成年人的生命权、健康权、适当生活水准权等内容。整体来看，未成年人生存权的保护制度较为完善，法律体系较为健全。

---

[1] [美]玛格丽特·E.罗森海姆：《少年司法的一个世纪》，高维俭译，商务印书馆2008年版，第22页。

1. 未成年人生命权的法律制度较为健全

在弃婴保护方面，美国建立了较为完善的法律制度。在美国，弃婴属于严重犯罪，但法律规定可以依法将婴儿安全送至指定场所。1999 年，得克萨斯州颁布《婴孩摩西法》，该法规定放弃或拒绝抚养婴儿的父母，可以将初生婴儿依法弃置警察部门、医院、救援队、消防部门等场所。这种行为被视作合法弃婴。截至 2008 年，美国各州通过《安全港法》。该法的目的是：一方面保护被遗弃的婴儿免受伤害和安全危害；另一方面通过替代方法保证被遗弃的婴儿得到照料。在弃婴刑事责任方面，美国对弃婴行为设置了较高的刑事处罚。如果监护人故意遗弃未成年人致其死亡，将以谋杀罪判刑，刑期为15 年至终身监禁。

在未成年人乘车安全方面，1998 年以来，美国已经超过 700 名未成年人因车内高温引起中暑而死亡。据调查，超过 50% 的未成年人由于被遗忘在车内而窒息死亡。[1]2017 年美国通过了《帮助独自坐后排座椅未成年人伤害法》(Helping Overcome Trauma for Children Alone in Rear Seats Act, HOT CARS Act of 2017)。[2]该法规定所有重量低于 10 000 磅的新载客汽车均需在车后排座位配置装置以提醒开车人员在停车后检查后排座位是否有人。法律还规定州应教育公众停车后将未成年人单独置于车内的风险。为了保护未成年人的生命安全，美国加利福尼亚州制定了未成年人安全座椅规则。加利福尼亚州53 号法案规定不满 2 周岁且不超过 40 英寸或体重不超过 40 磅的未成年人在乘车时必须使用安全座椅并被放在后排脸向后。2 岁至 8 岁的未成年人需使用安全座椅，坐在后排。法律规定如果车没有后座，或后座没有位置，或者无法安置安全座椅。8 岁以后可以当成年人来处理。在刑事责任方面，造成未成年人乘车死亡应按照过失致人死亡对当事人进行刑事追责。在未成年人骑自行车安全方面，1994 年美国《未成年人骑自行车戴头盔安全法》规定 16 岁以下未成年人必须佩戴头盔。这一项目的费用由国家高速公路交通安全管理机构向各州、州行政区域、非公益组织拨款。联邦政府提供的补助金不超过该项目经费的 80%。该法规定提供经费的目的在于推进法律实施，要求 16 岁

---

〔1〕　http://www.thecarconnection.com/news/1112342_ the-hot-cars-act-could-make-rear-seat-child-alert-monitors-mandatoryif-it-passes.

〔2〕　https://www.congress.gov/bill/115th-congress/house-bill/2801/text.

以下未成年人骑自行车时戴头盔；提供物质帮助，保证每一个 16 岁以下未成年人获得一副头盔；教育 16 岁以下未成年人和家庭佩戴头盔提高骑自行车安全；举办与该项目有关的活动。

在校园安全方面，美国针对校园欺凌的立法相对较早。在 1999 年，佐治亚州颁布了《佐治亚州反欺凌法》，这是美国的第一部校园反欺凌法。2002年新泽西州出台了《新泽西州反欺凌法》，2010 年马萨诸塞州出台了《马萨诸塞州反欺凌法》等。截至 2015 年，美国 50 个州通过反欺凌法案，大多数州出台了反欺凌相关政策。以《新泽西州反欺凌法》为例，该法对政府、学校、教师、父母等相关主体的责任作出了详细规定。在政府职责方面，规定政府制定反欺凌法，由学区教育委员会处理具体欺凌事件。在学校权责方面，学校有权对学生施加行政处罚，一经发现存在校园欺凌的行为，经举报、调查后，重大过错者将被开除。学校实行校长直接负责制，校长直接接受校内任何形式的欺凌行为的报告，同时通知学生家长并开始调查程序。此报告将在 10 个工作日内完成，上报并提交学校所属的学区委员会。在教师责任方面，规定教师必须向校长汇报任何形式的欺凌行为，预防受欺凌者自杀行为的发生。如果没有报告，将会受到相应的纪律处分。甚至会承担民事赔偿责任。此外，该法还规定组建校园安全小组，对学校欺凌事件进行调查处理，并对教师、家长及其他相关人员进行培训；将校园反欺凌专家加入小组，调查学校当中的欺凌行为；组织教师和学生反欺凌教育和培训；培训教师预防和识别校园欺凌，对学生进行反校园欺凌教育。[1]

2. 重视未成年人健康权的法律保护

美国通过立法建立了未成年人医疗救助计划和州未成年人健康保险计划的医保制度。美国未成年人医疗保险计划主要由国家和州提供资金，个人只负担小部分。医疗救助计划旨在使低收入者及其家庭中的未成年人、孕妇、老人以及残疾人获得最基本的医疗服务。联邦政府和州政府采取第三方付款方式向健康保障提供方付款。州未成年人健康保险计划是一项专门针对未成年人的医疗保险项目。它主要针对 19 岁以下无任何保险的低收入家庭的未成年人及青少年。对参保条件人员，各州通过两种方式为其提供健康保障利益。

---

[1] 马焕灵、杨婕："美国校园欺凌立法：理念、路径与内容"，载《比较教育研究》2016 年第 11 期。

一是提供各州的医疗保险救助计划，为未成年人提供健康保险；二是通过建立各州未成年人健康保险计划，直接为未成年人提供健康保险。在提供福利金方面，州采取三种方式：①在各州未成年人健康保险计划下，开办以社区为基础的保健机构，为需要提供援助的未成年人和相关成年人提供健康福利金；②在各州未成年人健康保险计划下，开办团体健康保险，以家庭为单位参保，为其提供福利金；③通过医疗保险救助计划，进一步建立低收入家庭未成年人健康计划，提供全方位的强制性福利金。[1]获得该计划批准的家庭在获得医疗服务时仅需根据其家庭收入缴纳少量费用或不需要缴纳费用。

3. 未成年人生活水准权的法律体系较为完善

在未成年人营养权保障方面，美国先后通过了《全国学校午餐法案》（1946年）、《学校牛奶法案》（1954年）、《儿童营养法案》（1966年）等。《全国学校午餐法案》通过经费补助方式让学校实施非营利性学校营养午餐方案。《儿童营养法案》是一部联邦政府针对未成年人的健康，为低收入家庭提供营养午餐的法案。该法案规定低收入家庭可向学区申请领取免费的营养午餐和营养早餐。2010年，美国通过了《健康且无饥饿儿童法》。其立法目的在于提高未成年人健康和营养食物的选择、教育未成年人如何选择健康的食物以及教会学生健康的饮食习惯。立法旨在提高未成年人的关键营养和建立起未成年人免饥饿安全网，为未成年人营养计划和学校免费午餐项目提供未来五年的资金保障。为了降低未成年人的肥胖率，该法案规定学校提供的午餐要减少油脂与盐分、增加蔬菜与水果的比例，注重未成年人的饮食健康。

在未成年人照料权方面，美国对未成年人的早期保育和教育主要由福利部门和教育部门负责。0岁至5岁未成年人的保育责任归属于社会福利部门——联邦健康与人类服务部管理，其主要为贫困未成年人或者残疾未成年人提供经费上的帮助。经费来源依托联邦、州、地方政府以及监护人的缴费，以福利支出为主。[2]根据《儿童保育与发展固定拨款法》（Child Care and Development

---

[1]　何佳馨：《美国健康保险立法研究》，法律出版社2013年版，第119页。

[2]　江夏："美国联邦儿童福利支出对早期保育与教育发展的积极影响及其启示"，载《外国教育研究》2013年第7期。

Block Grant Act，CCDBGA），美国还成立了儿童保育与发展专款项目[1]（Child Care and Development Fund，CCDF）。该项目专门规定受资助对象是 13 岁以下的未成年人，主要集中在 5 岁以及 5 岁以下的幼儿。其旨在提供困难家庭和低收入家庭经济补助，帮助这些未成年人获得保教服务。补助金由未成年人保育局发给州政府，各州和地方管理机构以早教券、支票等形式发放给符合标准的未成年人及其家庭。5 岁以下幼儿的保教服务机构主要分为儿童保护中心、家庭托儿之家、团体之家以及家庭内部保育。父母可以选择接受保育和教育机构的类型，并且能够对保教机构活动进行质量上的监督。

在贫困家庭补助方面，美国于 1935 年的《社会保障法》中规定实施抚养独生子女家庭援助计划。《抚养未成年子女家庭援助计划》旨在为父母一方丧失劳动能力、死亡，以及长期离家出走或失业家庭的孩子提供福利。除了直接给付外，政府还通过所得税抵免政策、各种食品营养计划，为低收入家庭提供补助。之后，《抚养未成年子女家庭援助计划》被代之以《贫困家庭临时救助计划》（Temporary Assistance for Needy Families，HKOA）。这一项目以 5 年为限，向成年人家庭提供联邦基金资金援助，以增加就业率。联邦每年在此项目上的投入达 165 亿美元。[2]该项目主要针对：为有需要的家庭提供援助，使得未成年人在家庭中得到照顾；通过就业、工作和结婚结束贫困父母对政府福利的依赖；预防和减少怀孕；鼓励建立和维持双亲家庭。[3]这一项目旨在向贫困家庭提供援助从而照顾未成年子女。通过援助低收入家庭，保障未成年人获得基本的生活水准，促进未成年人发展。

（二）建立了未成年人休息权保护的法律制度

未成年人休息权包括充足的睡眠与游戏和娱乐活动两部分内容。美国通

---

〔1〕 CCDF 项目是一个由联邦政府和州政府合作管理的项目，其服务范围覆盖美国 50 个州及其地区。它目前归属于卫生和人类服务部，由下属机构儿童与家庭管理局下设的儿童保育局主要负责。该项目由三部分构成：自主补助资金、强制性资金和配套资金。自主补助资金由联邦财政拨款，各年度的拨款数额由国会和相关财政预算部门自主确定。强制性资金同样由联邦财政拨款，主要适用于儿童保育、处境不利儿童以及过渡期儿童保育。配套资金是联邦财政的另一部分拨款。各州申请拨款必须按照现行"联邦医疗补助比例"配备与申请数额相对等的资金作为州政府获取 CCDF 项目资金的补充。

〔2〕 https://aspe.hhs.gov/aid-families-dependent-children-afdc-and-temporary-assistance-needy-families-tanf-overview-0.

〔3〕 https://www.cfda.gov/index? s=program&mode=form&tab=step1&id=0a1ed9fe173af0da7a03f635798e472c.

过制定中小学家庭作业政策，合理设定了未成年人家庭作业的时间，在一定程度上保障了未成年人的休息。此外，美国还专门出台了针对未成年人娱乐和游戏的法律制度，保障了未成年人的健康发展。

1. 为保障未成年人的休息时间，美国制定中小学家庭作业政策

19 世纪初，受官能心理学影响，美国重视学生的智力和学习成绩的提高，学校给学生布置大量的背诵、记忆类家庭作业，学生每天花费大量时间去完成作业，未成年人休息无法得到保障，过量的家庭作业伤害了学生的身心健康。[1]19 世纪末，在进步主义教育运动的影响下，美国曾一度废除家庭作业。进入 20 世纪以后，随着《国家处于危险中》《什么在起作用》等文章的发表，美国政府开始认识到教育问题的严重性，重新认识家庭作业对学生发展的重要性，开始了家庭作业方面的立法。

2000 年，美国国防部附属学校办公室出台《家庭作业政策》（Homework Policy），颁布这一政策的目的是制定家庭作业的最低标准，为评价和检测当地社区和学校教师的效能做准备。该政策具体规定了中小学每周布置家庭作业时间、内容、评价、反馈等方面（见表 3-1）。

表 3-1　美国 1 年级至 12 年级家庭作业时间安排

年级	家庭作业（分钟数）	小时/周
1 年级至 3 年级	24 分钟至 48 分钟	2 小时至 4 小时
4 年级至 6 年级	60 分钟至 72 分钟	5 小时至 6 小时
7 年级至 9 年级	84 分钟至 108 分钟	7 小时至 9 小时
10 年级至 12 年级	120 分钟至 180 分钟	10 小时至 15 小时

在家庭作业时间安排方面，《家庭作业政策》规定 1 年级至 3 年级未成年学生每天的作业时间不超过 1 个小时。随着未成年学生所处年级的提高，作业量会逐渐增加。在家庭作业设置方面，规定了家庭作业是学校课程的辅助，应该根据学生的能力布置作业以促进学生的学习；家庭作业是对课堂内容的强化，不是引入新概念和技能。家庭作业设计应满足学生的需要和能力；家庭作业应在课外，而不是课堂；家庭作业完成时应考虑学生做家庭作业的负

---

〔1〕　任宝贵、陈晓端："美国家庭作业政策及其启示"，载《教育科学》2010 年第 1 期。

担，家庭作业设计应考虑学校教学和其他方面的要求。在学校和教师等主体责任方面，规定教师应在批改完作业后将作业返给学生并通知家长学生的掌握情况。由区负责人来监督家庭作业政策的执行。区督导人员应该为学校行政人员编写家庭作业提供技术支持，将优秀案例分享给其他督导者。学校管理者负责执行家庭作业政策，通知家长和学生、支持教师确保家庭作业政策的执行、制定评估家庭作业政策的计划等。可见，美国家庭作业政策对家庭作业的时间、内容、监督以及不同主体的责任进行了规范，以学生的需要和能力为价值取向，防止增加学生学业负担，保障了未成年人的休息，促进了未成年人身体的健康发展。

2. 制定了未成年人游戏和娱乐活动的专项法律

在美国，户外游戏场地的开发和设计一直是社会关注的焦点。20 世纪 90 年代以来，崇尚自然元素的户外游戏场地理念逐渐受到关注。传统户外操场的设计把游戏限制为一般的身体活动，缺乏激发未成年人想象力以及更积极的未成年人游戏和学习环境。随着回归自然以及让未成年人到户外去的运动的开展，2011 年美国国会通过了《青少年户外健康法案》（Healthy Kids Outdoors Act of 2011，HKOA）该法从立法理念、经费和不同主体义务和责任方面作出规定。

在立法理念方面，该法旨在敦促各州联邦政府让年轻一代人走进自然以改善未成年人的身心健康，并指出户外运动有益于未成年人的身体、精神和情感的健康，鼓励未成年人进行户外运动。这一立法理念通过户外活动形式促进未成年人的身体发展、精神和情感健康。其体现了将未成年人的发展写入立法的价值。

在财政拨款方面，该法授权内政部长向各州提出合作协议，由各州负责发展、实施和更新未成年人户外健康的国家战略，并规定申请、批准、报告、指导等内容。从经费投入来看，2013 年经费拨款达 100 万美元，2014 年达 200 万美元，2015 年拨款达 300 万美元。2016 年拨款达 400 万美元，2017 年达到 500 万美元。[1]该法案的经费拨款呈现逐年增加趋势，其有效地保障了未成年人的户外活动实施。

在地方政府和学校的义务和责任方面，该法规定地方政府执行联邦的户

---

〔1〕　https://www.govtrack.us/congress/bills/112/s1802/text.

外健康法案。具体包括：实施户外娱乐和未成年人辅导计划；规定该项目的实施要求地方政府提供公共交通设施，将社区、公园、绿地和户外娱乐区结合起来，鼓励未成年人通过步行、骑自行车等方式参加户外活动；学校利用环境教育课程开展活动，如带学生去野生动物园或花园等。在户外健康内容规定方面，涉及公共卫生制度、公园以及游戏制度、公共交通和城市规划制度以及其他与未成年人户外有关的公共设施。

在州法律的制定层面，美国目前有 21 个州已经制定了未成年人户外健康法案。加利福尼亚州《儿童户外健康法案》规定 14 岁以下未成年人享有参加户外活动的权利，具体规定了未成年人享有在安全的环境里玩耍、探索自然、野外宿营、学习游泳、钓鱼等权利。俄亥俄州法律规定未成年人在每个到校日都能够得到休息，未成年人每天有 1 个小时的户外自由玩耍时间。这些法律的制定充分保障了成年人的休息和闲暇。

（三）重视未成年人虐待的保护，制定专门法律

联合国《儿童权利公约》规定的未成年人受保护权涉及虐待、性剥削、劳动等多个方面的内容。美国重视未成年人的人身保护，建立了专门保护未成年人的法律。本书主要以未成年人虐待保护为例进行分析。

1. 制定预防未成年人虐待的专门法律

政府干预未成年人虐待的基础是国家亲权。对于未成年人虐待保护问题，美国《儿童保护法案》《美国法典》《收养资助和儿童福利法》规定了未成年人虐待保护的具体内容。此外，美国最早在 1974 颁布《儿童虐待预防和处理法案》（Child Abuse Prevention and Treatment Act，CAPTA），它是预防和处理未成年人虐待的一项重要立法。这一法律先后经过数次修订。2010 年修订的《儿童虐待防治和处理法案》将未成年人虐待的范围进一步扩大，将性虐待作为其中的一种类型。美国关于未成年人虐待的立法对于有效预防未成年人虐待形成了较好的保护。

2. 规定未成年人虐待的定义和类型

1974 年，《儿童虐待预防和处理法案》规定未成年人虐待的定义是：对 18 岁以下未成年人有照顾义务之人，因疏忽或不当作为，使未成年人遭受身体的伤害、心理的伤害，性虐待，未成年人的健康及福祉因而受到伤害或威胁。2010 年修订的《儿童虐待防治和处理法案》将未成年人虐待的范围进一步扩大，并定义为"最低限度地，由于父母近期行为或未履行行为导致未成

年人死亡、严重的身体或情感伤害，性虐待或剥削，或者采取行动或不采取行动而将儿童置于严重风险中"。[1]该法还专门对性虐待作出了规定，其主要包括：雇佣、利用、说服、劝诱、怂恿或强迫任何未成年人从事或协助其他任何人从事任何明显性行为或处于产生此类行为视觉效果之目的而模仿此类行为；强奸、发生在照管关系和家庭关系下的法定强奸、骚扰、卖淫以及未成年人性剥削的其他形式或与未成年人乱伦。在未成年人忽视方面，主要对"拒绝给予医学上所需的治疗"进行规定。主要是指按照医生合理医治判断，给处于生命危险中的婴儿以适当营养、水及药物等。

3. 建立预防未成年人虐待管理体制

美国在未成年人虐待方面从国家到地方形成了健全的管理体制。《美国法典》规定授权健康和公共服务部部长设立虐待和忽视儿童办公室负责未成年人虐待工作，同时规定部长可以任命和设立虐待和忽视儿童咨询委员会、国家虐待儿童信息交流中心，以为部长提供建议和相关信息、技术措施。该法还规定部长可以联合其他联邦机构和公认专家协商开展研究项目，掌握未成年人受虐待的实际情况。此外，民间机构和组织也是预防未成年人受虐待的重要力量，政府通过公共或民间组织为受虐待未成年人及其家庭提供服务。

4. 规定了政府在预防未成年人虐待的经费投入

美国每年投入大量资金用于预防未成年人虐待项目。仅2004年，美国财政就拨款1.2亿美元用于未成年人虐待的保护。《美国法典》第42篇第5106条规定项目和计划资助的条款。在培训项目方面，规定由部长向公共或民间组织提供资助（包括儿童保护服务机构、社区社会服务机构和家庭资助项目、法律执行机构、学校、教堂等）。在州层面，规定向州提供资助，帮助各州完善未成年人保护服务系统。此外，法律特别规定对社区预防未成年人虐待的资助，旨在更好地支持家庭，减少未成年人受虐待的可能。

5. 建立未成年人虐待强制报告制度

在强制报告制度和教育方面，1975年《儿童保护法案》规定所有人都要报告未成年人受虐待和忽视保护，同时还规定了州在未成年人受虐待和忽视保护中的义务和权力，未成年人的福利和家庭生活。法律规定医生、护士、

---

〔1〕 孙云晓、张美英主编：《当代未成年人法律译丛（美国卷）》，中国检察出版社2006年版，第49~50页。

教师、社会工作者以及其他指定的"法定举报人"必须对一些可疑的虐待子女的事件进行举报。美国家庭安全部每年应提交一份基于国家标准有关未成年人虐待研究数据的建议和发现的报告。美国还注重开展性教育课程。在社区教育中，通过雇佣执法人员和培训现有工作人员防范未成年人遭受性虐待。同时，父母和未成年人可通过网络查阅未成年人犯罪报告等相关信息。

6. 未成年人虐待的亲权限制和保护

在亲权限制方面，1980 年《收养资助和儿童福利法》规定州必须通过"合理的努力"教育改造以转变虐待子女的父母。该法为父母或家庭提供服务，如辅导或者帮助未成年人的父母戒除不良嗜好，将家庭保护视为未成年人福利的内容。法律保护父母和子女之间的关系，但是父母权利同时也是受法律约束的。1997 年《收养和安全家庭法》规定在 22 个月的跨度内，子女因为虐待而不受父母监护长达 15 个月。一般情况下，州必须终止父母的权利，将子女送给他人收养，以保证未成年人的安全。可见，美国法律力图保护父母和子女的关系，除非迫不得已，否则不会终止父母的权利。但是，该法也规定了一些剥夺父母监护权利的理由。如"疏于照顾子女""对子女的幸福未能给予适当、合理关心、关爱和照顾""放弃照顾子女达 3 个月以上""持续、反复、较大程度忽视子女""父母的堕落行为""酗酒或吸毒等超过 1 年"。[1]这些情况被视为终止亲权的重要理由。如在"爱德华州父亲虐待未成年子女案"[2]中，爱德华州儿童健康和福利部起诉了约翰和他的妻子，认为约翰动手打儿子致其腿部骨折，他的这一行为构成虐待。法院据此剥夺了约翰的监护权利。儿童健康和福利部认为孩子的父母不适合作为子女的监护人，地方法官认为，事实上，并没有充足的理由说明孩子在家中违背了他们的福利，同时没有证据说明未成年人受健康和福利部的监管是满足未成年人的最大利益。因此，法官判决未成年人由其母监护，被安置于家中进行抚养，并受到未成年人健康和福利部的保护监督。在此案中，对于约翰的儿子和女儿的监护人的选择，地方法官依据的是未成年人最大利益原则。

---

〔1〕　〔美〕哈里·D. 格劳斯、〔美〕大卫·D. 梅耶：《美国家庭法精要》（第 5 版），陈苇译，中国政法大学出版社 2010 年版，第 134 页。

〔2〕　2009 年 9 月 26 日，美国爱德华州公民约翰和他的妻子将腿受伤的儿子送往医院。X 光显示他的儿子腿骨坏掉以及两处锁骨骨折。在发现约翰的儿子受伤时，两个孩子同时被送到了儿童救护和看护所。法院判决父亲的行为构成虐待，据此剥夺约翰的监护权。

7. 其他法律的支持和保护

针对未成年人性虐待的情况，美国建立了较为完善的未成年人性虐待保护制度。

建立了全国性的未成年人犯罪登记系统。罪犯登记制度最早在加利福尼亚州实行。直到 20 世纪 90 年代，美国开始在全国范围内推行。1994 年《雅各·威特灵法令》规定各州每年要对有过性侵罪史的犯罪人员进行核实。2006 年通过的《亚当·沃尔什儿童保护与安全法》专门规定全国各州按照统一标准在互联网登记性侵未成年人犯罪的数据，并规定不同等级性侵犯罪者的登记时间。如犯罪程度最高的第三等级罪犯每 3 个月进行一次住处登记，持续终身；处于第二等级罪犯每 6 个月登记一次，持续 25 年；处于第一等级的罪犯每年登记一次，持续 15 年。未登记者，按照重罪论处。通过登记制度的设立，将罪犯信息向社会公众公布，加强公众对性侵害的认识和警惕，从而保护未成年人免受性侵害。

向居民公开性侵犯罪者的信息。1996 年《梅根法案》规定通过网站、报纸、宣传手册或其他的手段将性侵犯罪者的姓名、照片、住址、监禁日期和犯罪事实告知社区的居民。这样的规定可以使公众更容易识别性侵者，减少未成年人遭受性侵害的可能。

对性侵犯罪者的住处进行限制。目前美国有 30 多个州和地区颁布法令限制性侵犯罪者的住处。2005 年佛罗里达州出台《杰西卡法案》，规定具有性侵犯罪前科者不得住在未成年人集中的区域。佐治亚州的法律规定更为细致。性侵犯罪者不得在距离学校、教堂、公园、滑冰场以及游泳池 300 米的范围内工作或者生活，违法者将会被逮捕。

提升对未成年人性侵者的犯罪处罚力度。美国对未成年人性侵犯罪的处罚力度较重。就猥亵未成年人的情形来看，《杰西卡法案》明确规定对 12 岁以下的未成年人实施猥亵按重罪论处，最低刑期为 25 年，最高刑期为终身监禁。《亚当·沃尔什儿童保护与安全法》规定与 12 岁以下的未成年人发生性关系或性侵 13 岁至 17 岁未成年人的最低刑期为 30 年。对于绑架或诱拐未成年人犯罪的，最低刑期可达 25 年。通过加大犯罪处罚力度，可以有效地减少性侵害事件的发生。

二、英国未成年人身体发展的立法保护

英国对于未成年人的保护和照管早在 19 世纪便已经开始。与传统未成年人保护问题是家庭的私事不同，英国国家亲权在未成年人保护中发挥着重要的作用。其针对生活在不良环境中的未成年人给予立法保护。随着福利社会的兴起，福利成了未成年人立法的主要内容。早在 1948 年，英国便出台了《儿童法》。该法规定地方政府未成年人部门负责照管父母未能适当提供照管的未成年人。1989 年修订的《儿童法》确立了未成年人福利之上的原则，对未成年人的生命权、健康权等基本权利作出了详细规定，充分保障未成年人的权益。2004 年修订的《儿童法》规定设立儿童专员以及地方儿童保护委员会，确立政府在未成年人保护中的责任。此外，英国还出台《预防虐待儿童和保护儿童法》（1889 年）、《性犯罪法》（2003 年）、《儿童照顾法》（2006年）等。从未成年人法律制度来看，英国在未成年人身体发展方面的立法已经构筑了完善的法律体系，其对未成年人的立法保护更加全面、有力。

（一）未成年人生存权的法律制度较为健全

英国现有法律并没有直接规定未成年人生存权。英国通过未成年人立法确立对未成年人生命权、健康权、生活水准权的保护，从而实现对未成年人生存权的立法保护。

1. 通过设立法律制度保障未成年人生命权

在未成年人生命权保护方面，英国建立了较为完善的未成年人福利制度。对于弃婴问题，《济贫法》规定由教会抚养其辖区内的弃婴。目前，英国法律规定遗弃 2 岁以下的婴儿的行为为犯罪，将面临刑法处置。尽管英国没有设立安全岛，但英国制定了严格的未成年人收养制度。2002 年《收养与儿童法》规定了收养服务机构的服务和审查职责，要求司法机关介入审查以及严格司法收养程序。该法还规定收养机构在试收养期内的探视义务以及撤销试收养人的情形。

在乘车安全方面，英国《驾驶法》专门规定了未成年人座椅的使用。该法规定不满 12 岁或者身高 135 厘米以下的未成年人必须使用未成年人汽车安全座椅，系安全带。还规定父母根据未成年人的体重选择不同规格的安全座椅（见表3-2）。

表3-2　未成年人安全座椅：法律[1]

未成年人体重	类型	座椅
0kg~10kg	0	平躺或横向式童车，后向童车或系有安全带的婴儿座椅
0kg~13kg	0	后向婴儿未成年人车或系有安全带的婴儿座椅
9kg~18kg	1	使用安全带或安全罩的后向或前向婴儿座椅
15kg~25kg	2	前向或后向婴儿座椅（高靠背座椅或助力垫）使用安全带、背带、安全保护装置
22kg~36kg	3	前向或后向婴儿座椅（高靠背座椅或助力垫）使用安全带、背带、安全保护装置

　　在校园安全方面，早在20世纪70年代，英国中小学欺凌现象便引起了全世界的广泛关注。根据1997年的英国教育和技能调查，约4%的学生每月受到欺凌2次至3次。2010年英国教育部发布的《校园欺凌受害者特征》表明，14岁的未成年人遭受过欺凌的约占总人数的一半，15岁的未成年人约占40%，16岁未成年人约占30%。[2]英国2002年《教育法》明确规定地方教育行政与学校开展校园欺凌的预防工作，确保学生的安全。2003年英国教育部和技能部联合推出《反欺凌行动宪章》，号召学生参与反校园欺凌行为。同年，英国教育标准局发布《欺凌：中学的有效行动》，在对学校欺凌作出概念界定、欺凌现状调查、受害人数统计等基础上，提出了反对校园欺凌的指导性意见。此外还规定地方教育行政管理部门应当监督对教师在处理校园欺凌事件时的特殊培训。具体来看，明确校园欺凌的定义。欺凌是指个人或群体在身体或心理（精神）方面对另一个人或群体的故意伤害，并且具有反复性。英国规定了校园欺凌的主要方式。校园欺凌的方式主要包括：身体欺凌、言语欺凌。此外，英国教育部《预防欺凌及建议》进一步指出欺凌有多种形式，如网络欺凌，即通过信息、社会媒介或者游戏实施。其中可以包括使用图像或录像。此外，欺凌还包括对特定人群持有偏见，如以种族、宗教、性别、性取向，特殊教育需求或残疾，或以被收养需要照顾的未成年人为由等。此外，英国教育部2010年颁布实施了《教育（独立学校标准）法规》（2012年

　　[1]　https://www.gov.uk/child-car-seats-the-rules.
　　[2]　DEF, Characteristics of Bullying Victims in Schools, London: National Center for Social Research, 2010: 8.

至 2014 年修订）》。这些法律均要求学校制定实施反对校园欺凌的策略和措施。具体来看：一是规定了学校校长及教师的责任。在学校责任方面，2014年《教育（独立学校标准）法规》规定。学校应当颁布适当可行的、有效的防止出现校园欺凌事件的政策与策略，确认该现象得到治理。《预防和处理欺凌指导意见》规定任何情况下，学校有责任支持被欺凌的未成年人，并基于未成年人的需要采取适当措施，包括教师与学生进行安静的谈话以了解学生、请宗教人员提供支持以及给予正式的咨询、鼓励家长参与、对当地的未成年人服务进行评价等。英国 2011 年《教育法》规定经过校长授权，教职人员有权力检查学生的手机，查看不良信息并进行删除，无需经过家长的同意。如果某一电子设备被学校所禁止，教职员有理由怀疑该电子设备含有与犯罪相关的证据，那么教职员应立即将该设备交予警察。在交警察之前，不得删除电子设备中储存的色情图像。二是规定教师专门培训。英国法律规定当地的行政教育管理部门监督对教师在处理校园欺凌事件中时的特殊培训。可见，英国通过立法、专项拨款等手段对未成年人校园欺凌进行防治取得了很好的效果。

2. 重视未成年人健康权的立法保护

英国建立了完善的未成年人医疗保障体制。早在 1948 年，英国便已建立全民医疗保障体系，从而奠定了全民免费医疗的原则。围绕确保母亲与婴儿的健康，大量监控体系被建立起来。在特殊未成年人健康保护方面，英国政府负责为特殊未成年人提供康复服务，职能部门主要包括国家医疗卫生服务体系、国家社会服务体系和国家教育服务体系。社会卫生服务分为未成年发展中心、社区卫生服务机构、医生服务体系、OT 服务体系等。各社区所属幼儿园、特殊学校和普通学校的特殊班级，都接收有特别需要的未成年人，并根据他们的需要分配不同的专门人士。每个社区至少有一个未成年发展中心，作为多种专业联合服务和管理的基础，满足未成年人的各种特殊需求。对于监护人的义务，英国《儿童法》规定当监护人未能尽到对未成年人的医疗注意义务时，在紧急情况下，地方政府有权根据法院发布的紧急令对未成年人的健康和发展进行评估。

3. 确立了政府在未成年人生活水准权保障中的义务

确立了地方政府在未成年人免费营养午餐上的义务。英国《教育法》（1996 年）规定为未成年人提供免费的午餐和牛奶。该法第 512 条规定经授权的地方教育机构是提供学生营养餐的主要机构。在营养午餐的对象方面，主要规定了三类群体：第一类是在学校注册的小学生。第二类是受教育的其他人。第三类是接受相关资助的学前未成年人。将学前未成年人的营养午餐纳入免费范畴，这一举措保障了未成年人的健康发展。在营养午餐的营养标准方面，规定学校营养午餐的提供应符合营养标准。此外，2006 年出台的《教育督导法》还规定了提供营养标准或其他营养需求；要求饮用水可以获取且免费；要求指定食品和水。

规定了政府在未成年人获得住所保障的义务。英国《儿童法》规定了地方通过制定法规、提供服务的义务促进和保护未成年人及家庭的福利。对于困境未成年人的住所，规定地方政府承担为处于困境的未成年人提供安置的义务。应得到安置的未成年人分为三类：①该未成年人没有对其负有监护责任的人；②失踪未成年人或被遗弃未成年人；③抚养未成年人的人基于某种阻碍，不能为其提供适当的安置或照管。该法规定地方政府负有照管未成年人的义务，具体表现为保障和促进未成年人的福利以及在合理的情况下，为未成年人提供其应享有的服务。

规定了政府在困境未成年人日托服务方面的义务。在学龄前未成年人和其他未成年人的日托方面，地方政府有义务为处于困境的未成年人提供适当的日托。从对象上来看，主要包括 5 岁或者 5 岁以下的未成年人、尚未入学的未成年人。从时间上看，主要是放学后和学校放假期间。英国《儿童贫困法》（2010 年）专门对困境未成年人的生活保障作出了规定。在地方政府的权力和责任方面，为处于困境的未成年人及其家庭提供服务，即向未成年人提供一定范围和标准的适合及其需要的服务是地方政府的一般责任。地方政府提供的服务包括实物援助或者在特殊情况下的现金援助。对于处于困境的未成年人认定主要分为三类：①如果未得到政府提供的援助，该未成年人将面临无法维持生活，或者可能没有机会获得或维持合理标准的健康或发展；[1]②如果未得到政府提供的援助，该未成年人的健康或者发展将遭受严重损害，或者遭受进一步损害；③残障未成年人。包括盲、聋、哑、任何种类的精神障碍、由疾病或者外伤带来的严重并且永久性身体残疾、先天残疾以及规定

---

〔1〕 这里的"发展"是指身体、智力、情感、社会性或行为的发展；"健康"是指身体或精神健康。

的具有其他形式残疾特征的未成年人。从照看机构的义务来看，早期提供者必须保证满足未成年人学习和发展[1]的要求，并符合未成年人福利要求。同时，规定地方政府也有义务为正在学校学习的未成年人提供此类照管和监督服务。对于日间照料机构的资质，英国2006年出台的《儿童照顾法》规定日间照料提供者必须登记和注册。对于日间照料提供者的要求主要包括：对申请者申请看护未成年人的数量作出限定；看护未成年人的场所及所使用的设施得到充分的维护并保证安全；申请者保存未成年人、协助看护者以及在该场所生活的人的姓名和地址。对于不符合条件的申请者，如相关人作为未成年人照看者在看护未成年人时所提供的看护严重不符合未成年人的需要，地方政府可以撤销对任何人的注册。

（二）建立了未成年人休息权的法律制度

英国通过制定中小学家庭作业政策，合理设定未成年人家庭作业的时间，保障未成年人的自由活动时间，从而保障了未成年人的休息权。此外，英国还专门制定了未成年人娱乐和游戏的法律制度，以保障未成年人的健康发展。

1. 为保障未成年人的自由活动时间，制定家庭作业政策

为了保障未成年人充足的自由活动时间，英国制定了《中小学家庭作业指导方针》对中小学学生的家庭作业时间作出了限制，从而保障未成年人的健康成长。（见表3-3）

表3-3　英国1年级至12年级家庭作业时间安排

年级	家庭作业分钟/天
1年级至2年级	12分钟
3年级至4年级	18分钟
5年级至6年级	30分钟
7年级至8年级	45分钟至90分钟
9年级	60分钟至120分钟

---

[1]　学习和发展要求具体是指：①不同能力和成熟度儿童应有的知识、技能以及理解力，在他们达到5岁之前（按照当年9月1日算起）；②要求教给不同能力和成熟期的儿童事务、技能、过程；③评估儿童是否达到早期学习的目标。学习和发展的范围包括个性、社会和情感的发展；社交、语言及文字；解决问题、理性和数字能力；知识和世界观；身体发展以及创造力发展。

年级	家庭作业分钟/天
10 年级至 11 年级	90 分钟至 150 分钟
12 年级	学校自定

《中小学家庭作业指导方针》规定小学 1 年级至 6 年级学生的家庭作业不超过半小时。初中 1、2 年级控制在 45 分钟至 90 分钟。初中 3 年级达到 2 个小时。严格的家庭作业时间规定可以保障未成年人休息的时间。此外，该政策其还规定了家庭作业的具体形式。对于幼儿家庭作业，注重与父母或其他看护人阅读、游戏来帮助未成年人提高数字技能。对于年龄大一些的未成年人应注重阅读、表达、找出信息等。同时规定家庭作业活动不应超过指导政策规定的时间。学校和教师精心布置家庭作业，未成年人无需花费太多时间。这一政策规定学校应考虑到个别未成年人的需要，并考虑到他们如何与父母和照顾者合作，支持未成年人的学习，照顾到每一个未成年人的发展。

2. 重视未成年人游戏和娱乐制度

在未成年人游戏和娱乐立法当中，英国 2004 年《儿童法》第 17 条规定大臣有权依照法律中的明文规定，要求英国的未成年服务主管部门制定并公布计划，同时实施由主管机构制定的未成年人和少年政策。此外，该法还规定地方当局有提供服务的义务，并制定适应当地的未成年和青少年休闲计划。这一计划应该说是未成年和青少年的未来发展方针，公布这一计划时要详细说明相关事项与活动的优先等级。此外，在规划之前应进行全面、广泛的咨询，咨询对象包括未成年人、青少年、父母和负有照顾义务的人、志愿者和相关社区部门。游戏是未成年人健康恢复的重要部分，同时也是残障未成年人社会化的一部分。2003 年《开发可能的游戏空间》提出残障未成年人与正常未成年人拥有同等的游戏机会的权利被忽视了，政府在计划和设计游戏场地时常常忽视残障未成年人的利益。2004 年《儿童、青年和产妇国家服务框架》规定住院未成年人正常游戏和娱乐的需要应该被满足。在未成年人游戏管理方面，目前，英国设有专门负责未成年人游戏的部门，主要包括：①未成年人游戏评议会。该组织专门从事政策、研究、咨询以及良好策略的开发和研究。②未成年人游戏咨询服务组织。该组织旨在为公众提供与未成年人游戏有关的建议与指引，为未成年人提供有关游戏的书籍、说明、视听资料等，为公众的相关需要提供全面的服务。③行动技能组织。该组织的目的是建立一个国家的游戏培训和资格认证体系，并且如果指定了游戏人员的国家专业标准和学位要求，则为游戏工作者提供培训服务。在未成年人游戏的经费保障方面，负责游戏权保护的英国文化、传媒与体育部每年会将50万英镑的经费拨款给这些民间游戏组织。此外，英国政府鼓励民间游戏组织和开展未成年人的游戏活动。目前英国大规模的民间游戏组织主要有未成年人游戏公益组织、英国信赖场地组织以及游戏训练网（Play-Train）。[1]

（三）制定了未成年人虐待的专门法律

在未成年人受保护权的保障方面，英国制定了针对未成年人保护的专门法律，并在其他法律当中给予保障，形成了较为完善的法律体系。

1. 制定预防未成年人虐待的专项法律

未成年人虐待现象在英国早已有之。1868年出台的《济贫法（修正案）》规定了父母故意忽视未向不满14周岁并且在其监护职责内的子女提供足够的食品、衣物、医疗卫生服务或居住的行为被视为犯罪。1889年英国出台的《预防虐待儿童和忽视儿童法》规定了虐待和忽视未成年人的犯罪，并规定将遭受虐待和忽视未成年人带离其监护人，由适当的人照料等内容。

2. 规定了未成年人虐待的定义和类型

英国《儿童法》对"虐待"专门作出定义。第31条第9款规定虐待包括性虐待和其他非肉体方式的虐待。此外，在"伤害"的定义中，也有关于虐待的表述。如明确"伤害"是指虐待或对健康或者发展的损害。可以看出，虐待也可以被认为是伤害的一种。[2]《儿童法》第31条第2款规定："只有在具备下列条件时，法院才有权发出照管令或者监督令——①该未成年人正在受到或者有很大可能受到重大伤害。②遭受的此伤害或者有很大可能遭受的伤害来源于——（a）如果不发出此命令则该未成年人受到的或者可能受到的、不符合合理期望下父母应该给予的照管；（b）其父母无法控制该未成年人。"可见，未成年人虐待发生在作为照管者的父母和作为被照管者的未成年

〔1〕FPFG由儿童游戏公益组织协会和慈善信托公司组成，主要负责游戏的研究、咨询以及相关事务。英国信赖场地组织致力于儿童户外运动和游戏空间设施的保障和开发。游戏训练网主要负责提供游戏训练课程，以满足于儿童相关的组织和人员的需求。

〔2〕孙云晓、张美英主编：《当代未成年人法律译丛（英国卷）》，中国检察出版社2006年版，第55页。

人之间，这一界定较为抽象。

2015 年英国教育部发布的《共同努力保护——部门间合作以保护和促进儿童福利指南》附录 A 将未成年人虐待类型划分为四类：身体虐待、心理虐待、有关性方面的虐待和忽视。[1]身体虐待主要包含击打身体、摇摆晃动、投毒、灼伤或烫伤、窒息或以其他方式对未成年人造成伤害的行为。身体伤害包括父母或监护人员过失造成未成年人疾病或故意造成未成年人疾病。情感虐待是指对未成年人持续性情感发展造成严重和持久的负面影响。具体包括：①告诉未成年人他们是无用的或不被爱的、不合适的，或者只有满足他人的需要才是有价值的。②剥夺未成年人表达观点的机会，故意不让他们说话或者嘲笑他们说话的内容和方式。③强加给未成年人与其年龄特征或发展不一致的期望。情感虐待行为包括超出未成年人的发展能力，以及过分保护和限制未成年人的学习、探索，或者禁止未成年人参加正常的社会交往。既包括观看或者听其他的虐待，也包括严重的欺凌（包括网络欺凌），致使未成年人陷于持续性恐惧或危险当中，或者剥削和腐化未成年人。情感虐待可能会单独发生，但其存在于各种类型的未成年人虐待当中。性虐待是指强迫未成年人或年轻人参加性行为，并不要求涉及严重暴力，也不要求未成年人意识到虐待正在发生。性行为身体接触，包括插入型性侵犯（强奸、口交）或非插入型性侵犯行为（如手淫、接吻、身体抚摸或摩擦），还包括非接触型性侵犯，如诱使未成年人观看或制作有关性的影像，甚至直接观看性交行为、鼓励未成年人进行性交行为或者企图进行性交行为前让未成年人打扮装饰的行为。性虐待的实施者包括成年男性、女性以及其他未成年人。性剥削是性虐待的一种表现形式。它多发生在个人或团体利用优势地位，胁迫、操纵或欺骗不满 18 周岁的青少年参与性活动。例如：①提供受害者需要或想要的交换；②经济优势或者利用加害人或帮助者的地位而进行的交换。即使受害者自愿，也可能受到性剥削。未成年人性剥削并不一定有身体接触，也可以通过技术手段。未成年人忽视是指未能满足未成年人的基本生理或心理需要，可能导致未成年人的健康和发展受损。忽视可能由其父母滥用药物导致。未

---

〔1〕 Working together to safeguard children A guide to inter-agency working to safeguard and promote the welfare of children, https://www.gov.uk/government/uploads/system/uploads/attachment_ data/file/592101/Working_ Together_ to_ Safeguard_ Children_ 20170213. pdf.

成年人出生后，如果其父母或监护人未做到以下事项即视为忽视：①提供充足的食物、衣物和住所（包括离家或抛弃）；②保护未成年人免受身体和心理的伤害或潜在危险；③确保适当的监督（包括使用不适当的护理人员）；④获得适当的医疗护理和治疗。

3. 规定了地方政府的权力和责任

英国负责防治未成年人虐待的机构主要有地方的未成年人服务机构和警察儿童保护小组。如果怀疑未成年人正在遭受重大伤害，根据《儿童法》第47条规定由地方政府承担调查责任。如果地方当局明确规定任何组织或个人不得招用未满16岁的未成年人。对于招收已满16岁但不满18岁的未成年人的，应当执行国家在工作、劳动时间、劳动强度和保护措施方面的规定，不得安排其从事过重、有毒、有害等危害未成年人身心健康的劳动或者危险作业。地方当局在调查虐待未成年人的案件时，未成年人服务机构应及时告知警方是否发现严重虐待或性虐待。此外，法律规定法院有权协助查找可能需要紧急保护令的未成年人。法院在指令警员执行授权令时，可以指定已经注册的执业医生、护士或者卫生访视员陪同。

4. 确立了未成年人虐待保护人人有责原则

英国针对未成年人的法律并没有直接规定未成年人虐待强制报告制度。英国奉行人人有责的原则，要求社会成员对未成年人虐待问题给予关注。任何人只要怀疑未成年人正在遭受虐待，都可以向地方当局儿童服务机构或警察局报告。全国性组织——虐待未成年人学会还设立了免费电话服务专线，举报者或者未成年人本人可以拨打热线电话。负责未成年人工作的专业人员（如教师、医生、护士、助产士、早期专业人员、警察、事故和应急人员、志愿者和社区工作者）在发现未成年人遭受虐待时有义务向地方未成年人服务机构和警察局报告，以保障未成年人的安全。

5. 通过司法介入对未成年人虐待进行援助

英国法律通过法院介入宣布对未成年人实施临时保护。《儿童法》第44条未成年人紧急保护令规定：任何人向法院提出申请，请求法院依照本条发布关于某一未成年人的命令时，只有在法院认为条件得到满足的情况下，才可以发布该命令。在被授权者提出申请的情况下，申请者有合理的理由怀疑该未成年人正在遭受或者可能遭受严重伤害。依据该紧急保护令，地方当局儿童服务机构和警察局应将未成年人带离未成年人的家庭并将其置于保护之下。在紧急情况下，警察有权对未成年人进行迁移和安置，将其置于保护之下。第46条规定，如果警察有合理理由认为不对未成年人采取以下措施，该未成年人将有可能受到伤害，则他可以——①将该未成年人迁移并安置在某个适当住所；②采取合理的措施确保该未成年人不会从正在被安置的医院或者其他住所被带走。警方对未成年人的保护应在72小时之内。警察局有义务尽快将未成年人的安置情况告知其居住地的地方政府。

三、日本未成年人身体发展的立法保护

在日本《宪法》精神的指导下，未成年人作为国民的一员，享有基本人权。基本人权通过不同层级的法律得到保障。日本《儿童福利法》是一部涉及未成年人福利、保护、医疗、教育以及文化等方面的重要性法律。它以宪法规定的生存权为基本理念，对未成年人身体发展的保护作出了详细规定。此外，日本还制定了《儿童津贴法》《关于支付特殊儿童抚养津贴等的法律》《儿童抚养津贴法》《母子及孀妇福祉法》《支援母子家庭中的母亲就业的特别措施法》等一系列法律。从日本未成年人立法来看，其针对未成年人身体发展保护的立法体系较为完善。

（一）通过立法确立未成年人生存权

日本《宪法》第13条规定所有公民都作为个人受到尊重。公民的生存权、自由权和幸福权，只要他们不违反公共福利，就必须在立法和其他国家政策当中得到尊重。关于生存权，《宪法》第25条明确规定所有公民都享有最低限度的健康和文化生活权。国家必须在生活的各个方面努力改善和提高社会福利、社会安全和公共卫生服务。这些条款可以被看作是对未成年人生存权的保护。

1. 重视未成年人生命权的法律制度设计

在婴儿生命权保护方面，第二次世界大战之后，日本为解决战争孤儿问题，在东京都济生会中央病院设立了弃子收留台，专门保障战争孤儿的生命。2007年日本南部本市慈惠医院设立弃婴箱，命名为"鹤之摇篮"。弃婴收容费由当地政府和国家共同负担。[1]被遗弃的婴儿被放入育婴箱后，弃婴窗口会立即关闭，防止婴儿被偷走。如果父母改变主意想领回婴儿，需留下自己

---

〔1〕 魏婕："婴儿安全岛的国外经验"，载 http://www.bnu1.org/child/2273.html.

的相关信息。婴儿将在医院接受健康检查，经医院护士照料 2 周后，由医院将婴儿送至具有哺乳喂养能力的"乳儿院"，婴儿成长到 2 岁时将被送至孤儿院或被收养。弃婴摇篮自诞生之时便引发了诸多争议。一种观点认为这是在鼓励父母遗弃子女，是一种违法行为。另一种观点则认为这是基于尊重和保护婴儿的生命设置弃婴窗口。尽管如此，弃婴摇篮仍一直在运行当中，至今日本已经接受了 125 人。[1]

在未成年人乘车安全保护方面，为了保障未成年人的安全，日本于 2001 年推行了《未成年人座椅法》。该法规定 0 岁至 7 岁的未成年人在乘车时必须使用未成年人安全座椅。部分厂商可在汽车销售时将未成年人安全座椅作为赠品送给客户。[2]法律规定 12 岁以下未成年人必须在乘车时使用安全座椅。日本《道路交通法》第 14 条专门规定了未成年人的出行安全。对于 6 岁至 13 岁的未成年人或者 6 岁以下的幼儿，在交通要道或铁路边上行走时，必须有监护人陪同。对于未成年人经过小学或幼儿园道路时警察等任何在附近出现的人有义务引导未成年人安全通过马路。

在校园安全方面，日本对校园欺凌问题的关注始于 20 世纪 80 年代，但一直以来尚无关于校园欺凌的专门法律。2011 年大津市初二男生遭受校园欺凌而自杀的事件在日本社会引起了重大反响。这一恶性事件报道后，校园欺凌问题受到了社会和立法者密切关注。在短短两年内，2013 年日本参议院会议通过了《欺凌防止对策推进法》，其将中小学校园欺凌问题上升为法律问题。该法对中小学校园欺凌的定义、类型、学校、家庭、地方社会的责任、实施欺凌行为的学生指导、德育课程等内容作出了详细规定。具体来看：一是明确校园欺凌的定义。《欺凌防止对策推进法》第 1 条规定，中小学校园欺凌是指在校学生受到来自校内的具有一定关系的其他人加害的心理或物理行为（包括网络上的行为），并因此使得身体和心理遭受到了不同程度的痛苦。二是确立政府和学校、父母的责任。法律明确规定政府要制定预防校园欺凌的基本方案，地方公共团体设立"欺凌问题对策联络协议会"，专门处理欺凌事件。学校设置由教职员及心理学、社会福祉学专业知识的人员组成的预防

---

〔1〕 熊本："'弃婴摇篮'2015 年接收 13 人首现外国弃婴"，载 http://finance.ifeng.com/a/2016 0719/14615741_ 0.shtml.

〔2〕 石京等："日本交通安全对策的借鉴与启示"，载《道路交通与安全》2009 年第 1 期。

校园欺凌机构，建立咨询机制等。在遇到威胁到学生生命安全的欺凌事件时，学校应该开展调查并启动应急方案。如果欺凌被认为是犯罪行为，学校有义务及时通知警方并配合警方。如果发生严重伤害或威胁，学校应当及时向警方报案。学校有义务向被害人学生及其监护人及时提供相关信息。为了保证调查的公正性，日本教育委员会设置了具有专业知识背景的第三方机构对调查过程监管等。[1]法律规定监护人应当努力指导子女养成规范意识，不得实施欺凌。监护人的子女受到欺凌后，应当采取适当措施加以保护。当国家、地方公共团体以及学校采取校园欺凌防止措施时，监护人有义务给予协助。三是规定了学生心理辅导措施。为防止校园欺凌再次发生，学校有义务提供帮助，请有心理治疗资质的人员或者有社会学资质的人员对受到侵害的学生和相关有监护义务的人员进行持续性帮助，对侵害行为的主要施害人和相关有监护义务的人员进行指导和提供咨询，此外，学校还可以将施害人和被欺凌者安排在不同的教室。四是规定了教师研修和课程设置。国家和公共机构要加强对教师的监督和培训，提高教师的素质，帮助教师具备提供建议和支持的能力以及应对欺凌的专业知识。学校应该对教职员展开防止欺凌技能培训，提升教师预防和应对欺凌的能力。五是对欺凌者的处罚。在欺凌者实施处罚方面，法律赋予了学校和教师处罚实施欺凌学生的权力。学校和教师对实施欺凌的学生，如果学校有必要惩戒，有权按照《学校教育法》第11条采取惩戒措施，但应当注意不可体罚学生。基层教育相关机构（如基层教育委员会）可以责令实施欺凌的学生停课，教师和校长不得作出此决定。尽管规定可对学生采取停课处罚，但这一规定的适用引发了多种争议。有观点认为停课不仅侵害了学生的受教育权，也没有规定停课后如何给学生补课，以使其跟上课程进度。[2]因此，日本文部科学省在适用上比较谨慎。据调查，督道府县教育委员会适用这一措施的案件有51起，其中涉及校园欺凌的仅有5起。[3]

2. 未成年人健康权的法律制度较为健全

日本未成年人的医疗保障附属于国民健康保险制度。如果未成年人的监

---

〔1〕 贺江群、胡中锋："日本中小学校园欺凌问题研究现状及防治对策"，载《中小学德育》2016年第4期。

〔2〕 转引自陶建国："日本校园欺凌法制研究"，载《日本问题研究》2015年第2期。

〔3〕 转引自陶建国："日本校园欺凌法制研究"，载《日本问题研究》2015年第2期。

护人已经加入国民健康保险或者国家社会保险，被监护人有权获得政府或社会保险机构提供的医疗保险，而无需另外缴纳保险金。拥有这种保险，未成年人就医只需要承担小部分费用。此外，日本各地方均实行不同程度的婴幼儿和未成年人医疗费补助制度。如中小学生发生住院费用，可以向其所在地政府主管部门提出免费申请。多数地方规定凡是已经参加国民健康保险的6岁以下未成年人，其医疗门诊费用和住院费用全部由政府支付。此外，2003年《少子化社会对策基本法》第13条规定国家和地方政府应采取必要措施，完善有关妊产妇及乳幼儿体检、保健指导等母子保健服务，建立优质医疗和母子保健医疗体制。同时还明确国家和地方政府应为希望治疗不孕症者提供优质、适当的保健医疗服务，以及治疗不孕症的相关信息、为不孕咨询及不孕治疗研究提供援助等。日本由督道府县负责提供培育医疗，培育医疗的给付原则上要求实物给付，这一给付不是义务，而是地方公共团体的权能，受制于国家和地方公共团体的财政政策。培育医疗的给付由亲权者或者未成年人监护人代替未成年人向居住地的知事提出申请。

在母婴保健方面，日本建立了较为健全的妇幼保健体系。以行政区划为标准，日本妇幼保健体系分为三级。第一级是由厚生劳动省主导设立的母子保健所；第二级是由督道府县主导设立的保健所；第三级是由市町村主导设立的保健中心。在此基础上，日本政府以婴幼儿健康为目标，以育儿相关支持为重点开展各项服务。可以说，妇女从怀孕开始直至分娩以及子女上学，人员医疗健康检查实行全面覆盖，已经实现了妇幼的全程保健。具体来看，在婴儿营养获得方面，日本《母婴保健法》第14条规定市町村应当就孕产妇或者婴幼儿的营养摄取努力提供必要援助。在早产儿的养育医疗方面，法律规定需要在医院或诊所治疗的早产儿（仅限于补助困难的家庭），市町村可以提供该早产儿所需的医疗补助，或者为其支付医疗费用。早产儿的经费由国家承担1/2，都道府县承担1/2。在母婴健康知识教育方面，对母婴健康手册的内容进行了规范。《母婴保健法实施规则》明确指出母婴保健手册的内容分为三类：第一类是日常生活中的提示，包括健康检查的建议、营养摄入量以及孕妇保持健康所需的信息；第二类是育儿、疾病预防、口腔卫生、营养等方面的信息；第三类是预防接种、母婴保健水平的相关信息等内容。在法律责任方面，法律规定了国家、地方政府、母亲及其保护者等主体的责任。如国家及地方政府首先要保持和增进母亲和婴幼儿的健康；母亲应主动正确理解怀孕、分娩或育儿，努力保持和改善自己的健康状况；婴幼儿的监护人须主动加深对养育子女的认识，努力维护和改善婴幼儿的健康状况。

3. 未成年人生活水准权的法律体系较为健全

在营养餐方面，1954 年出台的《学校营养午餐法》明确营养午餐的立法旨在全面提高中小学生身心健康发展，改善本国民众的饮食生活。该法明确将促进未成年人的身心发展作为立法目的，旨在保护未成年人的身体健康。《学校教育法》规定把培养学生对日常生活中必要的衣、食、住、产业等相关的基本理解与技能作为教育目的之一。在学校营养午餐经费补贴方面，《学校营养午餐法》规定由中央政府负责提供餐饮中心和学校餐具硬件和设备，当地政府提供餐饮中心和学校餐厅工作人员的工资和运营费，学生家长仅支付营养餐饮材料费。免费午餐的费用由国家和地方分别支付 50%。在组织实施方面，营养餐由文部省及地方教育委员会负责，文部省负责整体规划、宏观管理；地方委员会负责具体实施与操作。

在困难家庭未成年人的保护方面，《儿童福利法》不仅对一般未成年人保护进行了规定，还对特殊未成年人保护（如残障未成年人的起居护理）作出了规定。法律具体规定：①需要提供起居支援的残障未成年人的保护人，因不得已的事由根据第 21 条和第 21 条第 12 款的规定接受起居生活支援费或特别起居生活费实有困难的，市镇村可以根据政令的规定，向未成年人提供起居生活支援，或者委托该市镇村以外的人提供起居生活支援。②为日常生活有困难的残障未成年人，提供对实现未成年人的福祉有助于便利生活的用具，或者委托该市镇以外的人提供或者租借此类用具。此外，还对促进放学后培养未成年人事业的利用做出规定。法律规定为了培养未成年人，市、镇、村与第 6 条之 2 第 7 项规定的有关利用放学后培养未成年人的事业进行商谈和鼓励。此外，日本还制定了专门针对困难未成年人津贴的法律。《儿童津贴法》（2002 年修订）规定向养育未成年人的监护人支付未成年人津贴、维护家庭生活的安定，促进未成年人的健康成长。

在未成年人照料方面，日本 2003 年施行的《少子化社会对策基本法》基于每一个未成年人身心都能够得到健康发展的基本理念，在提供未成年人家庭需要的优质托育服务方面，规定政府和地方要采取必要措施，以充实患病儿托儿、低龄儿托儿、休息日托儿、延长托儿及临时托儿，扩大放学后未成年人健康成长事业及完善其他有关托儿体制和促进托儿服务信息的提供。同时，要采取必要措施，通过灵活利用托儿所、幼儿园及其他托幼服务设施，提供育儿相关信息、实施咨询及其他的育儿资源。

（二）建立了未成年人休息权的法律制度

在学校组织活动方面，进入 21 世纪后，为了适应信息化时代的要求，日本规定中小学从 2002 年开始缩减各学科的授课时长。如小学 2 年级学科教学时长减少了近 18%，1 年级至 6 年级共减少 70 课时。[1]但特别活动课程并没有改变，反而更加受到重视。《学习指导要领》规定按照组织单位，"特别活动"可以分为四种类型：班级内活动、学生会活动、俱乐部活动（仅限小学）和学习型活动。[2]特别活动的目的在于培养未成年人健康的身心，发展未成年人的个性。日本注重开展形式多样的特别活动。如学校组织学生登山、旅行，通过集体住宿活动，使学生在亲近大自然的同时，锻炼自身意志力，培养学生的公共道德体验和生活习惯。

在游戏和娱乐设施的立法方面，《儿童福利法》规定提供未成年人娱乐的设施。该法明确所有都、道、府、县均应在未成年人中心以及其他未成年人展馆设立未成年人馆，以指导、联络、协调和提示未成年人在户外活动，为未成年人提供多样、全面的帮助和服务。即使在拥挤的小区住宅群，依然应为未成年人配备设立秋千、滑梯、掩体等游戏设施，以供日常工作家庭中小学低年级未成年人在放学后玩耍。[3]该法第 6 条之 2 第 12 款规定，应为适合未成年人提供游玩和生活的安全卫生场所，以促进未成年人健全成长，具体由市町村负责实施。

（三）重视未成年人虐待的保护，制定专门法律

日本十分重视对未成年人的保护，日本《宪法》第 27 条规定不得虐待未成年人。这一条可以被看作是未成年人受保护权的内容。为了保护未成年人免受虐待和伤害，日本还通过制定专门的法律保护未成年人的身心健康。

---

〔1〕周国韬："论综合学习课程的设置及其启示——日本中小学课程改革的新发展"，载《现代教育科学》2002 年第 2 期。

〔2〕文部科学省："小学校学习指导要领"，载 http://www.mext.go.jp/a_menu/shotou/new-cs/youryou/syo/toku.htm，2016.

〔3〕〔日〕桑原洋子：《日本社会福利法制概论》，韩君玲、邹文星译，商务印书馆 2010 年版，第 145 页。

1. 制定了预防未成年人虐待的专门法律

日本关于未成年人虐待的保护，最早可见于《儿童福利法》。日本于2000年制定《儿童虐待防止法》。该法从未成年人童虐待的定义、国家及地方政府的职责、未成年人虐待早期发现和通告、对未成年人虐待保护人进行指导以及对未成年人虐待的支援等方面作出了详细规定。

2. 规定了未成年人虐待的类型

在未成年人虐待的类型方面，《儿童虐待防止法》[1]第1条规定未成年人虐待分为四种类型：身体虐待，即未成年人受到身体外伤害或者遭受可能受到伤害的暴行；性虐待，即猥亵未成年人或者唆使未成年人进行猥亵行为；忽视，即明显减少未成年人食量，从而影响未成年人正常身心健康或者长时间置之不理；精神虐待，即对未成年人恶言相向，对未成年人的请求粗暴拒绝。该法第3条规定的"任何人都不得虐待未成年人"是该法的基本原则。

3. 确立国家和地方政府在未成年人虐待保护中的职责

《儿童福利法》第4条规定了国家以及地方公共团体的义务。具体包括：①为预防和早期发现未成年人虐待，国家和地方政府应致力于加强各相关省厅间及其他民间团体的合作，完善民间团体的支援和预防未成年人虐待体制。②为预防未成年人虐待发生，为未成年人咨询所等相关的职员和学校的教职员，儿童福利机构人员、医师、保育士、律师等从事儿童福利的人员提供研修机会。③采取措施保障儿童咨询机构职员、学校教职员、儿童福利机构职员等从事保护未成年人免受虐待的工作人员具备相应的资质。④宣传未成年人的人权、未成年人虐待的不良影响、未成年人虐待的通告义务等，预防未成年人虐待的发生。⑤国家和地方政府负责对未成年人虐待的预防和早期发现进行充分调查、研究和验证。⑥为保障未成年人的健康发展，要求创造良好的家庭环境和近邻关系。

4. 规定了未成年人虐待保护的早期发现和通告

在未成年人虐待保护的早期发现和通告方面，《儿童虐待防止法》规定以下人员应当采取措施预防未成年人虐待：学校、儿童福利机构、医院及其他在业务上与儿童福利有关的团体与学校的教职员、儿童福利机构的职员、医

---

[1] 孙云晓、张美英主编：《当代未成年人法律译丛（日本卷）》，中国检察出版社2006年版，第38~47页。

师、保育士、律师以及其他在工作上与儿童福利相关的人员。此外，该法第5条特别规定学校有义务对预防未成年人虐待进行教育。在通告方面，《儿童福利法》第25条规定，一旦发现需要法律保护的未成年人，必须就近向所在的市县村进行相关通报。第26条规定，未成年人咨询所所长在接受通报后，若认定该名未成年人需要被保护，则必须选择适当措施来保护未成年人的合法权利。另外，如果发现未成年人需要采取措施，则必须向都、道、府、县知事通报，将未成年人移至监护机构，或者委托养父母进行托管。《儿童虐待防止法》明确规定任何人一旦发现未成年人受到虐待，应当及时联系相关福利事务单位或儿童咨询单位或儿童委员，向福利事务单位或儿童咨询单位通告。接受通告的市、镇、村的首长或福利事务所所长应根据需要，争取居民、学校职工、儿童福利事务单位职员及其他相关人员的协助，并采用与相关未成年人见面的方式，确保其安全，同时根据需要向未成年人咨询所进行移送。（见图3-1）针对未成年人虐待的早期发现，这些都是《儿童福利法》为保护未成年人所采取的措施。出于对通告者的保护，福利事务所或儿童咨询所在接到通告后，不得泄露特定通告人的秘密。

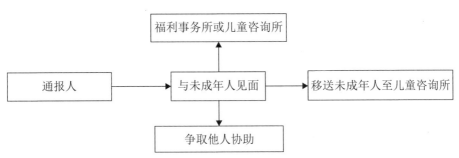

图 3-1　日本未成年人虐待通报制度简图

5. 规定了未成年人虐待保护的介入调查与援助申请

在介入调查与援助申请方面，《儿童虐待防止法》第9、10条规定了介入调查以及警察厅的援助申请的规定，明确都、道、府、县的知事有权判定是否介入，并且可以向警察寻求援助。2007年修订的《儿童虐待防止法》规定了介入调查，第9条对探视和通行限制作出了规定。如受虐儿童被送至福利机构后，与父母的会面会被限制。对于父母监护权的制约，由家庭裁判所裁判。

6. 规定了未成年人虐待的保护和支援

法律规定保护人对未成年人进行保护时必须经过指导。《儿童福利法》第 27 条第 1 款第 2 项规定对实施未成年人虐待的监护人所进行的教育，有必要在充分考虑未成年人与监护人关系的关系融合下进行，同时保证提供其他能使被虐待未成年人有良好的家庭环境的措施。在受虐待未成年人的教育方面，该法第 13 条第 2 款规定，国家和地方政府必须采取适当措施保障受虐待未成年人接受符合其年龄及能力的教育。第 3 款规定，应采取措施确保虐待未成年人的住所、升学、就业以及帮助被虐待未成年人自立等。

7. 规定了未成年人虐待的亲权限制和剥夺

监护人享有照顾子女的权利和责任。《儿童福利法》第 27 条第 4 项规定，行使未成年人监护权的人……如果违反行使监护的监护人以及未成年人的监护人因为没有取得监护人的同意，所以不能将未成年人送入相关机构，或者委托养父母托管。第 28 条规定监护人如果因虐待未成年人或者明显疏于监管，而对未成年人所享有的相关福利造成损害，可将其监护权移交给其他监护人。针对未成年人监护人持反对意见时，法律规定不能强制采取措施。如果不取得监护人的同意，这一应对措施就不能实施。但是，对于被虐待未成年人的亲权的行使同样也受到了限制。《儿童虐待防止法》第 14 条规定，监护人在管教未成年人时，须要特别注意应当在合适的条件下行使亲权。当监护人犯有对未成年人虐待相关的伤害、暴行或其他犯罪行为时，不得以监护人为由免责。《民法》也规定了默许父母对子女使用惩戒权，但将其限制在一定范围内。但是对于没有正确履行亲权的情况，《民法》第 834 条规定父亲或母亲在滥用亲权或者有明显不端行为时，家庭法院可以根据未成年人的亲属或检察官的请求，宣布监护人丧失亲权。可以说，亲权的丧失并不是永久性的。2004 年《儿童福利法》修改了关于认可的规定，法律规定家庭裁判所许可的期限是 2 年。这也意味着一旦超过 2 年，父母的监护权将不受限制。

小 结

通过对发达国家未成年人身体发展的立法保护分析，我们可以发现美国、英国、日本在未成年人的权利保护及其制度设计上各有特色。基于各国历史背景、社会条件的差异，各国对未成年人身体发展的保护也存在一定差异，但都重视对未成年人生命、健康、营养、照顾的保护，各国围绕未成年人身体发展设立了不同的法律制度，将未成年人发展作为未成年人立法的价值目标。

第三节　我国未成年人身体发展的立法保护存在的问题及其成因分析

通过分析美国、英国、日本三国对未成年人身体发展内容的立法保护，我们可以发现发达国家在未成年人身体发展保护方面形成了较为完善的法律体系，对未成年人进行了有力保护。本节将结合发达国家未成年人身体发展的立法保护，对我国未成年人身体发展保护的法律文本进行梳理和分析，揭示我国未成年人身体发展的立法现状，并在此基础上分析我国未成年人身体发展立法存在的问题并分析其成因，进而为完善我国未成年人发展权保护提供支持。

一、未成年人生存权的法律规范尚需完善

未成年人生存权是一项包括未成年人生命权、健康权、适当生活水准权的综合性权利。从搜集到的法律文本来看，我国针对未成年人生存权的规定分散在《未成年人保护法》《刑法》《母婴保健法》《民法典》《母婴保健法实施办法》《城市居民最低生活保障条例》《艾滋病防治条例》《关于开展城镇居民基本医疗保险试点的指导意见》《关于实施农村义务教育学生营养改善计划的意见》等法律以及行政法规当中（见下表3-4）。

表3-4　关于未成年人生存权保护的主要法律文本

名称	颁布机构（时间）	主要内容
未成年人保护法	全国人大（2020年修订）	第17条明确规定禁止虐待、遗弃未成年人、放任未成年人吸烟、饮酒等内容。 第18条未成年人父母或监护人为儿童配备安全座椅，避免未成年人发生溺水、动物伤害等事故。 第33条学校配合父母及监护人保障未成年人休息、娱乐和体育锻炼的时间。 第36条规定建立校车安全管理制度。 第39条规定学校建立学生欺凌防控工作制度。 第46条规定国家鼓励公共场所等设置母婴室、儿童护理台，为未成年人提供便利。

名称	颁布机构 （时间）	主要内容
民法典	全国人大 （2020 年）	第 26 条规定对未成年子女负有抚养、教育和保护的义务。成年子女对父母负有赡养、扶助和保护的义务。 第 1002 条规定自然人享有生命权。 第 1003 条规定自然人享有身体权。 第 1004 条规定自然人享有健康权。
刑法	全国人大 （2020 年修正）	第 260 条规定虐待罪。 第 261 条规定遗弃罪。
母婴保健法	全国人大 （2017 年修正）	第 2 条规定国家提供必要条件和物质帮助，使妇女和婴儿获得医疗保健服务。
城市居民最低生活保障条例	国务院 （1999 年）	第 6 条规定城市居民最低生活保障标准，按照当地维持城市居民基本生活所必需的衣、食、住费用，并适当考虑水电燃煤（燃气）费用以及未成年人的义务教育费用确定。
母婴保健法实施办法	国务院 （2017 年修订）	第 18 条规定保健机构应当为孕产妇提供八种医疗保健服务。
艾滋病防治条例	国务院 （2019 年修订）	第 46 条规定对生活困难并符合社会救助条件的艾滋病病毒感染者、艾滋病病人及其家属给予生活救助。
关于开展城镇居民基本医疗保险试点的指导意见	国务院 （2007 年）	参保范围方面，不属于城镇职工基本医疗保险制度覆盖范围的中小学阶段的学生、少年儿童及其他非从业城镇居民可自愿参加城镇居民基本医疗保险。
关于实施农村义务教育学生营养改善计划的意见	国务院办公厅 （2011 年）	改善农村学生营养状况，义务教育阶段学生的膳食补助为每天 3 元，所需资金全部由中央财政承担。试点地区和学校要在营养食谱、原料供应等方面积极探索。
社会救助暂行办法	国务院 （2019 年修订）	首次明确规定不满 16 周岁的未成年人为特困人员供养对象。
关于加强农村留守儿童关爱保护工作的意见	国务院 （2016 年）	建立留守儿童关爱服务体系，如强化家庭监护主体责任，落实县、乡镇人民政府和村（居）民委员会职责等。建立应急处置机制和贫困帮扶机制。

名称	颁布机构 （时间）	主要内容
道路交通安全法实施条例	国务院 （2017 年修订）	第 72 条规定驾驶自行车、三轮车必须年满 12 周岁、驾驶电动自行车和残疾人机动轮椅车必须年满 16 周岁。
加强中小学生欺凌综合治理方案	教育部等 （2017 年）	明确校园欺凌的界定、建立防治学生欺凌工作协调机制、积极预防、依法依规处置等内容。

从现有法律规定来看，涉及未成年人生存权的内容主要包括：生命权、健康权、适当生活水准权等。如在生命权保障方面，《未成年人保护法》规定禁止虐待、遗弃未成年人，禁止溺婴等。《刑法》专门规定了虐待罪、遗弃罪与之相对应。在未成年人校园安全方面，《未成年人保护法》规定了学校建立安全制度、校园欺凌防治制度，并出台了《学生伤害事故处理办法》《加强中小学生欺凌综合治理方案》等。在健康权方面，《未成年人保护法》规定鼓励在公共场所建立母婴护理措施。《母婴保健法》规定国家提供必要条件和物质帮助，使妇女和婴儿获得医疗保健服务。为了具体落实，制定了《母婴保健法实施办法》。在适当生活水准权方面，主要包括营养、基本生活保障。如《未成年人保护法》规定对未成年人卫生和保健进行指导，提供必要的卫生保健条件。2011 年《关于实施农村义务教育学生营养改善计划的意见》提出推进农村义务教育学生营养改善计划。在基本生活保障方面，《未成年人保护法》规定对流浪乞讨等生活无着落的未成年人实施救助。此外，还制定了1999 年《城市居民最低生活保障条例》《社会救助暂行办法》《艾滋病防治条例》等。从我国现有法律规定来看，我国对于未成年人生存权的保护逐渐给予重视，通过制定不同法律保障未成年人生存权的实现。但是，我国对于未成年人生存权的保护，也体现出了以下特点：一是未成年人生存权的具体内容在《未成年人保护法》中规定得较少，只有几个条文，更多地散见于《民法典》《刑法》《母婴保健法》等法律以及行政法规当中；二是对未成年人生命权和生活水准权的具体法律规定较多，对于未成年人健康权的规定较少。

美国、英国、日本重视对未成年人生存权的法律保护。具体表现在：①注重未成年人生命权的保护。三国分别就弃婴保护、未成年人乘车安全、校园欺凌问题立法。在弃婴保护方面，美国法律规定将初生婴儿依法放置在指定的场所，这种行为被视为合法弃婴。在弃婴的刑事责任方面，美国设置了较高的刑事处罚，高达15年。在乘车安全方面，美国法律规定汽车后座配置装置以及提醒开车人员检查后排座位。英国《驾驶法》专门规定了未成年人使用安全座椅的年龄、身高以及对父母的义务要求。在校园安全方面，三国均出台了预防校园欺凌专门法律，确定了校园欺凌的定义，政府、学校和父母责任，教师培训、受欺凌者心理干预等内容。②强调对未成年人健康权的保障。在未成年人医疗保障方面，美国主要由国家和州负责承担，个人承担较少的部分。此外，各州均制定有未成年人健康保险计划，直接为未成年人提供健康保险。与美国不同，日本采取"国民健康保险制度+地方补助"制度。前者主要是未成年人的监护人参加国民健康保险，他们的医疗费用由政府承担。后者则主要针对未成年人给予医疗补助。③重视对未成年人生活水准权的保障。三国均对未成年人营养餐、未成年人照料、困难家庭未成年人救助作出了规定。在营养餐方面，美国制定了《全国学校午餐法》《健康且无饥饿儿童法》等一系列法律，通过经费补助为低收入群体提供营养餐以及对未成年人的营养健康进行规定。日本法律也规定了营养午餐的经费补贴、组织实施等内容。在未成年人的照料方面，英国专门出台了《儿童照顾法》，规定了日间照料者的申请和登记等内容。在贫困家庭补助方面，英国专门出台了《儿童贫困法》，规定了困境未成年人的类型、援助方式以及政府的权力与义务。日本《儿童福利法》对困难家庭进行补助，还对残障未成年人的起居护理进行了详细规定。

通过比较我们可以发现，我国对未成年人生存权的立法保护与发达国家在立法方式和内容方面均有所不同。①与美、英、日三国所不同，我国将未成年人生存权规定在《未成年人保护法》当中。这样更有利于未成年人生存权具体化为法律规范予以保护。然而，我国《未成年人保护法》并没有全面规定生存权的具体内容。②发达国家针对未成年人生命权、健康权、适当生活水准权建立了完善的法律体系。我国未成年人生存权各个方面的内容分散在不同法律当中，保护未成年人医疗、照料等权利的法律没有跟上，相对滞后。

从上述规定来看，保障未成年人的生存权是我国未成年人身体发展立法保护的重要内容。从当前未成年人立法保护的实践来看，对未成年人生存权的保障尚未转化为现实中未成年人身体发展的具体保障规范。我国未成年人生存权的保障还存在一些问题。

（一）未成年人生命权保护的法律制度不够健全

生命权是消极权利，不得侵犯。未成年人的生命权要求国家积极行为，给予特殊保护。从现有立法来看，我国在未成年人生命权保障的制度设计上还存在诸多不足。

1. 缺乏弃婴保护的制度设计

在婴儿的生命权保护方面，弃婴岛的设立为被遗弃未成年人的生命保护提供了最后一道屏障，是儿童福利机构保护未成年人生存权的一种尝试。欧美国家在弃婴问题上，纷纷通过立法形式保护弃婴。我国《未成年人保护法》第17条明确规定禁止虐待、遗弃未成年人……《刑法》第261条专门规定遗弃罪与之相对应。可见，立法对弃婴采取零容忍的态度。但是对于弃婴的安置和照顾，相关立法缺失。现实中，我国弃婴现象仍屡禁不止。2011年，首家"婴儿安全岛"在河北石家庄诞生。截至2014年全国有16个省（市区）建立32个婴儿安全岛。婴儿安全岛运行后，大量弃婴被送至婴儿安全岛，一些大城市因无力照管纷纷叫停。究其原因，就立法层面而言，我国缺乏规范弃婴问题的专门法律。对于安全岛的设置问题，民政部等部门于2013年颁布了《关于进一步做好弃婴相关工作的通知》，规定了弃婴的接收、体检、户籍工作、抚育、收留等一系列措施。但是，由于它只是一部部门规章，法律效力较低，因此难以起到法律的强制作用。

2. 非义务教育阶段未成年人乘车安全的法律制度不健全

在未成年人乘车安全保障方面，缺乏对非义务教育阶段未成年人乘车安全的法律规定。《未成年人保护法》第36条规定使用校车的学校、幼儿园建立校车安全管理制度。从具体规范来看，我国《校车安全管理条例》是专门规范接受义务教育阶段的学生乘车安全的。对于学前未成年人、婴幼儿以及其他年龄未成年人的乘车安全尚缺乏具体法律规范。尽管《未成年人保护法》第18条规定父母应当配备儿童安全座椅。但婴幼儿安全座椅应具备何种标准？对于不同年龄段儿童乘车位置如何规定也并没有明确要求，在国家层面其他法律当中也没有具体要求。2013年12月上海市率先修订了《上海市青少年保护条例》。其中第7条中明确规定父母或者其他监护人或者其他成年人携带未满14周岁未成年人的，不得安排其坐在副驾驶座位，携带未满4周岁未成年人乘坐家庭乘用车，应当配备和正确使用未成年人安全座椅。

该条例还对生产经营者、政府的监管责任作出了规范。《上海市青少年保护条例》只是一部地方性法规，其对象仅限于上海市未成年人，覆盖范围较为有限。

在未成年人驾驶自行车安全方面，我国尚缺乏相应的立法规范。《道路交通安全条例》第72条只规定了驾驶自行车、三轮车必须年满12周岁、驾驶电动自行车和残疾人机动轮椅车必须年满16周岁。地方立法作为国家立法的实施者，通过制定细则负责中央法律的具体落实。从地方立法来看，四川省、甘肃省发布的《道路交通安全法》实施办法规定了机动车前排不得坐未满12周岁的未成年人，后面搭载学龄前未成年人，按规定使用专用座椅，对于未成年人骑自行车的年龄、佩戴装置等却没有规定。内蒙古自治区《道路交通安全法》实施办法规定了婴幼儿乘坐家庭乘用车时应当使用未成年人安全座椅。对于未成年人骑自行车的年龄缺乏相关规范。近几年，随着共享单车的出现，共享单车作为一种运营工具对未成年人产生了影响。上海市未成年人使用共享单车致死一案[1]引发了社会的广泛关注。目前我国还缺乏关于共享单车的相关立法规范。深圳市交警局、市教育局、摩拜单车等互联网企业联合发布《关于规范未成年人共享单车使用行为的联合声明》，禁止家长为12岁以下未成年人租赁共享单车或者在骑行时将未成年人置于自行车载物篮内等。[2]尽管起到了一定的警示作用，但是由于缺乏法律强制力，因此无法有效地保障未成年人的人身安全。

3. 预防未成年人校园欺凌的法律制度尚待完善

我国目前尚无针对未成年人校园欺凌的专门立法，关于未成年人校园欺凌的内容散见于相关法律。从2016年开始，我国先后出台了《关于开展校园欺凌专项治理的通知》《关于防治中小学生欺凌和暴力的指导意见》《中小学（幼儿园）安全工作专项督导暂行办法》以及《加强中小学生欺凌综合治理方案》等文件。对预防校园欺凌具有重要作用。然而，从相关法律规定来看，其中还存在一些具体问题。新出台的《加强中小学生欺凌综合治理方案》（以

---

〔1〕 2017年3月26日下午1点30分，上海市一个11岁男孩与同行三位伙伴骑ofo单车时，在某路口与上海弘茂汽车租赁有限公司客车相撞，后经上海长征医院抢救无效，当日死亡。男孩父母将共享单车提供方以及肇事司机一同告上上海静安区人民法院，索赔878万元，要求ofo立即收回所以机械密码锁并更换更安全的锁具。参见http://news.ifeng.com/a/20170328/50845923_0.shtml.

〔2〕 "全社会联动约束未成年人使用共享单车"，载《深圳晚报》2017年2月23日。

下简称《欺凌治理方案》）规定了教育、法院、公安、民政、司法、妇联等11 部门在预防校园欺凌的职责。同时还规定了学校和家长的义务和法律责任。但由于《欺凌治理方案》只是一部部门规章，法律效力较低，对于未履行义务的主体承担的法律责任也缺乏规定。从学校责任来看，《欺凌治理方案》提出学校要在道德与法治等课程中专门设置教学模块，定期对中小学生进行欺凌防治专题教育。同时，学校或社区应定期开展专题培训课，加强对家长的培训，帮助家长了解防治学生欺凌知识。显然，这一规定缺乏强制性。学校是预防未成年人欺凌行为产生的重要场域。教师是教育未成年人的重要主体。尽管《欺凌治理方案》规定学校负责对未成年人开展法治教育，但我国中小学具有法学专业背景的教师整体数量不足，学校只能安排由其他学科教师代替教授法治教育内容。单纯强调知识传授，法治意识和观念并没有深入学生内心。在父母责任方面，对于欺凌者和受欺凌者而言，家庭教育具有重要作用。教育方式不当（如严厉的惩罚、家庭暴力）、父母与子女的沟通缺乏是校园欺凌产生的因素。部分家长的教育水平有限，难以对子女进行正确而合理的教育，从而使其无法合理疏导。因此，需要立法予以明确规定。从专门法保护来看，我国《未成年人保护法》第 39 条规定学校应当建立学生欺凌防控制度，对教职员工、学生等开展防治学生欺凌的教育和培训。开展校园欺凌教育和培训需要专业人员的介入，经费由谁来出，并不明确。还规定要对相关未成年学生的父母或者其他监护人给予必要的家庭教育。但由谁来组织对父母进行家庭教育，相关立法也不明确，这样将难以收获良好的效果。对于学生欺凌行为的干预，《预防未成年人犯罪法》第 33 条规定："未成年学生有偷窃少量财物，或者有殴打、辱骂、恐吓、强行索要财物等学生欺凌行为，情节轻微的，可以由学校依照本法第三十一条规定采取相应的管理教育措施。"主要措施包括六种：予以训导、要求遵守特定的行为规范、要求参加特定的专题教育、要求参加校内服务活动、要求接受社会工作者或者其他专业人员的心理辅导和行为干预、其他适当的管理教育措施。但是，对于情节较重但尚未达到刑法处罚标准的情况，该法并没有作出规定。在其他法律当中也没有具体体现。

（二）未成年人健康权的立法保障尚不完善

联合国《儿童权利公约》对未成年人健康权的内容规定得较为全面。从我国相关法律规定来看，我国对未成年人健康权的认识仍停留在维持未成年人生命存在以及基本的医疗保障层面。

1. 缺乏独立的未成年人医疗保障制度

我国未成年人医疗保障制度的建立是与我国二元经济体制相一致的，主要分为城镇和农村两部分。早在 20 世纪 50 年代，我国农村便建立了医疗合作制度。它是一种以集体经济为基础，以集体和个人相结合、互助互济、以医疗保健站为依托的医疗保障制度。城镇未成年人医疗保障主要跟随父母享受部分数额的公费医疗。中华人民共和国成立后，我国在苏联"国家保险"模式的影响下，建立了覆盖城镇的医疗保险制度。这一制度的特点是企业承担城镇未成年人医疗费用的一半。1998 年，我国建立了城镇职工基本医疗保险制度，但是并没有对未成年人的医疗问题进行具体规定。也就是说，未成年人医疗并没有被纳入国家医疗保障体系，对于大部分未成年人来讲只能依靠商业保险。但商业保险亦存在覆盖面狭窄、报销额度低、仅限于大病等问题。

2003 年后，我国建立了新型农村合作医疗制度和城镇居民基本医疗保险制度，城乡未成年人医疗保障制度逐渐建立起来。受我国二元经济结构影响，我国建立了新型农村合作医疗制度，农村未成年人也被纳入其中。城镇未成年人则被纳入了城镇基本医疗保险中。《关于开展城镇居民基本医疗保险试点的指导意见》（以下简称《医疗保险试点意见》）规定参保的对象为中小学生，少年儿童可以自愿参加城镇居民基本医疗保险，缴费主要采取以家庭缴费为主，政府给予适当补助的形式。自愿参保的政策措施使得部分父母因考虑自身的家庭经济状况而不给子女办理参保手续。这一政策受父母医疗保障意识不足以及家庭经济状况的影响，导致未成年人的参保率低于其他人群。[1]而且，以家庭为主的参保方式，本身加重了家庭的负担，尤其是低收入家庭。尽管《医疗保险试点意见》规定低收入保障家庭或者重度残疾的学生和未成年人所需的家庭缴费部分，政府原则上每年按不低于人均 10 元的标准给予补助。由于受到二元结构影响，城市务工人员子女无法在城镇参加城镇居民基本医疗保险，这使得城市务工人员子女的健康不能得到很好的保障。对于大病未成年人的医疗补助，我国并没有具体的法律规定。整体上看，

〔1〕 陈文等："城镇儿童医疗保障的演变与发展现况分析"，载《中国卫生政策研究》2009 年第 2 期。

从我国未成年人医疗水平偏低，对于未成年人的医疗补偿政策还有待完善，并没有形成独立的保障未成年人的健康和基本医疗法律制度。

2. 缺乏母婴保健服务的法律制度保障

我国《母婴保健法实施办法》将母婴保健健康技术服务划分为七个方面：有关母婴健康科普的咨询以及宣传教育、婚前医学检查、产前医学诊断以及遗传类疾病医学诊断、助产技术介绍、节育技术、新生儿可能疾病筛查、有关生育、节育以及不育的其他生殖保健服务。这七项内容涉及婚前保健和孕产期保健两个阶段，基本覆盖了母婴保健的全过程。比较国外母婴保健立法可以发现，我国母婴保健立法更侧重从成年人的角度出发，对于胎儿或婴儿的营养、健康检查、早产儿养育医疗等保健服务规定得较少。在经费保障方面，《母婴保健法实施办法》规定母婴保健应被纳入政府的行政规划，由各级政府为其提供必要的经济、物质条件和技术支持。县级以上人民政府可根据实际情况设立母婴保健事业专项资金。母婴保健的经费规定由县级政府全部承担，一方面造成了国家在母婴保健中的责任缺失。另一方面则加重了地方政府的负担。

在母婴保健设施保障方面，《母婴保健法》规定国家应提供必要条件和物质帮助使妇女和婴儿获得医疗保健服务。这一规定确立了国家在婴儿保护中的义务和责任，同时规定医疗保健机构应当为育龄妇女和孕产妇提供孕产期保健服务。但是，对于公共场所母婴保健服务，立法上尚缺乏具体规范。实践中，我国母婴设施数量不足。目前，除一线城市和二线城市开发的商场、机场、火车站、地铁站有不同规格、不同哺乳条件的哺乳设施外，大部分城市公共场所和公共交通都存在母婴设施缺乏的情况。[1]《未成年人保护法》第46条规定国家鼓励大型公共场所、公共交通工具、旅游景区景点等设置母婴室、婴儿护理台以及方便幼儿使用的坐便器、洗手台等卫生设施，为未成年人提供便利。这里的"鼓励"更多地具有倡导性，仍无法保障具体落实。公共场所的条件和卫生对于预防婴儿疾病具有重要作用。从实现未成年人健康权的角度来看，健康权是未成年人生存权的基本内容之一，健康的环境关系到未成年人的身体健康发展，应由国家履行义务，保障他们的健康成长。因此，从制度上理应强化各方责任，设立公共育婴设施，保障婴幼儿的健康

---

〔1〕　雷维维："我国母乳哺育的现状与社会支持体系建设"，载《长沙民政职业技术学院学报》2016年第3期。

发展。

(三) 未成年人适当生活水准权立法层次低，效力不足

从理论上看，未成年人适当生活水准权包括了未成年人营养、住房、获得照料权等内容。

1. 未成年人营养午餐的立法不健全

关于学生营养午餐的规定，我国最早开始于 1996 年。原卫生部先后颁发了《学生营养餐生产企业卫生规范》《学生营养午餐营养素供给量》《学生集体用餐卫生监督办法》等一系列部门规章。这些规章规定了学生营养餐的管理方案、办法、标准等，是引导我国学生营养餐稳步、健康发展的重要基础。2001 年，《关于印发〈关于推广学生营养餐的指导意见〉的通知》提出推广学生营养餐应遵循"政府主导、企业参与、学校组织、家长自愿"的工作方针，动员各相关部门、生产型企业、各中小学校、各民间团体及其他社会力量积极参与。第一次提出政府主导学生营养餐工作，但尚未规定政府承担营养午餐的投入责任。从相关研究来看，目前，约有 30 多个城市开展了营养午餐，北京、上海规模最大，日供餐量均在 30 万份以上，其他城市一般有几万份，供餐总数约占全国城市中小学生的 6%。[1]国务院颁发《关于实施农村义务教育学生营养改善计划的意见》（以下简称《营养改善意见》），其对象主要是贫困地区和家庭经济困难的学生，主要在农村地区实施。该政策规定由中央政府承担营养午餐的费用。《中国 0-6 岁儿童营养发展报告》显示，未成年人营养状况得到了明显改善，未成年人生存质量和健康水平得到了显著提高，但是农村地区特别是贫困地区未成年人营养问题、留守未成年人营养问题和城市地区未成年人肥胖问题仍然非常突出。究其原因，《营养改善意见》只是一部行政法规，法律位阶较低，法律效力有限。其无法起到规制不同主体履行法律义务和责任的作用。

2. 未成年人照料法律制度不完善

从各国未成年人立法来看，对未成年人的照料不再是父母的私事，也不仅仅是家庭内部的事务，国家开始在未成年人的健康成长过程中扮演越来越重要的角色，对未成年人负有照顾的义务和责任。

未成年人生活保障水平低、范围窄。对于未成年人的生活保障，我国并

---

〔1〕 曲玉波："国内外学生营养工作立法情况综述"，载《教育发展研究》2007 年第 1 期。

没有独立的针对未成年人生活保障的制度设计。最早在 1999 年，民政部便出台了《城市居民最低生活保障条例》。该条例第 6 条规定了城市居民最低生活保障标准，按照当地维持城市居民基本生活所必需的衣、食、住费用，并适当考虑水、电、燃煤（燃气）费用以及未成年人的义务教育费用确定。这里只是提到了未成年人的教育费用，并没有提到未成年人的营养、健康、医疗等基本费用。之后，国务院出台《社会救助暂行办法》，首次明确规定不满 16 周岁的未成年人为特困人员供养对象。对于特困人员的认定，民政部《特困人员认定办法》规定了 6 项指标综合评估特困人员的生活自理能力：自主吃饭；自主穿衣；自主上下床；自主如厕；室内自主行走；自主洗澡。未成年人正处于成长发育期，对于特困未成年人的生活救助更应从是否促进未成年人的健康和成长出发，根据家庭的经济能力来衡量。《未成年人保护法》第 91 条规定各级人民政府及有关部门应对困境未成年人实施分类保障，采取措施满足其生活、教育、安全、医疗康复、住房等方面的基本需要。但是，该法对于困境未成年人的认定并不明确，采取何种措施也不明确。在法律责任部分，亦无对地方政府不履行责任的问责。

在对艾滋病未成年人救助方面，《艾滋病防治条例》第 46 条规定，对生活困难并符合社会救助条件的艾滋病病毒感染者、艾滋病病人及其家属给予生活救助。这里也应该包括艾滋病未成年人。但是，该条例对于艾滋病未成年人的补助标准和金额并没有作出规定，也没有明确对艾滋病未成年人的医疗救助。该条例规定经费由县级以上地方人民政府来承担，对于地方政府不履行职责的情况缺乏监督和问责，也缺乏对国家针对艾滋病未成年人的财政投入义务的规定。在留守未成年人救助方面，《关于加强农村留守儿童关爱保护工作的意见》提出，对农村留守未成年人从关爱服务体系和健全救助保护机制两个方面进行制度设计。在生活保障方面，要求建立评估帮扶机制，监护人家庭困难同时符合相关社会救助条件、社会福利政策的，民政部与其他社会救助部门有必要及时将困难家庭纳入保障范围。仅仅根据民政部现有生活补助政策来给予留守未成年人生活救助，忽视了留守未成年人这一特殊群体的发展需要。由于留守未成年人的父母长期不在身边，留守未成年人的营养、健康、照料成了留守未成年人需要面对的最急迫的问题。因此，应该将留守未成年人明确为救助对象，设立留守未成年人专项资金，专门用于留守未成年人的生活保障。

二、未成年人睡眠、体育锻炼和娱乐设施制度尚需完善

休息权是每一个未成年人的重要权利。我国《未成年人保护法》确认了未成年人休息权的内容，主要包括未成年人的睡眠、体育锻炼和娱乐设施等方面。此外，《公共文化服务保障法》《公共文化体育设施条例》《学校体育工作条例》等行政法规和规章也作出了具体规定。从现有法律规定的内容来看：①在未成年人睡眠方面，《未成年人保护法》规定学校应当与未成年人学生的父母或者其他监护人相互配合，合理安排未成年学生的学习时间，保障其休息、娱乐和体育锻炼的时间。从地方法规的规定来看，《江苏省义务教育学校办学标准（试行）》对不同年级学生的家庭作业时间作出了规范。②在未成年人体育锻炼方面，《学校体育工作条例》规定学校应安排课间操，每周安排 3 次以上课外体育活动，保证学生每天 1 小时的体育活动时间。为了保护未成年人的睡眠，《关于加强青少年体育增强青少年体质的意见》提出学校应确保学生每天锻炼 1 小时、实行大课间体育活动制度。③在未成年人娱乐设施方面，《公共文化服务保障法》第 36 条规定为农村未成年人提供公共设施服务。作为配套法律，《公共文化体育设施条例》第 12 条规定了公共文化体育设施设计，但缺乏针对未成年人的公共文化体育设施设计规定。从我国法律规定来看，尽管规定了未成年人休息权的保障，但对于采取何种具体保障措施、父母和学校的法律责任为何尚未作出明确规定。

比较来看，美国、英国、日本三国在未成年人休息权保护方面作出了法律规定。具体来看：①注重保障未成年人的睡眠。美国、英国通过制定家庭作业政策，规定了家庭作业的时间、内容、不同主体的监督责任等，有效保证了未成年人的睡眠。②为未成年人提供娱乐设施。为此，美国专门出台了《青少年户外健康法案》。其规定了未成年人户外娱乐、公共服务设施、游戏制度、公共交通和城市规划以及其他与未成年人户外有关的公共设施。英国《儿童法》规定地方政府应当为未成年人提供休闲计划。此外，民间机构也是未成年人娱乐游戏活动的主要服务者。通过接受政府拨款，由民间组织开发未成年人游戏项目。日本《儿童福利法》规定通过设立未成年人馆、未成年人中心以及其他未成年人馆，使未成年人能够更加亲近自然。此外，日本还十分重视学校特别活动的开展。《学习指导要领》明确学校要开展多种形式的特别活动，如登山旅游、集体住宿舍等活动。可见，美、英、日通过立法，

保障了未成年人的休息权利。

通过比较我们可以发现，保障未成年人的休息权是各国未成年人身体发展保护的重要内容。我国在未成年人休息权的保障方面：一方面法律条文的规定较为原则性，缺乏具体的制度设计来落实。另一方面，针对未成年人休息权的法律规定对学校提出了较高的要求，对于国家在设立未成年人娱乐设施的义务则规定得较少。从整体来看，尽管我国法律规定了未成年人休息权，但从相关配套法律制度来看，其仍存在以下具体问题：

（一）未成年人睡眠、体育锻炼配套制度不足

我国《未成年人保护法》规定保障未成年人的睡眠、体育锻炼。在未成年人睡眠保障方面，从学校层面的规定来看，《关于加强青少年体育增强青少年体质的意见》（简称《增强体质意见》）明确规定要确保青少年的休息睡眠时间，保障小学生每天睡眠 10 小时、初中学生 9 小时、高中学生 8 小时。但《增强体质意见》只是教育行政部门规章，缺乏法律强制性，无法规范不同主体的义务和责任。实践中，我国中小学生的睡眠时间普遍不足。调查显示：我国 6 岁至 17 岁的未成年人平均每天睡眠时间为 8.45 小时，低于美国、英国、澳大利亚、加拿大等国家未成年人的睡眠时间。约 70% 的 6 岁至 17 岁的未成年人存在睡眠不足现象，且低龄段未成年人的睡眠不足率更高。[1]

究其原因：第一，保障未成年人的休息涉及教育教学安排、学科课时、家庭作业等多方面的内容。就家庭作业而言，美国、英国出台了家庭作业政策，对家庭作业的内容、时间、教师责任以及父母责任分别作出了规定。我国目前尚缺乏国家层面统一的针对家庭作业的法律规范。江苏省出台的《江苏省义务教育学校办学标准（试行）》规定了小学 1、2 年级不布置书面家庭作业，其他年级书面作业控制在 1 小时以内，初中每天书面作业不超过 1.5 小时。但其只是规定了家庭作业时间，缺乏对家庭作业的目的、父母责任、教师批改反馈等内容的规定。第二，在家庭保护方面，《未成年人保护法》第 33 条规定学校应当与未成年人学生的父母或者其他监护人相互配合，合理安排未成年学生的学习时间，保障其休息、娱乐和体育锻炼的时间。实践中，父母本着"望子成龙，望女成凤""不让孩子输在起跑线上"的教育理念，

---

〔1〕　宋超等："中国 2010 年至 2012 年 6~17 岁儿童青少年睡眠状况"，载《中国学校卫生》2017年第 9 期。

为未成年人抢报各种学习班，常常牺牲未成年人的休息时间。对于父母不履行法律责任的情况，《未成年人保护法》第43条规定由居民委员会、村民委员会予以劝诫、制止，并责令其接受家庭教育指导。公安机关对父母不履行义务的行为作出训诫，只能起到一定的教育和警示的作用。父母对子女的抚养和教育首先要求父母拥有正确的教育观念和方法，而这些一方面依赖于父母自身的知识和素质，另一方面则需要国家为父母提供家庭教育指导，帮助父母形成正确的教育观。《未成年人保护法》第15条规定父母应当学习家庭教育知识，接受家庭教育指导。第99条规定地方人民政府应当培育、引导和规范有关社会组织、社会工作者参与未成年人保护工作，开展家庭教育指导服务。这里强调了地方政府的"引导""培育"，具有一定的倡导性，不具有强制性。因此，由谁来具体履行家庭教育的义务和责任仍然不明确。从专门立法来看，我国家庭教育的专门立法缺失，亦尚未形成针对家庭教育体制、经费投入、专门培训人员的制度安排。这样一来，未成年人休息权将难以得到保障。

（二）未成年人娱乐设施制度设计不够完善

《义务教育法》规定学校应当保证学生的课外活动时间，组织开展文化娱乐等课外活动。社会公共文化体育设施应当为学校开展课外活动提供便利。但是，我国目前针对保障未成年人的游戏娱乐的相关制度设计仍存在不足。《公共文化服务保障法》第36条规定地方政府应当在人员流动较大的公共场所、务工人员较为集中的区域及留守未成年人较为集中的农村地区配备必要设施，采取多种形式，提供便利的公共文化服务。但是，该法对于配备必要的设施具体指哪些，是否包括未成年人的专门娱乐游戏设施等问题并没有予以明确。对于谁来提供资金也没有明确。从未成年人场所规划和建设的规定来看，《公共文化体育设施条例》第12条只是规定了公共文化体育设施的设计，应当符合实用、安全、科学、美观等要求，并采取无障碍措施，方便残疾人使用。这里并没有针对未成年人这一特殊群体的身心发展特点进行专门规定。与发达国家相比，我国在未成年人娱乐设施制度设计方面尚缺乏专门的法律。《中国城市儿童户外活动蓝皮书》对北京、上海、广州、西安、合肥等五座城市5441名小学生户外活动的调查显示[1]：平均每4个未成年人当

---

[1] "中国城市儿童户外活动蓝皮书"，载 https://wenku.baidu.com/view/b310f3a931b765ce050814d4.html.

中就有 1 个户外活动不足 1 小时。上海未成年人户外活动时间最短，平时只有 0.74 小时。未成年人不参加户外活动的主要因素有：安全因素（47.7%）、场地因素（14.5%）、没有合适的器材（12%）、没有玩伴（11.9%）。可见，配套制度规范不足使得我国未成年人的户外活动无法得到保障。2020 年修订的《未成年人保护法》第 89 条规定地方人民政府应当建立和改善未成年人的活动场所和设施，支持公益性未成年人活动场所和设施的建设和运行，鼓励社会力量建设适合未成年人的活动场所和设施。这一规定强调地方政府在活动场所和设施建设中的责任和义务，然而并没有明确经费投入来源、活动场所和设施标准等具体内容，亦缺乏对地方政府不履行义务的法律责任规定。显然，这一规定较为笼统，可操作性不强。

三、未成年人受保护权的专门法律尚未出台

受保护权是未成年人的一项特殊权利。我国《未成年人保护法》明确规定未成年人享有受保护权。保障未成年人免受虐待是未成年人受保护权的内容之一。我国《宪法》《未成年人保护法》《反家庭暴力法》等法律当中均有相关规定。从现有法律规定的具体内容来看，其主要涉及未成年人虐待的定义、早期发现和通告、监护责任、处罚等内容。具体来看：①未成年人虐待定义。最高人民法院《关于适用〈中华人民共和国民法典〉婚姻家庭编的解释（一）》规定，持续性、经常性的家庭暴力，构成虐待。但对于未成年人虐待的定义，我国尚无专门界定。②未成年人虐待早期发现和通告。《关于依法惩治性侵害未成年人犯罪的意见》规定，对未成年人负有监护、教育、训练等特殊职责的人员及公民或单位，发现未成年人受到性侵害的，有权利也有义务向公安机关、人民检察院、人民法院报案或举报。③不同主体的保护职责。《未成年人保护法》明确规定公安机关、人民检察院、人民法院以及司法行政部门，应当履行职责，保护未成年人的合法权益。④亲权限制和监护职责。《未成年人保护法》规定父母或其监护人的具体监护职责以及不履行监护职责的情况。《反家庭暴力法》规定未成年人受家庭暴力，应当给予特殊保护。为了具体落实，《关于依法处理监护人侵害未成年人权益行为若干问题的意见》规定未成年人救助保护机构充当临时监护人，承担临时监护责任。⑤对虐待未成年人的处罚。《刑法修正案（九）》规定虐待罪情节恶劣的，处以二年以下有期徒刑。《治安管理处罚法》规定处以 5 日以下拘留或警告。从现

有法律规定来看，为了保护未成年人，我国法律从未成年人虐待的不同方面给予了保护。

美国、英国、日本三国均出台了关于预防未成年人虐待的专门法律。①明确未成年人虐待的定义和范围。各国均规定未成年人虐待包括身体虐待、精神虐待（或情感虐待）、性虐待以及忽视。②突出国家及地方政府的职责。美国建立了从国家到地方的预防未成年人虐待的管理体制。由健康和公共服务部负责治理未成年人虐待问题。英国法律规定由地方政府承担调查责任，此外，法院有权力协助查找可能需要紧急保护令的未成年人。日本《儿童福利法》对国家和地方公共团体的职责进行了规定。③注重未成年人虐待早期发现和通告。美国《儿童保护法案》规定所有人都要报告未成年人虐待。医生、教师等以及其他"法定举报人"负有举报义务。与美国不同，英国《儿童法》确立了人人有责原则。任何人只要发现或怀疑未成年人正在遭受虐待，都可以向地方当局儿童福利机构或警察局报告。日本《未成年人虐待防止法》的规定包括了学校、儿童福利机构、医师、儿童福利机构职员、律师等。法律规定一旦发现未成年人受到侵害，必须向附近的福利事务所或儿童咨询所进行通报。④规定了亲权限制和剥夺。美国力图通过立法保护子女和父母的关系，对于疏于照顾子女的情况，超过 15 个月，州必须终止父母监护权。这样做能够及时终止父母对未成年人的人身侵害，及时保护未成年人。日本法律规定因虐待未成年人或疏于监管对未成年人的福利造成损害的，监护人将被剥夺亲权，一般不超过 2 年。⑤强调对受虐待未成年人的援助和保护。英国通过法院对受虐待未成年人进行临时保护。法院在特定情况下可发布紧急保护令。警察局在紧急情况下也有权对未成年人进行临时安置和保护。日本立法重视对受虐待未成年人进行事后保护。法律规定国家和地方政府为受虐待未成年人及其家庭提供教育，帮助受虐待未成年人健康成长。

通过比较我们可以发现，预防未成年人被虐待是发达国家未成年人立法的重要组成部分。美国、英国和日本为此制定了专门法律。我国尚缺乏预防未成年人受虐待的专门法律。我国关于未成年人虐待的定义、早期干预和通告、亲权的限制等方面的法律规定分散在多部法律当中。从我国未成年人立法保护的实践来看，针对未成年人虐待的立法还存在以下问题：

（一）未成年人虐待的定义不明确

关于未成年人虐待，我国《未成年人保护法》第 17 条规定未成年人父母或者其他监护人不得虐待未成年人。最高人民法院《关于适用〈中华人民共和国民法典〉婚姻家庭编的解释（一）》规定持续性、经常性的家庭暴力，构成虐待。家庭暴力系指行为人以殴打、捆绑、残害、强行限制人身自由或其他手段，给其家庭成员的身体、精神等方面造成一定伤害后果的行为。这里并没有区分成年人虐待和未成年人虐待。在刑法领域，虐待系指经常以打骂、捆绑、冻饿、强迫超体力劳动、凌辱人格、限制自由等方法，对共同生活的家庭成员进行肉体、精神上迫害、折磨、摧残的行为。[1]根据这一解释，只有情节恶劣的行为才可构成虐待罪，予以量刑。而且，这里的虐待行为不是偶尔的打骂或体罚，而是经常甚至一贯进行的，具有相对连续性。这一虐待的界定具有成年人倾向，未考虑到未成年人的身心特殊性。未成年人身心处于发展过程中，他们极容易受到外界的伤害。心理的伤害比身体的伤害更具有隐蔽性，会给未成年人的健康成长造成不利影响。我国立法有关虐待行为的规定并没有考虑到未成年人的身心发育特点。从国际上来看，1999年世界卫生组织对虐待未成年人的定义是：对未成年人有抚养或监督义务的人作出对未成年人的健康、生存、生长发育及其尊严造成实际或潜在伤害的行为，包括身体虐待、情感虐待、忽视或性剥削。[2]从各国针对未成年人虐待的规定来看，对未成年人虐待的界定须基于未成年人自身的特殊性。对未成年人的健康和发展造成损害，即构成虐待。我国法律尚缺乏针对未成年人虐待的定义。

（二）政府在预防未成年人虐待保护中的具体责任不清

我国一直缺乏专门的防止未成年人受虐待的机构以及从事未成年人保护的专业人员规定。我国未成年人保护相关职责分散在不同部门，多头管理、职责不清，严重影响了未成年人保护工作的实效。可喜的是，2020年新修订的《未成年人保护法》第81条规定，县级以上人民政府应当明确相关内设机构或者专门人员，承担未成年人保护工作。2016年以来，民政部先后设立了儿童福利司、慈善事业促进和社会工作司，此次修法突出从地方政府层面明确未成年人保护机构。这也意味着我国自上而下的未成年人保护工作管理体

---

〔1〕　全国人大常委会法制工作委员会刑法室编著：《中华人民共和国刑法解读》，中国法制出版社2011年版，第517页。

〔2〕　信春鹰主编：《中华人民共和国未成年人保护法释义》，法律出版社2007年版，第33页。

制已初步形成。可问题是，虽然这一规定进一步明确了未成年人保护的地方责任主体，但对于相关内设机构具体指什么，具体由县级以上人民政府民政部门还是省级人民政府相关部门承担未成年人保护工作，并没有作出明确规定。对于相关部门承担何种职责并没有予以明确。规定只是进一步明确了未成年人保护体制，对于国家和地方政府对未成年人虐待的预防和早期发现、专业人员资质要求及其培训缺乏规定。未成年人虐待多为家庭成员或熟人作案，具有一定的隐蔽性。对于未成年人虐待的保护更需要专业人员的介入。应明确未成年人保护专业人员资质要求，如要求具备一定的教育学和心理学背景，或者长期从事未成年人保护相关工作。此外，还应明确地方政府相关部门须对未成年人专业人员进行定期培训。应在乡镇人民政府和街道办事处设立未成年人保护工作站，指定专门人员处理未成年人保护事务；在居民委员会和村民委员会设立专人专岗，开展未成年人保护工作。

（三）缺乏全方位预防未成年人虐待强制报告制度

预防未成年人虐待强制报告制度是欧美国家预防未成年人虐待的重要立法内容。我国新修订的《未成年人保护法》仅从家庭保护和司法保护作出了规定。如该法第20条规定父母或者其他监护人发现未成年人权益受到侵害或者疑似受到侵害的，应当及时了解情况；情节严重的，应当立即向公安机关报告。由于未成年人心智不健全，尚缺乏完全民事行为能力，无法主动报案，父母作为监护人有义务代未成年人进行报案。如果父母一方是施虐者或加害者，从其他法律来看，《反家庭暴力法》第12条规定了未成年人监护人不得对未成年人实施家庭暴力。第13条规定家庭暴力受害人及其法定代理人、近亲属可以向加害人或受害人所在单位、居民委员会、村民委员会、妇女联合会等单位投诉、反映或者求助。对于未成年人受害人自身来讲，由于未成年人的心智尚未完全成熟，在惧怕加害者的情况下其自身无法向相关部门提出请求。尽管提出法定代理人和近亲"可以"向有关部门反映，但这并非强制义务。《刑法修正案（九）》新增加的虐待罪属告诉才处理，被害人尚不具备能力告诉，或者因受到强制、威吓无法告诉的除外。我国目前对于被害人无能力告诉的由谁来告诉，并没有相应的法律机制。立法规定更多是成年人取向，未考虑到未成年人自身的特殊性。从立法上来看，现有规定亦缺乏对社会组织和个人（诸如医生、护士、教师、儿童保护工作者）强制报告义务的规定。为保证对未成年人虐待的及时发现和制止，日本和美国有较为严格的要求。法律规定一旦发现未成年人受到侵害，社会组织和个人必须向儿童福利机构和咨询机构进行反映。《未成年人保护法》第 106 条规定未成年人合法权益受到侵害，相关组织和个人代为提起诉讼的，人民检察院可以督促、支持其提起诉讼，涉及公共利益的，人民检察院有权提起公益诉讼。这一规定进一步拓宽了未成年人诉讼的途径。从国外立法来看，未成年人虐待属于公诉犯罪，国家司法机关会主动追究施虐者的法律责任。而我国立法检察院保护未成年人规定中具有被动性，其更多的是基于公共利益的角度，并未考虑到未成年人个体的权益保护。

（四）未成年人虐待量刑较轻

总体上来看，我国在未成年人虐待的量刑上较轻。《治安管理处罚法》规定虐待家庭成员，被虐待人要求处理的，处 5 日以下拘留或者警告。《刑法修正案（九）》在第 260 条之后增加了一条，规定了虐待被监护人、看护人罪。即对未成年人、老年人、患病的人、残疾人等负有监护、看护职责的人虐待被监护、看护的人，情节恶劣的，处 3 年以下有期徒刑或拘役。这一规定将虐待从家庭成员扩展到学校、社会等主体，扩大了虐待的范围。但对于何为情节恶劣，相关立法却并没有明确。比较欧美国家立法来看，我国对未成年人虐待的刑罚处罚较轻。在社会上产生广泛影响的"浙江温岭幼师虐童案"中，加害者仅仅被判处行政拘留 15 日。立法上对未成年人虐待处罚较轻，不足以起到法律威慑作用。近些年，我国幼儿园虐待儿童案件仍然屡屡发生。从刑法处罚上来看，量刑在加重。但是相对于国际而言，我国未成年人保护处罚力度仍然较轻。虐待对未成年人的身心影响是巨大的，早期的伤害甚至会影响他们整个人生。从处罚力度上理应加重，达到法律威慑作用，达到保护未成年人的目的。

第四章

未成年人智力发展的立法保护

对未成年人智力发展的立法保护是未成年人发展权法律规范的重要内容之二。本章将首先对未成年人智力发展与立法的关系进行分析，并对未成年人智力发展转化为法律上的保护进行论述。其次，通过对发达国家未成年人智力发展的立法保护进行分析，比较国内外规范未成年人智力发展的方式、重点，为我国未成年人智力发展的立法保护提供参考和借鉴。最后，对我国未成年人智力发展的法律文本进行梳理和分析，指出我国未成年人智力发展保护的现状及存在的问题，并揭示成因，从而提出针对我国未成年人发展权保护的立法建议。

第一节　未成年人智力发展的立法保护的内容

未成年人智力发展是未成年人发展权的重要组成部分，是未成年人发展权具体化为法律规范的重要内容之二。对未成年人智力发展的保护需要借助于未成年人立法进行规范。进一步来看，对未成年人智力发展的保护应转化为法律对未成年人智力发展的具体内容的保护。[1]这是因为：其一，未成年人法律是未成年人健康发展的制度保障，通过立法保障未成年人智力的健康

---

〔1〕　需要说明的是，未成年人发展权与未成年人生存权、受教育权、参与权和受保护权紧密联系，它由这些权利来实现。本章未成年人智力发展的立法保护并没有遵循第三章直接转化为具体权利的写作思路，而是讨论立法保护的具体内容。这是因为：未成年人的智力发展和德性发展与教育密切相关，通过受教育权来保障。而受教育权是一个较为宏大而复杂的概念，直接讨论不足以揭示智力发展和德性发展内容的特殊性。为了避免直接讨论受教育权过于宽泛，本书结合未成年人智力发展和德性发展存在的主要问题来讨论立法保护的具体内容。

发展是未成年人权利保护的重要手段。未成年人立法规定政府、父母、学校以及社会组织和个人等主体的义务和法律责任也应该围绕未成年人智力发展不同方面的内容展开。其二，儿童发展理论揭示了未成年人智力发展的内容和特征。未成年人从出生到成人，他们的身心发展过程具有一定的顺序性和不可逆性。因此，未成年人立法必须根据其智力发展的内容和特点，对未成年人智力发展的内容展开保护，并规定国家、父母、学校等主体的义务和责任，从而实现未成年人的发展。其三，从国际法关于未成年人智力发展保护的内容规定来看，《儿童权利公约》从教育目的、受教育权等角度对未成年人智力发展的内容作出了规定，并为缔约国设置了履行义务要求。因此，未成年人智力发展保护应转化为法律对未成年人智力发展的具体内容的保护。

探究未成年人智力发展立法保护的具体内容是分析未成年人智力发展的立法保护的前提和基础。本节的重点在于从应然层面构建未成年人智力发展立法保护的具体内容。围绕这一目的：首先，本书将对未成年人智力发展立法保护的内容的理论依据进行探讨；其次，本书对未成年人智力发展立法保护的内容的考量因素进行分析；最后，本书对未成年人智力发展立法保护的具体内容进行论证。

一、儿童认知发展理论和素质教育理论：未成年人智力发展转化为立法保护具体内容的理论依据

未成年人的智力发展受遗传和后天社会环境的影响，其中受社会环境的影响更大。[1]社会环境的影响集中在教育方面。儿童认知发展理论揭示了未成年人智力发展的内在特殊性和要求，为未成年人的智力发展立法保护提供了理论认识前提。同时，素质教育理论揭示了未成年人智力发展的内在要求，为未成年人智力发展立法保护的内容提供了认识来源。

（一）儿童认知发展理论的基本观点及其启示

未成年人智力发展主要包括思维发展、语言发展、创造力发展、注意力

---

〔1〕　社会环境分为自发的社会环境和自觉的社会环境。自发社会环境大致包括民族文化、流行性文化、商业新文化、生产方式、生活方式、人际关系、风俗习惯、社会风气、社会思潮等。自觉社会环境大致包括家庭教育、学校教育和社会教育。扈中平主编：《现代教育学》（第3版），高等教育出版社2010年版，第44页。

发展、记忆力发展等方面。儿童认知发展理论揭示了未成年人智力发展不同方面的内在规律和特殊性，并揭示了影响未成年人智力发展的因素，为立法保护未成年人的智力发展提供了依据。

儿童认知发展理论强调儿童智力发展的内在机制呈现过程性和阶段性特点，具有不可逆性。在皮亚杰看来："智力是生物适应性的一种特殊表现。"[1]这一观点指出，儿童认知发展的本质是适应，儿童在与客体作用的过程中形成自己的认知结构，并不断发展。皮亚杰提出儿童智力发展是在图式基础上，通过同化、顺应，不断取得平衡的过程。儿童认知发展水平存在阶段性，可分为四个阶段：感知运动阶段（第一阶段）、前运算阶段（第二阶段）、具体运算阶段（第三阶段）、形式运算阶段（第四阶段）。儿童认知发展遵循从低到高的顺序。正是这一阶段性特征，使得教育者不能超越儿童发展的阶段对儿童进行教育。同时，他强调儿童的智力和思维能力不是先天成熟的，而是需要通过教育活动来培养的。儿童的智力发展是通过对客体有意义建构来实现的。"活动是将主体和客体进行分化的唯一可能的联结点。"[2]在教育活动中，未成年人自己参与其中，通过活动认识客体，获得知识，建构自己的主观认识，不能把未成年人当成是被动的知识接受者。

儿童发展理论认为儿童的智力发展存在关键发展期。维果茨基认为儿童发展表现为儿童的心理机能从低级心理机能向高级心理机能发展。儿童在与成年人的交往过程中掌握通往高级心理机能的工具——语言，它是儿童从低级心理机能向高级心理机能转变的重要工具。儿童有两种发展水平：第一种是儿童现有发展水平；第二种是最近发展区。[3]教学能够促进未成年人的智力发展。在教学和发展之间，教学应该走在未成年人发展的前面。教学应创造发展区，引导未成年人一系列的内部发展过程。儿童认知发展理论认为，儿童的智力不是单一的，而是多元的。创造力是未成年人智力发展的最高表现。霍华德·加德纳认为，传统的智力观以智力测验和考试为基础，范围过于狭窄，将智力发展局限于语言和数理逻辑能力的发展，不能反映未成年人其他方面的能力。他主张每个人的智力都不是单一的，具有七种或者更多的

---

〔1〕〔瑞士〕让·皮亚杰：《儿童智力的起源》，高如峰、陈丽霞译，教育科学出版社1990年版，第4~7页。

〔2〕〔瑞士〕皮亚杰：《发生认识论原理》，王宪钿等译，商务印书馆1981年版，第77页。

〔3〕〔苏〕维果茨基：《维果茨基教育论选著》，余震球译，人民教育出版社2005年版，第315页。

智力（语言智力、逻辑——数学智力、知人的智力、自知的智力、音乐智力、身体——运动智力、空间智力等），这些智力之间没有差异，同等重要。[1]他主张在一定的文化背景下认识智力，指出每一个未成年人都是聪明的，应对每一个未成年人平等对待，给予他们平等发展的机会。未成年人创造力是未成年人智力发展的最高表现。培养未成年人的创造力是检验未成年人的智力开发程度的根本标准。

儿童认知发展理论为认识未成年人智力发展立法保护提供了重要的启示。具体体现在：

第一，根据未成年人的认知水平组织教学和安排课程进展。未成年人智力发展呈现出阶段性，具有不可逆性，教育者不能超越未成年人发展的阶段对未成年人进行教育。教育制度安排要根据未成年人的认知结构，以学生的认知结构为出发点来组织教学和设置课程。

第二，根据未成年人的智能类型、目标和兴趣，选择特定的课程和学习方法。个体的智力发展存在差异，这种差异应该得到重视。每个未成年人都具有不同类型的智力，应根据未成年人的智能类型、具体的目标和自身的兴趣，选择专门的课程内容和学习方法，给予适当的激励和指导，使得每个未成年人的智力都得到适当的发展水平。教学不仅应重视未成年人的分析和记忆能力，还要注重对创新能力和实践能力的培养。

第三，基于未成年人的多种智能进行评价。传统理论以基础的智力测验和考试为基础，范围过于狭窄，将智力发展局限于语言和数理逻辑能力的发展，并不能反映未成年人的智力发展。实际上，智力并不是一元的，而是多元的。创造性智力是未成年人智力发展的最高级形式。应将未成年人创造力培养以及智力其他方面的发展纳入对未成年人的评价。

第四，教育应尊重和保障未成年人的主体性和能动性。在教育活动中，未成年人自己参与其中，通过活动认识客体，获得知识，建构自己的主观认识。然而，一味强调教师的主体地位，把未成年人当成是被动的知识接受者是不利于未成年人智力发展的。教师不能将知识灌输给未成年人，而应该发展未成年人的主体性和能动性。正如保罗·弗莱雷所言："讲解与解释把学生

---

〔1〕　〔美〕霍华德·加德纳：《多元智能》，沈致隆译，新华出版社1999年版，第8~9页。

变成了'容器'，把学生变成了可任由老师'灌输'记忆的'存储器'。"〔1〕"填鸭式"教学、学生机械记忆知识或搬用知识并不能增进学生思考，培养他们的思考力和批判力。未成年人是自我建构、自我发展的主体，未成年人身心发展的一切变化均建立在自我能动性的基础上，他们通过自主建构完成认知和获得知识。

第五，遗传对未成年人智力发展的影响不可忽视，他们的智力发展需要给予特殊保护。未成年人智力发展具有普遍性，但智力在个体间也存在差异。有些未成年人生下来就存在智力障碍的情况，对于智力障碍儿童进行早期干预，为发展迟缓或发展具有迟缓风险的儿童及其家庭提供服务、教育与支持，是促进智障儿童智力发展，减少社会依赖的重要措施。

（二）素质教育理论为认识未成年人智力发展的立法保护的内容提供认识来源

未成年人的智力发展受遗传和教育的影响。教育对未成年人智力发展的影响尤为重要，由此形成了不同理论。其中，素质教育理论具有重要影响。素质教育通过学校课程和教学活动、教师、考试评价这些载体来完成。也就是说，素质教育要求重点在教学、课程、教师队伍建设和考试制度和评价体系几个环节围绕未成年人的创新能力、个性的发展进行推进。这些内容为未成年人智力发展立法保护的内容提供了理论依据。

从素质教育的产生来看，素质教育兴起于 20 世纪 90 年代。它是相对于应试教育的一种教育。如果说，应试教育是脱离了社会发展和个体发展的实际需要、单纯期望考试成绩、片面追求升学率、背离教育规律的一种教育活动。素质教育则是伴随着人类终身发展的教育活动。素质教育和应试教育在本质上并非在于是否存在考试与应试，而是考试的价值取向是否与教育的宗旨和人的发展相违背。素质教育与应试教育的具体区别表现在：其一，素质教育尊重学生的兴趣，倡导自然和个性；应试教育试图剥夺学生的兴趣并压制他们的个性。其二，素质教育主张民主、自由和平等。这些是形成一个人的健康素质的先决条件。应试教育只关注学生的考试成绩。其三，素质教育会大大鼓励质疑和批判的精神。相反，应试教育是一种标准化的教育，循规

〔1〕 ［巴西］保罗·弗莱雷：《被压迫者的教育学》，顾建新、张屹译，华东师范大学出版社 2020 年版，第 24 页。

蹈矩。有学者认为，素质教育的核心是激发创造力。我们把握住这个根本，即素质教育是正确的走向，同时也是我国建设创新型国家最需要的素质。[1]我国《关于深化教育改革全面推进素质教育的决定》明确提出实施素质教育，就是全面贯彻党的教育方针，以提高国民素质为根本，以培养学生的创新精神和实践能力为重点，造就"有理想、有道德、有文化、有纪律"的德、智、体、美等全面发展的社会主义事业建设者和接班人。可见，素质教育注重未成年人的创新能力、个性的教育。素质教育通过学校课程和教学活动、教师、考试评价这些载体来完成。也就是说，素质教育要求重点在教学、课程、教师队伍建设、考试制度和评价体系几个环节培养未成年人的创新能力、个性的发展。这些为未成年人智力发展立法保护的内容提供了理论依据。

综上所述，儿童认知发展理论和素质教育理论为未成年人智力发展的立法保护提供了理论认识来源。从儿童发展理论来看，其揭示了未成年人智力发展的内在规律和特征，由此对教学和课程以及学生评价提出了不同的要求。素质教育理论为教学内容、教学方法、课程设置以及教师提供了理论指导，也为构建未成年人智力发展立法保护的具体内容提供了基础和前提。

二、国际法和国内法：未成年人智力发展转化为立法保护具体内容的考量因素

未成年人智力发展的内容转化为法律上的保护一方面根植于未成年人自身发展的需要，另一方面又要以国际上普遍接受的关于未成年人的法律为指导基准，还要与国内法关于未成年人权利保护的法律制度相一致。本书以联合国《儿童权利公约》和我国《未成年人保护法》《义务教育法》为考察对象，对这些法律中关于未成年人智力发展保护的内容进行分析，比较其在未成年人智力发展保护中的内容，为未成年人智力发展转化法律保护的内容构建提供依据。

（一）国际法关于未成年人智力发展保护的内容规定

从国际立法上来看，2003 年，联合国儿童权利委员会在《儿童权利执行一般手册》中明确指出缔约国应将未成年人发展权理解为一个广泛的、综合

---

[1] 刘道玉："论素质教育的本质特征与实施途径"，载《华中师范大学学报（人文社会科学版）》2015 年第 3 期。

的概念，它包括儿童身体、智力、精神、道德、心理和社会的发展。[1]在未成年人智力发展的内容方面，《儿童权利公约》主要从教育和社会文化生活方面作出规定。具体来看：

第一，规定了未成年人受教育的内容。第28条第1款规定缔约国确认未成年人有受教育的权利。规定缔约国尤应：①实现全面的免费义务小学教育；②鼓励发展不同形式的中学教育，包括普通和职业教育，使所有未成年人均能享有和接受这种教育，并采取适当措施，诸如实行免费教育和为有需要的人提供津贴。可以说，未成年人受教育权内容的规定主要来自于《世界人权宣言》和《经济、社会及文化权利国际公约》。前者强调教育应当免费，至少在初级和基础阶段，应当是义务性的。后者在前者的基础上，强调初等教育是义务的且免费。中等教育应当通过一切合适的方法普遍设立，并逐渐做到免费教育。联合国《儿童权利公约》则强调在"机会均等的基础"上加以实现。为了保障残障未成年人、农村未成年人、拘留未成年人的教育免受歧视，《儿童权利公约》第28条规定了受教育权中最核心的内容。全面的免费义务教育和中等教育对所有人都应当是"现有可用且容易获得"。[2]这可以被看作是保障未成年人接受教育的最低要求。

第二，规定了教育目的。第29条规定教育未成年人的目的应是：①最充分地发展未成年人的个性、才智和身心能力；②培养对人权和基本自由以及《联合国宪章》所载各项原则的尊重；③培养对父母、未成年人自身的文化认同、语言和价值观、未成年人所居住国家的民族价值观、其原籍国以及不同于其本国的文明的尊重；④培养未成年人本着各国人民、族裔、民族和宗教群体以及原为土著居民的人之间谅解、和平、宽容、男女平等和友好的精神，在自由社会里过有责任的生活；⑤培养对自然环境的尊重。从中我们可以发现，"最充分发展未成年人的个性、才智和身心能力"是一个纲领性条款，也是其他条款的目标。其所彰显的核心价值是每个未成年人具有的作为人的尊严、平等不可剥夺的权利。一方面，它从实质内容层面为受教育权提供了指

〔1〕 UNCRC, "General Measures of Implementation of the Convention of the Rights of the Child" (27 November 2003) UN Docs CRC/GC/2003/5, paragraph 12, available at: http: www. refworld. org/docid/45388341f11. html

〔2〕《〈儿童权利公约〉执行手册》，全国妇联儿童工作部、联合国儿童基金会驻中国办事处2006年，第333页。

引。受教育权不仅是准入问题，同时也是内容问题。第 1 款中的价值观中的教育对于每个未成年人以基本权利的方式应付全球化、新技术巨变时期的挑战是一项重要举措，应将应用广泛的价值观作为教育的方向。另一方面，它要求教育以未成年人为中心，以确保未成年人所获得的教育机会能够恰当地兼顾促进未成年人的身体、智力、精神以及其他各个方面的发展。教育总体目标为尽可能扩大儿童全面和负责任参加自由社会的能力和机会。教育活动也应以其他四项原则为基础。

从《儿童权利公约》对未成年人智力发展保护的内容来看，受教育和教育目的是未成年人智力发展保护的重要内容。从规定的内容来看，受教育涉及对小学、初中和高中未成年人的教育，而不包括对学龄前未成年人的教育。这些是缔约国应履行最低限度的教育的义务。

（二）国内法关于未成年人智力发展保护的内容规定

《未成年人保护法》第一章第 1 条明确规定保护未成年人的身心健康，促进未成年人在德、智、体、美、劳全面发展。同时，《义务教育法》第 3 条进一步明确义务教育使适龄儿童、少年在品德、智力、体质等方面全面发展等内容。可见，促进未成年人智力发展这一内容是我国法律的重要保护的内容。通过《未成年人保护法》和《义务教育法》对未成年人智力发展的规定，可以更清楚地了解未成年人智力发展法律所保护的内容。

1. 从《未成年人保护法》规定的内容来看

我国《未成年人保护法》规定了家庭、学校、社会、政府等对未成年人智力发展的保护，主要包括以下方面的内容：

第一，在家庭保护方面，主要规定了未成年人监护人应当学习家庭教育知识，接受家庭教育指导（第 15 条）；父母及其他监护人应当尊重未成年人的受教育权，保障未成年人接受并完成义务教育（第 16 条）。

第二，在学校保护方面，主要规定了国家教育方针、坚持立德树人，实施素质教育，提高教育质量、注重培养未成年人学生认知能力、合作能力、创新能力和实践能力等培养目标（第 25 条）；保障未成年人受教育权，不得违反国家规定开除、变相开除未成年学生（第 28 条）；幼儿园、校外培训机构不得对学龄前未成年人进行小学课程教育（第 33 条）。

第三，在社会保护方面，主要规定了爱国主义教育基地、图书馆、博物馆、科技馆等文化体育设施对未成年人免费开放，社区公益性互联网上网设施以及影剧院、公园等场所对未成年人免费开放或优惠开放（第44条）；国家鼓励创作、出版、制作和传播有利于未成年人健康成长的图书、报刊、电影等（第48条）。

第四，在政府保护方面，主要规定了各级人民政府应当将家庭教育指导服务纳入城乡公共服务体系，开展家庭教育知识宣传等（第82条）；各级人民政府应当保障未成年人受教育权利，保障留守未成年人、困境未成年人、残疾未成年人接受义务教育等（第83条）；各级人民政府应当保障不同程度残疾儿童在普通学校、幼儿园接受教育以及在特殊教育学校、幼儿园接受学前教育、义务教育和职业教育等内容（第86条）；各级人民政府及其相关部门对困境未成年人实施分类保障，采取措施满足其生活、教育等方面的基本需要（第91条）。

第五，在司法保护方面，主要规定了公安机关、人民检察院、人民法院和司法行政部门发现有关单位未尽到未成年人教育、管理、救助、看护等保护职责的，应当向该单位提出建议（第114条）。

从《未成年人保护法》规定未成年人智力发展的内容来看，主要包括了家庭教育、学校教育（义务教育和幼儿园办学）等，还规定了针对未成年人作品的创作和传播以及开展科普社会文化方面的内容。从对象来看，主要包括学龄前未成年人、残障未成年人、困境未成年人、服刑未成年人。从权利内容的角度来看，涉及受教育权、文化权等内容。

2. 从《义务教育法》规定的内容来看

关于未成年人智力发展的内容，《义务教育法》从教育方针、教育教学内容和课程设置、教师资格和职务、办学条件和教育资源配置、教科书编写和审定制度、注重培养学生独立思考能力、创新能力和实践能力等方面作出了规定。具体包括以下方面的内容：

第一，规定义务教育方针。规定义务教育必须贯彻国家的教育方针，实施素质教育，提高教育质量，使适龄儿童、少年在品德、智力、体质等方面全面发展，为培养有理想、有道德、有文化、有纪律的社会主义建设者和接班人奠定基础（第3条）。可见，智力发展是我国教育方针的重要内容。

第二，规定确定教学制度、教育教学内容和课程设置。国务院教育行政部门根据适龄儿童、少年身心发展的状况和实际情况，确定教学制度、教育教学内容和课程设置，改革考试制度，并改进高级中等学校招生办法，推进实施素质教育（第 35 条）。这一规定强调围绕素质教育开展教学内容和课程设置以及考试制度等内容。

第三，规定教师在教育教学中应平等对待学生，关注学生的个体差异，因材施教，促进学生的充分发展（第 29 条）；规定教师资格和职务。教师应当取得国家规定的教师资格。国家建立统一的义务教育教师职务制度。教师职务分为初级职务、中级职务和高级职务（第 30 条）；规定学校和教师按照确定的教育教学内容和课程设置开展教育教学活动，保证达到国家规定的基本质量要求。国家鼓励学校和教师采取启发式教育等教育教学方法，提高教育教学质量（第 35 条）。这一条对教师和学校从事的教育教学活动、教学方法、教师平等对待学生、教师职务等方面作出规定。

第四，规定办学条件和教育资源配置。国务院和县级以上地方人民政府应当合理配置教育资源，促进义务教育均衡发展，改善薄弱学校的办学条件，并采取措施，保障农村地区、民族地区实施义务教育，保障家庭经济困难的和残疾的适龄儿童、少年接受义务教育（第 6 条）。这是对未成年人智力发展的条件保障的规定。

第五，规定注重培养学生独立思考能力、创新能力和实践能力等智力发展内容。规定了教育教学工作应当符合教育规律和学生身心发展特点，面向全体学生，教书育人，将德育、智育、体育、美育等有机统一在教育教学活动当中，注重培养学生独立思考能力、创新能力和实践能力，促进学生的全面发展（第 34 条）。

第六，规定教科书编写和审定制度。教科书根据国家教育方针和课程标准编写，内容力求精简，精选必备的基础知识、基本技能，经济实用，保障质量（第 38 条）；规定教科书审定制度。国家实行教科书审定制度。教科书的审定办法由国务院教育行政部门规定。未经审定的教科书，不得出版，选用（第 39 条）。这些是对未成年人智力发展实现手段的规定。

从国际法和国内法规定来看，在未成年人智力发展方面的内容涉及：受教育权、教育目的等方面的内容。在受教育权方面，国际法规定了初等教育的义务和免费。我国《未成年人保护法》明确将注重培养未成年人学生认知能力、创新能力和实践能力作为目标，对未成年人的家庭教育和学校教育提出了要求。《义务教育法》具体规定了教育教学质量、课程设置、教师资格和职务等内容。在教育目的方面，《儿童权利公约》规定了最充分发展未成年人的个性、才智和身心能力。《未成年人保护法》和《义务教育法》以教育方针的形式规定了适龄儿童、少年在品德、智力、体质等方面全面发展。本书通过对国际法和国内法的比较和考量，为我国未成年人智力发展转为法律保护的具体内容提供一定的参考和借鉴。

三、未成年人智力发展立法保护的具体内容

在分析未成年人智力发展立法保护的理论依据和考虑因素之后，本书将进一步探究未成年人智力发展立法保护的具体内容。未成年人的智力发展受遗传和教育的影响。其中，教育对未成年人的智力影响较大。教育在未成年人的智力发展过程中起主导作用。从教育学角度来看，未成年人智力发展是教育当中智育的重要内容。课程与教学、教师质量、学生评价是教育学关注的主要内容，也是促进未成年人智力发展的基本手段。其一，课程和教学是发展未成年人智力的主要途径。未成年人智力发展是获得知识和技能的过程。这一过程是学校通过设置课程和安排教学来完成的。其二，教师是课程和教学的主力军，在未成年人智力发展中起主导作用，通过传授知识和技能促进未成年人的智力发展。其三，学业评价是未成年人智力发展的衡量和检验手段。学业评价旨在通过采取一定的工具和手段对学生的学习水平进行评价，从而实现衡量未成年人智力发展的水平。其四，经费是课程与教学、教师质量以及学业评价内容开展的重要保障。课程与教学、教师、学业评价都离不开经费和条件的保障和支持。

根据未成年人智力发展的理论基础、国际法和国内法的规定，结合实践中我国未成年人发展存在的问题，本书认为构建关于未成年人智力发展的立法保护的内容主要从课程与教学、学业评价与考试、教师资格与培养、经费与条件保障几个方面进行。

（一）课程设置与教学安排

未成年人智力发展是获得知识和技能的过程，其依赖于课程的设置和教学安排。可以说，课程和教学制度是保障未成年人智力发展的重要手段，也成了未成年人智力发展立法保护的基本内容。我国《义务教育法》专门规定了教学制度、教育教学内容和课程设置、教科书编写和审定等内容。《基础教育课程改革纲要》从课程目标、课程内容、课程实施、课程评价等方面进行了规定。通过立法明确了我国课程和教学的法律制度安排。然而，在基础教

育当中，我国中小学课程设置普遍存在以学科为导向，追求知识体系的完整性。教学过程注重知识传授，忽视学生的学习主动性和积极性。教学方法单纯以教师教授为主，偏重知识灌输。这些直接导致中小学学生产生"厌学"，甚至产生"自杀倾向"。从未成年人智力发展的角度来看，中小学课程和教学重视对学生的训练，关注知识和分数，注重学生的数理思维和逻辑思维训练，忽视对未成年人学生创造性思维和创新能力的培养。在学前教育阶段，我国还存在学前教育课程小学化现象。学前教育小学化主要表现为超出学前儿童的认知发展水平，在教学中提前教授学前儿童在小学才会学习的内容。这种"拔苗助长"式的教育和强化训练对学前未成年人的智力发展有害无利。从根本上来看，这些现象是由我国课程和教学的法律制度保障不足所引起的。那么，如何完善课程设置、教学方法、教学内容等，从而促进未成年学生创造力和创新能力的发展，便成了未成年人立法必须解决的问题。

（二）学业评价与考试

学业评价与考试是测量学生智力发展的重要手段。因此，它也是未成年人智力发展立法保护的重要组成部分。学业评价主要是以国家的教育教学目标为依据，运用恰当的、有效的工具和途径，系统收集在各门学科教学和自学的影响下认知行为上的变化信息和证据，并对学生的学习水平进行价值判断的过程。我国《国家中长期教育改革和发展规划纲要（2010-2020年）》提出到2020年普及高中阶段教育、满足初中毕业生接受高中教育需求，推进高中多样化发展，满足不同潜质学生发展的需要。基于这一目的，各地围绕初中学业水平考试，综合评价和招生录取方式进行积极探索。可现实情况是，我国中小学学生偏科现象较为普遍，严重制约未成年人的全面发展。山东省"中学生偏科状况调查分析"课题组调查显示：67.5%的学生存在偏科现象。在语文、数学、外语三科教学中学生出勤率达到65.3%，但在其他科目上仅为34.7%。二者相差达30个百分点。[1]偏科学习不利于未成年人的全面发展，还会造成未成年人智力发展的片面发展及缺损。有学者指出，由于考试评价制度仍停留在应试教育理念，在片面追求升学率的情况下，学生群体偏科严重，学业负担重，

---

〔1〕　徐华："对中学生偏科状况的调查分析"，载《教学与管理（中学版）》2010年第6期。

学生健康发展受到影响。[1]考试评价制度影响和决定学生对学习科目的选择和侧重点。因此，必须通过完善学业评价和考试的法律制度，保障未成年人的智能健康发展。

（三）教师资格与教师培养

在学校教育中，未成年人的智力发展是通过教师的教学来完成和实现的。"教学过程是非常复杂的。在教学中，教师发挥主导作用，具有客观的必要性和必然性。教学的方向、内容、方法、过程、结果和质量主要由教师决定和负责。"[2]因此，教师的素质和质量对于未成年人获得知识和技能有决定性作用。其中，教师资格准入和教师培养是保障教师素质和质量的重要环节。

资格是从事某种职业活动的能力和身份。作为教师，在任职前必须经过专业训练并取得教师资格证书，掌握教育相关的知识和技能。我国《教师法》《教师资格条例》规定了教师资格制度。在实践中，中国的教师资格标准很宽泛，不能合理评估教师应具备的教育教学能力。教师很难满足不同层次教师的要求。教师资格证书缺乏评估和更新机制，不能有效地激励教师。[3]在特殊教育方面，《残疾人教育条例》规定了从事特殊教育工作的教师应当取得教师资格。但对于不同类型的残障未成年人、教师资格应达到的标准缺乏具体的规定。教师资格制度设计影响教师质量的提高和保障，亦不利于未成年人的智力发展。因此，应进一步规范和完善教师资格制度，保障教师队伍的质量。

教师培养是通过教育使得有自愿成为教师的受教育者达到教师完成教育教学所应具备的身心和行为品质的要求和基本条件。《关于深化教育改革全面推进素质教育的决定》强调把提高教师实施素质教育的能力、水平作为师资培养、培训的重点。在素质教育和新课程改革背景下，教师的教育理念、教育教学方法和能力都有赖于通过培训得到极大提高。然而，实践中，我国中小学教师培训内容重理论轻实践，不能满足中小学教师的实际需求。如培训课程缺乏系统性、授课模式上采取专家讲学员听的模式，只重视理论知识，忽视中小学教师的实践能力的提高等。同时，中小学教师培训缺乏连续性以

---

〔1〕裴提娜："学校教育创新视野下中国基础教育课程改革的实践探索"，载《课程·教材·教法》2011年第2期。

〔2〕王策三："论教师的主导作用和学生的主体地位"，载《北京师范大学学报》1983年第12期。

〔3〕李子江、张斌贤："我国教师资格制度建设：问题与对策"，载《教育研究》2008年第10期。

及相关者评价制度，培训亦缺乏监督和管理。可见，现有中小学教师培训并没有提升教师教育教学能力。不仅如此，在学前教育方面，民办幼儿教师培训缺乏，幼儿教师认知不多停留在知识层面，未能从未成年人发展角度出发。

那么，如何通过立法规范和完善教师资格和教师培养，从制度层面保障教师队伍的质量和素质，从而促进未成年人的智力健康发展，是我国未成年人立法亟待解决的问题。

（四）经费与条件保障

经费和条件是未成年人受教育的基本保障。充足的经费和条件不仅是教学和课程安排、师资的配置、教学环境等教育内容的重要保障，同时也是未成年人智力获得发展的重要保障。我国政府在未成年人智力发展中的经费投入责任规定存在不足。具体表现在：①政府在学前未成年人教育经费的投入不足。学前教育是未成年人个体一生发展的重要奠基阶段，它是促进未成年人的智力健康发展的关键时期。它不仅能够完成幼小衔接，为未成年人进入小学做好准备，还能够为未成年人一生的发展奠定基础。我国学前教育经费占全国教育经费比例较少，学前教育尚未被纳入公共服务体系，政府在学前教育中的财政经费投入不足，更多地依赖于市场提供学前教育经费，这制约了学前教育的发展。②政府对特殊未成年人受教育的经费投入不足，省际不平衡。残障未成年人是未成年人群体中的特殊群体，他们应受平等保护。尽管我国《残疾人教育条例》规定各级人民政府应当按照有关规定，安排能够使残疾人接受教育的经费，并将所需要的资金计入本级政府财政预算。可现实情况却是，我国残障未成年人受教育条件的地区差异依然很大。中西部以及农村地区残障未成年人的入学率较低。当前全国仍然有 589 个 30 万人口以下的县尚未设立特教学校。[1]从教学条件来看，长期以来，我国残障学生的教育以特殊教育学校为主，尽管有 50% 的残障学生就读于普通学校，但是对于残障学生的教学条件和康复服务缺乏保障。我国随班就学制度不完善，残障未成年人的身份受到歧视，很多残障未成年人被迫中途辍学。从根源上来讲，这是由我国特殊教育经费制度的缺陷导致的。经费是学前未成年人和特殊未成年人的受教育机会的基本条件和保障。因此，保障学前未成年人和残

---

〔1〕 许巧仙、常晓茗："我国残疾儿童受教育权的实现：现状、困境与政府义务"，载《人权》2017 年第 3 期。

障未成年人的智力发展，要求立法对残障未成年人的经费和条件保障予以规范。

小　结

未成年人智力发展与课程和教学、教师具有密切的联系。通过对未成年人智力发展立法保护的分析我们可以看出，课程设置和教学、学业评价、教师资格和培养以及经费与条件保障构成未成年人智力发展立法保护的主要内容。

第一，课程与教学是未成年人智力发展的主要途径。课程和教学是教育的主要内容，也是智育的集中体现。未成年人的智力发展是获得知识和能力的过程，这一过程是通过课程与教学来完成的。课程和教学的有效实施是未成年人智力发展的直接保障。

第二，学业评价与考试是测量未成年人智力发展的基本手段，也具有评价未成年人智力输出的功能。通过考试对学生的学习水平进行评价，从而对未成年人智力发展的水平进行衡量。

第三，教师是教育教学的主体，教师通过有目的、有计划的教育指导学生主动、积极掌握知识，形成技能，从而促进未成年人智力的发展。基于未成年人智力发展的阶段性特征，教师在教育关系中处于主导地位。教师的素质和质量会影响未成年人的智力发展。教师资格与培养是保证教师素质和质量的关键。

第四，经费与条件保障是实施教育的重要保障，是教学与课程、学业评价和考试以及教师培养等方面的重要条件保障。经费和条件保障是未成年人智力发展立法保护的重要内容。

概而言之，课程与教学、学业评价与考试、教师资格与培养、经费与条件保障构成未成年人智力发展立法保护的主要内容。立法对未成年人智力发展的保护也应从这些方面开展。

第二节　发达国家未成年人智力发展的立法保护

未成年人智力发展的保护需要由立法来规范。本节将对国外针对未成年人智力发展的立法保护内容进行分析，以美国、英国、日本为代表，分析美、英、日三国在未成年人智力发展保护方面的方式、重点和差异等，从而为我国未成年人发展权保护立法提出建议。本书主要从课程与教学、学业评价与考试、教师资格及其培训、经费与条件保障等方面展开分析，探究美国、英国、日本未成年人智力发展的立法保护。

一、美国未成年人智力发展的立法保护

美国是当今世界教育大国之一，拥有较为完善的教育制度。由于是分权制国家，联邦政府对于教育的干预相对较少，州政府掌握教育决策的权力。20世纪80年代以来，联邦政府对教育的干预不断加强。国家层面相继颁布了《2000年目标：美国教育法》《不让一个孩子掉队法》《儿童早期教育法案》等法律，使其对未成年人智力发展保护的法律体系更为完善。

（一）课程设置寻求社会、学科以及学生个体间的平衡

中小学课程是教育目的的具体展现。美国将教育目的划分为四个维度：一是国家、民族的教育目的，即注重传统美利坚民族价值观的传递与良好公民的塑造，通过文化传承来促进经济发展，实现经济和社会稳定；二是社会经济发展目的，即培养未来合格的劳动者，须具备适切的工作态度、知识储备、技能素养以及行为习惯；三是教育目的，即教育培养人的目的；四是个体目的，即帮助个体开发心智，实现个体与社会二者之间的良好协调。[1]

第一，从课程目标上来看，注重学生认知能力和批判性思考能力的发展，发挥每一个学生的创造性是美国中小学课程追求的目标。美国强调信息技术的重要性，目的是让所有学生具备良好的信息技术素养。《美国复苏与再投资法案》规定成立"以技术推动教育"基金，通过信息技术在学校中的广泛应用，提高学生的学业成绩。2015年美国颁布了《为未来做准备的学习——重塑技术在教育中的作用》的国家级教育技术计划。该计划的目的是让每一位教师和学生随时随地获得强大和全面的教育信息基础设施。

第二，从课程标准来看，形成国家—州—地方的三级课程标准架构。20世纪80年代以来，美国形成了"国家标准""州标准""地方标准"的三级架构。各学科的课程标准由联邦政府提供资助和领导，由全国具有权威性的

---

〔1〕　E. W. Eidner, "The Misunderstood Role of the Arts in Human Development", *Phi Delta Kappen*, 1992, 73（8）：592.

学术专业团体或研究机构主持，各州以国家课程标准为参考制定本州的课程标准和框架。地方则根据实际需要和具体条件进行评估，在课程设置、教材选择、师资培训和教学方面进行改进。相较于美国联邦政府，各地州政府有权作出决定。各地州政府教育行政部门依法负责全部计划和全州教育发展计划，地方当局依照计划而行，并授权学校制定自己的课程事务，由学校和教师编订具体课程。《2000 年目标：美国教育法》在英语、科学、外语、数学、历史和地理 6 门学科的基础上增加了公民和政府、经济学、艺术 3 门学科。到 1998 年底，不同学科的课程标准在各州得以制定。据统计，各州的课程标准情况是：英语 37 个州，数学 42 个州，科学 41 个州，外语 25 个州，健康 28 个州，体育 25 个州，艺术 35 个州，社会学科、历史 40 个州。[1] 全国课程标准不仅为各州制定标准提供参考和依据，还从整体上对教育质量进行评价，以作为培养教师和教科书评价以及设计考试试卷的依据。但需要指出的是，地方教育分权也导致各州课程标准出现了混乱。《州共同核心课程标准》针对 K-12 年级所有学生，主要以英语和数学两个学科为主。英语和数学是学生学习其他科目的基础，也为学生进入大学学习和就业做好了准备。以英语课程标准为例，该课程标准包含了读、写、听、说、语言使用、媒体与技术应用。通过语言学习，让学生达到如下要求：①表现出独立能力；②构建扎实的知识；③根据不同听众，任务、目标、学科要求作出相应的调整；④能理解、能批判；⑤能理解他人观点和文化等。[2] 我们可以看出，英语课程标准旨在培养未成年人的理解能力，开发未成年人的智力。在学前教育阶段，《不让一个孩子掉队法》明确了提高学生的读写算能力，以确保所有的学生都能达到基本的能力目标。为了提高教育质量，美国将课程标准从中小学延伸到学前教育。学前教育重视未成年人的基本读写能力，为其入学做好准备。在课程方面，美国州教育行政部门针对 5 岁未成年人和 4 岁未成年人幼儿园设定课程标准。以北卡罗来纳州为例，5 岁幼儿园课程标准包括艺术教育、电脑与科技、英语语言艺术、英语语言发展、课程介绍与选课指导、健康生活、信息

---

〔1〕 Council of Chief State School Officers, "Key State Education Policies on K-12 Education: Standards, Graducation, Assessment, Teacher Licensure, Time and Attendance", A 50-State-Report, http://www.ccsso.org.

〔2〕 杨光富："美国首部全国《州共同核心课程标准》解读"，载《课程·教材·教法》2011 年第 3 期。

技术、数学、第二语言、科学、社会学习 11 个方面。4 岁幼儿课程标准包括学习品质、情绪与社会发展、健康与运动、语言发展、认知发展 5 个方面。[1]这些方面都包含在未成年人语言和认知发展领域当中。可见，美国学前教育课程标准关注幼小衔接，注重未成年人的发展。

第三，美国基础教育课程设置寻求社会、学科以及学生个体间的平衡。联邦政府和州政府对中小学课程的干预。联邦政府对中小学课程管理主要体现在确立国家教育的基本培养目标、课程计划框架以及课程标准等宏观的课程政策。联邦政府通过出台一系列法律政策加强了对中小学课程的管理。如《不让一个孩子掉队法》要求各州围绕数学、科学、语言艺术等核心课程开发一套完整的学习标准和评估方案，用以提高学生成绩。该法鼓励各州为提高课程标准采取相应措施。美国州教育行政部门掌握本州中小学课程设置的权力。其职责是根据国家对课程的总体设置，制定本州辖区内学校的课程框架，包括课程目标、标准、实施方案以及指导学校实施地方制定的课程计划。同时，还要求定期评价本州确定的课程框架。此外，地方学校还具有课程决策权。具体表现在：制定课程的目的是以州政府规定的教育目的为依据；确定不同阶段教育内容；制定和执行与课程相关的政策；制定高质量的课程规划；进行必修科目和学时分配；设置核心课程，包括范围、顺序和课程指南；选择课程教材，例如选择教科书等。学校根据教育行政部门的有关政策和学校的培养目标开展课程设计、实施和评估。美国中小学内容设置较为复杂，各州、学区、课程内容框架不尽相同。以美国华盛顿特区一所小学为例，该小学不设选修课，课程设置包括英语、数学、社会科学综合、科学与社会交往 5门课程。中学的课程依据《州共同核心课程标准》，主要围绕英语、数学、科学、社会综合、视觉艺术与表演、体育、职业技术、外语和生理卫生等科目设置。美国中小学教师享有自主权，他们通过各级教师联合会实现对课程的管理。教师可以参与政策制定，参与相关课程研究项目，出台相应报告，干涉中小学课程制定。此外，教师还具有自主自定课程的权力。可以自主选择和自行编订教材，对教什么样的知识进行自主选择。

第四，美国高中的课程设置最具特色。除了围绕中学课程内容外，还开设大学先修课程（Advanced Placement，AP）。共设 33 类 AP 课程，内容涉及

---

〔1〕　宋占美：《美国学前教育课程标准的实践与思考》，华东师范大学出版社 2014 年版，第 60 页。

英语、美国史、心理学、统计学、微积分、生物学、化学、艺术、音乐理论等。高中课程设置注重与大学的衔接是美国中学课程设置的一大特色。美国中小学课程设置重视培养学生的批判性意识，最终让学生形成自主学习的良好习惯。

（二）重视学生学业评价，建立州和地方问责制

在义务教育阶段，《2000 年目标：美国教育法案》以立法形式鼓励各州建立学术标准和监测标准。《不让一个孩子掉队法》要求所有接受《中小学教育法》"第一条"资助的州都必须承诺参加两年一次的州级评价。美国各州每年都要经过学科的测评，掌握学生的进步情况，并将其与国家测试指标进行比较。美国基础教育质量评价成为政府主抓的一项任务。为了提高基础教育的质量，美国于 2015 年通过了《让每个孩子成功法》。该法的立法目的是为每个孩子提供公平的、平等的、高质量的教育，减少学习成绩的差异。其确立了未成年人平等发展的理念，并将联邦以测试成绩为基础的问责制转化为州和地方问责制，将联邦的教育权力下放到州和地方。法律规定各州要改善5%薄弱学校、1/3 学生辍学的学校以及学校成绩表现不佳学校学生的学习，使这些学生都能达成目标。

美国注重评价方法的选择。在教育教学中，真实性评价成了美国教育教学中的主要评价方式。真实性评价方式是检验学生学习成效的一种评价方式，真实性评价关注的是学生的实际表现而非对他们潜在能力的抽象假设。通过档案袋评价制度，美国中小学通过收集学生学习表现的信息，以光盘、作业本、测试卷、研究性报告等方式记录学生在学习过程中的进步，进而连续、多元地评价学生的学业水平。这种方式取代了单一考试带来的弊端，着眼于学生的发展和成长。

（三）制定教师教育标准，重视教师培养

第一，在教师资格准入方面，美国重视教师资格准入。对于新上任的中小学教师，《不让一个孩子掉队法》规定所有中小学核心课程教师都必须达到合格要求。所谓的合格要求是指拥有学士学位和州政府颁发的教师职业资格证书，并能够胜任所教学科的教学工作。所有中小学教师都必须拥有学士学位证书方可上岗。可见，美国对新教师的入职资格要求较为严格。早期教育师资资格认证和培养由不同部门负责。联邦开端计划管理局负责开端计划教师的资格认证。公立托儿教师的资格认证由州教育部门管理。儿童保育职业

资格认证由州立社会服务机构确立。对于学前师资的资格认证，美国全美幼儿教育协会颁布的教师教育标准包括三类：副学士学位标准（专科生）、初级许可证标准（本科生）、高级许可证标准（研究生）。《不让一个孩子掉队法》明确规定建议各州学前教育师资在 2006 年前达到学士学位水平。在特殊教育教师资格方面，1990 年《障碍者教育法》规定所有教师必须取得州统一证书或者通过教师资格证考试，要求拥有学士学位并且每一位核心课程的教师必须拥有《障碍者教育法》规定的从事该学科教学的合格的教学能力。在州层面，美国各州教师资格标准不一。以佛罗里达州为例，针对 K-12 年龄段的特殊未成年人教育主要有四种证书教师可以选择，包括教育特殊学生的普通证书、听力损伤证书、言语障碍证书、视觉损伤证书。宾夕法尼亚州会为从事以下类别的特殊教育的教师提供证书。主要包括盲人或视力障碍的学生；有认知、行为或身体障碍的学生；有耳聋或听力障碍的学生；有言语障碍的学生。

第二，在师资培养方面，美国主要包括两年制的专科或学院，四年制的学院或大学。两年制学院主要包括社区学院、初级学院和技术学院。两年制学院学生修完学分，达到要求就可以毕业。四年制大学学生需要完成通识教育和主修课程后获得学位。除了高校培训项目外，美国还存在一些特殊培训项目，这些项目以服务学龄前特殊幼儿及其家长为目的，目的是让准备从事教师职业的人员通过完成一定的课程取得政府的认证，获得早期特殊教育教师证书或执照。为了提高学前教育质量，全美幼儿教育协会出版了《全美幼儿教育协会早期专业人员培养标准》。[1]该标准包括五项内容：①能够完善幼儿的发展与学习；②能够建立与家庭和社区的和谐关系；③能够观察、记录和测评估；④具有教学与学习能力；⑤成为一名专业人员。从早期教育培养标准来看，其将未成年人的发展和学习作为标准的首要内容，强调未成年人的发展，对美国学前教育师资培训质量控制产生了积极的影响。

第三，在特殊教育教师培养方面，各州做法不一。密歇根州立法机关负责的"教师总结、教师指导"计划要求全部教师在执教前三年须要至少指定一名资深教师或大学教授或退休教师作为他的指导教师，新教师必须加强专

---

〔1〕　周小虎：《为了儿童的利益：美英学前教育政策比较研究》，山东教育出版社 2015 年版，第131~132 页。

业化培训，包括课堂日常管理培训以及教学培训。俄亥俄州于 2003 年推出了"12 月计划"，该计划旨在缓解特殊教育教师短缺，为持有临时干预专家证书的教师提供"许可证途径"。由州大学进行培训负责。美国特殊教育教师培养的特点是教师准入较为严格，特殊教育教师职后培训注重专业化发展，有效保障了特殊教育师资的质量。

（四）确立政府的经费和条件保障的义务

第一，在学前教育方面，联邦州政府通过直接补贴的形式进行学前教育财政投入。在美国学前教育系统中，联邦和州设立了不同部门进行管理。联邦层面主要由健康和人力资源服务部门和教育部门负责。联邦部分主要通过"提前开端"项目和儿童保育发展基金负责。"提前开端"项目主要由美国政府直接拨付，并由州政府提供配套经费支持。政府以固定补助金形式进行拨款，款项直接投入到提供服务的相关项目当中。儿童保育发展基金是以教育券[1]项目的形式分配给各州，针对付不起保育费低收入家庭，各州直接补助给幼儿及其家庭。父母有权持教育券向经过注册的私立机构购买幼儿保育服务。联邦政府也补助州政府适当收费和其他项目，比如，食物补助方案。州政府承担的基本教育经费主要依托托儿所项目帮助处境不利或弱势的 4 岁幼儿做好入学准备。美国对学前教育的财政支持不仅限于公立机构，同时也将非公立学前教育机构纳入财政资助范围。获得资助的机构包括持照幼儿中心、学校和家庭护理中心。

第二，在残障未成年人受教育投入方面，美国形成了"联邦—州—地方"三级特殊教育经费分配体制。在联邦层面，《身心障碍者教育法》是一部资助法案，规定了联邦政府的经费投入。该法规定州政府必须制定计划，为所有身心障碍未成年人提供"免费且适当的公共教育，该教育强调特殊教育以及提供满足他们独特需要的相关设施"。2000 年到 2017 年美国政府对残障未成年人受教育方面的投入从 20 亿美元增长到约 120 亿美元。[2]（见图 3）联邦政府还设立专项拨款计划支持残障未成年人的教育。联邦政府预算中明确规定了不同类别残障未成年人所占经费的具体数目。在 2017 年教育经费预算

---

〔1〕 教育券补贴是一项联邦政府和州政府资金"跟着孩子"进早期保育与教育项目。由地方政府机构直接将费用补贴发给保育者，直接用于保育费用。

〔2〕 U. S. Department of Education. Special education——grants to states funding status，http：//www2. ed. gov/programs/osepgts/funding. html.

中，残障幼儿及家庭补助金达到 5.04 亿美元，3 岁至 5 岁学前特殊教育未成年人补助为 4.03 亿美元，3 岁至 12 岁残障人的特殊教育及相关服务达 119.1 亿美元，职业康复的费用达到 33.99 亿美元。[1]在州层面，州政府是特殊教育经费的主要承担者。美国大部分州地方政府对基础教育经费基本来源是财产税，公立学校财政收入主要源于不动产税收。[2]对于特殊教育地方政府的投入占到总费用的一半。这些经费分为专项补助和一般补助，前者被用于对特定对象的补助，后者根据学生人数被用于学校。此外，企业、基金会、教会等社会组织也是特殊教育经费的来源。如麦凯奖学金项目专门针对残障学生发放教育券，帮助残障学生选择学校就读。

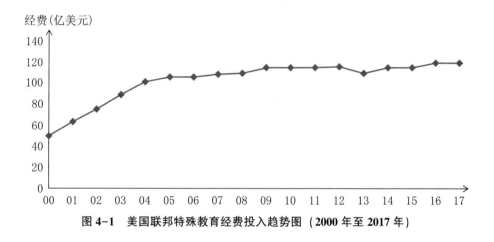

经费（亿美元）

图 4-1　美国联邦特殊教育经费投入趋势图（**2000 年至 2017 年**）

二、英国未成年人智力发展的立法保护

英国是老牌资本主义国家，非常重视教育，教育发展历史悠久。作为全球发达国家之一，英国建立了较为完善的未成年人教育法律体系。在教育领域，英国相继出台了《教育法》（2011 年修订）、《儿童法》（2004 年修订）、《儿童照顾法》（2006 年）、《为了全体学生：更高标准、更好的学校》（2005 年）、《每一个儿童都重要：全面关注英国弱势群体儿童的健康发展》（2006

---

〔1〕　Fiscal year 2017 budget summary and background information，http://www2. ed. gov/about/overview/ budget/budget17/summary/17summary. pdf，2016-05-18.

〔2〕　高建民："美国基础教育财政发展史研究"，河北大学 2004 年博士学位论文。

年）等一系列法律法规。

（一）课程目标关注未成年人的"学力培养"和发展

2000 年，英国设置国家课程的目标是促进学生精神、道德、社会和文化发展。英国通过课程实施来促进学生精神、道德等方面的发展。

英国中小学课程主要包括国家法定性课程和学校自主开设的课程。国家法定课程主要包括国家课程（5 岁至 16 岁）、宗教教育课程（5 岁至 18 岁）、性教育课程（11 岁至 18 岁）。[1]国家课程强调学校和教师应对学生的需要进行回应。国家课程旨在为未成年人提供基本的知识，促进其成为有教养的公民。在国家课程之外，教师可以根据大纲开发有趣味的课堂，促进学生知识的学习，理解力以及技能的提升。也就是说，国家课程是促进学生发展的手段之一，它并没有对教师的自主权全盘否定，而是赋予学校和教师安排课程的权力。义务教育阶段国家课程内容丰富，包括英语、数学、科学、艺术与设计、公民、信息技术、设计与技术、语言、地理、历史、音乐、体育。国家课程注重基础学力的培养，将算术与数学、语言与知识作为两大素养予以重点关注。英国在 2014 年国家课程改革中，重点提出改革考试和评价制度、给教师更多教学自主权、缩减国家课程内容等方面。

（二）强调以发展为中心、重视学生能力的学业评价制度

在基础教育阶段，英国基础教育的学生评价形成三级框架体系。国家考试处于最高级，主要检验每个学习阶段学生的收获，考试标准一般采用全国统一的标准级别，从而保证教育质量。处于中级的是以教师为评价主体所实施的评价，一般在学生学习计划每个阶段结束时进行，围绕学习计划中的标准展开，主要为确保学生不偏离学习计划；处于最下级的是学生的自我评价和同学之间的互评，这一评价相对灵活，不受时空限制。按照《教育改革法》的规定，英国将国家课程体系中学生应达到的发展水平划分为八个级别，规定各个关键学段结束时一般学生需要达到的级别标准。除了国家安排的课程评价外，英国学生评价也在发生转型，从实施"关于学习的评价"逐渐转型"为了学习的评价"。主要包括教师实施的评价和学生之间的互评和自评。这两种模式强调学生的主体地位，重视学生的自学技巧和能力，以学生的发展为中心。

---

[1] 李建民：《英国基础教育》，同济大学出版社 2015 年版，第 80 页。

在学前教育阶段，英国联合政府上台后，对国家课程及其评价进行调整，从 2012 年开始对学前未成年人进行评价。学前阶段未成年人评价的内容主要包括七个学习领域，包括交流与语言、身体发展、人际、社会和情绪发展、识字、数学、认知世界、表现性艺术与设计。按照这七个领域的内容要求，教师对准备进入幼儿园的 2 岁至 3 岁未成年人进行评价。在完成学前教育年限后，也要进行同样的评价，形成学前教育阶段幼儿发展的档案袋，为进入小学阶段做好准备。

（三）建立教师专业标准，重视教师的教育能力培养

教师专业标准是教师专业化程度的主要依据，是教师质量保障的重要举措。英国政府相继出台了《合格教师身份》咨询文件、《教育（教师）条例》《教师专业标准》《合格教师资格标准》等，规定了教师的资格和培养等内容。

在中小学教师资格方面，同美国一致，英国中小学教师资格要求门槛也较高。申请者必须达到大学本科及以上学历。除此以外，申请者的教育水平、个人素养、教育教学能力是英国教育行政主管部门进行审查教师资格申请者是否合格的重要依据。可见，英国中小学教师资格制度以教师综合素质和教学能力为本位。也就是说，综合素质和教育教学能力是英国中小学新教师资格准入的主要特点。

英国重视特殊教育教师的能力培养。《教育法》规定从事这三类学生：听力障碍、视力障碍、多感官功能障碍教学和教师工作的教师除了一般教师资格外，还必须经过国务秘书的批准，符合专门教授以上三种障碍学生的教师执业资格。英国特殊教育教师资格采取普通教师资格和特殊教师资格的双证制度。由于教师具有普通教师资格不能很好地发现学生的需要，对于学生的行为表现也束手无策。基于对特殊教育教师的特殊教育能力的培养，英国学校培训与发展署授权八所高校（伯明翰大学、金士顿大学、赫特福德大学、利兹大学、曼彻斯特大学、牛津布鲁克斯大学、牛津大学、伦敦大学）开展听觉障碍、视觉障碍和多重感官障碍学生的教师培训。不同大学所授课程不同。教师可以选择一年的全日制培训或二年的非全日制培训或远程学习。教师必须通过评估才能获得相应的执业资格证书，评估内容主要包括完成系统的作业，能做好就业计划，熟练运用盲文或手语，参加特殊教育专业能力考试。由此可见，英国立法对特殊教育教师的任职资格和资格准入层面要求较为严格。其不仅要求教师具有普通教师资格，还要求具有特殊教育教师资格。

可见，要求教师教育培训指定专门的大学来培养，这样保障了特殊教育教师的质量。

（四）明确政府的教育经费和条件保障的义务

对于学前未成年人，英国1989年《儿童法》对未成年人发展作出了最全面的规定。规定政府和家长在学前儿童发展中的重要责任。《教育法》规定了未成年人日托保育的内容。《儿童保育法》规定了政府在学龄前儿童健康保障中的义务和责任。法律规定早期教育经费主要由政府承担，主要用于扩大幼儿的入学机会和消除贫困。未成年人保育券（Childcare Voucher）是英国政府通过用人单位给员工子女的一项减免所得税的福利。未成年人保育券是通过从父母税前工资扣除，用于支付幼儿托管的费用。对于学校学习的父母分为两种情况，一种是在学校学习的低龄父母，可以申请"Care to Learn"补助金。另一种是在高等院校学习的父母，可以申请幼托补助金以及家长学习津贴。如家长学习津贴（Parents' Learning Allowance），在高等院校学习的父母每年可申请资金用于补助书本、学习及交通。

英国政府重视残障未成年人的经费投入。英国《为了所有儿童的成功：满足特殊教育需要》明确规定为普通学校提供特定补助经费，加强其满足残障未成年人特殊教育需要的能力。英国普通学校就读残障未成年人资金的来源形式多样，主要有标准基金、学校创始基金、校外活动基金以及额外教育奖励。[1]标准基金是由国家专门设立的针对残障未成年人的基金，占到英国特殊教育项目50%的费用。可见，英国国家层面对于残障未成年人的教育投入非常重视。同时，由于没有考虑到残障未成年人个体的差异，用于残障未成年人的教育经费被学校挪用。《学校经费投入改革：朝向更加公平的投入体制》，规定专项拨款分为学前学区、正常学区和高需求学区三部分。其中，高需求学区主要包括接受特殊教育的未成年人。

三、日本未成年人智力发展的立法保护

近代以来，日本有过两次重大的教育改革，即明治维新时期和第二次世界大战结束后。日本政府出台教育改革付诸实施之前，必须先修订法律，法

---

〔1〕谢敬仁等："国外特殊教育经费投入和使用及其对我国特殊教育发展的启示"，载《中国特殊教育》2009年第6期。

律如何规定就怎样实施。20 世纪 80 年代以来，日本对基础教育进行了一系列改革。改革以"国家未来"和"卓越改造"为原则，通过改善教育的中央集权制、划一制、入学考试竞争等，逐渐适应未成年人的个性化需求。日本基础教育改革的基本方向围绕促进学生发展、改革教育内容、调整课程结构等方面。这种转型的实质在于由形式上的教育机会平等转向注重培养每个人的个性和能力，由公平转向效率，由重视知识转向重视智力，重视对创新能力和人才的培养，更加重视人自身的健康和和谐发展。

（一）课程注重学生的"扎实学力"和生存能力培养

第一，确立"扎实学力"的课程目标。日本在课程改革过程中，提出以培养扎实学力为目标。早在 2005 年，日本中央教育审议会在《创造新时代的义务教育》报告中明确提出了"扎实的学力观"概念。其含义是"培养基础知识与基本功能力和培养自主学习，独立思考的能力，不是对抗关系，而是通过强调整合前者和后者这两个教育方面，培养出扎实的学力"。[1]从学力的要素来看，主要包括基础知识和基本技能的掌握、应用知识和技能解决问题所需要的思考能力、判断能力和表现能力以及学习意愿。这一概念为日本《学校教育法》修订提供了来源。2007 年修订的《学校教育法》第 30 条第 2 款规定必须培养学生未来所需要的学习基础，让学生掌握基础知识和技能，同时培养学生灵活应用知识解决问题所需的必要的思考能力、判断能力和其他方面的能力，特别是培育学生自主的学习态度。可见，日本已经确立了培养学生"扎实学力"的课程目标。

第二，课程标准注重未成年人的生存能力。2008 年修订的《学习指导要领》是管理学校教育课程和实施学校教育课程的重要纲领性文件，是修订教科书的重要法律来源。《学习指导要领》规定学校的课程编制方针以独立人格的协调养成为目标。学校要充分认识到未成年人身体发展的阶段性特征，编制教育课程标准。具体包括：以学生生存能力的提高为培养目的，通过开展有特色的创造性教学活动，使学生切实掌握基础知识和基本技能，并培养学生能够运用所学知识技能，解决问题的能力、思考力、判断力、表现力。根据未成年人发展的不同阶段，充实未成年人的语言活动，通过与家庭的沟通与有效配合培养未成年人良好的学习习惯。

----

〔1〕　田辉等：《日本基础教育》，同济大学出版社 2015 年版，第 111 页。

第三，课程内容。修订的日本《学习指导要领》指出改革的目的是通过增加授课时间和授课内容目的是帮助学生学到知识和技能，并且培养他们的生存能力。从修改的内容来看，主要包括学时、教学内容、传统文化以及道德教育内容以及减少综合课程学时（简称"三增一减"）。其中，在课时方面，增加小学语文、社会、数学、理科、体育等共 350 课时。在教学方面，增加数学、理科、外语活动的内容。在传统文化方面，强调国语、音乐、文化遗传、道德教育等内容。可以发现，日本课程内容设置上更加多元。

（二）学生学业评价制度以"学力"为目标

进入 21 世纪，日本为了进一步提高基础教育质量，提出了以培养学生具有扎实学力、丰富内心、健康体魄为基础的生存能力为目标的基础教育改革方针。为了保障基础教育质量，一份名为《创造新时代的义务教育》的咨询报告提出"对中小学生的学业程度、理解程度进行适当的全国学力调查"。修订的《学习指导要领》再次提出在教学中开展学力评价。强调学力评价是对以往基础教育领域"宽松教育"路线的调整。据教育再生会议提交的正式报告显示，"宽松教育"是日本学生学力低下的原因。改革的目的是帮助学生学到知识和技能，并且培养他们的生存能力。由此可以看出，日本学业评价制度以"学力"为目标，不仅关注未成年人知识、技能，还注重学习愿望、思考力、判断力、表现力等在内的学力培养。

（三）教师培养注重教师的"实践指导力"和"素质能力"

第一，法律规定了教师获得许可证的最低条件。1989 年修订的《教育职员许可法》规定中小学教师取得教师许可证种类分为专修许可证、第一种许可证、第二种许可证。它们分别对应的学历要求为硕士、学士和准学士。这一修订废除了以往实施的一级、二级资格证书，代之以三级教师资格制度，旨在提高教师整体素质。在学前幼儿教师资格方面，分为普通资格证和临时资格证两种。普通资格证与中小学教师许可证一致，临时资格证是尚未取得普通资格证的幼儿园工作人员，通过取得临时资格证而获得工作。2009 年，日本教师资格证实行"教师资格更新制"。《教育职员许可法》第 9 条规定普通许可证和临时许可证的有效期限分别为自取得之日起满 10 年和 3 年。同时规定许可证更新由官方指定的大学承担。申请许可证更新时需接受 30 小时以上的许可证更新讲义。其内容包括教育时事（大于 12 小时）、学科教育以及专业教育（大于 18 小时）等内容。许可证更新制是日本特有的制度。通过设立许可证更新制，保障了教师教育质量和教育教学能力的提高。

第二，形成学前师资培养制度一体化。日本幼儿教师的培养由文部科学大臣认可的高等院校和短期大学完成。[1]日本对幼儿教师的资质要求比较严格，建立了幼儿教师进修制度，规定幼儿教师必须具备相应的学历。对于教师在职进修，《教育公务员特例法》规定教师在职进修是每个教师的义务，各相关主管单位应当为其提供条件。如在课程设置和内容方面，除了一般的课程之外，还有专门设立的专业知识和技能的"教科课程"，如国语、音乐、美工、体育等科目。此外，还设置"教职"课程，如教育原理、幼儿教育内容、教学法等内容。日本重视教育实习，对尚未接触幼教课程的大学生以及社会成员希望获得教育资格的人士，根据需要开设半年到一年左右的有关幼儿教师培训的特别课程。同时，建立新任教师进修制度，使得新教师能够顺利进行幼儿教育工作。在教师在职培养方面，日本《教育公务员特例法》规定新任教师研修制度。主要由督道府县及都、市教育委员会负责组织，研究分为院外研究、院内研究和住宿研修三种方式。[2]（表7）《教育公务员特例法》规定了工作满10年以上教师的研修。如第20条规定对工作满10年的教师，县教委必须根据其能力和特点，为每人制定不同的研修计划。由此可见，日本已经形成了一套制度化的幼儿教师研修政策。（见表4-1）

表4-1　新任教师的研修表

研修地点	研修形式	研修时间
园外研修	讲座、研究讨论、演习	10天/年
园内研修	由委员会派遣的研修指导员在幼儿园内对新任教师进行指导	10天/年
住宿研修	到自然之家以及社会福利设施等参观	4夜/5天

第三，教师培养注重教师的"实践指导力"和"素质能力"。2007年《关于今后教师培养与资格证书制度方式》进一步明确教师培养阶段，应注重基本素质与能力的养成。具体包括了教师的使命感和责任感、对教师的热情、班级管理和学科教学的能力、学生指导与教学指导的实践能力和素质。

---

〔1〕　曹能秀：《学前比较教育》，华东师范大学出版社2009年版，第151页。
〔2〕　曹能秀等：《当代美英日三国的幼儿教育改革研究》，云南大学出版社2010年版，第127页。

（四）确立政府的经费和条件保障的义务

第一，在学前教育经费保障方面，日本通过社会保障与税制一体化改革相关法案、出台消费税增税关联八法（包括了未成年人及育儿关联三法）等法律，形成了一套未成年人及育儿财税支持制度。在私立幼儿园经费支持方面，国家向私立幼儿园提供补助金以购买相应的教育服务。根据《私立学校法》的规定，国家和地方政府为私立学校提供经费补助。国家和地方政府采取"幼儿入园奖励费补助""保护者补助"等方式为私立幼儿园提供经费补助。2013 年，日本私立幼儿园家庭的补助金额在公立幼儿园补助金额基础上再提高 5%。对于低收入家庭子女就读私立幼儿园的入园补助金由 2012 年的 226 200 日元，提高到 229 200 日元。[1] 2015 年，日本拨出 3097 亿日元的预算，作为认定幼儿园、托儿所和儿童托管等服务的经费。[2] 在认定儿童园支持方面，儿童及育儿关联三法对四种类型儿童园共同使用的设施设备给予支持，称为"设施型给付"，由地方各级政府保证负责认定，一方面要采取措施促进认可与指导相结合，另一方面要加强金融保障措施与设施型给付的整合。对地方酌情裁定型认定幼儿园给予支持，称为"地域型保育给付"。这种类型的给付对象包括小规模保育、家庭性保育、居家访问型保育机构，由地方政府负责给付。在学前教育无偿化方面，2015 年《儿童及育儿援助新制度》规定为减轻市町村各级财政预算负担，由国家中央政府出资来弥补市町村各级就园奖励的补贴，确保达到 1/3，同时国家中央政府与市町村各级按比例对家庭负担较重的入园儿童予以无偿支持，确保入园。同时，政府向学前教育家庭提供入学补助，以此抵消部分入园费和保育费。《儿童及育儿援助新制度》规定第二个子女和第三个子女的补助限制被取消，第二个子女实行半额化，第三个子女实行无偿化。

第二，在残障未成年人受教育方面，明确了政府的义务和责任。国家和地方教育部门通过研修、宣传等多种形式推进特别资源教育观念的普及。建立特殊班级以及走读指导教室，调整班级定员、授课时间以及指导方法，建立应对多重残障的教育指导制度。每一所学校根据随班就读情况，配置相应的特别支援指导教师，建立残障未成年人在普通学校就读，同时可以在特别

---

〔1〕 田辉等：《日本基础教育》，同济大学出版社 2015 年版，第 111 页。
〔2〕 王福兰："日本学前教育财税支持新政及借鉴"，载《税务研究》2016 年第 6 期。

场所接受必要指导和援助的弹性化教育体制。建立中央和地方共同负担的经费投入机制。日本残障未成年人的经费投入分为公费、准公费和民间资金三个部分。从经费承担比例来看，国家占50%，县、市町村负责50%[1]。公费主要是国家、督道府县和市町村的税收收入。日本政府提供了特别资源教育奖励和补助津贴，按照残疾未成年人就读的学习不同，分为三类：特别资源教育就学奖励费、分担费；特别资源教育就学奖励费、补助费；特别支援教育就学奖励费、交付费。

小　结

从对英国、美国、日本三国未成年人智力发展的立法保护梳理来看，由于法律传统、历史背景、社会条件以及实践问题的不同，三国对于未成年人智力发展的保护，无论是具体的权利内容，还是法律制度保护都存在一定的差异。但三国在未成年人智力发展的保护中表现出来了共同点：各国都围绕未成年人发展，将未成年人的发展作为未成年人立法的基本价值目标。我们可以就此得出以下启示。

第一，在课程和教学方面，从各国课程目标来看，将未成年人的发展作为课程目标的重要内容。欧美国家通过立法对课程和教学进行详细的规范。美国先后颁布了《2000年目标：美国教育法》等法律文件，从课程目标、课程标准、课程设置等方面进行了规定。英国先后颁布了《教育法》《儿童法》《国家课程标准》等，国家课程重视基础学力的培养，旨在促进未成年人的精神、道德、社会和文化发展。日本先后出台了《学校教育法》《学习指导要领》等文件，将学生的学力培养和生存能力培养作为课程目标。

第二，在学业评价和考试制度方面，各国重视未成年人的智力发展。美国《2000年目标：美国教育法》《不让一个孩子掉队法》《让每个孩子成功法》规定通过学科考试掌握学生的学业发展水平。此外，为了保障学生的学习成绩，还建立了州和地方以测试成绩为基础的问责制。英国《教育改革法》将国家课程体系中学生应达到的发展水平分为八级，规定各个关键学段结束时学生应达到的级别标准。此外，英国学生评价实施逐步从"关于学习的评

[1]　谢敬仁等："国外特殊教育经费投入和使用及其对我国特殊教育发展的启示"，载《中国特殊教育》2009年第6期。

价"向"为了学习的评价"转型。日本《学习指导要领》明确提出学业评价
制度以"学力"为目标，不仅关注学生的知识、技能掌握，还关注学生学习
愿望、思考力、判断力等学力。

第三，在教师资格和培养方面，各国立法重视教师教育教学能力的培养。
教师是未成年人发展的促进者。教师素质的提高最终是为了促进未成年人的
学习和发展。发达国家将促进未成年人的学习和发展作为教师教育课程的内
容。美国《不让一个孩子掉队法》明确了教师资格准入标准。英国出台了
《教育教师条例》《教师专业标准》《合格教师资格标准》等文件，对教师的
资格和培养作出规定，还规定了特殊教育教师的教育教学能力的培养。日本
《教育公务员特例法》对教师资格和培训进行了详细规定。

第四，在特殊未成年人受教育平等保护方面，重视特殊未成年人的教育
平等保障。美国先后出台了《残疾人教育法》（1970年）、《康复法》（1973
年）、《所有残疾儿童教育法》（1975年）、《残疾儿童保护法》（1986年）、
《全体残疾儿童教育法修正案》（1986年）、《身心障碍者教育法》（1990年）、
《美国身心保障者法》（1990年）、《身心障碍者教育法修正案》（1997年）。
这些法律为保障残障未成年人的健康发展起到决定性作用。英国将全能教育
作为本国教育发展的原则与目的，促进特殊未成年人受教育机会平等的实现。
并相继在《教育法》《残疾人教育法》《残疾人歧视法》等法律当中对特殊未
成年人的受教育进行了规定。日本《残疾人基本法》《发展障碍者支援法》
从援助对象、经费保障、政府的义务和政策等方面作出详细的规定。

第三节　我国未成年人智力发展的立法保护存在的问题及其成因分析

通过分析美国、英国、日本三国对未成年人智力发展内容的立法保护，
我们可以发现发达国家在未成年人智力发展保护方面形成了较为完善的法律
体系，对未成年人的智力发展进行了有力保护。本节将结合发达国家未成年
人智力发展的立法保护，对我国未成年人智力发展保护的法律文本进行梳理
和分析，揭示我国未成年人智力发展的立法现状，并在此基础上分析我国未
成年人智力发展的立法存在的问题及成因，为完善我国未成年人发展权保护
提供支持。

一、课程与教学立法不完善，忽视未成年人创造力培养

未成年人智力发展是知识和技能习得的过程。课程和教学是未成年人获得智力健康发展的重要途径。我国《义务教育法》《未成年人保护法》对课程和教学的内容作出规定。作为配套制度，我国相继制定了《基础教育课程改革纲要（试行）》《国家中长期教育改革与发展规划纲要》《义务教育课程标准》《普通高中课程方案和语文等学科课程标准》《国家教育事业发展"十三五"规划》等文件。（见下表4-2）

表4-2　关于未成年人课程与教学的主要法律文本

名称	颁布机构（时间）	主要内容
未成年人保护法	全国人大（2020年修订）	第35条规定学校、幼儿园等不得在危及未成年人人身安全、身心健康的校舍和其他设施场所中开展教育教学活动。
义务教育法	全国人大（2018年修正）	第35条规定国家鼓励学校和教师应采取启发式教育等教育教学方法，提高教育教学质量。
基础教育课程改革纲要（试行）	教育部（2001年）	提出课程设置九年一贯的课程门类和课时比例，并设置综合课程。建立国家课程标准。教学过程注重培养学生独立性和自主性，引导学生质疑、调查、探究等。建立学生全面发展的评价体系。
中长期教育改革和发展规划纲要（2010-2020年）	教育部（2010年）	严格执行义务教育课程标准、深化课程与教学方法改革，推行小班教学。
义务教育语文等学科课程标准（2011年版）	教育部（2011年）	把课程标准的教育理念和基本要求落实到课堂教学中。严格依据课程标准组织教学，合理把握教学内容和难度要求。
中小学信息技术课程指导纲要（试行）	教育部（2000年）	设立信息技术课程。
普通高中课程方案和语文等学科课程标准（2017年版）	教育部（2017年）	普通高中课程包括必修、选择性必修、选修三类课程。

续表

名称	颁布机构（时间）	主要内容
国家教育事业发展"十三五"规划	教育部（2017年）	规定推动合作探究式学习、倡导任务驱动学习，提高学生分析解决问题的能力。

　　从规定的内容来看，主要涉及课程目标、课程内容、课程标准、课程实施等方面。①在课程目标方面，《基础教育课程改革纲要（试行）》（2001年）明确了获得基础知识和基本技能、形成正确价值观的课程目标。②在课程内容方面，《义务教育课程设置实验方案》指出设置综合课程和综合实践活动。《普通高中课程方案》指出普通高中课程包括必修、选择性必修、选修三类课程。《国家教育事业发展"十三五"规划》还提出鼓励普通高中实行"选课制"，开设多样优质的选修课程。③在课程标准方面，出台了《义务教育课程标准》《普通高中课程方案和语文等学科课程标准》。如《义务教育课程标准》包括了语文、数学、英语等19个学科课程标准，明确将学生能力培养作为课程标准的重要内容。④在教学方法和教学模式方面，《义务教育法》规定国家鼓励学校和教师应采取启发式教育等教育教学方法，提高教育教学质量。《国家教育事业发展"十三五"规划》规定推动合作探究式学习、倡导任务驱动学习，提高学生分析解决问题的能力。从整体上来看，我国课程与教学方面的立法形成了一定的规模。我国出台了基础教育课程标准、高中课程方案和语文等学科课程标准，但学前教育的课程标准尚付阙如。

　　比较而言，美、英、日三国重视学校课程与教学方面的立法。具体体现在：①课程目标强调未成年人的创造性发展。美国课程目标注重未成年人认知能力和批判性思考能力的发展。英国国家课程目标强调关注未成年人的精神、道德方面的发展。日本强调确立"扎实学力"培养的课程目标。②课程设置的内容突出重点。美国重视数学、科学、语言艺术等核心课程。《不让一个孩子掉队法》要求各州围绕核心课程开发学习标准和评估方案。英国义务教育阶段课程内容丰富，涵盖了英语、数学、科学、艺术与设计等多个科目。其中，算术与数学、语言与知识是重点关注的内容。日本《学习指导要领》明确学生要接近和熟悉计算机、通信网络等，奠定信息素养。③确立以学生发展为中心的课程标准。三国侧重点有所不同。美国形成国家标准、州标准和地方标准三级课程标准架构。国家标准为各种标准制定提供了参考和依据。此外，还出台了《州共同核心课程标准》。日本注重培养学生的生存能力为目标，注重基础知识和基本技能以及解决问题能力、思考力、判断力等。

通过比较我们可以发现，美国、英国、日本三国在课程和教学立法的一个共同点是：通过立法手段，突出强调以未成年人学生的发展为培养目标。并对课程内容和课程标准进行相应的法律规定。尽管我国立法重视未成年人的创造性等能力培养，但在课程目标、课程内容和课程标准的具体内容方面与发达国家立法还存在相当差异。从当前课程和教学的立法保护的实际状况来看，我国仍存在以下具体问题：

（一）课程目标以社会本位为价值取向，忽视未成年人的发展

课程目标是在课程设计和开发过程中，针对课程本身实现的具体要求，期望某一阶段学生在道德、智力、身体、文化水平等方面取得的成绩。[1]关于课程目标，我国《基础教育课程改革纲要（试行）》规定课程目标涉及爱国主义教育、法制教育、创新和实践能力培养、终身学习的知识技能和方法、心理健康等方面内容。这一课程目标被简化为知识与技能、过程与方法、情感态度与价值观三维培养目标。传统强调"基本知识"和"基本技能"（简称"双基"）这一课程目标较传统课程目标更为进步。然而，这一陈述将课程目标范围作为教育目标，这样一来课程目标和内容方面的表述显得相对概略和抽象，更多体现出社会本位倾向，落实到具体的课程实践当中缺乏可操作性。这是由于长期以来在我国课程立法的价值取向上社会本位占主导地位，以学生发展为中心的课程价值取向不够明显，导致对学生创造力发展的培养不足。

（二）尚缺乏学前教育课程标准

课程标准是教科书编写与审查、教学和学业评价的依据。近些年来，我国陆续出台了基础教育阶段的课程标准和高中教育阶段的课程标准。我国课程标准是由国家教育行政部门制定和主导。换句话说，国家享有课程决策权，地方和学校的课程决策权较弱。学校在课程管理上受制于国家课程，缺乏自主权，发展学生创造精神和实践能力的教育难以展开。在学前教育课程方面，我国尚无学前教育课程标准。在实践中，在家长们"不让孩子输在起跑线上"

---

〔1〕　钟启泉主编：《课程与教学概论》，华东师范大学出版社 2004 年版，第 59~61 页。

的理念影响下，一些民办幼儿园为了吸引家长，设置课程时增加了小学识字、计算的内容。过度重视学前未成年人的知识和记忆能力的训练，抹杀了未成年人的创造力和想象力培养。由于学前教育课程标准缺乏，幼儿园任意设置课程，这一结果导致学前教育课程小学化，造成学前未成年人的发展受损。

（三）课程内容对于学生基础知识素养以及学生个性发展的内容不够

在中小学课程设置方面，我国实行国家课程、学校课程分级课程管理。在国家课程设置方面，规定要实施全套九年制义务教育课程。其中，小学以综合课程为基础，包括道德和生活、数学、体育和艺术课程；高年级提供道德和社会、语文、数学、外语、科学、综合实践、体育和艺术课程。初中阶段实行分科制度，包括语文、数学、外语、理科、物理、化学、生物、历史与社会或历史、思想道德素质、地理、体育与健康、艺术或音乐、美术和综合实践活动。但是，缺乏信息技术教育课程的内容。从发达国家课程设置的内容来看，信息技术教育是义务教育阶段课程的重要组成部分。我国《中小学信息技术课程指导纲要（试行）》规定设立信息技术课程，但是缺乏信息技术课程标准。实践中，我国在义务教育阶段尚未单独规定信息技术课程，而是将信息技术课程整合进其他课程。教学方法以讲授知识为主，忽视了学生的信息素养和能力的提升，尚未达到培养学生创造性和个性的课程目标。

在高中课程设置方面，新修订的《普通高中课程方案》重视以学生核心素养为中心组织课程内容。以学科大概念为核心，使课程内容结构化。该方案规定普通高中课程由必修、选择性必修、选修三类课程构成。前两部分课程是根据国家统一安排，第三种选修课由学校自主开设。从制度上来看，关于选修课，《国家中长期教育改革和发展规划纲要》指出创造条件开设丰富多彩的选修课，为学生提供更多选择，促进学生全面、有个性地发展，但如何在中小学推行选修课，缺乏具体的制度安排。实践中，选修课的开设并不理想。一方面学校在考试成绩导向下，把时间集中在考试科目上，选修课被压缩；另一方面，选修课要求教师具有创造性，具有较高的教学能力和教学水平。而现实是，长期以来我国教师培训不足，一些教师的教学观念和教学方法远远没有跟上。因而，在选修课的开设上常常流于形式。

（四）合作探究教学方法的条件保障不足

在教学方法方面，我国《义务教育法》第35条规定国家鼓励学校和教师应采取启发式教育等教育教学方法，提高教育教学质量。从这一法律规定来看，这里只规定了启发式教育。教学方法不仅包括启发式教育，还包括其他教育方法。启发式教育相对于授课式教育方法，授课式教育方法注重知识传授，忽视学生的主体性。鼓励采取启发式教育，注重调动学生的自主性和积极性。但是，对于如何通过制度来保障，缺乏相应的法律规定。我国《国家教育事业发展"十三五"规划》规定推动合作探究式学习、倡导任务驱动学习，提高学生分析解决问题的能力。但是，对于如何保障，并没有具体的法律规定。从条件保障方面来看，合作探究式学习要求小班化教学。在班级授课主导下，我国中小学大班化教学仍然普遍。截至 2017 年，我国大班额的班级共 36.8 万个，占全部班级的 10.1%。[1]究其原因，在很大程度上是由于标准化学校配置的法律规定以及相关主体责任缺乏导致大班额现象无法短期得到消除。因此，在大班额的班级模式下，探究式学习也往往流于形式。

二、学生学业评价和考试的配套法律制度不足，诱发学生偏科严重

学业评价与考试制度是未成年人智力发展立法保护的重要组成部分。从目前我国学业评价和考试的相关立法来看，《义务教育法》规定改革考试制度，并改进高级中等学校招生办法，推进实施素质教育。为了具体落实，制定《义务教育课程设置实验方案》《关于进一步推进高中阶段学校考试招生制度改革的实施意见》《关于积极推进中小学评价与考试制度改革的通知》《关于加强和改进普通高中学生综合素质评价的意见》《普通高中课程方案》等文件。从地方法规来看，江苏省制定《普通高中学校综合素质评价方案》、上海市制定《普通高中学生综合素质评价实施办法》等。（见表 4-3）

表 4-3　关于学生学业评价和考试的主要法律文本

名称	颁布机构 （时间）	主要内容
义务教育法	教育部 （2018 年修正）	第 35 条规定改革考试制度，并改进高级中等学校招生办法。

---

〔1〕 "教育部部长回应热点问题念了两句'顺口溜'（实录）"，载 http://news.ifeng.com/a/20180316/56791109_0.shtml.

续表

名称	颁布机构（时间）	主要内容
义务教育课程设置实验方案	教育部（2001 年）	从培养目标、课程设置的原则、课程设置门类、比例进行规定。
教育部关于积极推进中小学评价与考试制度改革的通知	教育部（2002 年）	建立促进学生发展为目标的评价体系。包括道德品质、公民素养、学习能力、交流与合作能力、运动与健康、审美与表现等。学生评价采取成长记录、考试的方式。
基础教育课程改革纲要（试行）	教育部（2001 年）	完善初中升高中的考试管理制度。考试内容应注重考查学生分析问题、解决问题能力。高中实行会考。
关于加强和改进普通高中学生综合素质评价的意见	教育部（2014 年）	评价内容包括学生思想品德、学业水平、身心健康、兴趣特长、社会实践。评价程序包括写实记录、整理遴选、公示审核、形成档案等。
关于进一步推进高中阶段学校考试招生制度改革的实施意见	教育部（2016 年）	提出推进初中学业水平考试、完善学生综合素质评价。完善思想品德、学业水平、身心健康、艺术素养与社会实践等五方面。建立综合素质评价档案。改革招生录取办法，探索初中学业水平考试成绩、结合综合素质评价的招生录取模式。
普通高中课程方案	教育部（2017 年）	培养目标（具有理想信念和社会责任感、具有科学文化素养和终身学习能力、自主学习能力等）、课程设置上高中由必修、选择性必修、选修三类课程构成。开设语文、数学、外语、思想政治等课程。
国家教育事业发展"十三五"规划	国务院印发（2017 年）	构建教育质量综合评价指标体系，将学业品德、学业、学生发展水平和兴趣特长作为评价学校质量的主要内容。
江苏省《普通高中学校综合素质评价方案》	江苏省（2006 年）	评价内容包括道德品质、学习能力、公民素养、交流与合作、运动与健康、审美与表现
上海市《普通高中学生综合素质评价实施办法》	上海市（2015 年）	评价内容包括品德发展与公民素养、修习课程与学业成绩、身心健康与艺术素养、创新精神与实践能力等。

续表

名称	颁布机构（时间）	主要内容
关于深化教育教学改革全面提高义务教育质量的意见	中共中央国务院（2019年）	学生发展质量评价突出考查学生品德发展、学业发展、身心健康、兴趣特长和劳动实践等。坚持和完善国家义务教育质量监测制度，强化过程性和发展性评价，建立监测平台，定期发布监测报告。

　　从规定的具体内容来看，主要包括学业评价目标、学业评价和考试方式、学业评价内容等方面。具体来看：①学业评价和考试目标。如《关于积极推进中小学评价与考试制度改革的通知》将提高学生综合素质和教师教学水平作为根本目标。②学业评价和考试方式。如《关于积极推进中小学评价与考试制度改革的通知》提出将高中探索建立综合性的评价体系作为尝试，并要求学校对学生的评价记录成为高等学校招生择优录取的重要参考之一。在考试成绩方面，《关于进一步推进高中阶段学校考试招生制度改革的实施意见》提出鼓励有条件的地区采取分数、等级等多种形式呈现。③学业评价和考试内容。如《关于加强和改进普通高中学生综合素质评价的意见》提出高中学生综合素质评价的内容主要包括学生思想品德、学业水平、身心健康、兴趣特长、社会实践等五个方面。从整体来看，我国已经制定了一系列学生学业评价和考试的制度。可以发现，我国出台的学业评价和考试的文件多以教育部制定的部门规章为主。

　　比较而言，美国、英国、日本三国关注学生学业评价和考试方面的立法。具体来看：①学业评价和考试目标突出未成年人学生的发展。日本学业评价制度以培养学生的"学力"为目标，关注未成年人的知识技能，思考力、判断力等在内的学力。英国重视学生的能力，评价方式上更加强调"为了学习而评价"。更加重视学生的自学能力。②学业评价和考试的配套制度完善。美国强调对学生的真实信息进行评价，建立档案袋评价制度。英国实行自上而下的评价方式，包括国家考试、教师评价、学生互评和自我评价。同时规定对学前未成年人进行评价，建立档案袋制度。③强调地方政府的责任。美国法律规定各州建立学术标准和监测标准。所有州都有义务通过学科考试掌握学生的学业发展状况。对于学生成绩的差异，美国法律规定各州改进薄弱学校、成绩不佳学校的义务，并对州进行问责。

通过比较我们可以发现，学生学业评价和考试是各国未成年人立法的重要内容。从立法上来看，我国关于学业评价和考试规定的部门性文件较多，法律层级较低，对不同主体的责任规定较少。从具体内容上来看，我国在学业评价内容和评价方式的制度设计上与发达国家还存在一定的差异。从当前未成年人立法保护实践来看，我国学生学业评价和考试制度仍存在以下具体问题。

（一）初中学业考试评价制度不健全

新一轮课程改革后，我国实行初中毕业生学业水平考试和综合素质评价。《义务教育课程设置实验方案》将所设定的科目均被列入了考试范围，考试方式更加多元，涉及省级或地市级统考，也有区县或学校组织考察。也就是说，学业考试统考科目涵盖了初中阶段设置的主要科目甚至全部科目。这样一来，学生将每一科目作为升学考试科目对待，尽管目的是保证学生不偏科，但无疑加重了学生的学业负担。同时，对于考试成绩，《关于进一步推进高中阶段学校考试招生制度改革的实施意见》提出鼓励有条件的地区采取分数、等级等多种形式呈现。等级划分主要依据教育资源状况、高中招生计划等因素而确定，这种做法有悖于学业水平考试性质，[1]不利于未成年人的发展。

同时，综合素质评价要求教师根据学生的日常学习，记录反映学生成长过程中的具有重要性的事实材料、个性特定的活动等方面的情况，需要做好成长记录。从评价结果来看，除了记录学生成长的过程，还需要反映学生发展状况的终结性材料。因此，需要建立学生成长档案和发展报告制度。这样一来，可以将初中学生综合素质发展报告作为高中学校评价或招生录取的依据。而当前，学生成长档案和发展报告由学校来管理，其成本大、工作复杂。学校在升学压力下，往往不了了之。从立法来看，我国尚缺乏关于学生成长档案和发展报告方面的制度。

（二）高中综合素质评价制度不完善

普通高中教育是义务教育基础上促进学生全面、个性发展的教育，旨在为学生的终身发展奠定基础。提高学生综合素质、使学生具有理想信念和社会责任感以及促进其科学文化素养和综合学习能力的发展是普通高中的培养

---

〔1〕 马嘉宾等：“高中考试招生制度改革的问题与建议”，载《教育研究》2014 年第 7 期。

目标。《关于积极推进中小学评价与考试制度改革的通知》提出将高中探索建立综合性的评价体系作为尝试，并要求学校对学生的评价记录成为高等学校招生择优录取的重要参考之一。这一规定逐步将单一学业评价转向学生发展。但是，综合性评价体系究竟为何？对于学生的评价如何进行？标准是什么？对于这些问题，相关规定并不明确。随着问题的不断涌现，《关于加强和改进普通高中学生综合素质评价的意见》指出高中学生综合素质评价的内容主要包括学生思想品德、学业水平、身心健康、兴趣特长、社会实践等五个方面。尽管进一步明确了学生综合素质评价的内容，但每一项内容的具体所指并没有具体的标准。教育政策的执行过程本质上是一种利益选择，然而教育政策的执行不同于教育政策的制定，主要是一种政府行为。[1]

国家政策标准的不明确，为地方政府制定和实施具体规则留下了空间。以江苏省和上海市为例。江苏省 2006 年出台的《普通高中学校综合素质评价方案》规定了普通高中学生的综合素质评价主要包括"道德品质、学习能力、公民素养、交流与合作、运动与健康、审美与表现"六个方面。此外，还确立评价等级，如对学生学习能力、运动与健康、审美与表现等方面的评定分A、B、C、D 四级，根据学生的具体表现进行归类，规定较为详细。此外，还确立了校长诚信承诺制度和责任追究制度。上海市 2015 年出台的《上海市普通高中学生综合素质评价实施办法》规定了学生的综合素质评价包括品德发展与公民素养、修习课程与学业成绩、身心健康与艺术素养、创新精神与实践能力，但具体如何评价，并没有评价指标规定。尽管规定校内评价、学业水平考试、普通高等学校招生全国统一考试应以本课程方案、课程标准和国家相关教学文件为依据。学业水平合格性考试以必修课程要求为准，考试成绩合格是毕业的重要依据。但是，由于内容较为模糊，在实践当中很难具体化。

新修订的《普通高中课程方案》规定在考试评价制度部分进一步明确要建立学分认定和管理制度、完善综合素质评价制度。从其内容规定来看，突出学校在学分管理和制定综合素质实施方案中的自主权。可问题是，在高考这一"指挥棒"下，学校会根据考试标准认定学分。由于缺乏严格监管，学

---

[1]《简明国际教育百科全书·教育管理》，中央教育科学研究所比较教育研究室编译，教育科学出版社 1992 年版，第 22 页。

校在学分认定上的弹性空间较大，学校随意开设选修课，导致学分认定的畸形发展，实际上拓展了应试教育的生存空间，增加了考试科目的授课时间，成了提高升学率的筹码。[1]

三、教师资格与培养的法律制度不健全，制约教师教育教学能力提升

教师的素质和质量对于未成年人智力发展起着关键性作用。从我国教师资格和培养的规定来看，包括《教师法》《教师资格条例》《残疾人教育条例》《幼儿园教师专业标准》《小学教师专业标准》《中学教师专业标准》《中小学教师继续教育规定》《关于大力加强中小学教师培训工作的意见》等作出规定。（见表4-4）

表4-4 关于教师资格和培养的主要法律文本

名称	颁布机构（时间）	主要内容
义务教育法	全国人大（2018年修正）	第30条规定教师应当取得国家规定的教师资格。第32条规定县级以上人民政府应当加强教师培养工作，教育行政部门组织校长、教师培训和流动。
教师法	全国人大（2009年修正）	第7条规定教师享有参加进修或其他方式的培训的权利。
教师资格条例	国务院（1995年）	教师资格分为幼儿园教师资格、小学教师资格、初级中学教师资格等七类。
中小学教师继续教育规定	教育部（1999年）	第8条规定以提高教师实施素质教育的能力和水平为重点。第12条规定各级教师进修院校和普通师范院校在主管教育行政部门领导下，具体实施中小学教师继续教育的教育教学工作。中小学校有计划安排教师参加继续教育，并组织开展多种形式的培训。
国家中长期教育改革和发展规划纲要（2010-2020年）	教育部（2010年）	规定构建师范院校为主、综合大学参与的教师教育体系。并增强实习实践环节，强化师德修养和教学能力训练。

---

〔1〕 倪娟、沈健："对高中学分认定的相关思考"，载《教育发展研究》2009年第10期。

续表

名称	颁布机构 （时间）	主要内容
关于大力加强中小学教师培训工作的意见	教育部 （2011 年）	提出以提高教师师德素养和业务水平为核心，以提升培训质量为主线，建立终身教育学习体系。
教师教育课程标准（试行）	教育部 （2011 年）	课程目标包括教育知识和能力、教育信念与责任、教育实践与体验。课程设置包括儿童发展与学习、幼儿教育基础、幼儿活动与指导等内容。
幼儿园教师专业标准、小学教师专业标准、中学教师专业标准	教育部 （2012 年）	提出专业理念与师德、专业知识、专业能力等内容。
残疾人教育条例	国务院 （2017 年修订）	第 42 条规定国家实行残疾人教育教师资格证书制度等。 第 30 条规定县级以上地方各级人民政府应当根据残疾人教育师资的培训列入工作计划。并采取培训基地形式，组织在职的残疾教师进修。

　　从规定的具体内容来看：①在教师资格方面，规定了教师资格的类别、条件、考试、认定内容等。我国《教师法》规定取得幼儿园教师资格应具备幼儿师范学校毕业及其以上学历；小学教师资格应具备中等师范学校及其以上学历。《教师资格条例》规定教师资格分为幼儿园教师资格、小学教师资格、初级中学教师和初中职业学校文化课、专业课教师资格等七类教师资格。《残疾人教育条例》规定了从事残疾教育工作的教师应当取得教师资格等内容。特别指出对听力残疾、视力残疾教育的特殊教育教师应达到的标准。但是，对于其他类型的残疾人教育的特殊教育教师应达到的标准缺乏具体的规定。②在教师培养方面，我国《教师法》规定了教师享有参加进修或者其他方式的培训的权利和义务。教育部《关于大力加强中小学教师培训工作的意见》提出对全体中小学教师进行培训。以师德教育培训为重要内容，增强教师教书育人的责任感和能力水平。从整体来看，我国的教师资格和培养法律制度已经建立。

　　比较而言，美、英、日三国均对教师资格准入、教师培养作出了规定。具体来看：①教师资格准入要求较为严格。三国对中小学教师的资格要求均在大学本科学历或者以上。美国建立了严格的教师准入制度。法律规定了学前教育教师应达到学士学位水平。日本的特点是实行教师资格制度更新制。教师资格证分为普通许可证和临时许可证，分别规定有效期限。这一制度设计有助于保障教师教育教学能力的提高。②对特殊教育教师的资格要求较高。美国教师培训主要由两年制学院和四年制大学或学院培训。针对特殊未成年人教师，美国还有一些特殊项目，从事教师职业的人员可以通过完成课程取得认证。英国重视培养特殊教育教师的能力。要求从事特殊教育的教师必须具有普通教师和特殊教育教师双重资格。③注重教师的在职培训。美国《教师进修法》规定实行教师认知许可证。教师必须经过在职培训方可继续从教。日本《公务员特例法》规定主管单位为教师提供在职进修的条件。并规定了具体的课程设置和内容、培训时间。

通过比较我们可以发现，美国、英国、日本均重视对教师资格准入和教师培养的法律制度保障。教师资格和培养也是我国未成年人智力发展立法保护的重要内容。比较发达国家立法，我国对于学前教育教师、特殊教育教师资格要求的法律规定与国外有一定的差异。教师培训的法律规定也较为原则和笼统。从当前未成年人立法保护的实际来看，我国教师资格和教师培养立法还存在以下问题。

(一) 教师资格准入标准偏低，缺乏具体分类

我国《教师法》第 11 条规定取得幼儿园教师资格应具备幼儿师范学校毕业及其以上学历；小学教师资格应具备中等师范学校毕业及其以上学历。从发达国家的教师发展来看，学前教育教师的资格要求达到大专或学士学位以上。我国幼儿园师资准入标准较低，还停留在中专水平。中专毕业的学生尚不满 18 岁，属于限制民事行为能力人。他们的世界观、人生观和价值观正在形成过程当中，很难完成育人的任务。我国《国家中长期教育改革和发展规划纲要 (2010-2020 年) 》提出严格教师资格准入、规范教师行为、促进教师专业发展。但从我国教师资格考试制度来看，我国教师资格考试制度的考试内容主要以教育学和心理学为主，单凭"一纸证书"登上讲台，无法保障教师的专业性和教师队伍质量。究其原因，我国尚缺乏教师专业教育制度，导致教师资格单纯以考试为主，无法衡量教师的专业水平。专业教育制度由认证教师教育专业及其课程、教学与实践以及在规定的时间和空间中获得学

分和完成学位的过程组成。[1]从国外立法来看,申请教师资格人员应接受不少于 1 年的专业学习;应获得在专业制度中的课程学分,同时须完成专业课程获得专业学位。也就是说,实行教师资格考试的制度的前提是建立教师专业教育制度。

在特殊教育方面,特殊教育师资资格缺乏具体分类。《残疾人教育条例》规定了从事残疾教育工作的教师应当取得教师资格,并经省、自治区、直辖市人民政府行政部门组织的特殊教育专业培训并考核合格。特别指出了对听力残疾、视力残疾教育的特殊教育教师应达到的标准。但是,对于其他类型的残疾人教育的特殊教育教师应达到的标准缺乏具体的规定。从发达国家来看,特殊教育教师除了具备教师资格证书,还要求具备教育教学能力。教育教学能力是特殊教育教师的重要准入标准。而我国对于特殊教育教师的教育教学能力要求的规定缺乏。

（二）学前教育教师专业标准不具体、缺乏可操作性

教师专业标准是建立教师资格准入制度、教师培养、教师考核的重要依据,也是评价教师教育教学质量的重要依据。2011 年教育部出台了《幼儿园教师专业标准》《小学教师专业标准》《中学教师专业标准》,对各类教师的专业提出要求。以《幼儿园教师专业标准》为例,该标准规定了幼儿教师的专业理念和师德、专业知识、专业能力等方面内容。但从该标准规定的专业标准内容来看,尚缺乏具体化和可操作性。如规定"具有良好职业道德,为人师表"这一条目较为笼统,并没有针对学前未成年人的发展特点提出教师专业需求。全美幼儿教育协会前任主席丽莲·凯兹认为专业标准"可以为专业团队成员制定专业行为准则,作为处理事项的指导准则,从而保持一定的专业水平"。[2]学前未成年人发展的特点对学前教育教师提出了具有不同于中小学教师的特有要求。而我国《幼儿园教师专业标准》缺乏从学前未成年人发展的角度设立幼儿教师标准,不利于学前教育教师的专业发展,也难以保障促进学前未成年人的发展。

（三）我国中小学教师培养制度尚不完善

从总体上来看,20 世纪 70 年代以来,我国教师培训经历了三个发展阶

---

〔1〕　朱旭东、袁丽:"教师资格考试政策实施的制度设计",载《教育研究》2016 年第 5 期。

〔2〕　[美] LiLian G. Katz:《与幼儿教师对话——迈向专业成长之路》,廖凤瑞译,南京师范大学出版社 2004 年版,第 187 页。

段：①补偿性培训阶段（1970年至1980年）。主要对学历未达标的教师和教学岗位上不合格的在职教师进行学历达标培训和岗位合格培训。②探索性培训阶段（1990年至1998年）。主要对已经达到国家规定学历的教师进行以提高政治思想素质和教育教学能力为主要目标的培训。③普及型阶段（1999年起至今）。在终身教育理念下，以促进教师专业发展为导向的新阶段。20世纪90年代，推出了符合我国教师培训模式特点的新型教师培训模式——研修培训模式。《国家中长期教育改革和发展规划纲要（2010-2020年）》提出构建以师范院校为主、综合大学参与的教师教育体系。增强实习实践环节，强化师德修养和教学能力训练，从而提高教师培养质量。这一规定强化了师德修养和教学能力训练，但是对于设置何种课程满足教师培养，并没有作出详细规定。对于在职教师的培训，实践中，教师是开展选修课的主体，开展选修课程要求教师具备相应的课程能力。教师课程能力包括教师课程开发能力、教师课程实施能力和教师课程评价能力。素质教育要求教师开展选修课，但是教师缺乏在职培训，导致其课程开发能力和实践能力匮乏。一些教师观念陈旧，无法开展适合学生发展的课程。由于选修课要求教师有更多的参与，在教师数量一定的情况下，原有的教师既要完成正常的教学任务，又要开展选修课，往往难以按照要求完成。

在教育实习方面，《教师教育课程标准（试行）》提出了实践取向的基本理念。该标准要求教师教育课程关注实践问题，强化实践意识，规定实践时间为18周。实践中，存在教育实习时间短、大多数教育机构不注重教育实习、教育实习流于形式等问题。[1]对于教育实习质量如何，亦缺乏相应的评价制度。

四、对政府在教育经费与条件制度保障的义务和法律责任的规定不足

经费和条件是未成年人受教育的基本保障。从学前教育和残障未成年人受教育的经费和条件制度保障的规定来看：①在学前教育方面，我国《未成年人保护法》《民办教育促进法》《教育法》等法律从不同层面对学前教育作出规范。但是对于学前教育经费的规定较少。《国务院关于当前发展学前教育的意见》专门规定各级政府要将学前教育经费列入财政预算。新增教育经费

---

[1] 靳玉乐、肖磊："教师教育课程改革的价值诉求"，载《教育研究》2014年第5期。

要向学前教育倾斜。教育部出台了《学前教育督导评估暂行办法》，规定对地方人民政府进行督导，督导评估工作由国家教育督导团组织实施。从地方来看，辽宁省、江苏省、上海市等地制定了《学前教育条例》。其中，辽宁省《学前教育条例》规定学前教育经费应当被纳入县级以上人民政府财政预算规定。这里将县级以上人民政府规定为学前教育经费投入的义务主体。我们可以发现，我国尚无学前教育法，学前教育的立法多是行政法规、规章，缺乏国家层面的专门法律。②在残障未成年人受教育的经费保障方面，2017年修订的《残疾人教育条例》第48条规定各级人民政府安排残疾人教育经费，并将所需经费纳入政府预算。县级以上人民政府根据需要可以设立专项补助款，用于发展残疾人教育。作为配套法，《残疾人教育条例》规定各级人民政府安排残疾人教育经费，并将所需经费纳入政府预算。我们可以看出，我国针对残障未成年人的经费投入规定是以县级政府为义务主体。

比较而言，美、英日三国非常重视政府在学前教育以及特殊教育中的经费投入。①在学前教育方面，美国、英国、日本强调国家在学前教育中的经费投入义务。美国联邦政府通过直接补贴形式对学前教育进行财政投入。对早期保育和教育项目提供教育券，各州通过教育券形式为家庭提供补助。英国明确了政府在学前未成年人教育中的责任，法律规定学前教育经费由政府承担，并发放未成年人保育券。日本出台了一系列法律，通过为私立幼儿园提供补助、向学前教育家庭提供育儿补助方式对学前教育进行经费投入。②在残障未成年人受教育保障方面，美国、英国、日本均形成了国家—地方共同负担的经费投入机制。美国《身心障碍者教育法》规定了联邦政府的经费投入义务。州层面，州政府对残障未成年人的补助采取专项补助和一般补助形式。其不仅对残障未成年人进入补助，而且还对学校进行补助。英国也采取这种方式，通过为普通学校提供补助经费，满足残障未成年人教育的需要，并就专项资金划分不同学区，从而保障残障未成年人的平等受教育。日本残障未成年人的教育经费投入由国家、督道府县以及市町村分别负担不同比例。同时，还为残障未成年人提供特别资源教育奖励和补助津贴等。

通过比较我们可以发现，美国、英国、日本通过制定专门法律规定国家对学前教育和残障未成年人的经费投入义务。我国针对学前教育尚缺乏国家层面的法律，在残障未成年人受教育的经费投入方面的义务主体相对单一，与国外具有一定的差异。从当前立法保护的实践来看，我国在学前教育和残障未成年人教育的经费投入方面立法还存在以下问题：

（一）国家在学前教育经费的义务规定缺失

我国学前教育并不是义务教育的延伸。关于学前教育的经费保障，国务院《关于当前发展学前教育的若干意见》专门规定各级政府要将学前教育经费列入财政预算。实际上，我国学前教育经费占全国教育经费的比例较少，学前教育尚未被纳入公共服务体系，政府在学前教育中的财政经费投入不足，更多依赖于市场提供学前教育经费，其制约了学前教育的健康发展。从地方来看，仅有北京、广州、上海、江苏、辽宁制定了《学前教育条例》。以辽宁省《学前教育条例》为例。该条例规定了省、市、县（含县级市、区，下同）人民政府应当将学前教育纳入国民经济和社会发展规划，加大学前教育经费保障，落实保障儿童教育的责任等。学前教育经费应当被纳入县级以上人民政府财政预算，已拨付的各级教育经费用于学前教育的比例，应当与本地区学前教育基本公共服务的需要相适应。同时还规定建立政府投入、社会举办者投入、家庭合理分担的学前教育投入保障机制。可以说，《学前教育条例》明确了地方政府在学前教育投入中的义务，这样有助于保障学前未成年人的受教育机会，促进学前未成年人的智力发展。然而，从整体上来看，我国学前教育虽然步入了法治化进程，学前教育政策不断出台，保障了学前未成年人的发展和权益。但是，仍然缺乏一部国家层面的学前教育法来保障学前未成年人的受教育利益。

（二）国家在残障未成年人受教育平等中的经费投入的义务规定缺乏

残障未成年人享有平等受教育的机会和条件保障。新修订的《残疾人教育条例》规定各级人民政府安排残疾人教育经费，并将所需经费纳入政府预算。县级以上人民政府根据需要可以设立专项补助款，用于发展残疾人教育。这里规定的县级以上人民政府，具体是哪些政府部门？"根据需要设立"具有一定的模糊性，缺乏强制性。从经费规定来看，只是规定了地方政府设立专项资金。以县级政府投入为主的特殊教育经费制度忽视了地方财政收入的先天差异性，导致残障未成年人受教育条件的区域结构不平衡，显然缺乏国家经费投入的义务规定。同时，残障未成年人康复的场所和生活设施缺乏具体法律措施。《残疾人教育条例》第24条规定制定符合残疾学生身心特性和需要的个别化教育计划，实施个别教学。这里的个别化教育计划具体为何，包括哪些内容？从美国《康复法》的规定来看，个体教育计划要求学校为残障未成年人提供设施，不仅包括教室的改变，还包括课程的"合理融通"以及辅助设备设施等内容。《残疾人教育条例》第 17 条规定适龄残疾儿童、少年无法去学校就读，可接受送教上门或者远程教育等方式实施义务教育，并纳入学籍管理。这一规定"看上去很美"，实际操作起来难免困难。由于《残疾人教育条例》只是一部行政法规，其法律位阶较低，法律效力不足，无法起到有效保护残障未成年人受教育的权利。

第五章

未成年人德性发展的立法保护

未成年人德性发展的立法保护是未成年人发展权具体化为法律规范的内容之三。本章将首先对未成年人德性发展与立法的关系进行分析，并对未成年人德性发展转化为法律上的内容进行论述。其次，对发达国家未成年人德性发展的立法保护展开分析，比较各国未成年人德性发展的方式、重点和异同，为我国未成年人德性发展的立法保护提供借鉴和参考。最后，对我国未成年人德性发展保护的法律进行梳理和分析，指出我国立法在未成年人德性发展保护的现状及其存在的问题，并揭示其成因，从而提出针对我国未成年人发展权保护的立法建议。

第一节　未成年人德性发展的立法保护的内容

未成年人法律是未成年人健康发展的制度保障。未成年人德性发展的保护借以未成年人立法进行规范。未成年人德性发展可以说是未成年人道德品质形成和发展的过程。儿童发展理论揭示了未成年人德性发展的运作机制和内在规律，未成年人德性之形成是受内力和外力不同作用过程的影响。一方面，需要尊重未成年人德性发展的内在规律，根据未成年人德性发展的不同阶段给予正确引导。另一方面要求提供他们德性发展的环境和条件。因此，未成年人立法必须根据未成年人德性发展的内在要求，对未成年人德性发展的具体内容展开保护，并规定国家、父母、学校等主体的义务和责任，从而实现未成年人的发展。进一步来看，立法应将未成年人德性发展不同方面的内容转化为法律上的具体内容予以保障。

探究未成年人德性发展转化为法律保护的具体内容是分析未成年人德性

发展的立法保护的前提和基础。本节的重点在于从应然层面构建未成年人德性发展转化为法律保护的具体内容。围绕这一目的，首先，本书将对未成年人德性发展转化为法律保护的理论依据进行探讨；其次，本书将对未成年人德性发展转化为法律保护具体内容的考量因素进行分析；最后，本书将对未成年人德性发展转化为法律保护的具体内容进行论证。

一、公民理论和儿童发展理论：未成年人德性发展转化为立法保护具体内容的理论依据

公民理论是未成年人要求国家履行义务的合法性来源，因而奠定了从法律权利视角认识未成年人德性发展转化立法保护具体内容的基础和前提。同时，儿童发展理论揭示了未成年人德性发展的内在要求，未成年人德性形成是内力和外力共同作用的过程。一方面，需要尊重未成年人德性发展的内在规律，根据未成年人德性发展的不同阶段给予正确引导，另一方面重视未成年人德性发展的外部环境。可以说，儿童发展理论从更深层次揭示了儿童德性发展的内在机制，为未成年人德性发展的内容转化为立法保护内容提供了直接的认识来源。本书对公民理论和儿童发展理论的梳理和分析，可以为寻找未成年人德性发展转化为立法保护的具体内容提供内在依据。

（一）公民理论为未成年人德性发展转化为立法保护的具体内容提供框架和依据

公民理论是关于公民身份、权利、德性的统一。不同时期关于公民讨论的内容和重点不同。在公民理论当中，第二次世界大战后以作为权利的公民身份概念最具影响力。英国学者马歇尔认为："公民权是给予一个共同体的完全成员的一种地位，所有拥有这种地位的人就这种地位所授权的权利和义务而言是平等的。"[1]他还从历史的视角考察了公民身份的发展过程，将公民身份划分为三个要素：公民的要素（包括个人自由、思想和信仰自由等权利组成）、政治的要素（公民作为选举者参与政治权力的权利）和社会的要素（经济福利与享受文明社会的权利等）。[2]马歇尔关于公民身份（公民权利）

---

[1] ［英］T. H. 马歇尔、安东尼·吉登斯：《公民身份与社会阶级》，郭忠华、刘训练译，江苏人民出版社 2008 年版，第 18 页。

[2] ［英］T. H. 马歇尔、安东尼·吉登斯：《公民身份与社会阶级》，郭忠华、刘训练译，江苏人民出版社 2008 年版，第 18 页。

的解释明确了公民在国家政治中的身份，赋予了公民地位的理性论证，揭示了所有人权利的平等性。在马歇尔基础上，美国社会学家托马斯·雅诺斯基再加入"参与权利"。他将公民社会划分为四个领域：国家领域、公共领域、私人领域和市场领域。与四大领域相联系的是公民的四种权利：与政治领域联系在一起的是政治权利，如选举权、被选举权；与公共领域联系在一起的是公民权利，如结社自由、信仰自由等；与私人领域联系在一起的是参与权利，体现在劳动者的市场干预权利、参与企业行政的权利以及对资本进行监督的权利等。[1]同时，他还将公民义务分为民事义务、政治义务、社会义务和参与义务。[2]可见，其对公民责任提出了要求。马克思也关注公民权，他依据《人权和公民权宣言》，使用人权和公民权利概念，并从狭义上将公民权看作人权的一部分，指公民参加政治共同体、参加国家的政治权利，人权的另一部分是政治共同体相对于市民社会成员的权利，包括平等、自由、安全、财产等。[3]关于公民权利和政治权利，联合国《公民权利及政治权利国际公约》规定公民权利是保障个人自由免受国家侵犯，而政治权利是一种积极的自由，它保障公民参与国家管理的民主自由。从公民权理论来看，公民权是一个政治概念。在现代政治中，公民权一般被视作一种法权，是公民身份的法律确认。

公民权理论强调对于公民权利和责任的规定，往往忽视了公民德性。本书认为权利、义务和德性是成为公民不可或缺的组成部分。它们之间存在内在的联系。德性和权利有着天然的联系。公民德性的培养是确立公民权利的过程。从能力的角度来看权利，权利是一种自由实现个性的能力，是个性能力的自由培养。能力是人的某种特质和德性。这样看来，权利与公民德性的培养是紧密结合在一起的。公民德性所要求的能力培养是通过权利来实现的。也就是说，对公民德性的培养是通过赋予其权利来实现的。

从公民德性理论来看，公民德性是公民基于公民身份在公共领域所表现出来的卓越品质、能力和行动。公民德性是城邦共同体成员应有的品性。对于如何培养公民德性，其主要是通过政治参与、加入公民社团、学校教育来

---

〔1〕 ［美］托马斯·雅诺斯基：《公民与文明社会》，柯雄译，辽宁教育出版社 2000 年版，第 70 页。

〔2〕 郭忠华：《公民身份的核心问题》，中央编译出版社 2016 年版，第 27 页。

〔3〕 《马克思恩格斯文集》，人民出版社 2009 年版，第 39~40 页。

培养公民素质。从民主和公民德性的关系来看，民主政治制度与公民德性密切相联系。民主原则是自古以来即已成型的政治自由的体现，即公民们积极参与——最具体而言即参加政治决策过程的自由。[1]公民德性离不开权利。个人权利是自然的、与生俱来和不可剥夺的观念带来了国家及其功能在整体理解上的模式性改变。

公民理论为认识未成年人的德性发展的立法保护提供了理论依据。公民理论是以公民身份为核心展开的。公民以德性为重心。公民德性是公民参与政治生活的品质，它被看作是政治共同体得以存续的重要前提。公民公共德性的形成和培养，要求公民必须参与到公共对话当中，参与民主管理。未成年人作为公民具有特殊性。从未成年人的身份来看，未成年人不仅作为自然人而存在，其还具有公民的身份。作为公民，公共德性是公民的品质要求。未成年人是从未完成的人到成人的过程，是未来的公民。可见，从立法上保护未成年人的德性发展是未成年人作为公民的内在要求。

（二）儿童发展理论为未成年人德性发展转化为立法保护的具体内容提供认识依据

未成年人德性发展是指未成年人道德品质的发展，是未成年人逐步社会化，由一个生物个体转向社会个体的过程。未成年人的德性发展受先天和后天因素的影响。在先天方面，未成年人的道德发展遵循一定发展阶段的，道德发展以认知发展为基础，不能超越认知发展水平。在后天方面，未成年人德性的发展受环境因素影响。学校德育是未成年人德性培养的重要手段。此外，家庭教养方式、大众媒介等也是影响未成年人德性发展的重要因素。

第一，学校德育。未成年人的德性发展一方面遵循自身的发展规律，同时受到教育的影响。儿童道德发展是一个阶段性、连续性发展的过程。皮亚杰将儿童的道德发展阶段分为无律、他律和自律。[2]处于第一阶段的儿童思维往往以自我为中心，他的行为直接受行为结果支配，还不能作出判断。处于他律阶段的儿童对道德的看法是遵守规范，单纯重视行为所带来的后果，

---

〔1〕［奥］曼弗雷德·诺瓦克：《国际人权制度导论》，柳华文译，北京大学出版社 2010 年版，第 10 页。

〔2〕桑标主编：《儿童发展》，华东师范大学出版社 2014 年版，第 307 页。

而不考虑行为的动机。处于自律道德阶段的儿童不再盲目服从权威，而是开始认识到道德规范的相对性，能够自己作出判断，对行为的结果和动机有自己的认识。他律是自律的基础，自律是儿童道德行为趋于成熟最重要的标志。未成年人德性发展不是简单地被动接受社会规范，而是要借助个体的自主选择和判断得以形成。由于儿童心理发展的特殊性，学校道德教育应设计合理的道德课程和方法促进未成年人的道德发展。

第二，家庭教养方式。家庭是未成年人成长的第一场域。创造良好的家庭氛围，保护未成年人免受伤害是家庭的重要功能。在家庭中，父母的教养方式与未成年人的亲社会行为和攻击性行为有密切联系。在亲社会行为方面，父母可以帮助未成年人习得社会生活的行为规则，形成亲社会行为；培养未成年人与他人交往和沟通的能力；培养未成年人正确的角色认知；培养未成年人的自理能力；给予未成年人自由选择的机会，帮助未成年人获得自主性；鼓励未成年人参与家庭生活，发表自己的意见。父母不当的教养行为如家庭暴力或忽视、不利家庭条件等会导致未成年人在家庭中居于弱势地位，可能成为家庭暴力的受害者。研究显示，拒绝型的父母通常采用高压的管教和体罚，经常听任未成年人表达攻击冲动，可能会培养出充满敌意和攻击性的未成年人。[1]

第三，大众媒介。在20世纪发展的过程中，大量的媒介信息在社会中广泛传播和蔓延。未成年人通过大众媒介获取必要和充分的信息资源、娱乐资源和知识资源。信息加工理论认为个体在面临特定社会情境时，所进行的特定社会信息加工过程，是由编码、解释、制定社会目标、反应搜索、反应评估和抉择，以及反应执行六个认知步骤来完成的。[2]对于同一种信息，每个人的理解不同，对信息的结果判断也不一致，最终导致了行为差别。攻击性行为的产生是对社会信息进行加工的结果。电影、电视、录像、网络游戏等媒体的暴力视频短期内对未成年人的情绪唤起、思想以及行为具有显著的影响，会增加未成年人的攻击性行为，还会提高攻击性认知、攻击性情绪以及恐惧等。也就是说，通过观察电视、网络等媒体上的攻击性行为，未成年人很轻易习得攻击性行为。由于未成年人心智尚不成熟，生活经验匮乏，未成

---

〔1〕 桑标主编：《儿童发展》，华东师范大学出版社2014年版，第327页。
〔2〕 桑标主编：《儿童发展》，华东师范大学出版社2014年版，第322页。

年人对影视偶像具有较强的模仿意识和意愿，暴力和色情等内容容易使未成年人模仿，并产生暴力倾向，甚至容易将未成年人引向犯罪的边缘。可以说，暴力、色情的镜头对未成年人道德品质的形成极为不利。因此，对影视作品进行分级，减少未成年人接触暴力、色情等是预防未成年人攻击性行为的有效防御手段。

第四，心理健康干预。在未成年人发展的过程中，情绪是未成年人适应社会和生活的一个重要因素。不良情绪是影响未成年人心理健康的核心。诸如焦虑、恐惧、抑郁等情绪问题会损害未成年人的健康成长。因此，心理健康教育是培养未成年人良好情绪、健全人格的重要途径。

儿童发展理论揭示了未成年人的德性培养的内在规律和影响因素。一方面要求尊重他们的道德发展的阶段性和特殊性，另一方面要求提供他们德性发展的环境和条件。可以发现，儿童发展理论为未成年人的德性发展转化为法律保护的具体内容提供了内在依据。

二、国际法和国内法：未成年人德性发展转化为立法保护具体内容的考量因素

未成年人德性发展的内容转化为法律保护的具体内容一方面根植于未成年人自身发展的需要，另一方面又要以国际上普遍接受的关于未成年人的法律为指导基准，还要与国内法关于未成年人权利保护的内容一致。本书主要以联合国《儿童权利公约》和我国《未成年人保护法》为考察对象，[1]对这些法律中关于未成年人德性发展保护的内容进行分析，比较其在未成年人德性发展保护中的方式和重点，为未成年人德性发展转化为法律保护的具体内容构建提供依据。

（一）国际法关于未成年人德性发展保护的内容规定

从国际立法上来看，2003 年，儿童权利委员会在《儿童权利执行一般手册》中明确指出，缔约国应将未成年人发展权理解为一个广泛的、综合的概

---

〔1〕 联合国《儿童权利公约》对未成年人发展权作出了最为详细、全面的规定。进而可以发现其对未成年人德性发展的内容规定也应最为详细、全面。我国《宪法》规定公民权利和义务的根本大法，《未成年人保护法》被称为保护未成年人的"小宪法"，是未成年人权利的集中体现。从《宪法》《未成年人保护法》的规定来看未成年人德性发展保护的内容，对于分析未成年人德性发展转化为权利会带来较大的启示。

念，它包括未成年人身体、智力、精神、道德、心理和社会的发展。[1]它将未成年人的精神、道德和社会的发展作为未成年人发展权的重要方面。从国际法来看，在未成年人德性发展的保护方面，《儿童权利公约》作出了较为全面的规定，主要内容涉及未成年人参与、基本自由、教育目的、个人信息等。具体来看：

第一，规定了未成年人的参与。具体规定缔约国应确保有主见能力的未成年人有权对影响到其本人的一切事项自由发表意见，对儿童的意见应按照其年龄和成熟程度给以适当看待（第12条）；规定了未成年人不受酷刑或其他形式残忍、不人道待遇或处罚、不得非法或任意剥夺未成年人的自由、被剥夺自由的未成年人应受到人道待遇、其人格固有尊严应受到尊重等（第37条）；未成年人有权在与父母分离有关诉讼中陈述意见"应给予所有有关方面以参加诉讼并阐明自己意见的机会"（第9条第2款）；在收养诉讼时规定向有关人士"知情同意"（第21条第1款）。[2]

第二，规定了未成年人享有的基本自由。规定未成年人享有自由发表言论的权利并受到法律限制（第13条）；规定未成年人享有思想、信仰和宗教自由的权利（第14条）；规定结社自由和和平集会的权利（第15条）。这些条款是《世界人权宣言》和《公民权利及政治权利国际公约》保障公民权利的条款。将这些条款规定在《儿童权利公约》中，强调未成年人作为人权的主体，强调未成年人作为公民基本权利的享有者。

第三，规定了教育目的。第29条规定缔约国一致认为教育的目的在于：①最充分地发展未成年人的个性、才智和身心能力；②规定培养对人权和基本自由以及《联合国宪章》所载各项原则的尊重；③培养对未成年人的父母、儿童自身的文化认同、语言和价值观、未成年人所居住国家的民族价值观、其原籍国以及不同于其本国的文明的尊重；④培养未成年人本着各国人民、族裔、民族和宗教群体以及原为土著居民的人之间谅解、和平、宽容、男女平等和友好的精神，在自由社会里负责任地生活；⑤培养对自然环境的尊重。

---

〔1〕 UNCRC, "General Measures of Implementation of the Convention of the Rights of the Child" (27 November 2003) UN Docs CRC/GC/2003/5, paragraph 12, available at: http: www. refworld. org/docid/ 45388341f11. html.

〔2〕《〈儿童权利公约〉执行手册》，全国妇联儿童工作部、联合国儿童基金会驻中国办事处2006年，第135页。

第 1 款的核心价值是指每个未成年人固有的人的尊严及其平等和不可剥夺的权利。围绕第 1 款分为 5 项具体的目标，它们直接与实现未成年人作为人的尊严和权利相关。根据未成年人的特殊发展需要和不同的发展能力，第 1 项充分发展未成年人的全部潜力；第 2 项包括培养对人权的尊重。要求学校教育不仅包括教学大纲的内容，也应将未成年人权利和人权的内容纳入学校公民教育课程；第 3 项包括民族文化认同，增强对特性和属性的意识。主要是考虑尊重不同文化及其价值观，价值观教育应该渗透到学校教育中；第 4 项规定未成年人的社会化。要求学校教育培养学生的权利和责任意识，能够让他们在社会上生存；第 5 项规定未成年人与自然的尊重。要求教育必须把环境和可持续发展问题与社会经济、社会文化和人口联系起来。让未成年人参与环境问题，积极参与当地、区域或全球的环境项目。第 2、3、4、5 项都是从德育角度展开对未成年人的保护。

第四，规定了未成年人的个人信息受到保护。规定了未成年人的隐私、家庭、住宅或通信不受任意或非法干涉，其荣誉和名誉不受非法攻击（第 16 条）；规定了据称或被指控触犯刑法的未成年人 "……其隐私在诉讼的各个阶段均应得到充分尊重"。（第 40 条）

从《儿童权利公约》规定的内容来看，在《世界人权宣言》和《公民权利和政治权利国际公约》规定的公民权利基础上，对未成年人发表意见的自由、培养未成年人在自由社会负责任地生活、培养其对自然环境尊重、信息保护等内容作出规定，这些内容是未成年人德性发展保护的主要内容。

（二）国内法关于未成年人德性发展保护的内容规定

我国《未成年人保护法》规定了家庭、学校、社会、网络等方面在保护未成年人德性发展的具体内容。概括起来可以包括以下几个方面：一是尊重未成年人的意见。二是学校德育。如规定学校应贯彻国家教育方针，坚持立德树人；进行社会生活指导、心理健康指导和青春期教育等。三是未成年人网络保护。如规定加强对未成年人网络素养宣传教育、防止未成年人沉迷网络、未成年人网络行为引导和监督等。具体来看：

第一，在家庭保护方面，主要规定了父母离异应妥善处理未成年人子女的抚养、教育、探望等事宜，并听取具有表达意愿能力未成年人的意见（第 24 条）。

第二，在学校保护方面，主要规定了学校应当全面贯彻国家教育方针，坚持立德树人，实施素质教育，提高教育质量，注重培养学生认知能力、合作能力、创新能力和实践能力等（第25条）；对未成年人进行社会生活指导、心理健康、青春期教育和生命教育（第30条）；学校、幼儿园应当开展勤俭节约、反对浪费、珍惜粮食等宣传活动，帮助未成年人树立节约为荣的意识，养成文明、健康的生活习惯（第32条）。

第三，在社会保护方面，主要规定了禁止制作或传播有毒害未成年人身心健康内容的图书、报刊、音像制品、电子出版物以及网络信息的规定（第50条）；禁止制作、复制、发布、传播或者持有有关未成年人的淫秽色情物品和网络信息（第52条）；任何组织或个人不得隐匿、查阅未成年人的信件、日记、电子邮件或其他网络通信内容（第63条）。

第四，在网络保护方面，规定了国家、社会、学校和家庭应当加强未成年人网络素养宣传教育，培养他们的网络素养，增强其网络意识，保护其在网络空间的合法权益（第64条）；新闻出版、教育等部门定期开展预防未成年人沉迷网络的宣传教育，监督网络产品和服务提供者履行预防未成年人沉迷网络的义务等（第68条）；网络服务提供发现用户发布、传播含有危害未成年人身心健康的信息，应立即停止传输相关信息，采取删除、屏蔽、断开链接等处置措施，保存有关记录，并向网信、公安等部门报告（第80条）。

第五，在司法保护方面，主要规定了公安机关、人民检察院等部门办理涉及未成年人案件，应当考虑未成年人身心特点和健康成长的需要，使用未成年人能够理解的语言和表达方式，听取未成年人的意见（第102条）；人民法院开庭审理涉及未成年人案件，未成年被害人、证人一般不出庭作证，必须出庭的，应当采取保护其隐私的技术手段和心理干预等保护措施（第110条）；对违法犯罪未成年人，实施教育、感化、挽救的方针，坚持教育为主、惩罚为辅的原则（第113条）。

从国际法和国内法关于未成年人德性发展保护的内容规定来看，尊重未成年人的参与、学校德育、净化未成年人社会环境是未成年人德性发展立法保护的主要内容。这些规定为未成年人德性发展转化为法律保护的具体内容提供了重要的依据。

三、未成年人德性发展立法保护的具体内容

在分析未成年人德性发展立法保护的理论依据和考虑因素之后，本书进一步探究未成年人德性发展立法保护的具体内容。未成年人的德性发展主要受教育影响，主要集中在学校德育、学校美育、家庭教育方面。学校德育是未成年人德性发展的重要保障。其中，德育课程设置和评价是未成年人德性发展的基本途径。通过德育课程设计，促进未成年人的德性发展。学校美育是培养未成年人感性和理性协调发展的教育。美育可以引发学生的审美体验、陶冶学生的道德情操。美育同德育一样在未成年人德性发展的过程中发挥着重要作用。家庭教育是未成年人德性发展的重要场所，家庭德育影响未成年人的道德品质和价值观的形成，对未成年人的德性发展起到了关键作用。此外，除家庭教育和学校教育的影响以外，未成年人的德性发展还受到社会环境的影响。随着信息时代的到来，大众媒介对未成年人道德品质形成的影响愈加剧烈。大众媒介是未成年人社会化过程中的重要介入因素。影视、网络在给未成年人带来大量信息的同时，也会给未成年人的健康发展造成不良影响。影视、网络中含有暴力、色情等内容影响未成年人的道德品质，阻碍未成年人正确的人生观、价值观的形成。这些内容是未成年人德性发展的重要影响因素。为了保护未成年人德性的健康发展，应从立法上给予保护。

在未成年人德性发展的理论以及国际法、国内法的规定基础上，结合我国现实中未成年人的德性发展存在的问题，本书认为构建关于未成年人德性发展立法保护的内容应主要从学校德育课程设置与评价、家庭教育、学校美育、未成年人影视、网络保护等几个方面进行。

（一）学校德育课程设置与评价

未成年人德性发展的过程是其社会化的过程，也是未成年人道德品质发展的过程。未成年人德性的培养是通过学校教育来完成的，集中在德育方面。德育课程是学校德育的重要内容。也就是说，德育课程设置是促进未成年人德性发展的重要途径，也是未成年人德性发展立法保护的基本内容。2014年《关于全面深化课程改革落实立德树人根本任务的意见》明确课程改革是立德树人的基础，确立德育课程在未成年人德性发展中的重要地位。然而，长期以来，我国学校教育当中重智轻德，单纯追求分数，德育教育常常处于"说起来重要，做起来次要，忙起来不要"的尴尬境地。在基础教育阶段，德育课程重知识、轻实践，课程内容重视思想政治教育，轻视公民教育、法治教育和心理健康教育。如在法治教育方面，2016年《青少年法治教育大纲》规定在地方课程或者校本课程设置法治知识课程，完成大纲要求的教育内容。然而，现行法治教育地方课程多停留在法律知识的传播上，忽视未成年人法治意识和信仰的养成。法治教育知识体系不健全，内容较为陈旧。[1]而且，法治教育课程与思想品德教育、安全教育等课程混合在一起，并没有突出法治教育培养学生法治能力的目的。同时，我国中小学注重课堂中将德育智育化，脱离未成年人的生活实践。德育课程评价注重学生的知识，忽视学校德育过程和实践课程，造成中小学生德性的健康发展受损。一项调查显示，我国小学生公民素养的"知"与"行"存在不一致，即公民认知和公民情感优于公民行为；都市与县城小学生的公民素养好于农村小学生的公民素养。[2]

从未成年人德性发展的理论来看，未成年人德性发展的过程是知、情、意、行整体发展的过程。单纯追求知识层面无法促进未成年人德性其他方面的发展。德育课程制度设置和评价是未成年人德性发展的重要保障。我国学校重"知"轻"行"，学校德育重视知识的传授，忽视了培养未成年人的参与性和实践性。从制度上来看，学校德育课程和评价的法律制度保障不足也是重要原因。因此，应从德育课程制度设计上保障未成年人的德性发展。

（二）学校美育

相对于未成年人的智力发展，审美发展是未成年人感性方面的发展。它对于促进未成年人道德品质的形成具有重要作用，集中在美育方面。美育有助于培养未成年人良好的道德情操、行为习惯和审美修养，成为一个合格的公民。我国 2021 年修订的《教育法》第 5 条规定培养德、智、体、美等方面全面发展的社会主义建设者和接班人。这次修法的特点是将美育纳入法律，可见我国立法对于美育的重视。2015 年《关于全面加强和改进学校美育工作的意见》提出各级各类学校应开齐美育课程。然而，实践中，我国学校美育还存在诸多问题。应试教育背景下，学校美育课程存在被挤占、挪用和应付的现象。《全国义务教育阶段美育师资状况分析报告》显示：全国美育师资在满足国家最低标准开课的数量上还差 4 万名。[3]义务教育阶段美育教师的缺

---

〔1〕 徐辉："中小学法治教育地方课程改革的设计及实施"，载《教育研究》2017 年第 1 期。

〔2〕 张家军："小学生公民素养的调查研究"，载《华东师范大学学报（教育科学版）》2017 年第 6 期。

〔3〕 "《全国义务教育阶段美育师资状况分析报告》显示全国美育教师至少缺四万"，载 http://www. moe. edu. cn/jyb_ xwfb/s5147/201608/t20160830_ 277028. html.

口较大，农村地区美育教师数量严重不足。此外，校外兴趣班等有偿艺术教育形式，加重了学生家庭的经济负担。不仅如此，家长为了让未成年人掌握各种知识技能，花钱让未成年人参加校外兴趣班，兴趣班在一定程度上成了应试教育加分的砝码。从制度上来看，美育旨在培养未成年人的审美能力和道德修养。我国学校美育现状表明我国学校美育制度设计尚不完善。为了保护未成年人的健康发展，应通过立法对学校美育课程和教学、师资等内容进行制度设计并予以保障。

（三）家庭教育

家庭教育是未成年人德性发展的重要影响因素。家庭对一个人的言谈举止、性格、态度的形成具有重要影响，父母良好的教育为其成年进入社会提供良好的基础和前提。我国《未成年人保护法》第 16 条规定父母及其监护人应当关注未成年人的生理、心理状况和情感需求；教育和引导未成年人遵纪守法、勤俭节约、养成良好的思想品德和行为习惯。然而，在实践中，家庭教育当中存在"重智轻德"，重视智力开发，忽视对非智力因素的培养的情况。父母及其监护人对子女智力成绩的重视模糊了对未成年人道德品质的培养。甚至将子女的道德品质的教育寄托于学校，模糊了学校教育和家庭教育的责任边界。可以说，家庭德育对于未成年人的道德品质培养和心理健康具有重要的促进作用。父母及其监护人家庭德育观念淡漠、德育教育方式和沟通不当等都会影响未成年人道德品质的健康发展，甚至导致未成年人孤僻、偏激、不负责任以至于走上犯罪的道路。事实上，随着我国经济和社会的发展，未成年人犯罪低龄化，部分青少年逃学、偷抢、强奸甚至杀人，已成为社会的不稳定因素。2015 年《教育蓝皮书》中的一项 14 岁到 18 岁犯罪群体的调查显示：我国未成年人犯罪低龄化趋势明显，14 岁未成年人的犯罪比例呈上升趋势。其中，父母的教养方式不当成了未成年人走上犯罪道路的重要原因。

家庭教育对于未成年人德性的发展具有重要作用。从我国家庭教育存在的问题来看，父母及其监护人的教育水平和能力不足影响未成年人的德性养成。其背后折射出我国家庭教育法律制度缺失。因此，需要立法完善家庭教育的内容，以及父母在家庭教育中的义务和责任，从而保护未成年人的健康发展。

（四）未成年人影视分级、网络保护

鲁洁先生说过："学校德育长期以来被看成是影响学生品德形成的唯一变量。"[1]事实上，未成年人的德性发展除了受学校德育的影响外，还受到外界环境的影响。随着信息时代的到来，影视、网络成了人们日常生活的组成部分。作为现代社会的产物，它们开始越来越多地影响未成年人的道德品质、价值观的形成。在影视方面，由于未成年人心智尚不成熟，生活经验匮乏，未成年人对影视偶像具有较强的模仿意识和意愿，暴力和色情等内容容易使未成年人模仿，并产生暴力倾向。在未成年人网络方面，《中国互联网络发展状况统计报告》显示。截至 2016 年 12 月，我国青少年网民（19 岁）约占全体网民的 23.4%，总数达 1.7 亿。[2]可见，网络成了未成年人生活的组成部分。然而，网络是一把"双刃剑"，在给未成年人带来大量信息的同时，也会给未成年人的健康发展造成不良影响。暴力、色情等网络内容影响未成年人的道德品质，阻碍未成年人正确的人生观、价值观的形成，甚至将未成年人引向犯罪的边缘。近些年来出现"喜羊羊灰太狼"绑架烤羊事件[3]、"蓝鲸游戏"[4]、"儿童邪典视频"[5]等恶性事件均表明，不良的影视、网络作品会影响未成年人的道德品质和价值观的形成，甚至会将未成年人引向自杀和犯罪的深渊。法律制度是未成年人影视、网络保护的重要保障，通过立法规范未成年人网络，从而保障未成年人的健康成长。

---

〔1〕 鲁洁：《超越与创新》，人民教育出版社 2001 年版，第 180 页。

〔2〕 杨月："专家谈未成年人网络保护：宜疏堵结合不宜紧靠'一刀切'"，载 http://news. youth. cn/wztt/201701/t20170126_ 9067750. htm.

〔3〕 2013 年 4 月 6 日，连云港 7 岁的冉冉（化名）和 4 岁的浩浩（化名）与 10 岁的顺顺一起玩耍，并就地取材模仿《喜羊羊与灰太狼》动画剧情做"绑架烤羊"游戏，顺顺将冉冉、浩浩绑在一棵树上，用随身携带的打火机点燃树下竹叶，导致二人被火烧伤。医院诊断结果显示，冉冉全身多处烧伤 40%、浩浩全身多处烧伤 80%。法院判决被告烧伤同伴儿童顺顺（化名）的监护人赔偿原告损失的 60%；被告《喜羊羊与灰太狼》的制作、发行人广东原创动力文化传播有限公司赔偿原告损失的 15%。

〔4〕 "蓝鲸游戏"是一款由俄罗斯流入我国的死亡游戏。其主要通过"做任务"形式诱导 10 岁至 14 岁未成年人完成各类自残行为直至自杀而引起关注。

〔5〕 "儿童邪典视频"主要是以卡通片、儿童剧、木偶剧为包装，将其进行二次创作，在相关视频中，如米老鼠被撞得喋血街头，帮公主做开喉咙、开颅手术等。其中含有暴力、血腥、色情的情节，其旨在诱导未成年人模仿和重复错误的行为。

小　结

儿童发展理论指出，未成年人的德性发展与学校、家庭以及社会环境具有密切关联。我国未成年人立法对未成年人德性发展的内容进行规定。但从现实中未成年人德性发展存在的问题分析来看，立法仍存在不足。本书认为学校德育课程设置与评价、学校美育、家庭教育、未成年人影视、网络保护几个方面组成未成年人德性发展立法保护的具体内容。

第一，未成年人的德性发展通过教育来实现，集中在德育方面。学校德育课程是未成年人德性发展的基本手段。德育课程和评价直接关系到未成年人德性的健康发展。德育课程设置和评价通过一系列制度来完成，需要通过立法来保障。

第二，学校美育与学校德育具有同等的功能，它也是未成年人德性发展的重要途径和实现手段。美育课程和评价是促进和保障未成年人道德品质和个体审美能力形成的重要保障。

第三，未成年人的德性发展受家庭教育的影响。未成年人的德性发展是其道德品质发展的过程，是从无律、他律到自律的过程。未成年人生下来无不受家庭的影响。父母的行为和举止、教育理念、教育方法的科学性和合理性对未成年人的德性发展具有重要的影响，甚至起到决定性作用。因此，需要通过立法规范父母的义务和责任，保护未成年人的德性发展。

第四，未成年人的德性发展还受社会环境的影响。在信息时代，大众媒介已经进入未成年人的生活、学习视野。影视、网络作为大众媒介对未成年人价值观影响巨大。不良信息侵害和影响未成年人的德性的健康发展，因此需要立法予以保护。

概而言之，学校德育课程设置与评价、学校美育、家庭教育、未成年人影视、网络保护构成未成年人德性发展立法保护的具体内容。未成年人立法对未成年人德性发展的保护也应从这几个方面进行。需指出的是，未成年人德性发展的立法保护的内容不是确定不变的。随着未成年人德性发展的内在需要和社会发展的变化，未成年人德性发展立法保护的内容也随之发生变化。

第二节　发达国家未成年人德性发展的立法保护

　　立法是未成年人权利保护和实现的前提。未成年人德性的健康发展由立法来规范。本节将通过分析发达国家保护未成年人德性发展的具体内容，为我国针对未成年人发展权保护提供立法建议。从未成年人德性发展立法保护的内容出发，本书主要从学校德育课程设置、学校美育、家庭教育、影视及网络保护等方面进行立法分析。

一、美国未成年人德性发展的立法保护

　　对于未成年人德性发展的立法保护，美国相继颁布了《2000年目标：美国教育法》《不让一个孩子掉队法》《儿童网络保护法》《儿童在线隐私保护法案》等。在州层面，至今美国已经有26个州通过了品格教育的立法。美国通过未成年人立法对未成年人的德性发展形成了有力保护。

　　（一）学校德育课程注重未成年人德性的培养

　　20世纪90年代以来，美国联邦政府制定了《2000年目标：美国教育法》《不让一个孩子掉队法》《品格教育法》等多部法案以及各州相继出台道德教育法规，为未成年人德性发展的保护提供了制度上的保障。

　　1. 学校德育目的注重未成年人的品格培养

　　20世纪80年代以来，美国教育改革开始关注美国的基本伦理、道德和公民价值观。1983年《国家处于危险中：教育改革势在必行》指出，中小学教育存在教学内容肤浅、课程标准过低、学生的道德和价值观混乱等问题。这一时期品格教育受到关注。直到《2000年目标：美国教育法》在其已有的教育目标上提出了新的教育目标。该法规定：到2000年，所有美国儿童都要有良好的学前准备……所有学校都要成为无毒品、无暴力、无武器、无酒精的地方……所有学校都要和家长组成伙伴关系，使家长更积极关心和参与促使未成年人增长社会知识、文化知识和情感的活动。[1]这一法案提出未成年人免受毒品、暴力等的影响，注重未成年人的品格培养。到2000年后，《不让一个孩子掉队法》规定了品格教育的拨款，减少未成年人违法行为。该法案

---

　　〔1〕　张维平、马立武：《美国教育法研究》，中国法制出版社2004年版，第245~246页。

明确了教育中德育和智育的同等重要性，强调在关注学生智力发展的同时要关注未成年人的德性发展。

2. 德育课程突出个体德性的培养

公民教育是美国培育未成年人公共德性，成就合格公民的重要内容。美国还注重未成年人个体品德和心理健康的教育。这些内容都体现在德育课程的规定当中。

（1）公民教育。"在国家建立之初，教育就负有一种'公民学'上的任务：为迎合美国的宪制民主价值，培养具备知识的、理性的、仁爱的和有参与精神的公民。这一公民学任务在国家《2000年目标：美国教育法》中再次得到确认。"[1]公民教育的目的是培养公民。社会课教育成了美国公民教育的主要领域。按照美国社会课委员会的定义："社会课是把社会科学和人文科学作为整体的学习，旨在培养公民能力。"[2]这一定义表明社会课传授公民事务方面的知识和促进公民参与。从美国公民教育的内容来看，由公民教育中心指定的《公民学和政府学国家标准》（美国教育部支持）规定教育目的是培养学生对美国的基本价值观和原则的承诺，并且能够理性和有责任能力参与政治生活。围绕这一目的，公民学课程要求学生掌握参与政治所必需的知识和技能；树立美国的核心价值观；明确公民的权利、责任和义务；具备推动政治参与的公民道德。

（2）品格教育。美国品格教育始于20世纪90年代初。1995年《中小学教育法》规定所有州都要建立品格教育机制，接受联邦资助。至今，美国已经有26个州通过了品格教育的立法。然而，美国并没有统一的品格教育大纲，不同州对品格教育的内容规定不同。1994年加利福尼亚州政府颁布《加利福尼亚教育规范》规定K-12学校品格教育的内容包括：个人的尊严和社会责任感、诚实、勇敢、公平、正义以及国家和社群的公共利益。该法鼓励教师营造能够激励青少年认识自己全部潜能的学习环境，要求教师消除歧视青少年的态度、行为、事件或活动，努力防止校园暴力行为。1996年得克萨斯州向本州所有学生发放《建构得克萨斯优良公民之源指南》，规定要求不同

---

〔1〕 Center for Civic Education（ed.），"National Standards for Civics and Government"，http://www.civiced.org/index.pgh? page=stds，visited in14：25，2008-11-28.

〔2〕 转引自唐克军、蔡迎旗：《美国学校公民教育》，中国社会科学出版社2012年版，第60页。

年龄段应当知晓的个体德性和社会责任。得克萨斯州的普拉诺学区确定的品格教育内容是："礼貌、勇敢、自律、诚实、自尊、正义、爱国、个人的公共义务、尊重自己和他者、尊重权威、负责和坚毅。"〔1〕这些核心价值构成了美国学校品德教育的价值目标。

（3）法治教育。美国早在 1975 年便将法治教育纳入中小学社会课，在社会课中实施法治教育便成了美国中小学教育的一种传统。为了促进各州和地方教育机构、公共机构以及非营利私营组织和机构开展法治教育，1978 年，美国通过了《法治教育法案》（Law-Related Education Act，LREA），该法对法治教育内涵、目的及基本内容作出详细规定。在法治教育定义方面，该法案指出："法治教育是使非法律专业者获得与法律、法律程序、法律系统有关的知识和技能并领会其赖以建立的基本原则和价值的教育。"〔2〕在法治教育目的方面，该法规定法治教育的目的是培养每一个公民的法律素质。20 世纪 90 年代，美国法律家协会制定了《法制教育指南》，进一步明确法制教育的目的是在美国民主社会中，提高市民参与社会的能力，在考虑为社会做什么的前提下，培养可以进行意思自决的人。在法治教育内容方面，规定教师应鼓励学生积极参与课堂教学。如在课堂上使用角色扮演，教师可以鼓励学生表达不同的法律意见，讨论冲突的意见。鼓励学生对比不同的法院判决，鼓励学生在不同背景下处理司法判决。在低年级，法治教育注重公平、自由和平等。在高年级，这些概念和价值观可以通过国家和全球影响等问题传授。在法治教育方法方面，主要采用小组活动、合作学习、模拟法庭、角色扮演等方法。美国法治教育通过鼓励学生参与和积极讨论，培养了学生形成的法治意识，成为一名合格公民。

（4）心理健康教育。美国重视公民的心理健康服务。20 世纪 80 年代之后，美国将心理健康教育的重点从心理异常个体转移到全体学生上来。通过心理素质训练和心理健康教育活动提高全体学生的心理素质。心理健康教育从学校发展到社会和家庭当中。各个社区普遍建立心理咨询机构，并设有专门从事心理咨询的心理工作者。2004 年，美国加利福尼亚州出台《心理健康

---

〔1〕 郑富兴、高潇怡："道德共识的追寻——美国新品格教育的内容浅析"，载《外国教育研究》2004 年第 11 期。

〔2〕 http://files.eric.ed.gov/fulltext/ED390779.pdf.

服务法案》，该法旨在援助那些需要心理服务的学生。专门设立"加利福尼亚州心理健康服务管理局"，负责下属各郡的社区、家庭和个人的心理健康工作，规定各级学校采取一系列政策与行动，援助有心理服务需要的学生。2007 年美国修订的《国家健康教育标准》将心理健康教育课程纳入法律。美国疾病与控制中心基于这一标准提出学生学习心理健康教育课程的目的是：用健康的方式表达感情；积极参加有益于心理和情感健康活动；用健康的方式预防和处理人际冲突；预防和处理情感压力和焦虑；使用自我控制与冲动控制的策略促进健康；寻求有效帮助，减少不健康的想法、行为；包容与接受他人的差异；建立并保持良好的人际关系。[1]从该标准可以看出，美国心理健康课程目的体现关注全体学生的心理健康，并且注重事前预防的特点。这样一来，可以保障未成年人在诊断为心理疾病前获得有效的纠正，使学生获得良好的心理状态。

3. 确立政府在道德教育中的经费投入义务

美国联邦政府干预教育的主要措施包括立法和拨款两种途径，道德教育也不例外。1994 年《提高美国学校法案》规定联邦政府每年批准 10 个基金用以实施和设计品格教育项目。《不让一个孩子掉队法》规定了品格教育的拨款，确认了政府履行未成年人德育方面的经费投入责任。自 1995 年以来，联邦教育部通过"品格教育合作项目"，先后通过了近百项中小学品德教育资助项目。在州一级，州教育行政部门通常将道德教育纳入本州学校改进计划或教育标准。有的州还专门制定了相应的政策，如密歇根州制定了"提高道德教育质量政策"，许多州均将本州道德教育纳入法制轨道，确保道德教育有法可依。纽约市教育局 2008 年 9 月颁布的《全市纪律干预和措施标准》（Citywide Standards of Discipline and Intervention，CSDI）是纽约市 K-12 年级学生的纪律准则、权利与责任法案，其目的在于为学生提供帮助和指导，教会学生为自己行为负责，从而成了"多元化社会中的优秀公民"，并建立了一个安全和互相尊重的校园环境。这一标准要求学生明确自己获得的权利和需要承担的责任，规定清楚哪些行为是不被允许的，以及如果违纪会受到何种惩罚。该法还规定学生本人、家长必须清楚"措施标准"的一切内容，并在行为契约上

---

〔1〕　冯航珍、叶颖："美国中小学心理健康教育课程设置——以马里兰州为例"，载《中小学心理健康教育》2015 年第 15 期。

签字。

（二）学校美育的法律制度较为完善

美国高度重视艺术教育。联邦层面出台的《2000年目标：美国教育法》将艺术学科作为法定的课程。为了保护未成年人审美的发展，美国还制定了《让每个孩子成功法》《艺术教育国家标准》等一系列法律法规具体规定艺术教育的课程设置、评价方式、经费来源等内容。

1. 美育课程内容较为丰富

美国重视学校美育立法。《2000年目标：美国教育法》将艺术和外语作为核心学科。可见，艺术学科成了法定课程。它与外语、历史、数学等学科处于同等重要的地位。为了保障未成年人的审美能力发展，美国制定了专门针对艺术教育的课程标准。如1994年美国出台《艺术教育国家标准》，该标准规定了艺术教育的内容包括舞蹈、戏剧、音乐、视觉艺术等内容。2014年美国出台《国家核心艺术标准》将原来的四门学科拓展到舞蹈、戏剧和视觉艺术、音乐、媒体艺术。新增了媒体艺术，强调多学科的融合和关联。此外，美国还制定了艺术标准矩阵。该矩阵以学生的长远发展为目标，从创造性、表现（舞蹈、音乐、戏剧形式）、呈现（视觉艺术）、创作（媒介艺术），反应以及联系四个维度，将不同艺术课程融入进去，每个维度设计不同的具体指标。通过这种方式将未成年人获得技能、知识、评价等整合在一个框架当中，为教育者的教学和评价提供并指明了方向。

2. 美育课程评价重视学生的能力培养

《不让一个孩子掉队法》规定国家教育机构和地方政府制定学生学业评估制度，对学生的数学、阅读、艺术等学科进行年度评估。学业评价针对美国就读3年或3年以上的学生进行艺术考试。联邦层面实施的中小学生测评主要由国家教育进展评估中心负责，考试内容包括数学、阅读、艺术等学科。主要针对4年级、8年级和12年级学生抽取代表性样本进行测试。这一测试取得的成绩不与升学和档案挂钩。就各州而言，评价方式不尽相同。从《国家核心艺术标准》规定的内容来看，美国比较重视学生自评。如规定在艺术课程过程中理解和评价艺术如何传达意义。课程评价中强调以学生为中心，体现以学生为主体的特点。教学过程中更加注重学生的个性发展和需要。在真实语境中，鼓励学生通过观察、说话、提问、分析、评价等方式提升批判性思维和沟通能力。这一过程不仅培养学生掌握相应的知识和技能，更重要的是帮助学生形成解释、分析和评价的能力，从而获得对各种艺术活动的真正理解和把握。

3. 美育经费保障较为充分

对于学校美育的经费方面，美国《让每个孩子成功法》确立了保障艺术教育经费的政府义务。该法专门规定设立艺术教育项目资助，用于全体未成年人，也包括弱势儿童和残障未成年人。从 2002 年到 2017 年，国会每年投入 3 千万美元用于艺术教育项目资助。[1]充足的经费用于保障艺术研究人员、教师和校长的专业发展；艺术教育教学和形式（在线资源、多样化的艺术手段等）以及加强学校、社区、艺术中心之间的联系等。可见，美国未成年人立法重视学校以外未成年人美育的开展。

在其他法律支持方面，《联邦税收法》以及《国家艺术与人文基金会法》是美国文化艺术经费提供的最直接法律来源。美国主要通过税收刺激政策对文化艺术提供支持，鼓励美国文化事业发展。法律规定对非营利的美国文化艺术团体和机构以及公共电视台、广播电台等免征所得税。对于赞助非营利文化艺术团体和机构的公司、企业和个人，赞助款可免缴所得税。对于非营利文艺团体的文化艺术团体可以享受政府的资助，接受公司和个人的捐款。此外，《国家艺术与人文基金会法》规定联邦政府对文化艺术领域的资金投入，规定国家艺术与人文基金会每年向各州及联邦各地区文化艺术文员会进行一次拨款，约占年总金额的 20%，其余款项直接用于向各个艺术人文领域内的个体及团体有关项目提供直接项目资助，也可用于优秀艺术成就的奖励。博物馆和图书馆服务署则专门负责对博物馆、美术馆和图书馆的项目资助。

（三）重视家庭教育立法

从美国未成年人立法上来看，美国非常重视家庭教育立法。2000 年美国《联邦教育法》规定提高父母在子女教育过程中的参与。2002 年美国出台的《不让一个孩子掉队法》规定强调家庭合作，将家庭教育融入学校教育体系当中，通过学校教育法律来推动家庭德育教育的发展，从而保障未成年人的德性发展。

1. 形成了完善的家庭教育体制

美国家庭教育在联邦层面的负责机构为教育部。在各州层面是家庭教育

---

〔1〕　Funding the assistance for arts education grant program at the U. S. department of education.

协会或家庭教育中心，主要负责本州家庭教育事务、开展家庭及教育活动、负责家庭指导师的培训、资格认证等内容。在地方层面，美国对父母进行教育的机构包括了各州政府、学校、组织、社区、企业及教会等。以加利福尼亚州为例，主要设有父母中心、父母学校等。加利福尼亚州父母中心主要负责父母技能援助，帮助父母更好参加所在学校和社区的活动，并提供家长联络员资格培训项目。

2. 家庭教育经费投入充足

近些年来，美国重视家庭教育经费的投入，无论从联邦层面还是地方各州都对家庭教育进行大力投入。2002 年《不让一个孩子掉队法》明确了父母参与的重要性。2007 年，美国《家庭教育开始法案》规定 3 年内投入 40 亿美元用于州、部落组织和地区的家庭教育，主要用于家庭服务。其中，联邦政府 5000 万美元家访服务计划。[1] 这是美国联邦层面首个干预家庭教育的法律文件。2011 年出台的《力争上游——早期学习挑战》是一项联邦针对各州未成年人的早期学习和发展项目。2011 年这一项目的经费为 4.9 亿美元，2013 年的经费为 1.3 亿美元，2013 年的经费为 3.6 亿美元。[2] 可见，政府通过充足的家庭教育经费投入，不仅保障了家庭教育工作的开展，同时也保障了未成年人的健康发展。

3. 规定了家庭教育的具体内容

家庭教育内容方面，《不让一个孩子掉队法》规定通过赋予家长教育选择权，家长可以更多地了解子女就读学校教育质量的信息，从而为子女择校。2007 年美国教育部出台《赋予家长学校席位》[3]，该政策作为《不让一个孩子掉队法》的具体实施和延伸，旨在引导家庭教育融入学校教育体系。《赋予家长学校席位》主要包括三部分内容：告诉家长如何阅读子女的成绩单，给家长提供子女在学校取得成功的建议；提供父母如何实施家庭教育、帮助子女完成学业的措施和指导建议；告诉父母不同阶段家庭教育的具体建议和措

---

〔1〕 家访服务计划是由美国联邦推出的帮助家长如何促进子女成功的计划。它主要通过提供一定教育支持和教育服务来实现，在儿童早期发展中，帮助父母理解未成年人的发展、加强父母的实践、减少未成年人虐待等。

〔2〕 U. S. Department of Education. Race to the Top-Early Learning Challenge，https://www2. ed. gov/programs/racetothetop-earlylearningchallenge/index. html.

〔3〕 U. S. Department of Education. Empowering Parents School Box，https://www2. ed. gov/parents/academic/involve/schoolbox/index. html.

施等。在德育内容方面，主要包括父母要鼓励子女阅读、与子女对话、辅导家庭作业、合理引导子女看电视和玩游戏时间、鼓励子女使用图书馆、帮助孩子安全有效上网、鼓励子女负责和学会独立、倾听子女的想法等。

4. 注重父母和家庭教育指导师的培训

在父母教育和家庭教师的培训方面，美国制定了学前幼儿园家庭指导计划，"父母即教师""Triple-P 教养项目""难以置信的几年"项目等。美国各州的教育协会以及家庭教育中心承担本州家庭及教育指导师的培训、考核、资格认证等工作。

（四）未成年人影视分级、网络保护的立法较为健全

大众媒介在未成年人社会化过程中具有重要的影响，也是未成年人德性发展的重要影响因素。美国政府通过制定影视、游戏分级制度，颁布未成年人网络方面的法律，对未成年人的德性发展进行保护。

1. 建立未成年人影视、游戏分级制度

美国关于未成年人电影分级最早产生于20世纪30年代。《海斯法典》规定删除影片中不符合美国公众道德观念的内容。进入50年代，美国社会当中出现了暴力现象泛滥的状况，民众开始怀疑影视作品中包含的暴力内容带有一定的负面引导作用。为了防止影视作品中含有的色情、暴力等负面内容对未成年人造成不良影响，1968年美国电影分级制度正式颁行。经过修改，1990年美国建立五级电影分级制度。这一制度的具体内容包括：

（1）G级，大众级，不限年龄；

（2）PG（普通指导级）主要是指某些内容并不适合未成年人观看，有些画面可能给未成年人带来不适感，建议未成年人在父母及其监护人的陪伴下观看；

（3）PG-13级，特别辅导级，13岁以下未成年人观看要有父母及其监护人陪同，有些内容会给未成年人造成不适；

（4）R级（限制级），17岁以下未成年人观看须由父母或者监护陪伴。该级别的影片包含较多的性、暴力等；

（5）NC-17级为成年人影片，未成年人坚决被禁止观看。

电影分级制度是建立在未成年人身心发展的特点基础上，对不同年龄段

未成年人适合观影的内容进行细致分类，有效防止了未成年人接触色情、暴力的内容，从而保护未成年人的发展。

此外，美国还出台游戏分级制度。美国娱乐软件分级委员会[1]规定了七级游戏分级制度。按照年龄和色情、暴力程度不同来划分，具体包括：

（1）EC——适合3岁及3岁以上的未成年人，主要面向学龄未成年人，并且不包括让家长反感的内容；

（2）E——适合6岁及6岁以上的未成年人，游戏中包括最低限度的卡通、幻想，或者有轻微暴力或脏话；

（3）E10+——适合10岁及10岁以上人群。游戏中包括比E级较多的暴力、粗话，以及最小限度的血腥或暗示性主题；

（4）T——适合13岁及以上的人群。可以包括暴力、暗示性主题、血腥、模拟赌博或粗俗语言；

（5）M——适合17岁或17岁以上的人群，游戏内容包括激烈暴力、血腥、色情或粗俗言语；

（6）AO——适合成年人，包括长时间的激烈暴力场面或色情内容；

（7）RP——尚未最终评定级别。

这些分类使得未成年人的父母能够根据未成年人的年龄选择适合未成年人玩的游戏，保护未成年人免受不良信息侵害。美国的一项调查显示：87%的子女玩游戏的父母了解游戏分级系统，76%的父母在为子女购买游戏软件时经常会核查分级标示。[2]可见，美国父母对游戏分级制度的认可度较高。

2. 制定未成年人网络保护的立法

网络媒介在未成年人社会化过程中具有重要的影响力。美国政府通过颁布法案的形式，对未成年人进行保护。早在1996年，美国便通过了《通信行为端正法案》，保护未成年人免受色情危害。两年以后，美国通过《儿童在线保护法案》《儿童在线隐私保护法案》。这些法律致力于保护未成年人获得健

---

[1] 该组织是成立于1994年，主要是指针对美国与加拿大发行的电脑游戏、视频游戏等娱乐软件予以分级的非营利性自律组织。

[2] 叶慧娟：“网络游戏分级制度比较研究”，载《华东理工大学学报（社会科学版）》2011年第2期。

康信息和预防不良信息侵害，并对政府、父母、社会的义务作出规定。

美国政府意识到实现未成年人发展，保护他们免受不良信息侵害与国家的利益是高度一致的。在立法目的方面，《儿童在线隐私保护法案》确立立法目的是禁止网络运营商向未成年人提供对他们"有害的内容"。这一立法目的积极意义在于保障未成年人免受不良信息的侵扰，保障他们可以获取安全的信息。其体现了保护未成年人发展的理念。

父母是未成年人获取安全网络信息的监管者。法律规定了父母的监督责任。法律规定父母享有一按键资源，负责未成年人免受不良信息的监督。同时，该法规定以 12 岁以下未成年人为保护对象，维护未成年人的在线隐私权益，要求商业网络或在线服务运营商在线向未成年人收集信息时取得父母同意的正当程序。这样一来，立法规定未成年人获得网络信息必须在父母的监管下完成。也就是说，父母有帮助未成年人获得健康信息的义务，防止不良信息对未成年人的侵害。

学校和图书馆承担教育未成年人网络信息的责任主体。法律规定学校和图书馆接收上网或内部链接通过 E 率计划——一个项目旨在使提供学校或图书馆的通信服务和产品更实惠。其中规定学校和图书馆不得接收 E-rate 程序提供的折扣，除非他们能够证明他们有一个包括技术保护措施的网络安全政策。保护措施必须阻止或过滤互联网图片，主要包括：淫秽；未成年人色情；对未成年人有害（电脑由未成年人访问）。在采用这种网络安全政策之前，学校和图书馆必须提供合理的注意并保持至少一次听证会或会议解决方案。同时，还规定学校的安全政策必须包括：①监测在线活动的未成年人；②根据《21 世纪法》保护未成年人的要求，学校必须提供教育未成年人适当的网络在线行为，包括在社交网络、聊天室与他人的交往，对于网络欺凌方面的认识和责任。

对于网络运营者的义务，法律规定在网站上声明收集、使用及公开信息的情况、向未成年人收集、使用或公开信息，获得可验证的父母同意。对于运营者违反该法规定义务，可被处以罚款、停止营业；承担恢复原状、支付损害赔偿金等侵权责任；承担法律规定的其他责任。通过立法明确网络运营者的义务和法律责任，保障未成年人获得健康和安全的信息。

二、英国未成年人德性发展的立法保护

英国政府先后出台了《教育法》《未成年人法》《儿童保护法》《国家课程框架》等一系列保护未成年人的法律法规。其内容涉及未成年人德性发展的各个方面，对未成年人的德性发展形成了有力的保护。

（一）学校德育课程目标以促进未成年人的德性发展为基本价值

1996 年《教育法》明确英国道德教育的目标是促进未成年人的道德、精神、社会和文化的发展。以教育法为核心，《国家课程框架》中明确了国家课程的目的，指出教育是："通往精神、道德、社会、文化、身体和心理的发展，从而使个人达到完满的道路……教育必须使我们能够回应积极的机遇和快速变化世界里的挑战，尤其使我们需要在经济、社会和文化变迁的过程中，为成为个人、家长、工人和公民做好准备。"[1]可见，英国道德教育将未成年人的发展视为国家课程的价值理念。

1. 德育课程目标以促进未成年人的道德、社会、文化、身体和心理的发展为基本价值

20 世纪前，英国道德教育的目的是使未成年人服从、信仰上帝，学校的全部工作就是向学生灌输服从权威和宗教教育的观念。也就是说，灌输和宗教教育是英国道德教育的主要途径。20 世纪以来，英国通过立法确立了宗教教育在未成年人道德教育中的地位。1944 年《教育法》首次明确了宗教教育的概念，规定了宗教教育的内容。随着社会的发展，英国《学校课程框架》（1979 年）以及《学校课程》（1981 年）明确教育的目标是"逐渐培养对宗教和道德价值的尊重以及对其他种族、宗教和生活方式的宽容"。[2]对道德教育的重视成了英国的教育内容之一。1996 年修订的《教育法》规定学校道德教育的目标是促进未成年人的道德、精神、社会和文化四个方面的发展。具体来看：①道德的发展要求教会学生认识道德冲突，注重关爱他人，拥有正

---

〔1〕 Jan Campbell & Liz Craft, "Citizenship and Presonal, Socail and Health Education: Clarifying and Managing Their Roles and Relationship", In Breslin, Tony & Dufour Barry (eds.), *Developing Citizens: a Comprehensive Introduction to Effective Citizenship Education in the Secondary School*, London: Hodder Murray, 2006: 292.

〔2〕 John Thacher & David Evans, *Personal, Social and Moral Education in a Changing World*, Delmar Pub, 1988: 5.

确行为的意志；②精神方面的发展，要求学生能够学会自我发展，发挥潜能，认清自身优缺点，并拥有实现一定目标的意志；③文化方面的发展，要求学生理解文化传统，具有理解和欣赏美的能力；④社会方面的发展，要求学生认识自己在集体和社会中的权利和责任，拥有处理好人际关系的本领。这一德育目的反映了立法以未成年人的发展为基本价值。

2. 德育课程内容重视公民培养

（1）公民教育。在英国，公民教育是国家的正式课程。1990 年，国家课程委员会（NCC）在《公民教育》报告明确公民教育的内容。在报告中，公民教育是指："在民主社会中探索，教给学生做出明智的决定以及锻炼履行责任与行使权利需要的知识、技能和态度。"[1]这一规定明确了公民教育的法律地位。英国公民教育的目的是树立明确的培养参与性公民的观念，提供参与性公民教育的动力；帮助学生掌握和理解必要信息，这些信息是以学生的技能、价值和对公民的态度为基础。在公民教育课程的设置方面，不同阶段公民教育内容不同。在国家课程公民学习项目规定中，阶段一（5 岁至 7 岁）的内容要求学生掌握知识、技能和理解。公民教育在阶段一和阶段二（8 岁至 11 岁）并非必修课。阶段三（11 岁至 14 岁）[2]包括：民主政治制度发展，包括公民、议会和君主各自的角色；国会的运作，包括选举和投票，政党角色；公民自由；法律规则和司法系统；公共机构和志愿团体的作用，公民改善社区的方式，参与学校活动的机会；货币的用途，预算重要性以及风险管理。阶段四（14 岁至 16 岁）的内容是在阶段三学生理解基础上培养学生对民主政府和公民权利和责任的认识。主要包括：议会民主以及宪法的关键内容（政府权力、公民、立法、行政、司法等）；不同选举制度以及公民参与选举过程的影响；英国以外民主或非民主制度和形式；地区、区域和国际治理和英国与欧洲其他国家、英联邦等更广泛世界的关系；人权和国际法；法律制度、法律渊源；不同国家、区域、宗教和种族身份以及相互理解和尊重的需要；公民改善社区以及社区参与等；收入支出，信贷和债务，保险，

---

〔1〕 National Curriculum Council, Education for Citizenship, York：NCC, 1990：3.

〔2〕 Department for Education, National curriculum in England：citizenship programmes of study for key stages 1 and 2, https://www.gov.uk/government/uploads/system/uploads/attachment_ data/file/402173/Programme_ of_ Study_ KS1_ and_ 2.pdf.

储蓄、养老、金融产品和服务、公共资金筹集等。[1]

（2）法治教育。英国并没有独立的法治教育课程，而是融入公民教育。中学和小学法治教育内容有所不同。小学第一阶段（5 岁至 7 岁）并没有涉及法律。小学第二阶段（7 岁至 11 岁）公民教育教学内容中涉及法律的部分，主要包括三方面内容：了解为何要制定法律和规则，如何制定和执行法律和规则以及为何在不同情境下制定法律规则；认识到攻击性行为和反社会行为（种族歧视、以强欺弱）的后果；了解个人在家庭、学校、社会中的权利、义务、责任。根据 2007 年英国资格与课程局发布的《国家课程指南》，中学阶段的法制教育分为中学第一阶段（13 岁至 14 岁）和中学第二阶段（14 岁至 16 岁）。在中学第一阶段，法治教育的主要内容涉及三个方面的内容：政治、法律权利、人权、公民负有的责任；法律制度和司法制度的功能以及与未成年人的关系；议会民主、政府的特征，如选举制度、投票制度等。第二阶段的法治教育包括七个方面的内容：政治权利、法律权利、人权以及基本自由；刑事、民事方面的基本法律以及司法制度；法律制定和程序，包含了政府、议会和法院的工作及其程序等内容；公民参与民主选举的程序及其对国家或地方决策的影响；英国议会民主制政府的运行机制；了解权利和自由（言论自由、结社自由、投票等）的发展历史；消费者、雇主和雇员的权利和责任。[2]从教学形式和方法来看，英国教育与技能部规定公民教育应采取"轻触式"教学方法，即赋予学校选择教学方式的权力，国家层面并没有做出规定。学校可采取单独设置课程授课、嵌入到其他课程当中、通过设置专门的"公民教育日"以及其他方式，也可以通过组织活动形式，鼓励学生参与。英国法治教育课程内容根据学生道德发展的阶段，处于不同学段的学校法治教育的内容有所不同。整体来看，英国中小学法治教育课程内容根据学生德性发展的认知发展，循序渐进，有效衔接，并注重未成年人的参与。这种制度设计有效促进和保障了未成年人的德性发展。

（3）心理健康教育。英国非常重视对未成年人的心理健康教育。《基础教育阶段课程指南》规定心理健康教育的目的是促进学前未成年人个性、社会

---

〔1〕 Department for Education. National curriculum in England: citizenship programmes of study for key stages 3 and 4, https://www.gov.uk/government/publications/national-curriculum-in-england-citizenship-programmes-of-study.

〔2〕 车雷："英国的学校法制教育及其启示"，载《教育探索》2011 年第 11 期。

性、情感的发展。在心理健康教育的内容规定方面，其重视学前未成年人表达与交往能力的培养，重视对未成年人自信心、独立性、主体性、个体意识和社会情绪的培养。在方法和途径方面，强调注重环境创设以及按照未成年人的发展水平进行教学；注重每个未成年人的身心发展特点。强调加强未成年人与家长的密切联系。2012 年《无心理健康无健康：执行框架》规定学校应为存在发展潜在危险、行为困难和情感问题的未成年人提供心理咨询服务。以证据为基础改善健康和建立弹性能力，包括行为支持、校本咨询和父母干预。可见，英国的心理健康教育旨在促进未成年人德性的健康发展。通过保障未成年人表达和社会交往能力以及个性的发展，从而有效地促进未成年人的德性健康发展。同时，英国立法突出为全体未成年人学生提供心理咨询服务，还特别注重为特殊未成年人提供心理健康咨询服务，体现出了一定的针对性和专门性特点。

（二）重视学校美育立法

英国具有悠久的教育传统。英国非常重视未成年人的创造力培养和个体修养，英国出台的《国家课程框架》明确规定艺术教育课程设置、评价等内容。

1. 美育课程内容较为具体，注重未成年学生的发展

在美育课程设置方面，2014 年英国制定的《国家课程框架》规定美育课程设置分为四个阶段。第一阶段的内容主要包括教会学生使用材料设计和制造产品；利用绘画和雕塑分享他们的思想、经验和想象力；发展运用色彩、图案、文理、线条等艺术设计技能；了解艺术家、手工艺制作者和设计师的作品，理解实践和理论的异同，并与他们自己的作品联系起来。第二阶段的内容主要包括教会学生发展技能，包括控制和使用材料，创造、实验和提高对不同类型艺术、工艺和设计的认识。第三阶段的内容旨在培养学生的创造力和批判力，主要通过使用一系列技术记录他们在期刊、其他媒介中的观察作为他们想法来源的基础；提高他们在处理不同材料方面的能力；学会分析和评价自己和他人的作品；了解艺术、公益、设计和建筑的历史等。进入第四阶段之后，设计与技术、音乐不再属于必修课。但是，公立学校学生必须选择自己喜欢的领域进行深入学习。[1]总体来看，英国艺术课程设计注重学

---

[1] https://www.gov.uk/government/publications/national-curriculum-in-england-art-and-design-programmes-of-study/national-curriculum-in-england-art-and-design-programmes-of-study.

生的审美能力发展，根据学生不同发展阶段，设置相应的课程内容，紧密围绕学生的能力提高为主要特点。

2. 美育课程评价的标准较为具体

英国形成了国家考试、教师评价和学生自评的三级课程评价制度。以英格兰的美育课程评价为例。在美育课程评价中，英国教育标准办公室负责对中小学学生音乐进行评价。主要考察中小学教学成果是否达到国家音乐教学大纲的标准。在教师评价方面，教师是艺术课程授课的主体，教师关注学生在艺术课程当中的行为表现，并依据《国家音乐大纲》对学生的发展水平给予评价。需要指出的是，为了改变英国音乐教学以教师教授为主的模式，《国家音乐大纲》注重学生的音乐体验，对教师的教学提出了新的要求。英国艺术教师在教学过程中融入多种元素，帮助学生形成相应的能力。

3. 美育课程教师资格要求较高

重视中小学教师的教育教学能力和综合素质是英国教师立法的一大特点。英国对中小学教师的资格准入要求较高，对学校美育教师的资格准入要求则更高。个人成为音乐教师需要满足两个条件：一是必须完成大学本科音乐专业学习；二是选择硕士教育教师培训课程，通过实习考核取得教师资格证书。严格的教师准入标准，保障了高质量的教师队伍。

（三）重视未成年人家庭教育立法

尽管英国家庭教育没有专门的立法，但其非常重视家庭教育。1870 年《初等教育法》确立了义务教育，要求 5 岁未成年人入学接受义务教育。英国家庭教育仍然具有重要的作用。1996 年《教育法》第 7 条明确规定每个义务教育学龄儿童的家长都应通过正常入学，或其他方式使其子女接受符合其年龄、能力与倾向和任何可能出现的特殊教育需求的、有效的全日制教育。

第一，家庭教育体制较为健全。国家层面，英国家庭教育主要由国家教育主管机关教育与技能部负责。教育与技能部下设父母中心与教育标准局。此外，还有民间慈善团体、志愿者组织。

第二，赋权家长，重视家长的参与权。英国 2004 年《为儿童和学习者的五年战略》提出，在教育改革过程中，要实施更大的个性化和选择性，尽可能满足所有未成年人和学习者以及家长的愿望和期望。2009 年教育白皮书《你的孩子，你的学习，我们的未来，建设一个 21 世纪的学校制度》明确提出："每一个家长将有机会获得信息和支持以便从他们孩子的利益出发进行选择；每一个家长将拥有一份家庭学校协议规定着他们对子女的学校教育的权利和责任。每位家长将有机会获得信息和支持以便他们关注和参与子女的学习和发展；每个家长将可以得到更广泛的服务包括在家长职责上得到支持和提高。"[1]

第三，在课程设置方面，Parenting UK 是一家全国性组织，专门为从事与家长合作相关的人们提供信息服务。该组织为家长提供新闻和培训相关的专业信息，开展未成年人发展的专业活动以及开发资源，提供良好的育儿支持服务。

（四）未成年人影视分级、网络保护的法律制度健全

在影视分级和未成年人网络保护方面，英国立法较为重视。早在 20 世纪 90 年代初英国便建立了电影分级制度，至今电影分级制度较为完善。在未成年人网络保护方面，英国并没有制定针对未成年人网络保护的专门法律，但其他法律可以体现未成年人网络保护的内容。20 世纪 90 年代中期以前，与未成年人网络保护相关的保护主要包括：《淫秽出版物法》（1959 年颁布，2005 年修订）、《禁止泛用电脑法》（1990 年）、《录像制品法》（1984 年）、《刑事司法与公正秩序修正法》（1994 年），这些法律规定了惩治利用电脑和互联网进行犯罪的行为。1996 年以来，英国政府颁布了《3R 安全规则》（1996 年）[2]、《防止骚扰法》（1997 年）、《恶意通信法》（1998 年）、《性犯罪法》（2003 年）、《通信法》（2003 年）。这些法律为未成年人获得健康的网络信息提供了重要的制度保障。

1. 完善的电影分级制度

英国电影审查委员会最初使用两个分级：U（老少皆宜）和 A（适合成年人观看）。1952 年《电影法案》规定禁止 16 岁未成年人入场观看不适宜的电影。但并没有进行电影分级。1970 年后，为了保护未成年人，委员会重新分级为 U（老少皆宜）、A（5 岁和 5 岁以上未成年人可以在成年人陪伴下观看）、AA（14 岁以下未成年人不得观看）、X（18 岁以下未成年人不得观看）。1984 年《录像法案》赋予电影审查委员会法定权力进行统一审查，

---

〔1〕 Department for Children, *Schools and Families. Your Child, Your Schools, Our Future: Building A 21Century School System*, London: The Parliamentary Bookshop, 2009: 101.

〔2〕《3R 安全规则》是将互联网内容审查、举报告发、承担责任联系在一起形成综合的整治互联网环境的机制。它是第一个网络监管行业性法规，规定了未成年人网络安全的相关内容。

1985 年电影审查委员会更名为电影分级委员会。目前，英国电影分为七级：U 级、PG 级、12A/12、15、18、18R。每一级根据歧视、毒品、语言、裸体、性、威胁、暴力、模仿行为等程度不同的划分不同的等级。[1]

U 级主要是指普通观众，适合所有人，包括 4 岁以上未成年人。

PG 级指大部分可以观看，但有些画面不适合未成年人。尤其是对于 8 岁的未成年人会造成不安。任何年龄段未成年人均可以看，但建议家长考虑电影内容是否让未成年人感到不安。

12A/A 主要包括的内容一般不适合 12 岁以下未成年人观看。12 岁以下未成年人观看须在父母及其监护人陪伴下。父母带 12 岁以下未成年人观看电影不确定电影级别时，须向电影院询问和确认。12 岁以下未成年人不得租用或购买录像作品。

15 是指仅适合 15 岁以上未成年人观看。15 岁以下未成年人不得租用或购买录像作品。

18 是指仅适合成年人。18 岁以下未成年人不得观看，也不得租用或购买录像作品。

R18 是指只有在特殊许可的电影院放映，或者只有在持有执照的色情商店，仅供成年人观看。R18 等级的电影是指特殊和受法律限制的主要涉及成年人的性或膜拜物的作品。

可见，英国的电影级别是根据未成年人的身心发展特点来设置的，对于歧视、毒品、语言、裸体、性、威胁、暴力、模仿行为等程度不同的划分为不同的等级，可以防止未成年人过早地接触到这些内容，模仿以及形成不良行为。这一措施可以有效地保障未成年人的发展。

2. 未成年人网络保护的法律健全

在未成年人网络保护体制方面，英国专门成立儿童网络安全委员会。该委员会于 2016 年发布的《儿童网络安全指南》是使用社会媒体的未成年人的父母及监护人的实践指南。指南一主要包括在 apps、网络平台安全和隐私保护使用的实用技巧；对话提示以帮助家庭讨论网络安全；进一步的建议和帮

---

[1] http://www.bbfc.co.uk/sites/default/files/attachments/BBFC% 20Classification% 20Guidelines% 202014. pdf.

助。指南二主要提供社会媒体和互动服务的供应商的实用技巧。

在学校提供未成年人网络信息保障方面，2017 年《未成年人网络安全计划绿皮书》规定学校通过其他手段向学生教授在线安全信息，旨在为未成年人提供持续的提醒，帮助他们识别其所参与的内容。确保未成年人学习有关互联网的风险，包括网络欺凌。同时，在学校开展信息素养课程，计算机课（5 岁至 16 岁的学生）是公立学校的必修课程。要求教会学生如何安全使用网络，如何保护个人信息、如何识别不良行为等。在英国，85% 以上中小学制定网络安全使用许可条款，95% 以上学校拥有网络过滤系统。[1]大部分学校均采取与家长签订网络安全使用许可协议的方式，来预防未成年人受不良信息干扰的风险。还有一些学校要求学生使用互联网必须在成年人的陪同下完成。通过对学校在线安全信息、信息素养课程以及学校与家长签订网络使用协议的措施安排，有效地保障了未成年人的上网安全。

在父母的上网安全措施方面，法律规定 DCMS 向未成年人的父母提供针对电脑技术方面的信息，通过未成年人早期教育中心、早期阅读网站等途径来实现。这些信息内容涉及上网时间对未成年人认知发展的影响、网上分享照片应注意哪些方面。在技术解决方面，提供给未成年人的父母一些工具以管理未成年人的上网活动。如亚马逊推出的防火墙未成年人版可以帮助家长控制未成年人的上网。对于一些游戏、视频等，父母可以设置限制访问时间。政府与社会媒体公司合作在网上发布安全信息，帮助父母获得网络安全知识。通过政府的资源支持，未成年人的父母学习网络信息安全的知识和技能，有效地帮助未成年人获得健康信息。

三、日本未成年人德性发展的立法保护

从未成年人德性发展保护的法律体系来看，以《宪法》《基本教育法》为主线，日本制定了《小学教育法》《初中教育法》《高中教育法》《学校指导要领》等多部法律法规保证其具体化和实施。通过法律制度促成未成年人的德性保护。在未成年人分级制度和网络保护方面，日本相继出台了《风俗营业的规制与业务适正法》（1998 年）、《对利用因特网异性介绍企业引诱儿

---

〔1〕　BTCTA, "Safeguarding Children in a Cigital World", webarchive. nationalarchives. gov. uk/20101102103654/publications.

童的行为进行规制法》（2003 年）。这些法律对未成年人的德性发展进行了充分保护。

（一） 学校德育课程目标和内容注重未成年人的德性培养

日本学校的德育目的是培养人格健全，身心健康的国民。这一总目标被具体落实在小学、初中和高中的德育课程内容当中。《学习指导要领》进一步明确："道德教育是为培养具有创造个性文化的，对民主社会、国家以及国际社会做出贡献的日本人，以培养决定其基础的道德性作为目标。"[1] 这里所指的道德性包括道德判断力、道德情感、道德态度和实践意愿等各种情形，当然这些并不是独立的特性，而是相互密切关联，从而构成一个整体结构的东西。可见，日本强调未成年人道德性的培养是道德教育的根本目标。

1. 德育目标以完善人格培养为基本目的

1947 年《教育基本法》第 1 条规定教育必须以陶冶人格为目标，把个体培养成为和平国家及社会的成员，爱好真理和正义，尊重个人价值，重视勤劳和责任，以及充满自主精神、身心健康的国民。可以看出，日本道德教育的目的具有二重性，既要使未成年人适应社会的发展，又要发展未成年人的个性。具体而言，就是既要为了使未成年人适应社会的发展而掌握知识、技能，以及形成一定的生活习惯，又要为了发展个性，培养未成年人的道德性。这二者并不冲突，是协调一致的。[2] 20 世纪 90 年代以后，日本社会面临全球化、信息化的挑战，这一时期也是中小学生的道德危机的变革时期。这一时期的德育目标旨在培养具有主体性的日本人。这一目标体现在四个方面：①关于自身方面的内容，如敬畏生命，具有丰富内心世界和坚忍不拔的精神；②关于个体和他人的关系，如尊重他人和社会；③关于与自然以及崇高事务的关系；④关于和集体以及社会的关系，如民主文明国家和社会建设和国际社会和作出贡献等[3]。道德教育的总目标具体分解到小学、初中、高中各个阶段，根据未成年人的身心发展特点安排德育内容。

从小学德育课程目标规定来看，1989 年日本《小学学习指导要领》进一步将目标体现为：①在培养"尊重人的精神"的道德教育目标基础上又加上

---

〔1〕 饶从满：《当代日本人小学教育》，山西教育出版社 1999 年版，第 257 页。

〔2〕 ［日］田井康雄：《道德教育的原理和教学法——培养"生存能力"的"心灵教育"》，学术图书出版 1999 年版，第 95 页。

〔3〕 王智新、潘立：《日本基础教育》，广东教育出版社 2004 年版，第 148 页。

"对生命的敬畏之念"；②培养具有"主体性的日本人"。强调培养适应社会变化、认识自己在社会中的作用和责任、具有掌握自律的道德性以及坚定生活信念的人；③重视教育活动中的道德教育与道德课指导之间的联系；④强调扎根于学生心灵深处的道德性。道德课以培养实践能力为目标。[1]1998 年后，文部省又进行教育改革，把培养学生的生存能力作为改革的重要内容。此次改革集中在学生的生活习惯、生存能力方面。包括自我管理、自主学习、独立生活等实践能力的养成教育。[2]通过系列改革措施，逐步落实未成年人的德性培养目标。

从中学德育目标来看，2008 年修订的《中学学习指导要领》规定教育的基本目标是：通过学校整体教育活动的开展，全面培养学生道德情感体验、判断力，以及用于探索的实践能力与态度等道德品质。中学的道德学习时间，要根据上述道德教育目标，通过各学科、外语活动、综合学习时间以及特别活动，建立与道德教育的密切联系，通过有计划、前瞻性的指导活动，不断补充、整合到学校教育中，使学生自觉认识道德教育价值，主动思考人生态度，养成道德实践能力。

综合日本中学和小学德育目标的内容来看，其不仅重视未成年人的社会性发展，而且重视未成年人个体的道德品质和实践能力。

2. 德育课程内容注重未成年人的道德实践能力培养

（1）公民教育。公民教育课程在日本学校当中设立时间最早可以追溯到 20 世纪 30 年代。那一时期公民课的目的是培养个人政治和经济生活的知识和德性能力。1948 年文部省《小学社会科学系指导纲要补充说明》提出社会科的目标是发展公民品质，使其具备公民社会中一个公民应具有的品性。可以看出，日本公民教育的目的是培养公民。1989 年公布的《高中学习指导要领》取消了社会课，代之以公民课，从而确立了公民教育的法律地位。日本公民教育内容主要涉及了道德教育、政治教育、经济教育、法规教育、国际理解教育等。然而，正如有学者所言，由于日本公民教育主要集中在学校来开展，它对未成年人的实际政治生活和社会心理产生的影响较小，二者甚至

---

〔1〕 王丽荣：《当代中日道德教育比较研究》，广东人民出版社 2007 年版，第 153 页。

〔2〕 韩文平、秦杰："日本基础教育改革动态探析"，载《山西师大学报（社会科学版）》2014年第 2 期。

会产生严重脱节。[1]这样一来，未成年人学生进入社会后，由于缺乏环境影响，会与政治发生一定的疏远。

（2）法治教育。2007 年修订的《学习指导要领》对法治教育的内容进行了全面规定。在法治教育的目的方面，日本法律教育重视培养学生法律思维方式，理解法律及司法制度的价值。也有学者指出，日本法治教育的价值取向是为自由共生社会培养具有公平正义理念、相互尊重、具有参与意识和能力的公民。[2]具体来看，日本法治教育宏观上涉及规则制定、遵守社会生活秩序、家庭和社会管理、民主政治等。从具体内容上来看，包括了形成规则意识、私法和消费者保护、宪法方面的内容。日本将法治教育的内容融入生活和家庭课、体育和保健课、道德课等不同的科目当中。如在小学 1 年级至 4 年级学生生活课和家庭课程中，要求学生形成规则意识。在道德课上，1 年级至 2 年级学生要学习大家使用东西的重要性，要遵守纪律与规则。3 年级至 4 年级学生学习遵守纪律和社会规则，要有公德心。5 年级至 6 年级学生学习拥有公德心、遵守法律和规则，重视自己和他人的权利，主动尽自己的义务，学习宪法中国家的理想、天皇的地位、公民权利和义务等。初中生在家庭课中学习家庭的机能，以及如何更好地处理家庭关系。在社会课中学习法治国家的建立、管理家庭和社会、关注平等、协商在社会生活中的重要性以及个人责任。

（3）心理健康教育。第二次世界大战后，日本青少年受战争和国内外形势影响，国民心理产生了急剧变化。政府开始在学校中加强对未成年人的心理辅导。20 世纪 60 年代开始重视学生心理健康教育。直到 90 年代，学校开始大规模设立心理咨询室。2000 年规定学校开设心理健康教育课程。日本心理健康教育的主要目的是帮助学生解决成长、生活、学习以及人际交往中出现的各种问题。[3]就中小学学生的心理健康教育的课时而言，新修订的《学习指导要领》规定实行每周 5 日学习制。小学不同阶段的心理健康教育课时安排不同。进入初中课时安排的时间有所增加（见表 5-1）。可见，日本非常重视未成年人的心理健康教育。

---

〔1〕 李萍："日本学校中的公民教育浅议"，载《道德与文明》2003 年第 1 期。
〔2〕 王印华、张晓明："日本学习指导要领中法律教育内容的修改及其价值取向"，载《现代中小学教育》2014 年第 3 期。
〔3〕 李英："日本中小学的健康教育"，载《中小学心理健康教育》2004 年第 3 期。

表 5-1　日本中小学心理健康教育课时安排

年级	课时
小学前 2 年级到第 3 年级（开设保健科）	6 小时
小学 3、4 年级	8 小时
小学 5、6 年级	18 小时
初中	48 小时

（二）重视学校美育立法

日本重视培养有主体性的公民。这一目标延伸到学校美育当中。《小学学习指导要领》和《中学学习指导要领》明确了学校美育的目标、内容，为培养未成年人的创造力和健全人格作出了详细规定。

1. 美育课程目标和内容明确，规定了艺术课程的具体课时

日本美育课程在每个学段具有不同的目标和内容。如在小学阶段，主要开展音乐、图画手工课程。在初中阶段开设音乐、美术课程。《小学学习指导要领》规定分为不同的学段。在音乐这一科目上，音乐教育的总体目标是帮助学生获得进行音乐活动的知识技能；表达音乐并能够学会聆听；通过享受和欣赏音乐，培养未成年人感性的情感。在这一课程目标下，根据不同学段设置具体的目标和内容。如在 3 年级至 4 年级的音乐课程设置上，音乐教育的具体目标包括：①通过唱歌、器乐、音乐制作等享受他们带给我们的生活态度和习惯。②通过音乐表达思想和意图。③掌握音乐听力技巧，品味音乐。在内容规定方面，具体分为表现和鉴赏两部分。表现部分主要通过唱歌、乐器、播放声音等形式帮助学生获得音乐的知识和技能，并让学生对如何使声音转变为音乐产生想法。在艺术鉴赏部分主要通过欣赏活动形式进行教学，让学生感受音乐，发现和品味歌曲。可以说，日本艺术课程的设计尊重学生的主体性，以学生作为课程的中心，让学生参与到课堂活动中，感知和认识音乐。在教师的引导下，学会鉴赏音乐。

对于艺术课程的学时，日本《学习指导要领》规定了小学和中学艺术课程的课时。在小学阶段，音乐和图画手工的课时分别是第一学年 68 课时，第二学年 70 课时，第三学年 60 课时，第四学年 60 课时，第五学年 50 课时，第六学年 60 课时。进入中学阶段，主要包括音乐和美术两门艺术课程。第一学年课时 45 课时。第二和第三学年 35 课时。与小学音乐的课时比较，初中的

艺术课时在逐年减少。

2. 学校美育课程评价注重学校自我评价

日本《学校教育法实施规则》规定学校要将本校的教育活动以及其他学校运营管理状况进行自我评价，公开评价结果。日本注重学校自我评价。在进行自我评价时，学校应根据具体情况设立相关评价项目。学校根据自我评价的结果，组织接受该学校学生价值等学校相关者的评价，并公开学校相关者评价结果。学校要将自我评价结果上报教育行政部门。学校自我评价的开展要以学校教育目标为前提。通过学校自我评价，提高教育质量。这种评价方式是对学校音乐、美术等教育活动评价的有效方式。

3. 学校美育师资准入资格要求较高

日本非常重视学校美育师资的质量。日本美育教师的资格准入标准也较高。日本教师资格分为专修教师资格证（硕士学位及以上）、一级师资许可证（学士学位以上学历）以及二级资格许可证（短期大学毕业，获得准学士学位）。在公立中学，音乐和美术教师的资格要求是一级资格许可证和二级资格许可证。资料显示：日本音乐和美术一级教师占教师总数的比例分别为 4.8% 和 4%。进入高中阶段，公立中学音乐和美术教师要求更高。其中音乐和美术专修教师的比例占到教师总数的 0.4% 和 0.5%。[1]通过教师准入资格的严格要求，保障美育教师队伍的质量。

（三）家庭教育法律制度较为健全

日本家庭教育始于明治时期（1866 年至 1912 年）。早在 1890 年《小学校令》第三章"就学"中便规定"家庭教育"可以代替"普通小学"教育。它作为学校教育的一种补充而存在。第二次世界大战后，日本国家认识到家庭对于公民培养的重要性，日本政府陆续出台《教育基本法》《社会教育法》《培养下一代支援对策推进法》《少子化社会对策基本法》等法律，明确了政府在家庭教育中的义务和责任。

1. 健全的家庭教育法律体系

日本 1999 年颁布了《家庭教育手册》。2006 年新修订的《教育基本法》单列一条规定"家庭教育"。针对家庭教育立法，日本还先后制定了《今后支援儿童养育的基本对策》（也被称为"天使计划"）（1994 年）、《男女共同

---

〔1〕 田辉：《日本基础教育》，同济大学出版社 2015 年版，第 147 页。

参与策划社会基本法》（1999 年）、《少子化对策+1——关于进一步充实少子化对策的提案》（2002 年）等一系列保障家庭教育的法律措施。在家庭教育其他法律保障方面，《社会教育法》（1949 年）、《图书馆法》（1950 年）、《博物馆法》（1951 年）这些法律为家庭教育提供了条件支持和保障。在地方立法方面，日本熊本县制定了《熊本家庭教育支援条例》，它成了日本第一部家庭教育地方性法规。该条例确立了家庭教育的理念、明确监护人、政府、社会团体等主体的责任、规定了支援家庭教育的措施等内容。

2. 完善的家庭教育体制

日本拥有独立的家庭教育机构。2003 年出台的《培养下一代支援对策法》规定设立全国家庭教育支援推进委员会，其成员包括学校、教育研究者、儿童福利机构等教育支援团体以及企业等相关人员。2008 年日本内阁议会通过《教育振兴基本计划》，规定市町村成立专门的家庭教育支援小组，为居民提供家庭及教育支援。地方家庭教育组织包括地方家庭教育支援推进协会和家庭教育支援组织。家庭教育支援推进协会的成员包括都、道、府、县、市町村级的行政机构（教育委员会、福利部门），学校，家庭教育支援团体，企业等相关人员。家庭教育支援组织是地区家庭教育支援的具体实施单位，以本地区的育儿支援指导师和育儿支援员为主，还包括保健师、民生委员等。其设立为家庭提供所需要的详细信息和咨询，有效借助行政和团体的力量开展家庭教育学习活动，开展访问型教育支援，在企业开展以父亲为对象的家庭教育促进活动。[1]可见，日本从国家层面到地方层面形成了统一的家庭教育组织和机构。

3. 充足的家庭教育经费投入

日本政府重视对家庭教育的经费投入。文部科学省为了推进"家庭教育资源推进事业"，加大家庭教育的预算，并呈现逐年上升的趋势。日本政府先后推行"学校、家庭、地域的合作推进事业""振兴以公民馆为主的社会教育支援计划""通过学习让受灾地域联系再生资源事业""举办全国家庭教育支援研究协会"以及"儿童良好生活习惯养成支援事业"等五个项目。在经费投入上，共投入经费达 6367 亿日元。[2]其中，在"学校、家庭、地域的合作

---

〔1〕 徐志刚："日本'家庭教育支援推进事业'解读"，载《中国家庭教育》2009 年第 4 期。

〔2〕 杨文颖："日本家庭教育法律制度"，北京师范大学 2014 年硕士学位论文。

推进事业"上的预算经费达到 49.24 亿日元，成了家庭教育资源预算的主要部分。"振兴以公民馆为主的社会教育支援计划"的经费投入 11.96 亿日元。在"儿童良好生活习惯养成资源事业"的预算为达到 3000 万日元。2015 年的经费投入主要集中在"家庭、学校、地域的合作推进事业""儿童良好生活习惯养成支援事业""多方主体参与策划充实家庭教育""通过学习建设有活力的地域项目"，经费投入总额达 4970 亿日元。充足的经费投入有效地保障了家庭教育德育活动的开展，为日本未成年人的健康成长提供了根本保障。

4. 其他法律对家庭教育的支持

《儿童福利法》规定设立儿童福利设施——儿童馆。儿童馆是以促进未成年人身心健康发展、提高未成年人道德修养为目的的机构，也成了家庭教育实施的重要场所。儿童馆通过举办形式多样的儿童读物活动，如有效利用绘本，为儿童亲近书籍提供良好契机。《社会教育法》规定国家及地方公共团体须通过图书馆、博物馆，学校设施等方式推广教育活动的开展。目前，日本社会教育设施主要包括图书馆、美术馆、文学馆、科学馆、动物馆、植物园、水族馆、公民馆等机构等，它们成了家庭教育活动的重要场所。公民馆是集公民学习班、图书馆、博物馆、公众集会厅、产业指导所等功能于一体的文化教育机构。它是日本实施德育的重要场所，分布在市町村的社区内，它为促进社区未成年人及其父母开展自主学习，提高品德修养、提升交往能力等起到积极的作用。

(四) 建立了未成年人影视分级、网络保护法律制度

日本建立了专门的影视分级制度和健全的网络保护方面的立法。从出台法律来看，日本先后出台了《青少年网络规范法》《保证青少年安全安心上网环境的整顿法》《交友类网站限制法》。这些法律对未成年人上网安全进行了法律规制。

1. 建立了未成年人影视分级制度

日本未成年人影视分级制度是在 1998 年建立起来的。日本的影视分级制度范围有限，仅限于电影和电影商品的包装。按照是否能够促进未成年人的身心发展，以是否引起未成年人不适感、差别感、厌恶感等内容为标准，共分为四级：「G」：所有人都可以观看（没有任何限制）影片中有轻微性、暴力镜头，但需尽量控制在有限范围内；「PG12」：针对 12 岁以下未成年人观看应由家长陪同，有性、暴力、残酷、毒品等内容；「R15+」：15 岁以上（15 岁

以下未成年人禁止入场），有虐待内容；「R18+」：18 岁以上（18 岁以下未成年人禁止入场），有强烈的性、暴力、反社会行为或美化吸毒的描写。

对于电视节目，日本并没有采取分级。这样的考虑是如果在电视上进行分级，更容易引起未成年人的好奇心。在电视节目内容管理上，日本采取行业自律形式。在电玩方面，日本最早由 1992 年成立的电玩游戏审查团体负责审查成人游戏软件。对于一般家庭使用的电玩软件，主要有コンピュータエンターテインメントレーティング机构（CERO）来审查。CERO 制定的分级方式分为 A：针对全体人员。B：针对 12 岁以上对象。C：针对 15 岁以上对象。D：17 岁以上对象。Z：18 岁以上。

2. 建立了未成年人网络保护的专门立法

2006 年日本《青少年网络规范法》将"诱使犯罪或自杀""显著刺激性欲"和"显著包含残忍内容"列为"有害信息范畴"。规定通信商和网络服务商对这三种信息设置未成年人浏览限制。为了减少未成年人阅读不良信息的概率，2009 年日本制定了《保证青少年安全安心上网环境的整顿法》，对未成年人上网安全进行了法律规制。具体来看：

政府承担未成年人网络信息保护的主要义务。该法规定国家应承担在学校、社会以及家庭当中进行合理使用网络的教育的义务。同时，国家应开发和普及过滤不良信息软件或产品，支持和研究、收集和提供健康的信息等措施。

未成年人父母是未成年人网络保护的责任人。法律规定父母应了解网络发布的关于青少年不良信息，准确把握未成年人子女利用网络的情况以及利用过滤软件或其他方法适当管理网络的利用，提升青少年合理利用网络的能力。还规定当从手机及 PHS（日本的个人无绳市话系统）终端获得不合理利用网络信息时，监护人应注意青少年卖淫、犯罪受害、虐待等问题发生。

网络服务商是未成年人网络服务的直接提供者。在网络服务商的义务规定方面，法律规定网络接入服务商必须提供青少年不良信息过滤服务。接入设备生产商必须预装青少年不良信息过滤软件，在确保青少年可以安全使用软件服务的情况下，才可以进行销售。对于过滤软件开发方和过滤服务提供方的义务，该法规定最大限度地减少青少年受不良信息的影响，受限制信息可根据青少年的身心发育及使用者的选择进行更为细致的设定。还规定青少年不良信息举报制度以及保存与预防青少年浏览不良信息的相关记录制度。

日本移动通信公司推出"手机上网连接受限服务条款",其专门针对 18 岁以下未成年人上网提供过滤服务。[1]该条款主要利用"i-mode"服务（日本移动电话互联网连接服务，类似于中国的"wap"），从时间受限（即晚上 10 点到第二天 6 点停止网站链接）和网络受限（一天 24 小时对不良网站进行过滤，限制相关链接）两方面对未成年人用手机上网进行限制。

小 结

通过美国、英国、日本发达国家立法对未成年人德性发展的保护分析，可以发现美、英、日三国在未成年人德性发展保护及其制度设计上各有特色。由于各国历史背景、社会条件差异，对未成年人德性发展的保护存在一定差异，但各国都重视对未成年人的权利、环境保护，各国围绕未成年人德性发展的保护设立不同的制度，将实现未成年人的发展权作为立法的价值目标。

（一）美国

美国对于未成年人德性发展的立法保护，针对未成年人的德性培养作出了详细规定。在学校德育和美育制度保障方面，美国出台了《2000 年目标：美国教育法》《国家课程标准》等。在预防未成年人不良信息侵害方面，美国陆续出台了《儿童在线保护法》《儿童网络隐私保护法》以及《儿童互联网保护法案》。这些法律规定了以未成年人的身心发展为主旨，对父母及其监护人、学校、网络运营商等义务主体进行规定。通过对美国未成年人立法的分析我们可以看出，美国未成年人立法在未成年人德性发展的立法保护方面拥有较为完善的法律保障体系。立法围绕未成年人德性的发展，作出了较为全面的保护。

（二）英国

英国对于未成年人德性发展的立法保护，建立了较为完善的立法体系。在未成年人的德性培养方面，英国《儿童法》《教育法》《国家课程框架文件》对学校德育和美育作出了详细的规定。在预防未成年人不良信息侵害方面，英国出台了《禁止泛用电脑法》《3R 安全网络规则》《数据保护权法》以及《隐私和电子通讯条例》《通信法案》。在此基础上，英国还专门出台了针对未成年人上网安全的政策。《未成年人网络安全计划绿皮书》对学校网络安全

---

〔1〕 郎玉坤："日本整顿网络环境对中国的法律启示"，载《网络传播》2009 年第 7 期。

教育、父母网络安全知识培训等方面作出规范，从而保障了未成年人的上网安全。英国未成年人立法在未成年人的德性培养方面作出了较为全面的法律规定，通过对不同主体的权力、义务和责任的安排，保障了未成年人的德性发展。

（三）日本

日本对于未成年人德性发展的立法保护，主要采取了两方面的制度保障。一是出台防止未成年人不良行为的立法，主要针对未成年人刑事犯罪、违反交通犯罪和吸毒、卖淫等未成年人不良行为采取措施；二是通过对未成年人、家庭、社区和学校进行道德教育，强化学校、家庭和社区的联合，预防未成年人道德危机。在德育领域，以《教育基本法》为基础，日本在《小学教育法》《初中教育法》《高中教育法》中明确了未成年人德性培养的内容。在《学习指导要领》中多次修改反复强调未成年人的道德性的培养。《小学学习指导要领》和《中学学习指导要领》对学校美育的内容作出了详细的规定。在净化未成年人环境方面，出台了《禁止针对儿童的卖春和色情法》《青少年网络规范法》等，保护未成年人免受不良信息侵害。地方层面还出台了《保护青少年条例》，与国家层面立法形成呼应。围绕未成年人的德性发展保护，日本未成年人立法数量多，内容涉及未成年人各个方面。日本关于未成年人德性发展的法律体系较为健全，充分保障了未成年人的发展。

第三节 我国未成年人德性发展的立法保护存在的问题及其成因分析

未成年人德性发展的保护要求在具体的法律文本中得到规范，落实为不同主体的义务和责任来实现。通过分析美、英、日三国对未成年人德性发展的立法保护，我们可以发现发达国家未成年人立法在未成年人德性发展的保护方面各有特色，对未成年人形成全面的保护。本节通过对我国未成年人德性发展保护的法律文本进行梳理，对未成年人德性发展的立法存在的问题及其成因进行分析，为后面完善我国未成年人发展权保护提供支持。

一、学校德育课程和评价强调知识取向，忽视未成年人德性的培养

德育课程是实现未成年人德性发展的具体手段和措施。从学校德育课程的法律规定来看，我国《未成年人保护法》《义务教育法》等基本法对学

校德育课程内容作出规定。为了落实具体的内容，专门制定了《小学德育大纲》《中学德育大纲》《小学生守则》《小学生日常行为规范》以及《关于推进中小学教育质量综合评价改革的意见》等一系列行政规章（见表 5-2）。

表 5-2　关于学校德育课程和评价的主要法律文本

名称	颁布机构（时间）	主要内容
未成年人保护法	全国人大（2020 年修订）	第 5 条规定对未成年人进行理想教育、道德教育、文化教育、法治教育等内容。第 30 条规定学校对未成年人进行社会生活指导、心理健康辅导和青春期教育。
义务教育法	全国人大（2018 年修正）	第 36 条规定把德育放在首位，寓德育于教育教学中，开展与学生年龄相适的社会实践活动等。
小学德育大纲	原国家教委（1988 年）	培养学生初步具有爱祖国、爱人民、爱劳动、爱科学、爱社会主义的思想感情和良好品德等，为使他们成为德智体全面发展的社会主义建设者和接班人打下初步的良好的思想品德基础。课程内容包括社会公德教育和社会常识教育。
中学德育大纲	原国家教委（1995 年）	德育基本任务将学生培养成为热爱社会主义祖国的具有社会公德、文明行为习惯的遵纪守法的公民。德育内容包括爱国主义教育、集体主义教育、社会主义教育、理想教育、道德教育、劳动教育、社会主义民主和遵纪守法教育、个性心理品质教育等。
关于进一步加强和改进未成年人思想道德建设的若干意见	国家新闻出版总署（2004 年）	将爱国主义、革命传统教育、中国传统美德教育和民主法制教育有机统一于教材之中，构建中小学德育课程体系。改进中小学思想品德、思想政治课教学方法和形式等。探索实践教学和学生参加社会实践、社区服务的有效机制。
国家中长期教育改革和发展规划纲要（2010-2020 年）	教育部（2010 年）	坚持"德育优先"，并明确学校德育内容包括：社会主义核心价值观教育、理想信念教育、道德教育、时代精神教育、社会主义荣辱观教育、公民意识教育、优秀传统和革命传统教育等。

续表

名称	颁布机构 （时间）	主要内容
中小学心理健康教育指导纲要	教育部 （2012 年修订）	心理健康教育内容包括普及心理健康知识、树立心理健康意识等，重点是认识自我、学会学习、人际交往、情绪调适等。学校应将心理健康教育贯穿于教育教学过程。开展心理健康专题教育。建立心理辅导室。
关于推进中小学教育质量综合评价改革的意见	教育部 （2013 年）	把品德发展水平、学业发展水平等作为评价学校教育的主要内容。品德发展水平可以通过行为习惯、公民素养、人格品质、理想信念等关键性指标进行评价，促进学生逐步形成正确的世界观、人生观和价值观。
关于培育和践行社会主义核心价值观进一步加强中小学德育工作的意见	教育部 （2014 年）	逐步完善中小学生开展社会实践的体制机制，把学生参与社会实践活动的情况和成效纳入中小学教育质量综合评价和学生综合素质评价。
依法治教实施纲要（2016-2020 年）	教育部 （2016 年）	在中小学设立法治知识课程。鼓励各地探索以法治教育整合各类专项教育，编写地方法治教育教材，将义务教育法治教育纳入教育经费保障。
青少年法治教育大纲	教育部 （2016 年）	法治教育要以法律常识、法治理念、法治原则、法律制度为核心，结合未成年人身心特点等，在不同学段的教学内容中统一安排，层次递进。法治教育方式小学安排法治教育内容，原则不少于 1/3；初中阶段设置专门教学单元或专门课程模块等。

　　这些文本规定涉及德育目标、德育内容、德育评价手段、德育实施等方面。①在德育目标方面，《小学德育大纲》规定德育目标是培养学生具有爱祖国、爱人民等的思想感情和良好品德等，把他们培养成为有理想、有道德、有文化、有纪律的社会主义公民。《中学德育大纲》规定把全体学生培养成为热爱社会主义祖国的具有社会公德、文明行为习惯的遵纪守法的公民。②在德育内容方面，《小学德育大纲》规定包括社会公德教育和社会常识教育，着重培养学生良好道德品质和文明行为习惯。《中学德育大纲》包括道德教育、爱国主义教育、社会主义民主和遵纪守法教育以及良好的个性心理品质教育等八个方面。③在德育评价方面，《中学生守则》《中学生日常行为规范》确

立思想政治觉悟、品德品质、行为标准是我国学生品德评定的依据。新出台的《关于推进中小学教育质量综合评价改革的意见》提出了学生品德评价四大指标：行为习惯、公民素养、人格品质和理想信念。整体来看，我国学校德育课程的政策文件虽然较多，但多为部门规章，效力层级较低。

从美国、英国、日本三国的未成年人德性发展的立法来看：①各国立法均突出对未成年人的德性培养，将对未成年人的个体德性培养放在突出位置。英国《教育法》明确规定了德育目标是促进未成年人的道德发展、精神、社会和文化等内容。日本《中小学德育指导纲要》提出培养主体性的日本人等内容。②注重法治教育和心理健康教育等课程内容的安排。美国、英国、日本注重学校德育课程制度设计，在公民教育、法治教育和心理健康教育课程的设置和内容安排上较为完善。如在法治教育方面，美国专门通过了法治教育法案，规定法治教育目的、内容、经费、方法等。英国没有专门的法治教育课程。《国家课程指南》规定了不同学段法治教育的内容，内容涵盖了政治、法律权利、人权、公民责任、法律和司法制度、选举等内容。③规定政府在品德教育的经费投入义务。如美国的《不让一个孩子掉队法》规定了品格教育的拨款。可以说，各国围绕未成年人德性发展的保护设立了不同的法律制度，旨在保证未成年人的健康发展。

通过比较我们可以发现，我国针对德育课程和评价的立法虽然在突出重点、立法方式上与美、英、日三国有所差异，整体上来看：①我国学校德育课程规定了未成年人学校德育目标、课程、评价等方面的内容，但关于德育课程设置和评价的具体规定大多以行政规章的形式颁布，立法层级较低，不同主体的法律责任规定不足。②在德育课程的内容规定上，我国立法的特点是注重未成年人爱国主义教育、集体主义教育等，培养未成年人个体德性的内容不够突出。

德育课程设置和评价是各国未成年人立法的重要内容，亦是我国未成年人立法的重要内容。从法律规定的内容来看，我国立法规定的内容与上述三国规定的内容还有一定的差异。从当前未成年人德性发展的立法保护的实际状况来看，我国学校德育目标、德育课程以及德育评价制度设计仍存在以下问题。

（一）德育课程目标存有政治化倾向，轻视个体德性培养

从现行法律规定来看，我国学校德育课程目标较为突出国家本位。1995

年《中学德育大纲》对未成年人的培养分为两部分：一是成为公民。如规定把全体学生培养成为热爱社会主义祖国的具有社会公德、文明行为习惯的遵纪守法的公民。二是共产主义者。如规定在这个基础上，使他们中的优秀分子将来能够成长为共产主义者。可以看出，后者的要求体现出了政治倾向。《国家中长期教育改革和发展规划纲要（2010-2020 年）》进一步提出坚持"德育优先"，并明确了学校德育内容。具体包括社会主义核心价值观教育、理想信念教育、道德教育等八项内容。这一德育内容是国家教育战略的首要任务和学校教育工作的重点目标。更加突出国家层面的教育要求和意志。

从总体上来看，我国学校德育目的政治价值和社会价值方面表现突出，而在个体价值方面表现不足，忽视了对未成年人的德性培养。德育教育中个体德性的培养应是德育课程目标的重要维度，没有个体德性的培养，亦难以造就健全的公民，不利于公民社会的形成。

（二）德育课程内容重"知"轻"行"

雅克·德洛尔在国际 21 世纪教育委员会向联合国教科文组织提交的报告（1996 年）中谈到公民教育时指出，公民教育"所追求的目的并不是以刻板的规约形式去教授一些戒律，而是使学校成为民主实践的典范，以便使孩子们结合具体问题了解自己有哪些权利和义务，以及自己的自由怎样受到他人行使权利和自由的限制"。[1]公民教育之所以重要，是因为它通过多样化的教育途径培养未成年人的公民意识，培养其成为理性、自由、有德性的公民，促使未成年人进入社会后能够独立自主地参与社会，履行公共义务和承担社会责任。我国采取大德育模式，包括了政治教育、思想教育、道德教育、法治教育、心理健康教育等内容。道德教育渗透进了未成年人教育的每一个环节。德育课程是落实德育课程目标的主要渠道。《中学德育大纲》规定设立思想政治课和时事课。长期以来，我国德育课程一直十分重视知识灌输，德育课程存在直接德育课程知识取向严重以及间接德育课程应试化倾向明显等问题。[2]

法治教育是德育课程的重要组成部分，是保障未成年人德性发展的重要

---

〔1〕《教育——财富蕴藏其中：国际 21 世纪教育委员会报告》，联合国教科文组织总部中文科译，教育科学出版社 1996 年版，第 47~48 页。

〔2〕 王啸："道德教育的三个追求"，载《中国德育》2012 年第 3 期。

手段。尽管《未成年人保护法》第5条规定国家、社会、学校和家庭应当对未成年人进行理想教育、道德教育、科学教育、法治教育，但我国法治教育整体上尚未形成体系，在课程内容设置、法治教育教材涉及以及师资配置等方面都缺乏制度支持。2007年《中小学法制教育指导纲要》明确了小学法制教育、初中法制教育、高中法制教育的内容，还规定法制教育将由学校校长（或分管校长）负责，将法制教育作为教育教学和课程改革的重要内容。但是对具体如何设置课程缺乏统一规定。随着依法治国战略的推进，2016年教育部先后印发了《依法治教实施纲要（2016-2020年）》《全国教育系统开展法治教育的第七个五年规划（2016-2020年）》《青少年法治教育大纲》等，将法治教育纳入国民教育体系，并在学校设立法治知识课程，渗透法治教育内容。但在实践中，对A省B市6所中小学及教育行政管理部门的法治教育情况调查显示，中小学对法治教育的认识偏于预防犯罪与遵纪守法，难以批判法治教育的真正要义；法治教育课程体系不够完整，对法治实践的观照不够；教师专业素养和知识无法满足法治教育的需要；法治教育评价机制缺乏专门的评价指标体系。[1]此外，还有学者指出，中小学品德课程教材中的法治教育内容比较单薄，对法治教育的内容设置还停留在法律条文的知识传授层面，忽视了对学生的法律意识和法律素养的培养。[2]可见，我国法治教育的理念并没有深入到学校课程当中，也没有达到培养学生作为公民应有的法律素养和转化为实际行动的目的。同时，由于相关主体责任规定的缺失，还存在法治教育课时保障不足的情况。《中小学法制教育指导纲要》规定安排合理课时用于法制专题教育活动，并将法制专题教育时间纳入学校教学计划。由谁来实施？法制教育专题活动经费由谁来出？何为合理的课时？谁来监督？不履行法制教育承担怎样的责任？这些问题都没有得到明确规定。从地方立法来看，新疆维吾尔自治区《关于进一步加强青少年学生法制教育工作实施意见》规定不得挤占、减少法制教育课时和法制教育活动时间。对学生进行法制教育的课时不少于8小时。同时规定法制教育经费由各级教育行政部门以及学校来承担，要求学校将所需经费纳入年度预算，但尚未规定政府的责任。在

---

〔1〕 余雅风、吴会会：“深化依法治国实践亟须提升中小学法治教育实效”，载《中国教育学刊》2018年第3期。

〔2〕 郑敬斌、王立仁：“谈中小学法制教育内容的误区与完善——基于思想品德课教材内容梳理的视角”，载《教育探索》2011年第8期。

学校经费有限的情况下，法治教育往往流于形式。

心理健康教育是促进未成年人交往能力的重要保障。在心理健康教育方面，2012 年修订的《中小学心理健康教育指导纲要》明确指出心理健康教育的目标是培养学生的心理健康品质。要求学校结合教育教学实际保证心理健康教育的时间。但是，对心理健康在学校课程中的学时具体是多少，并没有相关规定。在心理健康教育师资配备上，要求各地各校制定规划配齐心理健康教育的专职教师。每校至少配备一名专职或兼职心理健康教育教师，其编制从总编制中统筹解决。从实践中来看，农村中小学的心理健康教育课程一般由其他任课教师兼任，缺乏专业的心理健康教育教师。同时，学校心理健康教育属于德育范畴，多以德育形式实施。正式的心理健康教育课程少，对于学生的心理行为问题通常以说教的形式进行处理。[1]而且，大多数从事心理健康教育的教师由其他岗位调入，尚未经过系统的心理健康教育培训和学习，专业知识不足。有些教师常常把学生的心理健康教育与德育混为一谈，难以解决学生的心理问题。[2]总体来看，我国农村中小学心理健康教育并不乐观。究其原因，由于该纲要只是一部部门规章，缺乏法律强制性，对于教育行政部门的法律责任缺乏规制。

（三）德育课程评价强调结果，评价方法倾向于量化

德育课程包括德育知识课程和社会实践课程两个部分。社会实践活动对于未成年人的德性发展起着重要的作用。由于过分强调德育知识的评价，将评"学"取向的德育评价手段视作目的，导致德育评价忽视了德育评价的实践活动，注重结果、轻视过程，单纯地评价学生外部行为而忽视学生情感、能力的发展，不利于未成年人学生的德性发展。2014 年《关于培育和践行社会主义核心价值观进一步加强中小学德育工作的意见》提出逐步完善中小学生开展社会实践的体制机制，把学生参与社会实践活动的情况和成效纳入中小学教育质量综合评价和学生综合素质评价。对于德育实践的内容在德育评价中如何体现、评价标准为何并没有规定。未成年人品德评价比起智力评价具有内隐性、复杂性等特点。因此，德育评价与智育、体育等方面的评价机

---

〔1〕　赖运成、余函静、陈建霞："我国农村中小学心理健康教育存在的主要问题与应对策略"，载《宿州学院学报》2015 年第 11 期。

〔2〕　李佳怡："关于中小学心理健康教育面临的问题及对策探讨"，载《当代教育理论与实践》2016 年第 11 期。

制亦不同。它不仅涉及对基本的道德知识的评价，还涉及对未成年人的情感、态度、价值观、思想意识、行为的评价。由于人的思想品德与人的情感、能力、行为、观念、意识以及判断等行为相关，很难直接表现出来。因此，只有获得未成年学生真实的、完整的品德发展信息才能够评价未成年人的德性发展。

未成年人德性评价的作用旨在诊断和促进未成年人的发展，而不是甄别和选拔。由于未成年人德性发展的过程性、阶段性特征，需采用不同方法对未成年人的德性进行评价。在德育评价方法上，目前，中小学通用德育评价方法主要有操行评语法、成长记录袋评价和学生综合素质评价三种。前两种是较为常见的德育评价方式。综合素质评价是近些年基础教育改革中重要的内容。2013 年教育部《关于推进中小学教育质量综合评价改革的意见》将学生的品德发展水平作为首要评价的内容。其旨在考查学生品德认知和行为表现等方面的情况，并明确四大关键性评价指标：行为习惯、公民素养、人格品质、理想信念等。这四项指标涉及未成年人个体德性和公民德性两个方面。但是，对每一项指标的具体内容为何、如何进行科学评价并没有具体的规定。实践中，中小学德育评价延续学业水平测试方法，没有结合未成年人德性发展内在要求探索有效的方法。对学生的德育水平进行评分、划定等级，片面追求评价的客观和"硬性指标"。[1]这种量化的评价方式忽视了未成年人的道德情感、意志等内容，并没有达到有效评价未成年人的道德品质的目标。而且，这种方法缺乏对未成年人的道德发展进行全方位的评价，并不利于未成年人道德品质的发展。

二、学校美育立法不完善，影响未成年人的德性形成

未成年人的德性发展不仅与学校德育有关，还与美育有关。学校美育是未成年人德性发展的重要途径。从我国关于学校美育的法律文本来看，主要包括《教育法》《关于深化基础教育课程改革进一步推进素质教育的意见》《国家中长期教育改革和发展规划纲要（2010-2020 年）》《关于全面加强和改进学校美育工作的意见》《中小学生艺术素质测评办法等三个文件的通知》

---

〔1〕 黄小平、胡中锋："对中小学德育评价理论与实践问题的几点思考"，载《中小学德育》2014 年第 3 期。

等文件。从地方出台的文件来看，主要包括各省市出台的《关于加强学校美育工作的实施意见》（见表5-3）。

表5-3　关于学校美育的主要法律文本

名称	颁布机构（时间）	主要内容
教育法	全国人大（2021年修正）	教育必须为社会主义现代化服务，为人民服务等，培养德、智、体、美等方面全面发展的社会主义建设者和接班人。
关于深化教育改革全面推进素质教育的决定	中共中央、国务院（1999年）	实施素质教育，必须把德育、智育、美育等有机统一在教育活动的各个环节。学校教育还要加强体育、美育等方面协调发展，促进学生全面发展。将美育融入学校教育全过程。中小学加强音乐、美术课堂教学。各级人民政府为学校美育创造条件，完善文化经济政策。各类文化场所要向学生免费或优惠开放等。
国家中长期教育改革和发展规划纲要（2010-2020年）	国务院（2010年）	促进德育、智育、体育、美育的有机融合，提高学生综合素质，使学生成为德智体美全面发展的社会主义建设者和接班人。
义务教育艺术课程标准	教育部（2011年）	课程目标是学生通过音乐、美术、戏剧等艺术领域不同阶段学习，逐步发展感知与体验、创造与表现等方面的艺术能力。形成健全人格，实现艺术能力和人文素养的综合发展。学段课程内容主要分为1-2年级，3-6年级以及7-9年级，各学段课程内容不同。评价目标指向学生艺术能力和人文素养的综合发展程度。具体评价指标包括行为表现和行为特征。评价方法包括形成性评价和终结性评价。
关于全面加强和改进学校美育工作的意见	国务院（2015年）	开设美育课程。包括音乐、美术、戏剧、戏曲、影视等。各级各类学校要按照课程要按照课程设置方案和课程标准、教学指导纲要，配齐美育课程。
中小学生艺术素质测评办法等三个文件的通知	教育部（2015年）	艺术素质测评以分数形式呈现，分为基础指标、学业指标和发展指标。按照分数分为优秀、良好、合格和不合格。学校艺术素质测评的依据是学生的写实记录、成绩评定，同时参考教师评语、学生互评、自我评价。学生艺术素质评价结果纳入学生综合组织档案，作为学生综合素质评价的重要内容。建立学校艺术教育评价制度和学校艺术教育发展年度报告。

续表

名称	颁布机构（时间）	主要内容
关于全面加强和改进学校美育工作的实施意见	北京市人民政府办公厅（2016年）	丰富以艺术课程为主的美育课程体系，在加强音乐、美术课程建设的基础上，开设好舞蹈、喜剧、戏曲、书法等课程。推进义务教育阶段学校艺术学科地方课程和校本课程建设、普通高中艺术课模块化等。确保艺术课程课时。拓展美育实践活动项目。建立中小学生艺术素质测评内容和评价体系，建立中小学生艺术素养档案。配齐中小学音乐、美术教师，有条件学校配备舞蹈、戏剧教师。
关于全面加强和改进学校美育工作的实施意见	内蒙古自治区人民政府（2015年）	义务教育阶段开设音乐、美术课程，有条件地方增设舞蹈、戏剧、戏曲等地方课程。高中在音乐、美术基础上，开设舞蹈、戏剧、戏曲、影视等教学模块。将美育贯穿于学校教育全过程，渗透到各学科当中。发展美育为主题的跨学科教育教学和校外实践活动。建立学生课外活动记录制度，将学生参与社会文化艺术活动、学习优秀民间艺术、欣赏高雅文艺演出、参观艺术展览等情况与表现作为学生艺术素质测评的内容。建立农村牧区中小学美育教师补充机制，实行美育教师交流轮岗制度。各地区通过多种形式筹措经费，建立学校美育器材补充机制。
关于全面加强和改进学校美育工作的实施意见	辽宁省人民政府办公厅（2015年）	美育课程以艺术课程为主体，以审美和人文素养培养为核心，以创新能力培育为重点。开齐开足美育课程，中小学美育课程课时总量不低于国家规定的课时要求。将美育实践活动纳入教学计划，建立学生课外活动记录制度。各地区通过多种形式筹措资金，建立学校美育器材补充机制。各级政府为责任部门。建立学校美育评价制度。建立学校美育发展年度报告制度。
关于全面加强和改进学校美育工作的实施意见	广西壮族自治区政府办公厅（2016年）	义务教育阶段学校开设音乐、美术课程基础上，有条件增设舞蹈、戏剧、戏曲等地方课程。普通高中在开设音乐、美术课程基础上，创造条件开设舞蹈、戏剧、戏曲、影视等教学模块。建立学生课外活动记录制度，将学生参加社区文化艺术活动、学习民族民间艺术、欣赏高雅文艺演出、参观美术展览等情况和表现作为学生艺术素质测评的内容。建立完善农村中小学美育教师补充机制，在新任中小学教师招聘、"特岗计划"招聘中，安排一定比例用于招聘美育教师。各级政府要通过多种形式筹措资金，建立学校美育器材补充机制。实施中小学美育工作自评制度，建立学校美育发展年度报告制度。

从搜集到的法律规定的内容来看，主要包括美育课程、教学、美育评价、师资队伍、经费保障等方面。①美育课程设置标准和内容。在课程标准方面，我国出台了义务教育艺术课程标准。在美育课程内容方面，《关于全面加强和改进学校美育工作的意见》规定美育课程包括音乐、美术、戏剧、戏曲、影视等。②教学方面，强调将美育实践活动纳入教学计划。③在美育评价方面，《中小学生艺术素质测评办法等三个文件的通知》指出，艺术素质测评以分数为主，学生的写实记录、成绩评定是学校艺术素质测评的依据，教师评语、学生互评、自我评价也是需要参考的内容。学生艺术素质评价结果被纳入学生综合素质档案，作为学生综合素质评价的重要内容。④美育师资队伍。规定了配齐美育教师、美育教师培训等内容。⑤经费保障。各地《关于加强和改进学校美育工作的实施意见》规定了各级政府为学校美育提供资金。从整体来看，2000年以后，我国陆续出台了多部关于美育的法律文件。《教育法》明确将美育纳入法律，确立了美育与德育、智育、体育同等重要的地位。可见，我国关于美育的立法也在不断完善。

比较而言，美国、英国、日本较为重视美育立法，将美育放在了国家立法的重要位置。具体体现在：①重视美育课程内容的设置。美国和英国美育课程内容丰富，美国不仅涉及音乐和美术，还涉及戏剧、舞蹈等内容。②制定美育课程标准。美国制定了单独的艺术教育课程标准。③美育教师的资格准入要求较高。英国音乐教师要求在完成大学学习基础上，再进行硕士学习一年方可取得教师资格证。日本要求音乐和美术教师学历达到本科以上。④重视美育经费投入。美国法律专门规定设立艺术教育专项经费用于艺术教育教学、教师以及艺术教育设施方面。

通过比较我们可以发现，重视美育是发达国家未成年人立法的重要内容。我国也重视美育立法。从法律规定的内容来看，我国法律对美育的内容规定与国外存在一定的差异。从当前未成年人审美发展保护的实际情况来看，我国的学校美育还存在以下问题。

（一）学校美育课程偏重知识技能教授，课程内容门类较窄

我国实行国家课程、地方课程和校本课程三级课程设置。美育课程也是如此。在国家课程设置中，义务教育阶段主要以音乐、美术内容为主。有学者指出，我国学校艺术教育在目标定位上还缺少对学生视觉艺术素养、生活

审美素养等的培养，在内容方面仅限于传统艺术形式。[1]国务院出台的《关于全面加强和改进学校美育工作的意见》提出美育课程包括音乐、美术、戏剧、戏曲影视等内容。可见，美育课程内容不仅局限于音乐、美术，对于促进未成年人审美发展的影视、戏剧也是美育课程的重要内容。从地方性规章来看，也只有北京、内蒙古、广西等较少的省（市、区）将这些内容落实到政策文件当中。如北京市《关于加强学校美育工作的实施意见》规定学校在加强美术、音乐课程基础上，开设好舞蹈、戏剧、书法等课程。对于舞蹈、戏剧等课程的开设具有倡导性，并非义务教育阶段法定课程。实践中，家长为了不让孩子输在起跑线上，给未成年人报各种兴趣班。各种兴趣班为了满足家长的需求，给未成年人教授艺术知识和技能，单纯的知识和技能教授并不能达到培养子女审美的目的，反而助长了兴趣班的应试倾向。

我国艺术课程内容分为三个学段：1年级至2年级、3年级至6年级以及7年级至9年级。每个学段的课程内容包括音乐、美术、戏剧、舞蹈、影视等不同艺术综合，注重与生活、情感、文化、科技方面的联系，培养未成年人获得艺术的感知与体验、创造与表现、反思与评价能力。从课程内容来看，较为抽象，缺乏未成年人发展的角度来设置课程。如《义务教育艺术教育课程标准》第二学段（3年级至6年级）学生艺术能力培养分为感知与体验、创造与表现以及反思与评价三个方面。从规定的内容看，强调学生感受和主动探究艺术与生活的联系，接触和学习欣赏表现生活的经典艺术作品，以及运用素材进行艺术创作和表现的能力。传统上，我国重视教师"教"而轻视学生的主体性发挥。该课程标准强调学生的主体性，但对于教师教的内容缺乏规定，而且对于学生通过学习应达到的能力也缺乏规定。从内容上来看，课程内容能够帮助学生实现思维能力和批判能力的培养规定没有具体规定，可操作性也不够。美育需要贯穿整个过程的教育理念，强调学生的审美认知。它不仅仅包括音乐和美术等课程知识和技能的教育，其形式和内容也更为丰富。我国中小学单纯以音乐和美术作为审美教育的主要内容。单纯的艺术知识和技能的传授，忽视学生认识美、理解美和创造美的能力培养，对为学生的想象力和创造力培养，促进学生德性完善的效果不佳。

---

〔1〕 易晓明："论美育的本质及其当代使命"，载《美育学刊》2016年第7期。

（二）学生艺术素质评价制度欠完善

从地方的文件规定来看，对于学校美育评价的规定较多，对于学生美育评价的制度设计较少。如北京市的《关于全面加强和改进学校美育工作的实施意见》规定，建立中小学生艺术素质测评内容和评价体系，建立中小学生艺术素养档案。内蒙古自治区的《关于全面加强和改进学校美育工作的实施意见》规定，将建立学生课外活动记录制度，学生艺术素质测评的内容包括学生参加社会文化艺术活动、学习民间艺术活动、欣赏演出等内容。但是，其他几省市着重规定了学校美育评价制度。如广西壮族自治区和辽宁省的《关于全面加强和改进学校美育工作的实施意见》只是提出实施中小学美育工作自评制度，建立学校美育发展年度报告制度。关于未成年人的艺术素质评价缺乏具体的制度规定。从整体来看，缺乏国家层面学生艺术素质测评标准。《中小学生艺术素质测评办法等三个文件的通知》关于中小学未成年人的艺术素质评价，提出建立测评试验区，也只是进行试点。尚缺乏国家层面出台统一的未成年人艺术素质评价标准。

（三）学校美育教师队伍配备制度设计存在缺失

学校美育教师是保障学校美育顺利开展的重要主体。《全国义务教育阶段美育师资状况分析报告》调查显示：我国义务教育阶段美育教师数量不足，区域差距较大。我国义务教育阶段美育教师占全体专任教师总数比例达6.5%。美育课程设置课时量的要求是9%至11%。广西、河南、江西、甘肃等省份的乡村小学美育教师缺额率达到50%。[1]从地方出台的政策来看，广西壮族自治区政府出台的《关于全面加强和改进学校美育工作的实施意见》提出建立完善农村中小学美育教师补充机制，在新任中小学教师招聘、"特岗计划"招聘中，安排一定比例用于招聘美育教师。安排一定的比例具体为多少？对此问题相关规定并没有清晰的规定。河南省《关于全面加强和改进学校美育工作的实施意见》规定采取多种措施保障配齐美育教师。一方面提出各地制定时间表，建立农村中小学美育教师补充机制，重点在农村、边远、贫困和民主地区乡镇中小学配备美育教师。在全省农村学校特岗教师招聘中，向美育教师倾斜。另一方面实施美育教师交流轮岗制度，鼓励教师走教等方

---

〔1〕　"《全国义务教育阶段美育师资状况分析报告》显示全国美育教师至少缺四万"，载 http://www.moe.edu.cn/jyb_ xwfb/s5147/201608/t20160830_ 277028.html。

式。江西省《关于全面加强和改进学校美育工作的实施意见》采取多种方式配齐美育教师。如提出高校加快公共艺术教师培养,获得教师资格证后可担任美术老师。各地每年公开招聘新教师必须划出一定比例用于招聘美育教师。实现县内美育教师交流轮岗、走教、支教等形式。此外,还鼓励聘用社会艺术团体专业人士、民间艺人担任兼职美育教师。在新教师培养方面,建立师范类学校和专业艺术类院校在农村学校建立美育实习基地,开展顶岗实习。尽管各省制定了一系列措施保障配齐美育教师,但限于地方政府部门的规章,法律效力有限,对于政府的法定责任的规定是缺乏的。

(四) 学校美育经费来源规定不够具体

学校美育与德育、体育、智育是促进未成年人健康发展的重要内容。针对学校美育的经费来源,我国各地明确将美育经费纳入各级政府的安排,要求政府通过多种形式筹措美育经费。从教育部出台规章规定的内容来看,要求各级人民政府为学校美育创造条件,完善文化经济政策。从地方政策性文件来看,各省明确各级政府为学校美育筹措经费。但是,对于如何筹措,方式为何,却并没有明确规定。由于政策性文件是地方性规章,缺乏相应的法律约束力。实践中,家长自费到校外报各种兴趣班,增加了家庭的经济负担。家长在教育功利化理念的引导下,强行要求子女参加各种兴趣班,并不能达到培养子女的审美能力的发展。

三、家庭教育法律制度不完善,制约未成年人的德性健康发展

家庭教育对未成年人德性的健康发展具有重要作用。关于家庭教育的法律,2020 年,我国新修订的《未成年人保护法》规定父母及其监护人应当学习家庭教育知识。2021 年,我国出台了第一部《家庭教育促进法》,这是关于家庭教育的第一部专门立法。对父母及其监护人、国家、社会等主体的家庭教育职责、义务和法律责任作出明确规定。此外,我国先后出台了《全国家庭教育工作"九五"计划》(1996 年)、《全国家庭教育"十五计划"》(2002 年)、《家长教育行为规范》(2004 年修订)、《全国家长学校工作指导意见》(2004 年修订)、《全国家庭教育工作"十一五"规划》(2007 年)、《全国家庭教育指导大纲》(2010 年)、《关于指导推进家庭教育的五年规划》(2016-2020 年)等文件规定家庭教育的内容。(见表 5-4)。

表 5-4　关于未成年人家庭教育的主要法律文本

名称	颁布机构（时间）	主要内容
家庭教育促进法	全国人大（2021 年）	第 4 条未成年人的父母或者其他监护人负责实施家庭教育。国家和社会为家庭教育提供指导、支持和服务。
未成年人保护法	全国人大（2020 年修订）	第 12 条未成年人的父母或其他监护人应当学习家庭教育知识，接受家庭教育指导，创造良好、和睦、文明的家庭环境。
义务教育法	全国人大（2018 年修订）	第 36 条规定形成学校、家庭、社会相互配合的思想道德教育体系，促进学生养成良好的思想品德和行为习惯。
关于进一步加强和改进未成年人思想道德建设的若干意见	国务院（2004 年）	各级妇联、教育行政部门和中小学校要切实负担指导家庭教育责任，办好家长学校和家庭教育指导中心。
家长教育行为规范	妇联、教育部（2004 年）	树立为国教子，以德育人的思想，自觉履行抚养和教育子女的法律责任和道德义务。培养子女良好的道德品质和文明行为等。
关于全国家长学校工作指导意见	妇联、教育部（2004 年修订）	家庭学校的性质与任务、帮助家长加强自身修养营造良好的家庭环境，提高家庭教育水平，促进社会主义精神文明建设。
全国家庭教育工作"十一五"规划	妇联、教育部等部门（2007 年）	家庭教育工作经费和事业发展经费纳入地方财政预算，设立家庭教育专项基金。
全国家庭教育指导大纲	妇联、教育部等（2010 年）	妇联和教育行政部门负责推进家庭教育，文明办协调各部门共建学校、家庭、社会"三结合"教育网络。卫生、人口计生部负责对价值进行科学养育指导和服务。人口计生部负责 0 岁至 3 岁儿童早期发展推进工作等。各级部门要加大家庭教育指导工作经费投入，纳入经费预算等。
关于指导推进家庭教育的五年规划（2016-2020 年）	妇联、教育部等（2016 年）	注重家庭德育教育内容。将社会主义核心价值观融入家庭教育当中。注重弘扬中华优秀传统文化，引导家庭成员树立和坚持正确的家庭观、国家观和民族观。

从搜集到的法律文本规定的内容来看，主要包括家庭教育体制、家庭教育内容和服务、家庭教育经费、父母及其监护人等主体的义务等方面。①家庭教育体制。最早《全国家庭教育工作"十一五"规划》提出由妇联和教育行政部门负责家庭教育。新出台的《家庭教育促进法》第5条明确家庭教育的领导体制、工作机制。规定地方人民政府指导家庭教育工作等；教育行政部门、妇女联合会统筹协调社会资源负责家庭教育日常工作。②家庭教育经费。《关于指导推进家庭教育的五年计划》指出积极争取各级政府加大对家庭教育事业财政以及购买服务的力度，推动将家庭教育经费纳入地方财政预算。《关于加强家庭教育工作的指导意见》中规定中小学幼儿园要为家庭教育工作提供必要的经费保障。《家庭教育促进法》规定县级以上人民政府应当制定家庭教育工作专项规划，将相关经费列入财政预算等。③家庭教育内容和服务。《家庭教育促进法》第16、17条规定未成年人的父母或者其他监护人应当针对不同年龄段未成年人的身心发展特点开展六项家庭教育内容和九种家庭教育方法。④父母及其监护人的义务。《家庭教育促进法》规定了未成年人的父母及其监护人的职责和义务；规定国务院、教育行政部门、地方政府等各部门的国家支持；规定居委会、学校及培训机构、公共文化服务机构等在家庭教育中的社会协同职责。从相关规定来看，我国关于家庭教育的立法初步形成规模，出台了家庭教育的专门立法。

从发达国家未成年人立法来看，美国、英国、日本重视家庭教育立法，分别从家庭教育体制、家庭教育经费、家庭教育内容等方面进行规定。具体来看：①形成了健全的家庭教育体制。美国家庭教育机构包括教育部和家庭教育协会或家庭教育中心。此外，学校、社区也是家庭教育的主要机构。日本成立专门的全国家庭教育支援推进委员会。并且在市町村设立家庭教育支援小组，为居民提供家庭教育。②家庭教育经费投入充足。美国推出《家庭教育开始法》，规定家庭教育经费投入。日本通过家庭教育项目的实施进行经费投入。③家庭教育内容较为具体。如美国《赋予家长学校席位》明确规定了家庭教育的具体内容，主要包括与子女对话、合理引导子女有效上网等内容。日本《儿童福利法》规定设立儿童馆。社区通过开展各种形式的活动，提升家长及其子女的社会交往能力和品德修养。④提供家庭教育服务。美国《赋予家长学校席位》提供家长如何实施家庭教育的具体建议和措施。英国专门成立家庭教育组织，开展活动，并提供家庭支持服务。

通过比较我们可以发现，家庭教育立法是各国未成年人立法的重要内容。我国也重视家庭教育的立法，然而对于家庭教育的内容、家庭教育经费、不同主体义务等方面的规定与发达国家尚具有一定的差异。从我国家庭教育法律保护的实际来看，仍存在以下具体问题。

（一）家庭教育的课程设置不明确

《家庭教育促进法》第二章规定家庭责任，其中第 16 条、17 条规定家庭教育的具体内容和方法。可见，立法对未成年人的父母及其监护人开展家庭教育的内容提供了明确要求。但是针对父母及其监护人的家庭教育课程包括哪些内容，时间上如何分配，法律缺乏具体规定。我国对于不履行家庭教育指导的父母及其监护人的规定，《家庭教育促进法》第 48 条规定居委会、学校、单位等对父母及其监护人批评教育、劝诫制止，必要接受家庭教育指导。第 49 条规定公安机关、检察院、法院在办案过程中可以根据情况对监护人予以训诫，并对其进行家庭教育引导。仅仅是批评教育、训诫等方式恐怕难以起到好的效果，而罚款是一种有效的方式，通过强制性的干预措施才能达到惩戒目的。

（二）家庭教育的经费投入和条件保障不具体

《家庭教育促进法》第 7 条规定首次县级以上人民政府应当制定家庭教育工作专项规划，将家庭教育指导服务纳入城乡公共服务体系和政府购买服务目录，将相关经费列入财政预算，鼓励和支持以政府购买服务的方式提供家庭教育指导。这里明确的县级以上人民政府的经费投入责任，但是对于家庭教育的经费投入以何种比例和方式，尚无详细的规定。从国外立法来看，强调中央政府对于家庭教育的经费保障和投入，从而提供强有力的法律保障和支持。我国家庭教育立法重视国家的支持，《家庭教育促进法》设立专章规定国家的支持，如规定国务院应当组织有关部门制定、修订并及时颁布全国家庭教育指导大纲。然而关于家庭教育的经费投入并没有做出安排。在法律责任部分，也未规定县级以上人民政府不履行经费投入的法律责任。

（三）家庭教育缺乏其他法律的支持

从其他法律的支持来看，我国新修订的《未成年人保护法》明确规定父母及其监护人应当学习家庭教育知识，接受家庭教育指导等。针对校园欺凌的情形，规定学校对相关未成年学生的父母或者其他监护人给予必要的家庭教育指导。然而在众多教育法律当中，如《义务教育法》《教育法》等法律当中尚无关于学校开展家庭教育指导的规定。学校是家校协同育人的重要阵地，学校对于父母的家庭教育指导尤为重要。尽管《家庭教育促进法》在社会协同一章中强调学校进行家庭教育指导的方式、内容等，但仍不足以全面反映学校在家庭教育指导中的重要地位和作用。对于学校在家庭教育指导中的义务和责任，如果不通过与其他教育法律的协调，亦很难真正起到应有的作用。同时，《家庭教育促进法》的实施和落实依赖于地方出台家庭教育实施细则。从地方层面立法来看，重庆、贵州、山西、江西、江苏、浙江、福建、安徽、湖南、湖北十省先后通过了家庭教育地方性法律，其他 20 余省市尚未开展家庭教育立法。地方家庭教育立法的缺失，将不利于家庭教育的有效开展。

四、未成年人影视分级制度尚未建立

从我国现有未成年人的立法保护来看，主要包括《未成年人保护法》《电影产业促进法》。为了保证落实，此外还制定了《电影管理条例》《关于认定淫秽及色情出版物的暂行规定》等。从地方配套立法来看，《北京市未成年人保护条例》规定了电影、电视方面的内容（见表 5-5）。

表 5-5　关于未成年人影视保护的主要法律文本

名称	颁布机构（时间）	主要内容
未成年人保护法	全国人大（2020 年修订）	第 65 条规定国家鼓励和支持有利于未成年人健康成长的网络内容的创作和传播，鼓励和支持专门以未成年人为服务对象、适合未成年人身心健康特点的网络技术、产品、服务的研发、生产和使用。 第 67 条规定网信部门会同公安、文化、电影、广播电视等部门根据保护不同年龄阶段未成年人的需要，确定可能影响未成年人身心健康网络信息的种类、范围和判断标准。
电影产业促进法	全国人大（2016 年）	第 16 条规定电影作品内容不得危害社会公德，扰乱社会秩序，破坏社会稳定，宣扬淫秽、赌博、吸毒，渲染暴力、恐怖，教唆犯罪或者传授犯罪方法。

续表

名称	颁布机构（时间）	主要内容
电影管理条例	国务院（2001年）	第25条规定电影禁止载有下列内容：……（七）宣扬淫秽、赌博、暴力或者教唆犯罪的；第50条国家鼓励、扶持科学教育片、纪录片、美术片及儿童电影片的制片、发行和放映。
关于认定淫秽及色情出版物的暂行规定	国务院（1988年）	第2条规定淫秽出版物是指整体上宣言淫秽行为，具有下列内容之一，挑动人们的性欲，足以导致普通人腐化堕落，有没有艺术欣赏价值或科学价值的出版物，并规定了七种具体的情况。
北京市未成年人保护条例	北京市人大（2003年）	第43条规定电影、电视节目不得含有淫秽、暴力等有害于未成年人身心健康的内容。在法律责任部分，对不法者进行处罚。

　　从现有文本来看，我国对影视作品中的暴力缺乏认定标准。在影视作品暴力方面，我国于2015年通过的《电影产业促进法》规定电影作品内容不得宣扬淫秽、赌博、吸毒，渲染暴力、恐怖，教唆犯罪或者传授犯罪方法。只是规定不得宣扬淫秽、暴力内容，但对于影视作品中的暴力缺乏认定标准。同时，该法第20条规定放映可能引起未成年人等观众身体或者心理不适的，应当予以提示。目前，我国电影实行事先审查制度和全面许可证制度，强调政府对电影市场的行政管理和控制，总体上体现行政管理本位。对于未成年人免受不良影视作品的侵害保护的重视不够。从地方立法来看，只有少数省市对影视内容作出了规定。如《北京市未成年人保护条例》明确规定电影、电视节目不得含有淫秽、暴力等有害于未成年人身心健康的内容。在法律责任部分，对不法者进行处罚。从整体来看，未成年人影视分级尚未受到未成年人立法的重视。

　　未成年人影视分级是发达国家未成年人立法关注的重要内容。比较发达国家的未成年人影视分级、未成年人网络保护立法等情况，在影视分级方面，美国、英国、日本均出台了影视分级制度。根据不同年龄段未成年人身心发展的特点，美国制定了五级电影分级制度。英国的划分更为细致，建立了七级电影分级制度。日本根据是否引起未成年人的厌恶、不快感、差别感等建立了四级影视分级制度。我国未成年人影视分级制度的内容规定分散在其他法律当中，尚未形成专门的法律。

五、未成年人网络保护的法律制度尚需完善

关于未成年人网络保护的立法，我国先后出台了《未成年人保护法》《网络安全法》《互联网上网服务营业场所管理办法》《网络游戏暂行管理办法》等。从其规定的内容来看，主要规定了预防未成年人沉迷网络、未成年人健康网络产品和服务开发、网络游戏等方面。①在预防未成年人沉迷网络方面，我国《未成年人保护法》第68、69、71条分别基于国家有关部门、学校、父母等主体提出预防未成年人沉迷网络。《互联网上网服务营业场所管理办法》规定对未成年人进入网络场所进行限制。②在未成年人健康网络产品服务和开发方面，《网络安全法》一方面规定了国家支持有利于未成年人健康成长的网络产品和服务的开发和研究，另一方面规定依法惩治利用网络从事危害未成年人身心健康的活动。③在网络游戏方面，《网络游戏暂行管理办法》第9条规定网络游戏的内容不得向未成年人宣扬淫秽、色情、赌博、暴力或教唆犯罪等。对于网络游戏经营单位违反第9条规定的，处以罚款。情节严重构成犯罪的追究刑事责任。

在未成年人网络保护方面，美国专门出台了针对未成年人的《儿童在线隐私保护法》《儿童互联网保护法》等。出台《儿童网络隐私保护法》的目的是防止未成年人受不良信息的侵害。该法规定父母负有义务帮助未成年人获得健康信息，免受不良信息侵害。此外，法律还规定了学校和图书馆、网络运营商的义务。如规定学校必须采取安全措施，阻断不良信息。同时，必须教育未成年人适当上网，增强学生对于网络欺凌的认识和责任。英国出台了《未成年人网络安全计划绿皮书》，针对未成年人上网安全、学校义务、父母网络安全知识等方面作出详细的规定。如规定学校对未成年人进行在线安全信息教育，开展信息素养课程。在父母责任方面，规定提供父母网络信息技术方面的知识，帮助未成年人的父母了解网络安全知识。日本制定了《保证青少年安全安心上网环境的整顿法》，其从政府义务、父母责任、网络服务商等不同主体的责任规定对未成年人上网安全进行了法律规制。如规定国家促进过滤不良信息软件或产品的开发，承担未成年人网络信息保护的义务。规定父母应了解网络发布的不良信息，把握未成年人子女利用网络的情况以及使用过滤软件等。可见，美国、英国、日本在未成年人网络保护方面拥有

较为完善的立法。

通过比较我们可以发现，未成年人影视分级和未成年人网络保护是各国未成年人立法关注的重要内容。我国法律规定了未成年人网络保护的内容，但与发达国家相比，我国未成年人网络保护的立法与国外还存在一定的差异。具体来看：①我国未成年人影视分级制度、未成年人网络的内容规定分散在其他法律当中，尚未形成专门的法律。②不同主体法律责任的规定较少。③我国未成年人网络保护的立法重心停留在预防未成年人沉迷网络，而缺乏全面保障未成年人获得健康信息的内容规定。从我国的相关法律规定来看，我国未成年人网络保护的立法仍存在以下问题：

（一）不同主体的义务和法律责任的内容规定存在偏失

20 世纪 90 年代以来，我国针对未成年人网络的相关法律法规基本上是以部委规章的形式出现，缺乏层次相对较高的专门关于未成年人的网络立法。[1] 2020 年修订的《未成年人保护法》专设一章"网络保护"对未成年人网络问题进行立法，从上位法层面对未成年人网络问题进行规定。该章共 17 条，内容涉及培养未成年人良好网络素养、保护未成年人隐私和个人信息、网络沉迷防控、网络欺凌等方面，并分别从国家、社会、学校和家庭不同主体对未成年人的合法权益进行义务和责任规定。

从现有法律文本来看，对于未成年人网络保护的内容重点强调网络服务与提供者的义务，而父母及其监护人、学校的义务比较少。其中规定网络服务与提供者的多达 7 条。对于父母和学校的义务要求仅 2 条。从发达国家未成年人网络保护的立法来看，法律对于如何帮助未成年人安全上网，分别对父母、学校提出了较高的义务要求。我国《未成年人保护法》第 69、70 条仅规定学校为未成年人提供互联网上网服务设施以及使用网络开展教学活动。网络是一把"双刃剑"，一方面要求学校为未成年人提供安全的网络设施，另一方面教育学生提高辨别网络信息的能力，学会合理使用网络，也应是学校不可推卸的义务和责任。1989 年，联合国教科文组织指出媒介教育是整个世界上每个国家所有居民的权利，用这种能力接触、分析和评价大众媒介所传递的诸多复杂信息。媒介素养着重于帮助人们（尤其是青年人）成为对媒介信息更谨慎、更理性的消费者，从而在有关健康、购物和价值判断上能作出

---

〔1〕　余雅风："论网络环境下未成年人的立法保护"，载《少年儿童研究》2009 年第 8 期。

更明智的选择。同时，也帮助人们成为媒介创新性的生产者，从而更有效地传递他们的所思、所想和优势。因此，对未成年人进行媒介素养教育和网络安全教育也应是学校的一项重要工作。从《未成年人保护法》的规定来看，对于学校开展媒介素养教育和网络安全教育尚缺乏内容规定。《未成年人保护法》第71条规定未成年人的父母或者其他监护人应当提高网络素养，规范自身使用网络的行为，加强对未成年人使用网络行为的引导和监督。这一规定明确父母及其监护人是未成年人网络信息安全的监督者和引导者。其对父母的网络素养提出了更高要求。现实中，边远地区未成年人的父母及其监护人本身不具备使用网络和引导未成年人健康上网的能力。父母如何帮助未成年人辨别网络信息，如何合理使用网络，更需要从国家层面对父母进行网络安全和网络素养培训。尽管《未成年人保护法》第68条规定新闻出版、教育、卫生健康等部门应当定期开展预防未成年人沉迷网络的宣传教育，监督网络产品和服务提供者履行预防未成年人沉迷网络的义务，指导家庭、学校、社会组织相互配合，采取科学、合理的方式对未成年人沉迷网络进行干预和预防。但从规定来看，仅强调对未成年人沉迷网络的宣传教育，缺乏对未成年人获得健康信息的媒介教育规定。对不同部门具体职责的规定亦缺乏，容易造成部门之间互相推诿的情况出现。

对于未成年人网络保护法律责任的规定，集中体现在《未成年人保护法》第127条。其主要针对的是信息处理者和网络产品服务提供者违法应承担的法律责任。但对于父母、学校未尽到未成年人网络保护的法律责任缺乏详细规定。

（二）未成年人网络保护的配套法律制度不健全，与其他法律的协调不足

尽管《未成年人保护法》专门设立一章内容规范对未成年人的网络保护，但如何全面保护未成年人安全上网，维护未成年人的发展利益，一方面需要完善相关配套法律制度，另一方面需要协调与其他法律的关系。从现有法律规范来看，尚存在以下问题：

第一，对于网络游戏分级制度，但仍缺乏下位法的配套支持。《未成年人保护法》第67条规定网信部门会同公安、文化、电影、广播电视和旅游等部门根据保护不同年龄段未成年人的需要，确定可能影响未成年人身心健康网络信息的种类、范围和判断标准。但却没有提出未成年人网络游戏分级制度。从相关法律来看，2017年修订的《网络游戏管理暂行办法》第9条规定网络

游戏内容不得宣扬淫秽、色情、赌博、暴力、教唆、犯罪违反社会公德。第16条规定网络游戏运营商应根据游戏内容、功能和使用权限，制定用户指引和警示说明，针对未成年人的网络游戏不得含有妨害未成年人身心健康的内容。这一规定注意到了游戏内容对未成年人年龄段的考虑，但仍缺乏关于未成年人网络游戏的具体分类标准和分级。2019年，国家新闻出版署发布《关于防止未成年人沉迷网络游戏的通知》，规定了实行网络游戏用户账号实名注册、严格控制未成年人使用网络游戏时段、时长，规定向未成年人提供付费服务，切实加强行业监管、积极引导家长和学校的监护责任等内容。但是，这里也没有对游戏分级作出规范。从法律位阶上来看，其只是一部行政规章，法律位阶较低。从整体来看，我国对于游戏中存在暴力、色情内容本身的规范相对缺乏，尚未建立明确的游戏分级制度。

第二，未成年人网络素养教育制度设计缺乏。立法重点在于预防未成年人网络沉迷。我国已建立了中小学生沉迷网络工作制度。2018年教育部《关于做好预防中小学生沉迷网络教育引导工作的紧急通知》，明确健全制度机制，规范学校日常管理，指导学校和家长的专题教育和监管责任。但是，对于未成年人网络素养的教育，《未成年人保护法》并没有作出制度安排。《义务教育法》当中也没有具体的规定。2018年教育部出台《2018年教育信息化和网络安全工作要点》提出数字教育资源开发和供给、信息技术和教学融合、网络安全人才培养能力和质量等。对于未成年人网络信息素养培养规范，强调探索建立适合国情的中小学生信息素养评价指标体系和评估模型。推动落实中小学信息技术课程，将信息技术纳入初、高中学业水平考试。可以看出，其重点在于教育信息技术的推行，而非对于未成年人网络信息素养教育。我国尚缺乏专门的信息素养教育课程。

从总体来看，我国专门针对未成年人网络安全的条款规定不足，相关配套制度不健全。从发达国家立法来看，美国颁布了《儿童网络隐私保护法》《儿童互联网保护法》法案等。英国出台了《未成年人网络安全计划绿皮书》，针对未成年人上网安全、父母网络安全知识等方面作出规定。可见，发达国家在未成年人网络保护方面作出了专门立法。我国未成年人网络保护的立法对于父母网络安全意识、学校预防未成年人沉迷网络教育规定不足，现有立法仍停留在预防未成年人沉迷网络，而忽视了对未成年人获得健康信息的保护。因此，我国亟须进一步完善未成年人网络保护的法律制度。

第六章

研究结论及立法建议

我国《未成年人保护法》第 3 条第 1 款规定未成年人享有发展权，这一规定确立了未成年人发展权的法律地位。然而，由于对未成年人发展权的理论认识不足，使得立法无法全面保障未成年人发展权。本书尝试厘清未成年人发展权这一基本理论命题，以期指导立法实践。本章分为两部分。第一部分，研究结论。本书通过对未成年人发展权的理论研究，回顾了未成年人发展权的历史发展，厘清了未成年人发展权的内涵、性质及内容等基本理论问题，揭示了未成年人发展权的特殊性并通过研究得出了相应的结论。第二部分，立法建议。经过前几章的分析，在比较和借鉴国外发达国家未成年人立法并对我国未成年人发展权不同方面发展保护进行立法分析基础上，本书将提出针对我国未成年人发展权保护的立法建议。

第一节　研究结论

本书以儿童发展理论为视角，运用法理学的概念和研究方法，对未成年人发展权的历史发展、内涵、性质、内容等问题进行学理探讨。在此基础上，梳理现有未成年人发展权的法律文本，分析我国未成年人发展权保护立法存在的问题并分析成因。比较和借鉴美、英、日发达国家关于未成年人发展权的立法保护，本书提出关于我国未成年人发展权保护的立法建议。通过研究得出以下结论：

一、未成年人发展权与《未成年人保护法》中的生存权、受保护权、参与权不是并列关系，它是一项母权利，具有基础性和母体性地位

未成年人发展权不同于发展权，具有自身特殊性。未成年人发展权的内涵区别于一般发展权，这是由未成年人这一特殊权利主体所决定的。儿童发展理论指出，未成年人的发展包括身体发展、心理发展以及其社会化的过程。健康发展是未成年人的内在基本要求。未成年人发展权的设立旨在促进未成年人身体和心理以及社会化过程中的健康发展。未成年人发展权不仅是未成年人身体和心理发展的有机统一和综合，在理论上可以拆分和细化。它还是对未成年人发展各个层面的内容的高度抽象和概括，具有涵摄性和抽象性。未成年人发展权涵盖了未成年人发展的内容，并随着未成年人发展的需要而产生新的权利内容。因此，未成年人发展权区别于一般权利，它是一项母权利，具有基础性和母体性地位。

未成年人发展权与未成年人生存权、受保护权和参与权之间的关系密切。未成年人发展权具有母体性特征，其决定未成年人发展权借由生存权、受保护权、参与权等具体权利的落实实现其自身。具体到《未成年人保护法》当中，未成年人发展权和生存权、参与权、受保护权不是并列关系，而是未成年人发展权包含其他具体权利。也就是说，未成年人发展权与其他的具体权利不同，未成年人发展权具有综合性。未成年人发展权属于位阶更高的基本权利。未成年人发展权在众多权利当中应处于中心地位，具有基础性和母体性。

二、未成年人发展权具体化为法律规范时，须围绕未成年人不同方面发展的保护展开

未成年人发展权的性质是未成年人发展权法律保障的具体方式的基本依据。未成年人发展权不仅具有一般人权的性质，同时也具有自身的特殊性。研究发现未成年人发展权是一项特殊权利，具有基础性和母体性地位，它构成未成年人立法的目标价值。从未成年人发展权的设立来看，发展是未成年人的内在要求使然。未成年人发展权的设立旨在促进未成年人的身心健康发展。从未成年人发展权的内在价值来看，未成年人发展权蕴含了正义的价值。

正义是未成年人立法的基本价值取向。未成年人发展权蕴含正义的价值特性决定其构成了未成年人立法的目标价值，也构成评判未成年人立法的基准性价值，能够成为未成年人立法分析的基本理念和精神。

未成年人发展权作为法定权利如何具体化为可操作的法律规范借以立法来实现。未成年人立法是法律价值和法律规范的统一。法律规范是法律价值的具体体现。未成年人发展权作为一项价值，体现在法律当中，应转化为不同的法律规范。通过研究本书发现，未成年人的发展是一个整体性的过程，它包括身体发展、智力发展、德性发展。它们之间相互影响、不可分割。未成年人发展权是对未成年人的全面发展的各个层面的内容的高度抽象和概括。未成年人发展权的设立旨在保护未成年人的健康发展。未成年人发展权包括了未成年人身体发展、智力发展、德性发展三个方面，未成年人发展权具体化为法律规范时也应该从未成年人不同方面发展的保护展开，以此规范政府、父母、学校以及社会组织和个人等主体的义务和法律责任。

三、实现未成年人发展权应从未成年人身体发展、智力发展、德性发展保护三个维度完善

在对未成年人发展权的理论探究之后，本书对未成年人发展权的立法保护展开了分析。聚焦我国现实当中未成年人身体发展、智力发展和德性发展现实存在的问题，反思我国未成年人立法层面的问题及其成因，试图通过完善未成年人立法保护和实现未成年人发展权。研究发现，我国关于未成年人身体发展、智力发展、德性发展方面的立法存在诸多缺失。具体表现为未成年人发展保护的法律体系不健全，专门性立法缺失，法律层次低、效力不足等问题。究其原因：一方面，未成年人的发展具有过程性，不同时期未成年人的发展需要不同，其转化为立法保护的内容也不同。因此，需要根据具体的问题进行立法考虑。由于我国未成年人法制建设进程缓慢，未成年人发展的保护问题并没有被真正上升到法律的高度。未成年人立法也尚未根据未成年人的发展需要给予特殊保护。另一方面，未成年人发展权的法律散见于其他法律当中，专门针对未成年人的立法缺乏。未成年人是一个特殊群体，他们的发展涉及教育、医疗、公共交通、社会环境等各个领域。而我国关于未成年人的立法散见于民法、刑法、行政法等部门法中。由于各部门法之间缺乏协调，导致未成年人发展权的法律规定缺乏可操作性。此外，本书还借鉴

域外立法，通过美、英、日三国未成年人立法比较，研究发现发达国家对于未成年人发展权的保护立法较为健全，对未成年人身体、智力、德性发展方面立法给予积极的保护。可以说，发达国家立法对于我国未成年人立法实现我国未成年人发展权而言具有借鉴意义。

第二节　立法建议

通过本书第三、四、五章的分析我们可以发现，我国现行未成年人立法对未成年人身体发展、智力发展、德性发展的立法保护尚存在诸多问题，对于未成年人发展权的保障不足从根本上而言是由立法不完善引起的。因此，为保障未成年人发展权的实现，也应从立法完善谈起。立法是制定、认可和修改、废止法律规范以及将法律规范系统化的活动。[1]本书对未成年人发展权的立法完善主要从法律制定和法律修改两方面进行讨论。

一、修改《未成年人保护法》，将未成年人发展权确立为未成年人立法的基本价值

未成年人发展权不同于其他具体权利，具有母体性、基础性。未成年人发展权构成了未成年人立法的目标价值——正义。未成年人立法应将这一价值具体化为不同的法律规范予以保障。我国《未成年人保护法》将未成年人发展权与未成年人生存权、受保护权、参与权并列放在一起，显然没有认识到未成年人发展权这一权利的特殊性。未成年人发展权的设立对于促进未成年人的健康发展具有重要意义。从发达国家立法来看，保护未成年人发展权是各国未成年人立法的重要任务。为此，我国《未成年人保护法》应将未成年人发展作为未成年人立法的基本价值，一方面明确了未成年人立法所要回应的是未成年人发展的需要，保障未成年人发展的各项权利，而不仅仅是国家和政府管理的需要的价值取向；另一方面在未成年人立法的价值权衡和选择中确立未成年人发展的利益的维度，从而对未成年人立法的诸多价值进行权衡。具体来看：

第一，修订《未成年人保护法》，在立法目的中体现未成年人发展权。未

---

〔1〕　李步云主编：《法理学》，经济科学出版社 2000 年版，第 505 页。

成年人发展权是一项特殊的权利，它是一项母权利，构成未成年人立法的目标价值。它不宜与其他权利并列在《未成年人保护法》当中。而应将未成年人发展权和其他几项权利区分开来，将其作为《未成年人保护法》的基本价值。这样也就将未成年人发展权和受教育权的关系进一步明确。这是因为：从 2006 年《未成年人保护法》来看，立法者们已经认识到未成年人发展权和受教育权有紧密联系。但由于对于未成年人发展权和受教育权的关系在学理上并没有厘清，因此在立法讨论过程中，在规定未成年人生存权、发展权、参与权、受保护权的同时，又规定了受教育权。因此，笔者建议将《未成年人保护法》第 3 条第 1 款"国家保障未成年人的生存权、发展权、受保护权、参与权等权利"修改为"国家保障未成年人的生存权、受教育权、受保护权、参与权等权利"。这样一方面将未成年人发展权确立为未成年人立法的基本价值，明确它与未成年人生存权、保护权、参与权等权利的关系；另一方面突出受教育权，明确受教育权的重要地位。

第二，在《预防未成年人犯罪法》《刑法》《民法典》《教育法》《义务教育法》《母婴保健法》等关于未成年人保护的法律当中确认未成年人发展权的基本理念。将未成年人发展权的具体内容落实到不同的法律当中。

第三，在地方未成年人保护条例中，确立未成年人发展的基本理念，以未成年人发展权作为地方未成年人立法的基本价值。将未成年人发展权的内容通过地方未成年人保护条例进一步落实，并规定政府、父母及其监护人、学校、社会主体的义务和责任。

二、修改和完善现有法律，将未成年人发展权的内容具体化为法律规范

未成年人立法是法律价值和法律规范的统一。未成年人发展权作为未成年人立法的价值，在具体化为法律规范时，应围绕未成年人不同方面发展的保护展开。因而未成年人发展权的立法完善也应从未成年人身体发展、智力发展和德性发展方面保护等方面展开。未成年人立法是实现未成年人发展权保护的重要手段和途径。通过前面几章分析，尽管我国已经制定了诸多关于未成年人发展权的法律规范，但在相关立法中关于未成年人发展权的具体内容规定仍存在不足。笔者认为，当前我国未成年人立法应从未成年人身体发展、智力发展和德性发展保护的具体内容出发，将未成年人发展权的具体内容体现在未成年人立法当中。

（一）完善未成年人身体发展的法律规范

未成年人身体发展的立法保护包括生存权、休息权和受保护权。尽管《未成年人保护法》已经规定未成年人享有生存权、休息权、受保护权等权利，但对其具体内容缺乏法律规定。结合发达的立法经验，本书认为应从以下几个方面进行立法规范。

1. 健全未成年人生存权的法律制度

我国《未成年人保护法》第 3 条确立了未成年人享有生存权，但是对于未成年人生存权的具体内容规定得较为粗略，散见于《民法典》《刑法》《义务教育法》等法律和行政法规规定当中。未成年人生存权是一项包括未成年人生命权、健康权、适当生活水准权的综合性权利。因此，对于未成年人生存权具体内容的立法规范应从这几个方面展开。

第一，在遗弃未成年人的生命权保护方面，通过立法设立针对遗弃未成年人的安置和照顾制度，保证遗弃未成年人的生命安全。从发达国家立法来看，美国专门出台了《安全港法》，保护遗弃未成年人免受伤害以及获得照料。我国尚未出台关于遗弃婴儿的制度设计。2011 年，首家"婴儿安全岛"在河北石家庄诞生。其他省市纷纷效仿。然而，婴儿安全岛运行后，大量弃婴被送至婴儿安全岛，一些大城市因无力照管纷纷予以叫停。关于是否设立婴儿安全岛，目前理论界仍有争议。一种观点认为，设立婴儿安全岛是变相鼓励弃婴、纵容违法犯罪行为，与刑法的遗弃罪存在冲突。因此，不宜设计这样一项制度。另一种观点认为，婴儿安全岛是保障婴儿的生命和健康免受第二次伤害，其与法律打击弃婴犯罪目的一致，都是为了保护被遗弃未成年人的生命权和健康权。[1]

本书认为，设立婴儿安全岛具有必要性。一是从对未成年人的生命权保障来看，婴儿的生命权是其存在的根本和基础，应当受到法律保护；二是从未成年人发展的角度来看，对遗弃未成年人的保护不仅涉及未成年人的安置，还涉及对他们的保护、照料、抚养等一系列内容，需要设计相应的制度来加以保障；三是从义务主体的角度来看，国家是未成年人生命权保障的义务主体。《儿童权利公约》第 6 条明确缔约国应确保未成年人的生命权。未成年人

---

[1] 沈君慧："公法学视野下的'婴儿安全岛'：弃婴权益保护"，载《四川警察学院学报》2015 年第 4 期。

的生命权在受到侵犯时，国家作为最终监护人理应保护未成年人的生命权。设置婴儿安全岛是国家保护未成年人生命权的义务。从法律制度设计来看，具体可以从以下几个方面进行：一是明确由民政部门的未成年人福利机构作为婴儿安全岛设立的主体。设立以"婴儿安全岛"为窗口的救助体系。从遗弃未成年人的接受、登记、救治等方面作出规定。二是进入婴儿安全岛的未成年人可由未成年人福利机构照料，也可以根据《民法典》"婚姻家庭编"收养部分的规定进行依法收养。三是根据《家庭寄养管理办法》，依法将遗弃未成年人安置在寄养家庭。

第二，修改《未成年人保护法》，保障学龄前未成年人的乘车安全。2020年新修订的《未成年人保护法》规定父母及其监护应当采取配备儿童安全座椅。但是，仍缺乏具体的配套措施落实以及各方责任的规定。比较发达国家立法，我国学龄前未成年人乘车安全可以采取以下立法模式：一是在《未成年人保护法》中，将学龄前未成年人（包括婴幼儿）的乘车安全纳入法律规定。立法应明确学龄前未成年人乘坐家庭乘用车时应使用安全座椅，除规定父母配备儿童安全座椅、教育未成年人遵守交通规则外，还应制定具体细则，规定不同年龄段儿童使用儿童座椅的规格。二是在地方未成年人保护条例当中，进一步明确规定未成年人乘车时应配备安全座椅，并对安全座椅的规格、父母的注意义务等作出规定。在其他配套法律当中，在各省《道路交通安全法》实施办法中，应规定婴幼儿在乘坐家庭乘用车时使用未成年人安全座椅。同时，规定父母及其监护人的监管义务和不履行监管职责的法律责任。在幼儿园校车立法方面，在《未成年人保护法》规定的条款之外，制定具体的幼儿园校车管理实施细则，明确经费，并通过《道路交通安全法实施条例》，对未成年人骑自行车的年龄、安全教育等问题作出具体规范。如规定对于12岁以上未成年人骑自行车父母及其监护人未尽到监管职责的法律责任。

第三，完善预防未成年人校园欺凌的法律制度。《未成年人保护法》仅在第39条规定是远远不够的。应在上位法的基础上，进一步完善预防校园欺凌的实施细则。一是确立预防校园欺凌的立法理念。明确将未成年人发展作为预防校园欺凌的立法理念。二是通过立法确立政府、父母及其监护人、学校以及社会组织和个人不同主体的法定义务，明确各个主体不履行义务时的法律责任。在政府的义务和法律责任方面，明确政府及其相关职能部门在各自的职责和权利范围内进行积极作为的义务。政府及各级地方政府各级部门应根据法律的授权，建立预防未成年人校园欺凌制度。明确政府及其相关职能部门在各自职权范围内积极作为的义务，赋予相关行政机关进行社会网络管理的监管职权，为他们更好地进行监督和管理提供职权依据。在父母及其监护人政府义务和法律责任方面，明确父母要创造良好、和睦的家庭环境，对未成年人的不良行为进行正确指导。强化父母的管教义务以及父母不履行法定义务的法律责任。在学校的义务和法律责任方面，学校应开设法治教育相应课程，增强学生法律权利和义务的意识。加强学校预防校园欺凌的制度建设，如建立校园警察制度、校园安全监控制度、校园欺凌信息的安全处理制度等。加强学校对教师法治教育内容和预防校园欺凌方面的培训，增强教师的法律意识和观念。明确学校的法律责任。对于忽视校园欺凌的学校领导及其相关负责人应规定其法律责任。同时，赋予学校和教师处理实施欺凌者的权力，对欺凌者进行管教。在社会组织和个人的义务和法律责任方面，明确界定网络违法、犯罪行为，通过立法，明确规范社会组织和个人如网络运营商、服务商等侵害未成年人信息安全的义务和法律责任。明确社会主体不履行法定义务的法律责任，强化打击力度。此外，应完善《刑法》《预防未成年人犯罪法》的相关规定，加强对欺凌未成年人的矫正和教育。矫正方面，规定社区、公安机关对欺凌未成年人严重情况的矫治。在教育内容方面，要着重强调心理健康教育和矫治教育，保护欺凌未成年人的健康发展。在地方立法中，应制定地方性校园欺凌预防实施细则。如天津市2018年通过《天津市预防和治理校园欺凌若干规定》明确了教育行政部门职责、学校职责、家庭和社会责任、处置与惩戒和法律责任。各地制定地方性校园欺凌预防规定和实施细则，从而真正达到预防校园欺凌和治理的目的。

第四，完善《母婴保健法》《母婴保健法实施办法》，规定婴儿的营养、健康检查、早产儿养育医疗等保健服务，同时规定建立公共育婴设施。具体来看，应从以下几个方面进行规范：一是完善《母婴保健法》，明确规定医疗保健机构应当为育龄妇女和孕产妇提供孕产期保健服务；二是完善《母婴保健法实施办法》，明确规定婴儿或婴儿的营养、健康检查、早产儿养育医疗等保健服务。

第五，在未成年人的生活保障和照料方面，艾滋病未成年人、留守未成年人是未成年人群体中的特殊群体，他们的生活保障应得到特殊保护。建议我国《未成年人保护法》第91条将艾滋病未成年人、留守未成年人列为救助对象，明确保障这些未成年人的生活、教育、住房、安全、医疗康复等方面的基本需要。

2. 完善未成年人休息权的配套制度

保障未成年人的休息是每一个未成年人的重要权利。我国《未成年人保护法》专门规定保障未成年人的睡眠、体育锻炼和娱乐时间，从法律上确认了未成年人休息权的内容。但从相关配套法律制度来看，在未成年人睡眠、体育锻炼和娱乐设施制度保障方面，我国立法缺乏具体的制度保障，相关主体义务和责任规定的缺失导致未成年人休息权保障不足。因此，有待于进一步通过立法加以完善。

第一，在未成年人睡眠和体育锻炼保障制度设计方面，应从以下几个方面进行规范：一是完善教育教学安排、学科课程、家庭作业方面的制度。教育教学安排、学科课程是影响未成年人休息的主要方面。就家庭作业而言，可以借鉴美国、英国的家庭教育政策，由国家或地方层面出台政策，具体规定家庭教育的内容、时间、教师责任、父母责任等内容。二是建立责任追究制度。从未成年人睡眠和体育锻炼的法律文本来看，其多属于行政规章，法律层级低、效力不足。这样导致对相关部门督导检查的法律责任难以追究。建议引入责任追究制度，明确相关部门不履行督导检查的法律责任，从而保证未成年人睡眠和体育锻炼制度的有效性，保证未成年人的身体健康发展。三是明确学校、父母及其监护人的义务和法律责任。学校应通过教育教学安排、学科课时、家庭作业等方面的调整，保障未成年人的休息和活动时间。明确父母及其监护人保障未成年人休息中的义务和责任。同时，完善家庭教育立法，规范父母的教育义务和责任。确保父母及其监护人在教育未成年人过程中使用正确的教育观念和方法，保证未成年人的休息。

第二，在未成年人娱乐设施制度保障方面，应从以下几方面进行规范：一是完善《公共服务法》针对未成年人这一特殊群体的身心发展特点，对未成年人的活动场地、设施进行专门规定。进一步完善《公共文化体育设施条例》，明确规定公共文化体育设施设计应考虑未成年人发展的需要，在公共场所（如公园、社区）配备与未成年人发展相适应的娱乐游戏设施。二是借鉴美国《青少年户外健康法》明确未成年人享有户外活动权利的做法，建立单独的未成年人户外健康制度。规定以促进未成年人的身心健康为基本理念；政府在未成年人娱乐设施的经费投入义务；在公园、社区等公共场所设立公共设施；父母的责任和义务等内容。

3. 制定预防未成年人虐待的专项法律

我国《未成年人保护法》明确规定了未成年人受保护权，制定了未成年人受保护权的法律制度。但从我国现有的未成年人法律制度来看，未成年人受保护权的规定仍然存在诸多问题。以未成年人虐待保护为例，我国预防未成年人虐待的规定散见于《宪法》《未成年人保护法》《刑法》《家庭暴力法》等法律，尚未形成统一的预防未成年人虐待的专门立法。从整体上来看，我国未成年人虐待缺乏系统、全面的法律制度设计。

第一，明确未成年人虐待的定义。我国现有立法缺乏对未成年人虐待的明确规定。最高人民法院《关于适用〈中华人民共和国民法典〉婚姻家庭编的解释（一）》规定，持续性、经常性的家庭暴力，构成虐待。这一虐待的界定具有成年人倾向，未考虑到未成年人的身心特殊性。从发达国家的立法来看，美国在未成年人虐待定义上，强调未成年人父母的行为导致未成年人死亡、严重的身体或情感伤害，性虐待或剥削，或者父母将儿童置于危险中即构成虐待。英国法律规定对未成年人身体和心理发展造成伤害，即可视为虐待。对于虐待的类型，英国和日本法律详细划分了四种类型，即身体虐待、情感虐待（或称精神虐待）、性虐待以及忽视。借鉴发达国家立法经验，我国未成年人立法可进一步明确未成年人虐待的定义和范围。对未成年人虐待的主体及其类型作出规定。从未成年人虐待的主体上来看，《刑法》第261条明确规定了虐待被监护、看护人罪。将虐待主体范围进一步扩大，未成年人虐待主体应包括父母及其监护人，还应包括负有看护职责的人。在未成年人虐待的范围上，明确将身体虐待、情感虐待、性虐待以及忽视纳入未成年人虐待的范围。

第二，明确地方政府在未成年人虐待中的具体职责。地方政府是保护未成年人免受虐待的重要主体。借鉴发达国家的立法经验，我国立法应进一步明确地方政府保护未成年人免受虐待的具体职责。一是明确地方政府内设机构，由县级以上人民政府民政部门统筹负责未成年人虐待保护工作；二是规定地方政府有关部门在预防和早期发现未成年人虐待保护中的宣传、调研工作；三是明确地方政府有关部门在未成年人虐待保护中专业人员资质审核、培训等职责。

第三，建立未成年人强制报告制度。美国、日本制定了预防未成年人虐待的专门法律，规定建立未成年人强制报告制度，取得了良好的效果。借鉴国外发达国家立法，我国应考虑建立未成年人虐待强制报告制度。一是明确政府的责任，由政府设立未成年人虐待咨询机构，由专职人员处理未成年人虐待事件，并制定相关方案。组织和成立全国虐待未成年人学会，展开对受虐待未成年人的调查和研究。二是规定强制报告的义务主体。明确中小学及幼儿园教师、社会人士、医务工作者等作为强制报告义务主体。三是规定强制报告内容。要求报告未成年人身体遭受虐待的情况以及心理状况等。四是设立强制报告方式。如除了规定地方政府设立举报热线，应设立全国范围免费电话服务专线，举报者或者未成年人本人可以拨打热线电话，再转接到地方举报热线，扩大宣传和影响。

第四，增设虐待未成年人罪，提高针对未成年人虐待的量刑标准。在其他法律保障方面，我国《刑法》第234、260条对伤害和虐待行为作出规定。但其依据是对人的生理性损害而忽视人的心理或精神性损害。未成年人虐待不仅包括身体虐待，还包括精神虐待、性虐待和忽视。因此，不能按照成年人的虐待来追责。对此，可以在《刑法》采取放宽虐待未成年人行为的入罪标准，将没有造成严重伤害但造成心理上的伤害的行为予以法律化。具体来看，可以在《刑法》采取增设虐待未成年人罪或者完善现行虐待罪来保护未成年人。一是在刑法中增设虐待未成年人罪。区别于虐待罪，单独设立虐待未成年人罪，通过区分不同虐待未成年人行为的危害程度，制定相应的法定刑，提高处罚幅度。二是完善《刑法》虐待罪的规定。在虐待被监护人、看护人罪后增加一款"虐待未成年人情节严重的，从重处罚"。明确界定虐待未成年人情节严重的含义，对于虐待未成年人的行为，应充分考虑未成年人的身心发展特点，从虐待行为持续时间、频率、虐待所实施的行为、虐待的后果等方面界定情节严重。在量刑上，我国刑法针对未成年人虐待的刑罚处罚力度较轻。美国对于性侵害和猥亵未成年人的犯罪者的刑期均在20年以上。借鉴国外发达国家未成年人虐待罪刑的量刑标准，提高我国刑法针对未成年人虐待的量刑标准。通过设置严重的法律后果，达到法律的威慑作用。在未成年人性侵害的保护方面，借鉴美国未成年人立法，可采取以下措施：①通过网站、报纸、宣传手册或其他的手段将性侵犯罪者的姓名、照片、住址、监禁日期和犯罪事实告知社区的居民。②对性侵犯罪者的住处进行限制。对性犯罪者的住所规定不得在学校、教堂、公园等未成年人容易聚集的地方。

③加大对性犯罪者的犯罪处罚力度。

（二）未成年人智力发展的法律规范

在未成年人智力发展保护的立法完善方面，课程与教学、学业评价与考试、教师资格与培养、经费与条件保障是未成年人智力发展的立法保护的内容。我国未成年人立法对未成年人智力发展的内容作出了规定。但从实践中未成年人智力发展存在的问题来看，我国未成年人智力发展的立法保护仍然存在诸多问题。结合发达国家未成年人立法的经验，我国应从以下几个方面进行立法规范。

1. 完善课程设置和教学的法律制度

在课程和教学制度方面，我国《义务教育法》规定了确定教学制度、教育教学内容和课程设置。但其规定的内容较为粗略，尚缺乏具体的制度设计。未成年人的创造能力和实践能力的培养依赖于教学制度、教学内容和课程的设置。结合发达国家的立法经验，完善现行课程和教学制度应从以下几个方面作出规范。

第一，在课程设置方面，增加信息技术教育课程。信息素养是未成年人作为公民应该具备的基本能力。我国信息技术教育课程设置时间比较短，分散在其他学科当中，缺乏相对独立性。比较美国、英国发达国信息技术教育课程的设立方式、阶段等内容，我国应从以下几个方面规定：一是在学校教育小学阶段开始设置独立的信息技术教育学科课程；二是制定信息技术教育课程标准，制定义务教育阶段信息技术教育课程标准；三是经费配置方面，规定信息技术教育的经费来源；四是配备信息技术教育基础设施和设备配置标准；五是完善信息技术教育的师资培训，形成一支专业的教师队伍。

第二，在课程标准方面，通过国家层面立法，建立国家课程标准，明确不同类型课程设置的目标、内容及基本要求，保证学校和教师能够按照法律规定的课程要求与标准开展教育教学活动。尽管我国制定了义务教育阶段课程标准，但在学前教育方面，学校教育课程标准缺失导致学前教育小学化现象无法得到遏制。因此，建议国家层面制定学前教育课程标准，将课程标准作为学前教育学生评价的主要依据和指向标，保证学前未成年人的健康发展。

第三，在教学方法方面，完善合作探究式学习的配套制度。合作探究式学习是建立在主体教育理论和建构主义学习理论基础上，打破传统教师讲授学生被动接受的局面，由学生通过观察、调查、假设、实验等多种方式进行自主探究，从而提高解决问题的能力。这一教学方式旨在促进学生探究能力、创造性和科学态度的培养。合作探究式学习对于促进未成年人的创造力发展具有重要意义。我国《国家教育事业发展"十三五"规划》提出合作探究式学习。但是，对于合作探究式学习的条件保障尚未明确。合作探究式学习方式的实施依赖于小班额，小班化的班级模式是合作探究式学习的重要保障。因此，立法应加强各级教育行政部门和学校课程实施的责任，增设"条件保障"和"强化监督"等内容，完善小班化制度，从而保证合作探究式学习的开展。

2. 完善学业评价和考试制度

学业评价与考试是未成年人智力发展的重要手段。当前，我国考试评价制度仍停留在应试教育理念、片面追求升学率上，导致我国中小学生偏科学习，损害未成年人的健康发展。为了保护未成年人的智力发展，应进一步完善学生学业评价和考试制度。

第一，建立健全初中学业水平考试制度。完善学业考试评价制度必须以国家颁布的统一课程标准为依据，全面评估教学质量、反映学生在学科学习方面达到基本水平。应根据《义务教育课程设施实验方案》的规定，将所设定的科目列入学业水平考试的范围，既包括基础科目（语文、数学、英语等），也包括非基础科目（美术、音乐、体育等）。对于基础科目的考察可以根据现有考试制度加以安排，对于非基础科目，可采取分数、等级和合格等形式进行考察。这样可以防止学生学业负担过重，减少学生偏科的情况。同时，初中学业水平考试应该根据科目的完成情况，安排相应的考试内容，从而减轻学生的备考压力。

第二，完善综合素质评价制度。以学生的全面发展评价为基础，建立国家标准评估系统。具体从学生学习方式、教师评价方式、学校教育教学评估方式等方面进行课程评价。进一步完善学生评价的内容、过程和评价结果，建立学生档案制度、学生发展指导制度、监管制度等。如在中小学阶段，建立学生档案制度，记录学生在日常学习中的真实情况和重要性事件，作为综合素质评价的评价依据。在学前教育阶段，明确学前教育课程评价的内容，建立学前未成年人成长档案袋制度，有效地防止学前教育课程评价采取小学考试化的形式。

3. 建立和健全教师资格和培训制度

第一，建立和健全教师资格制度。一是严格学前教师资格准入制度。我国学前教育教师的缺口较大，社会对学前教师数量的需求远远大于学前教师培养的数量，学前教育教师的入职资格要求偏低，难以保障学前教育教学质量。从美、英、日三国的教师资格立法来看，学前教育教师的资格要求达到大专或学士学位以上。我国幼儿园师资准入标准较低，还停留在中专水平。为了保障学前未成年人的受教育质量，必须对学前师资准入资格进行严格把关，将其统一纳入政府管理。二是建立教师专业教育制度。实行教师资格考试制度的前提必须建立教师专业教育制度。专业教育制度是由认证的教师教育专业及其课程、教学、实践等构成的，在规定的时间和空间中学习从而获得学分、完成学历的过程。[1]从发达国家来看，英国、美国单独制定了一系列教师专业教育制度。我国《教育法》《教师法》和《教师资格条例》对于教师专业发展的内容规定较为匮乏。因此，立法应规定申请者接受至少1年的专业学习、设置课程学分，完成课程内容，最后取得专业学位。三是建立职前教育教师评价制度。职前教育实践是联结职前教育和在职教育的环节。一方面，必须丰富职前教育的实践形式，采取案例分析、经验交流、实习和见习等多种形式。同时，加强教师教育机构和中小学、幼儿园的合作关系。深入教学实践，加强教师的实践能力培养。另一方面，将实践课程纳入职前教师考核内容，作为评价内容之一。四是根据特殊未成年人的身心特点，对特殊教育教师资格进行具体分类。五是完善学前教师专业标准。教师专业标准既是建立教师资格准入制度、教师培养、教师考核的重要依据，也是评价教师教育教学质量的重要依据。实践中，学前教育小学化现象的发生，教师也是其中的影响因素之一。从立法来看，我国《幼儿园教师专业标准》规定较为抽象，缺乏从学前未成年人发展的角度设立幼儿教师标准。学前未成年人发展的特点对学前教育教师具有不同中小学教师的特有要求。应根据学前未成年人发展的特点来设立学前教育教师标准。

第二，健全教师培训制度。教师培训是保障教师质量的重要环节。日本教师培养注重教师的"实践指导力"和"素质能力"，制定了教师培养的制度措施。我国《关于深化教育改革全面推进素质教育的决定》强调把提高教

---

〔1〕　朱旭东、袁丽：“教师资格考试政策实施的制度设计”，载《教育研究》2016年第5期。

师实施素质教育能力、水平作为师资培养、培训的重点。因此，需要从以下几个方面进行：一是确立政府在教师教育中的职责，加强对教师职前培养和在职培训的经费支持、评估和监督。二是建立教师在职培训制度。明确规定培训的时间、课程内容、培训的地点、培训方式等内容。三是对于学前教育教师的培训，应完善学前教育教师培训体制，将学前教育教师培训纳入教育行政部门的管理。安排由高等院校或者教育机构对学前教育教师进行培训。

（三）完善未成年人德性发展的法律规范

在未成年人德性发展保护的立法完善方面，未成年人德性发展的立法保护的具体内容包括学校德育、学校美育、家庭教育、未成年人影视分级、未成年人网络保护几个方面。我国未成年人立法在未成年人德性发展保护中还存在诸多问题。结合发达国家的立法经验，我们认为应从以下几个方面进行立法规范。

1. 完善德育课程内容和评价标准的制度设计

德育课程和评价是实现未成年人德性发展的具体手段和措施。从现有未成年人德性发展立法保护的制度来看，学校德育课程内容以及德育评价制度设计仍存在诸多问题。因此，应从以下几个方面进行立法完善。

第一，修改《未成年人保护法》，完善心理健康教育内容。《未成年人保护法》第 19 条规定对未成年人进行心理健康辅导和青春期教育。"心理健康辅导"这一规定范围较窄。心理健康辅导与心理健康教育有关，但心理健康教育不同于心理健康辅导。它是提高未成年人心理素质、促进其身心健康发展的教育，包括心理健康教育课程、心理健康专题讲座、心理健康辅导等多种形式。可见，心理健康辅导只是其中一种方式。因此，建议将《未成年人保护法》第 30 条的"心理健康辅导"修改为"心理健康教育"。

第二，完善法治教育和心理健康教育课程制度设计。德育目的应重视未成年人的德性，德育课程设置以未成年人的德性培养为基本价值取向，完善德育课程内容，明确法治教育、心理健康教育等课程设置。在法治教育方面，应从以下几个方面进行规范：一是在经费配置方面，应规定法治教育的经费投入。由各级教育行政部门以及学校承担，要求学校将所需经费纳入年度预算。同时，国家应设立法治教育专项资金进行配套。二是由国家层面编制法治教育教材，防止法治教育内容的单一性。三是配备专门的教师，至少具有法律专业知识和背景的教师教授法治教育课程，加强对教师法律专业素养的培养。四是在政府监督方面，对学校法治教育课程和活动的开展进行监督。在心理健康教育方面，应重视和保障中小学学校未成年人心理健康教育课程的开展。一是转变对未成年人不良行为进行教育的理念。教学理念应围绕未成年人的身心健康发展，心理健康教育课程应针对未成年人的身心发展特点来设置。二是各地应规定中小学心理健康课程的具体学时，保证按学时完成教学；探究未成年人心理健康教育的课程模式，避免心理健康教育内容单薄，忽视对学生心理素养的培养。三是规定政府在配备心理健康教育的专职教师的义务和责任。一方面规定地方政府配备心理健康教育的专业师资的义务；另一方面规定地方政府不履行义务的法律责任。

第三，建立和健全德育课程评价制度。未成年人德性评价的作用旨在诊断和促进未成年人的发展，而不是甄别和选拔。长期以来，我国课程评价制度以考试和升学制度为依托，注重甄别和选拔。[1]保护未成年人的德性健康发展，必须建立德育课程评价制度。一是扭转评"学"取向的德育评价标准，确立以未成年学生发展为目的的评价标准。重视未成年人道德情感和道德能力的培养。二是完善德育评价内容。三是采取多种方式对未成年人的德性进行评价。未成年人德性发展具有过程性，阶段性特征，需采用不同方法对未成年人的德性进行评价。应进一步完善成长记录袋评价制度和学生综合素质评价制度。

2. 建立和完善学校美育的法律制度设计

第一，拓宽美育课程内容的门类，建立学校美育课程标准。立法应在现有音乐和美术课程基础上，适当将戏剧、影视课程内容纳入学校美育课程当中。形成多学科融合的美育课程体系，全面培养未成年学生的兴趣爱好、审美能力和个体修养。以未成年人发展为中心，制定音乐、美术、艺术类课程标准，明确每门学科课程标准的目标和具体的内容。同时，加强监管，防范校外兴趣班的应试倾向蔓延。

第二，建立学生艺术素质评价制度，将学生艺术素质评价纳入学生综合素质评价体系。建立学生档案袋制度和学生发展报告制度。同时，建立学校艺术教育发展年度报告制度和学校艺术教育工作自评公示制度，通过配套制度的实施保障学校艺术素质评价制度的落实。

第三，明确规定地方政府的义务和责任，配齐农村地区学校美育教师。

---

[1] 和学新："课程评价制度创新与基础教育课程改革"，载《教育研究》2004年第7期。

明确地方政府规定新聘任教师中美育教师的具体比例，建立学校美育教师交流轮岗制度、支教制度、走教制度，保障城镇学校美育教师能够走向农村。同时，建立责任追究制度，明确地方政府不履行义务的法律责任和后果。

第四，落实政府的义务和法律责任，保障政府在学校美育的经费投入。立法应明确地方政府在学校美育经费投入中的义务和责任。同时，国家应设立专项资金，用于学校美育教学活动、教师以及美育设施的开展。

3. 完善家庭教育法律制度

第一，在经费投入方面，立法规定中央政府对家庭教育经费的财政投入，明确国家和地方政府各级部门的管理职责，同时鼓励社会组织和个人通过捐资、资助的方式对家庭教育进行指导、帮助。

第二，在家庭教育课程设置上，立法应规范未成年人的父母及其监护人的家庭教育指导和培训的内容。设置相应的家庭教育内容，如亲子教育、婚姻教育等内容。针对不同年龄阶段未成年人的父母及其监护人，对其教育行为进行指导，并要求父母及其监护人按照规定的时数接受家庭教育培训，提高未成年人的父母及其监护人的教育素质和教育水平。

第三，在法律责任方面，对于经书面通知三次以上拒不参加家庭教育指导的父母及其监护人，借鉴台湾立法，可以采取责令其接受规定时间的家庭教育辅导，并收取一定费用。也可以采取罚款的方式，对于拒不参加者进行罚款，直到参加为止。

第四，在其他法律支持上，完善《义务教育法》《教育法》等法律关于家庭教育指导的规定，明确规定学校进行家庭教育指导的义务，形成与《家庭教育促进法》的协调和支持。地方各省市应制定家庭教育实施细则，全面具体规定家庭教育的内容，规定父母及其监护人、学校、政府、社会等主体的职责和义务，落实和保障家庭教育法的实施。

4. 建立影视分级制度

我国尚未出台影视分级制度，因此，立法应明确政府对未成年人观看影视内容的义务，对电视、电影等媒介进行分级，借鉴国外经验，根据未成年人的身心发展特点划分不同等级。

第一，在未成年人影视内容保护方面，建议在《未成年人保护法》中增加条款"广播电影电视部门应当加强影视作品的信息审查，保证视听节目内容的文明健康。不得损害未成年人的健康发展"。也可以在地方未成年人保护法实施办法当中，对未成年人影视内容予以规定。

第二，出台未成年人影视分级标准。美国、英国、日本重视未成年人的保护，纷纷出台了影视分级制度，对未成年人的保护取得了良好的效果。我国也应在国家层面制定未成年人影视分级制度。吸取发达国家的经验，可以根据不同年龄段未成年人对影视作品的认知水平以及影视作品中是否含有暴力行为、脏话、性爱等内容，将影视作品划分为具体的等级。

在游戏分级制度方面，国家互联网信息办公室颁布了《未成年人网络保护条例（草案征求意见稿）》。其第22条规定网络信息服务提供者开发网络游戏产品年龄认证和识别系统软件、第23条规定建立预防未成年人沉迷网络的游戏规则等。但是，对于游戏的具体内容方面并没有具体规定。可见，我国目前缺乏未成年人游戏分级制度。对于游戏提供商而言，以腾讯游戏为例，该公司以《王者荣耀》为试点推出了健康游戏防沉迷措施。包括12岁以下未成年人每天限制玩1小时，并计划设置晚上9点后禁止登录功能；12岁以上未成年人每天限制玩2小时，若超出时间将被强制下线。[1]尽管对游戏提供商推出预防沉迷游戏的措施，但不可忽视的是，《王者荣耀》不乏轻微的色情内容。暴力游戏容易引发未成年人的攻击性，损害未成年人的健康成长。我国游戏市场发展的历史比较短，行业自律组织和规模还不成熟，未能起到规范作用。设立游戏分级制度有其必要性。一方面可以保护未成年人免受暴力、色情不良信息的侵害；另一方面，游戏分级制度有利于通过政府手段规范我国游戏市场的监管。发达国家游戏市场较为发达，游戏分级制度是由行业组织来规制，他们遵循商业社会的契约精神，形成了行业自律型的分级体系。游戏分级制度运行取得了良好的效果。与国外所不同，我国采取审查制，对电子游戏的监管非常严格。但由于缺乏分级制度，一些电子游戏中含有轻微的暴力、色情内容，也被允许在市场上流行。这些内容对未成年人的发展造成不良影响。因此，应由政府主导推出游戏分级制度。具体应该从以下几个方面规范。

第一，成立专门的游戏分级管理机构，赋予其一定的职权制定游戏分级制度。通过确定游戏的适用人群，并根据未成年人不同年龄的身心发展特点，

---

〔1〕　郑小红："王者荣耀最严防沉迷措施：12岁以下每天限玩一小时"，载http://game.people. com. cn/n1/2017/0703/c40130-29377847. html.

借鉴国外立法，根据色情、暴力制定适合他们年龄段的游戏。将分级制度作为游戏监管制度的前置制度。

第二，根据游戏分级制度进行审核。游戏分级制度要求游戏运营商根据游戏分级制度来开发游戏，并按照分级经营游戏。这样也可以避免审查制"一刀切"，从而防止不同类型游戏的经营商被排除在市场之外。

第三，规定政府的监督责任。设立游戏分级制度后，政府应根据游戏分级制度审查游戏运营商的游戏是否按照分级提供游戏服务，对于未按照分级制度的运营商进行整改或重新分级，履行其监督责任。

三、制定专门法，健全未成年人发展权保护的法律体系

从发达国家未成年人发展权的立法来看，完善的未成年人发展权的法律体系应涉及未成年人的教育、医疗、环境保护等诸多方面的内容。可以说，尽管我国未成年人发展权的立法体系已经初步形成。然而，关于未成年人发展权内容的规定散见于不同部门法、不同层次的法律法规当中。从现有立法体系来看，我国仍然缺乏关于未成年人发展权保障的重要性立法。结合本书第三、四、五章的分析，笔者提出建立未成年人福利、学前教育、未成年人网络保护等专门法，以此保障未成年人发展权。

（一）制定未成年人福利法

我国《未成年人保护法》规定了未成年人生存权、受保护权等具体权利。但是对于未成年人生存权、受保护权的内容缺乏全面的规定，法律可操作性差。儿童福利制度对于未成年人的生存权、受保护权具有重要意义，它立足于未成年人发展的需要，为未成年人提供照料、救助和保护。从发达国家立法来看，儿童福利法是当代法治国家的主要立法项目。现代儿童福利制度确立了国家对儿童福利实现的无限责任，国家成了为未成年人提供需求的责任主体。对于未成年人福利，我国采取补缺型福利制度设计，集中对特殊群体未成年人进行保护。尚缺乏以全体未成年人为对象，从未成年人发展的角度来设计未成年人福利制度。迄今为止，我国尚未对未成年人福利进行专门立法，正在起草的《儿童福利条例》也是一部行政法规。关于未成年人福利的规定大多是政府以发布意见或通知的形式出现的。法律层级较低，效力不足。笔者建议我国在《未成年人保护法》的基础上，单独制定一部《未成年人福利法》。具体来看：

第一,在立法理念方面,确立未成年人发展权为立法的基本价值。从发达国家立法来看,日本《儿童福利法》第一章总则规定每个国民都应培养未成年人,并致力于他们身心的健康成长,每个未成年人都是平等的,其生活必须得到保护。该法确立了未成年人发展的基本理念。第2条还规定国家和地方公用团体负有培养未成年人及其身心健康成长的责任。其明确了国家在未成年人身心发展中的义务和责任。这两条成了日本保障儿童福利的依据。因此,我国未成年人福利立法应以未成年人的发展需要为制度设计的理念,从保障未成年人身心健康发展的角度,将未成年人发展权作为《未成年人福利法》的目标价值。

第二,明确未成年人福利体制。从国家层面来看,我国缺乏专门的未成年人保护机构,未成年人福利体制尚不健全。儿童福利机构是实现其保障的重要机构。我国关于未成年人保护的机构主要有民政局妇女工作委员会、共青团等,缺乏关于未成年人保护的专门机构。因此,应明确未成年人福利的中央主管机关为民政部,地方为民政局或者民政科。在民政部设立未成年人福利局,地方设立未成年人福利处室,专门负责未成年人福利相关事务。同时规定了未成年人福利局和地方未成年人福利处室的职能。市(县)依托未成年人福利机构,建立未成年人福利服务指导中心。乡镇、街道设立未成年人福利服务工作站。村委会设立未成年人福利督导员、专门负责本村、社区的未成年人福利工作。鼓励社会组织和个人申请举办未成年人福利机构,开展未成年人福利服务。同时,明确教育、卫生、文化、体育相关部门在未成年人福利工作中的保障作用。

第三,明确中央和地方政府在未成年人福利立法的经费投入义务和责任。应明确将未成年人福利工作纳入国民经济和社会发展规划,将未成年人福利相关经费纳入各级政府财政预算,并将年度执行情况向各级人民代表大会报告。

第四,明确未成年人福利的具体内容。在未成年人福利具体内容方面,应当围绕未成年人的发展需要,对未成年人的营养、医疗服务、生活照顾、特别保护等方面作出规定。一是在营养和照顾方面,为不同年龄阶段的未成年人提供基本生活福利,如规定给予1周岁以下婴幼儿一定的营养补贴。对生活无来源、无劳动能力、无法定抚养义务人的未成年人基本的生活保障;对残障未成年人、发育迟缓未成年人、流浪未成年人、大病未成年人依据其基本需要和特殊需要发放生活费。二是在医疗服务方面,建立未成年人食品、药品的国家标准，建立食品安全监测、检测和预警机制。建立未成年人卫生和保健服务体系，推行妇幼保健预防措施，开展新生儿保健，为发育迟缓婴幼儿提供早期医疗保育服务。建立未成年人医疗保险制度，明确未成年人医疗保障的高标准，对困难家庭未成年人、残障未成年人参加医疗保障制度缴费的，应给予补贴。三是明确政府责任，设立公共育婴设施，保障婴幼儿的健康发展。四是在教育服务方面，明确政府教育行政部门推动托幼服务和早期教育服务，设立未成年人照顾中心，保障未成年人的受教育机会。鼓励社会力量依法开展早期教育服务。明确地方政府开展公共交通，为未成年人学生提供校车服务。五是在特别保护方面，明确规定不得遗弃或忽视、对未成年人性侵害、拐卖未成年人、提供未成年人观看、阅读、听闻或使用有碍身心健康发展的影视资料、出版物等，利用未成年人摄制猥亵或暴力的影片、图片等。明确父母及其监护人应当履行监护职责，对未成年人构成虐待的明确撤销监护人的监护资格。明确医师、护士、社会工作者、教育人员、保育人员、监护人以及其他公民向当地行政部门的举报义务。未成年人在遭受不法侵害时，相关部门接到举报应立即处理并展开调查，在规定时间内采取适当措施对受侵害未成年人进行适当安置和救助。未成年人遭受不法侵害无法在原生家庭生活的，应提供未成年人安置在未成年人福利机构或者寄养家庭的申请措施。

第五，明确不同主体的法律责任。在法律责任方面，一是对于有监护能力而尚未尽到相应责任的父母及其监护人，由当地主管部门对其父母进行劝勉、训诫，责令其改正，经教育不改的，应当向当地法院提起撤销监护人资格的诉讼。构成犯罪的，依法追究其刑事责任。二是对于国家机关及其工作人员违反法定职责、不依法履行未成年人福利保障的相关职责，应追究直接责任人和主要负责人的民事责任和行政责任。构成犯罪的，依法追究刑事责任。三是对于未成年人福利服务机构未依法开展活动或存在侵害未成年人的合法权益的行为，上级主管部门应责令其整改，对相关负责人进行处罚。四是未经相关部门批准，未取得合法经营资质的社会组织或个人私自设立未成年人福利机构，开展未成年人福利活动的，应予以取缔。取缔后的未成年人安置由民政部门进行管理。五是国家机关、未成年人福利服务机构、社会团体和组织等有关部门以及工作人员，不依法配合或阻碍、拒不配合未成年人福利行政机构开展工作的，各级人民政府或者上级主管部门应责令改正，拒不改正者，给予行政处罚。

（二）制定学前教育法

学前教育作为义务教育的延伸，在基础教育中扮演重要角色。学前教育是未成年人个体一生发展的重要奠基阶段，它是促进未成年人身心健康发展，为一生的学习和发展做准备的关键时期。英国、美国、日本等发达国家都将学前教育作为各国立法的重要内容。我国先后出台学前教育政策法规，学前教育步入法治化进程。但仍存在学前教育法律体系尚不健全、立法层次低、效力不足等问题。从现有法律来看，目前我国还缺乏一部针对学前儿童教育的专门法。另一方面，我国实践中学前教育存在的诸多问题，是由立法不足引起的。因此，我国有必要制定一部学前教育法。我国学前教育立法可采取两种模式。第一种模式是国家层面出台《学前教育法》。第二种模式是由地方层面出台《学前教育条例》。通过制定科学、适宜的学前教育法是政府职能的体现。公共性是现代教育的基本属性，它要求国家积极干预，并给予财政支持和条件保障。[1]这样才能保障未成年人受教育权的实现。也有学者指出，学前教育属于准公共产品，其公共程度仅次于义务教育。将学前教育纳入公共服务体系是现代政府的重要职能。[2]现有学前教育法规和部门规章无法解决学前教育发展中存在的诸多问题，无法保障学前未成年人的健康发展。所以，本书认为，应该提升学前教育法律位阶，制定学前教育法。本书认为学前教育立法应规定以未成年人发展权为立法基本价值，明确政府在学前教育中的主体责任，明确学前教育的经费投入、监督和管理等内容。具体来看：

第一，明确政府在学前教育中的责任。政府应当承担举办具备基本条件的幼儿园的义务，建立公办幼儿园为主体，社会力量共同办园的多元化办园体制。大力发展公办幼儿园，同时积极发展民办幼儿园。明确民办幼儿园法律地位。

第二，明确政府在学前教育经费投入中的义务，完善财政投入体制。具体来看：一是应明确政府在学前教育经费投入中的义务。目前，我国学前教育的成本主要由政府、社会和家长三方分担，形成了政府主导、家庭合理分

---

〔1〕　余雅风："教育立法必须回归教育的公共性"，载《北京师范大学学报（社会科学版）》2012年第5期。

〔2〕　庞丽娟、韩小雨："中国学前教育立法：思考与进程"，载《北京师范大学学报（社会科学版）》2010年第5期。

担、社会参与的学前教育成本分担机制。其中，家庭的负担较重。从发达国家立法来看，政府在学前教育经费承担主要义务。我国应明确政府在学前教育发展经费投入中的义务。政府应将学前教育发展经费纳入财政预算，将学前教育财政预算单项列支，保证学前教育专款专用。[1]二是明确地方各级政府的学前教育经费投入义务。地方政府根据规定，分项目、按比例分担学前教育财政经费。具体标准根据不同地区经济发展水平进行调整。各地制定公办幼儿园生均经费标准和生均财政拨款标准，保证幼儿园的正常运转。三是针对低收入家庭的学前未成年人，政府应提供专项拨款，以家庭补贴的方式对低收入家庭未成年人予以保障。

第三，学前教育课程理念应以学前未成年人发展为中心，旨在为幼小衔接打下基础。从发达国家学前教育课程的设置来看，学前教育课程设置应围绕未成年人发展，集中于未成年人的语言、健康、数学、情绪、认知等方面。我国教育部颁布《3-6岁儿童学习与发展指南》，分别从健康、语言、社会、科学、艺术五大领域对学前未成年人发展作出了规定。这些内容与发达国家学前教育的课程内容设置具有一致性。本书认为，我国学前教育课程设置应以《3-6岁儿童学习与发展指南》为标准，公办幼儿园和民办幼儿园应将《3-6岁儿童学习与发展指南》作为指导、设置和安排具体课程内容的依据，以防止学前教育小学化。

第四，明确学前教育教师与中小学教师具有同等身份和法律地位，在教师工资、福利、保险以及津贴等方面应享受同等待遇。立法明确中央和地方两级政府在学前教育教师工资福利待遇中的分担机制。在学前教育教师在职培训方面，保障学前教育教师在职培训方面的权利。借鉴发达国家的经验，应通过立法保障公办园和民办园教师培训制度。具体从学前教育教师的培训机构、培训经费、培训时间、培训内容以及政府和主管部门的职责进行规范。

第五，完善学前教育督导和管理问责机制，明确落实相关主体责任，加强各级教育主管部门对各类幼儿园的监督和管理。依法加大对违规办学幼儿园的处罚。对于学前教育小学化，尤其是民办学前教育小学化，明确相关部门监督职责，坚决取缔"黑"园、违规办学幼儿园等。同时，赋予社会组织

---

〔1〕 陈鹏、高源："我国学前教育立法的现实诉求与基本问题观照"，载《陕西师范大学学报（哲学社会科学版）》2017年第6期。

及公民相应的监督权。对相关主管单位的不作为进行监督，追究其法律责任。立法还应明确政府不履行义务的法律责任。

（三）制定未成年人网络保护法

相较以往，我国《未成年人保护法》设立专门一章对未成年人进行网络保护。这也显示出未成年人立法的一大进步。然而，仅依靠《未成年人保护法》无法保护未成年人的上网安全和获得健康信息。比较发达国家未成年人网络保护的立法模式，可以说，主要是采取政府主导管理模式和行业自律以及终端客户选择模式。[1]美、英、日三国通过国家层面颁布专门法律，保障未成年人的网络安全。我国未成年人群体数量庞大，国家应给予特殊立法保护。借鉴发达国家立法，我国应制定针对未成年人网络保护的专门法律，以对未成年人网络权益予以优先、特殊保护。以未成年人获得平等信息、健康信息环境的权利为宗旨，立法应对国家、学校、父母及其监护人、网络服务提供者等不同主体的义务和责任作出安排。具体应从以下几个方面进行立法。

第一，立法明确规定政府及其地方各级行政部门依法行使法律赋予的职权，履行义务和职责。明确政府及其行政部门履行各自职权范围内的积极作为的义务，规范网络行为；明确文化、教育、工商等行政管理部门在未成年人网络保护中的职责，防止未成年人遭受不良信息侵害，并追究相关主体的法律责任；通过建立官方的科研机构和咨询机构，进一步明确不同机构对应的职权和责任，开展未成年人网络保护教育、宣传以及研究；通过赋予社会组织和公民法律监督权，完善未成年人网络信息保护举报制度和投诉制度。同时，明确政府在未成年人网络保护方面的经费投入义务。

第二，规定学校在未成年人网络保护中的义务和责任。一是规定学校开展计算机课程，将安全和合理使用网络纳入学校课程，对未成年人进行网络安全和网络文明教育，提高学生信息素养能力，养成科学、健康的上网习惯；二是学校开设课外课堂指导未成年人的父母及其监护人帮助未成年人养成良好的上网习惯，提高其信息素养能力；三是学校建立未成年人网络教室，引导未成年人使用校园免费、健康网络。同时，学校应安装未成年人安全上网保护软件，保障未成年人获得健康的信息。

---

[1]　虞浔："试论未成年人网络保护立法需处理好的四对关系"，载《预防青少年犯罪研究》2015年第2期。

第三，规定父母及其监护人在未成年人网络信息使用中的监护责任。一是规定父母承担未成年人网络安全教育的义务。二是强化父母及其监护人对未成年人子女的管理和教育义务。立法应明确父母或监护人履行与子女共同生活和居住、培养子女健康的上网习惯和自我监控能力。三是针对父母不履行法定义务的行为，明确规定其应承担的法律责任。

第四，规定网络信息提供者在未成年人网络保护的义务和责任。一是规定网络服务生产商和提供者必须安装未成年人不良信息过滤软件。通过网络宣传和指导未成年人的父母及其监护人如何使用网络服务。二是网络服务提供商在获取未成年人个人信息资料时应征得其父母或监护人的同意。三是规定网络服务提供者违反义务应当承担的法律责任。

第五，明确规范社会主体侵害未成年人信息的义务和法律责任。规定网络从业人员、网络服务机构应当自律，健全行业内部制约机制，杜绝侵害未成年人的不良信息。

第六，注重与其他法律的协调。发达国家将不良信息提供者违法行为的处罚延伸至刑法。美国《儿童网络保护法》规定网络经营者违法将被处以 5 万美元以下罚款或 6 个月监禁。针对我国对于未成年人不良信息侵害严重的情况，应考虑刑法予以量刑，以起到惩治的效果。

Conclusion

结　语

　　未成年人发展权入法对于保障未成年人的发展具有重要意义。本书试图从应然层面探讨未成年人发展权的内涵和外延、性质、内容等问题，从而厘清未成年人发展权的基本理论命题。这些问题的厘清是健全和完善我国未成年人立法的基础和前提。在此基础上，本书比较了美国、英国、日本三国未成年人立法，梳理我国未成年人发展权立法保护的现状，并分析现有未成年人身体发展、智力发展、德性发展立法保护存在的问题和成因，进而提出了我国关于未成年人发展权保护的立法建议。可以说，未成年人发展权这一研究为我国未成年人立法提供了一定的理论依据和实践指导，具有一定的理论价值和实践价值。需要指出的是，尽管本书取得了一定的成果，但仍存在不足之处和需要进一步研究的问题。

一、研究存在的不足

　　第一，理论论证的充分性、深刻性不足。未成年人发展权这一理论命题是一个新颖而现有研究相对薄弱的领域。本书尝试从学理上厘清未成年人发展权的基本理论问题，揭示未成年人发展权是未成年人立法的目标价值，未成年人发展权这一价值具体化为未成年人发展保护的法律规范。这一观点具有一定的新颖性，但同时具有较大的挑战性。限于智识和研究资料的匮乏，未成年人发展权是未成年人立法的目标价值还有待于更深层次论证。

　　第二，权利转化的局限性。本书将未成年人身体发展转化为具体的权利，并进行理论论证。但是，对于未成年人智力发展和德性发展，本书并没有直接将其转化为权利，而是根据未成年人智力发展和德性发展的内在特殊性，并结合未成年人智力发展和德性发展存在的问题，探究法律保护的具体内容。

第三，立法建议的有限性。未成年人发展权研究是一个较为庞大而复杂的概念，其内容和范围也较为丰富、全面。限于篇幅和时间限制，本书无法对未成年人发展权的全貌展开立法分析，而是以当前未成年人身体发展、未成年人智力发展、未成年人德性发展存在的主要问题为主要对象展开立法分析并进行立法构想。因此，本书所提出的立法建议也只是针对某些问题，因而具有一定的有限性。

二、进一步研究的方向

未成年人发展权这一研究的理论性和延伸性较强。本书认为可以进一步展开和深化未成年人发展权的研究。

第一，在理论探究部分，本书旨在从法理上构建未成年人发展权以及探讨不同方面保护的具体内容。未成年人发展权保护涉及未成年人发展方方面面的内容。本书所做的努力也可谓是"冰山一角"。随着知识、经验的积累，对于未成年人发展权的理论讨论在视野上还可以进一步拓展和深化。

第二，完善具体内容的法律分析。未成年人发展权涉及未成年人发展不同方面的内容，各个部分又具有自己内部的特殊性和具体内容。通过全面探究，可以进一步完善未成年人发展权保护的立法分析。

第三，进一步开展访谈研究，深入调查未成年人发展权的各个方面发展保护的现状及其存在问题，进一步完善未成年人发展权的立法建议。

Reference

参考文献

著作类文献

中文著作类

[1]　[挪] A. 艾德、C. 克洛斯、A. 罗萨斯主编：《经济、社会和文化权利教程》，中国人权研究会组织翻译，四川人民出版社 2004 年版。

[2]　[奥] 曼弗雷德·诺瓦克：《公民权利和政治权利国际公约》，孙世彦、毕小青译，生活·读书·新知三联书店 2008 年版。

[3]　[奥] 曼弗雷德·诺瓦克：《国际人权制度导论》，柳华文译，北京大学出版社 2010 年版。

[4]　[澳] 道格拉斯·霍奇森：《受教育人权》，申素平译，教育科学出版社 2012 年版。

[5]　[奥] 阿尔佛雷德·阿德勒：《儿童的人格教育》，彭正梅、彭莉莉译，上海人民出版社 2014 年版。

[6]　北京市教育科学研究所编：《陈鹤琴教育文集》，北京出版社 1985 年版。

[7]　卜卫：《媒介与儿童教育》，新世界出版社 2002 年版。

[8]　白桂梅主编：《人权法学》，北京大学出版社 2011 年版。

[9]　[澳] 布莱恩·克里滕登：《父母、国家与教育权》，秦惠民等译，教育科学出版社 2009 年版。

[10]　程燎原、王人博：《赢得神圣：权利及其救济通论》，山东人民出版社 1998 年版。

[11]　曹能秀：《学前比较教育》，华东师范大学出版社 2009 年版。

[12]　曹能秀等：《当代美英日三国的幼儿教育改革研究》，云南大学出版社 2010 年版。

[13]　储槐植：《美国刑法》，北京大学出版社 2006 年版。

[14]　戴剑波：《权利正义论——基于法哲学与社会学立场的权利制度正义理论》，法律出版社 2007 年版。

[15] [德] 恩斯特·卡西尔：《人论》，甘阳译，上海译文出版社 2013 年版。

[16] [德] 凯特琳·勒德雷尔主编：《人的需要》，邵晓光等译，辽宁大学出版社 1988 年版。

[17] 丁锦宏：《品格教育论》，人民教育出版社 2005 年版。

[18] 丁勇、陈韶峰主编：《残疾儿童权利与保障》，南京师范大学出版社 2014 年版。

[19] 杜卫：《美育论》（第 2 版），教育科学出版社 2014 年版。

[20] 冯锐："儿童权利与关于我国儿童权利保护的思考"，载柳文华主编：《儿童权利与法律保护》，上海人民出版社 2009 年版。

[21] 公丕祥：《权利现象的逻辑》，山东人民出版社 2002 年版。

[22] 高德胜：《道德教育的时代遭遇》，教育科学出版社 2008 年版。

[23] 《教育——财富蕴含其中：国际 21 世纪教育委员会报告》，联合国教科文组织总部中文科译，教育科学出版社 1996 年版。

[24] 郭桂英、张东辉编著：《公共图书馆弱势群体服务探析》，东北师范大学出版社 2015 年版。

[25] [英] 弗里德利希·冯·哈耶克：《自由秩序原理》，邓正来译，生活·读书·新知三联书店 1997 年版。

[26] [荷] 约翰·胡伊青加：《人：游戏者——对文化中游戏因素的研究》，成穷译，贵州人民出版社 1998 年版。

[27] 翟葆奎主编：《教育学文集·日本教育行政改革》，人民教育出版社 1991 年版。

[28] 郭道晖：《法理学精义》，湖南人民出版社 2005 年版。

[29] [德] 黑格尔：《法哲学原理》，范扬、张企泰译，商务印书馆 1961 年版。

[30] 胡金平、周采编著：《中外学前教育史》，高等教育出版社 2011 年版。

[31] 洪秀敏：《儿童发展理论与应用》，北京师范大学出版社 2015 年版。

[32] 何志鹏：《权利基本理论：反思与构建》，北京大学出版社 2012 年版。

[33] 江畅：《伦理学》，人民出版社 2017 年版。

[34] 姜新艳：《穆勒：为了人类的幸福》，九州出版社 2013 年版。

[35] 井深大：《零岁：早期教育的最佳期》，光明日报出版社 1987 年版。

[36] 姜素红：《发展权论》，湖南人民出版社 2006 年版。

[37] 康树华等：《青少年法学参考资料》，中国政法大学出版社 1987 年版。

[38] 康树华：《青少年立法论》，黑龙江教育出版社 1990 年版。

[39] 劳凯声主编：《变革社会中的教育权和受教育权：教育法学基本问题研究》，社会科学出版社 2003 年版。

[40] 劳凯声：《教育法论》，江苏教育出版社 1993 年版。

[41] 李步云：《论人权》，社会科学文献出版社 2010 年版。

[42] 李步云:《宪法比较研究》,法律出版社 1998 年版。

[43] 〔法〕卢梭:《爱弥儿——论教育(上)》,李平沤译,商务印书馆 1978 年版。

[44] 〔法〕卢梭:《爱弥儿——论教育(下)》,李平沤译,商务印书馆 1978 年版。

[45] 〔法〕卢梭:《论人类不平等的起源和基础》,李常山译,商务印书馆 1962 年版。

[46] 陆士桢、魏兆鹏、胡伟编著:《中国儿童政策概论》,社会科学文献出版社 2005 年版。

[47] 陆有铨:《躁动的百年:20 世纪的教育历程》,山东教育出版社 1997 年版。

[48] 陆有铨:《皮亚杰理论与道德教育》,北京大学出版社 2012 年版。

[49] 陆晓曦:《公共文化服务保障法立法支撑研究》,国家图书馆出版社 2016 年版。

[50] 林崇德主编:《教育心理学》,人民教育出版社 2000 年版。

[51] 黎建飞:《劳动法的理论与实践》,中国人民公安大学出版社 2004 年版。

[52] 〔美〕L. A. 克雷鸣:《学校的变革》,单中惠、马晓斌译,山东教育出版社 2009 年版。

[53] 〔英〕莱恩·多亚尔、〔英〕伊恩·高夫:《人的需要理论》,汪淳波、张宝莹译,商务印书馆 2008 年版。

[54] 〔美〕马斯洛:《马斯洛谈自我超越》,石磊编译,天津社会科学院出版社 2011 年版。

[55] 《马克思恩格斯全集》(第 46 卷)(上),人民出版社 1979 年版。

[56] 《马克思恩格斯全集》(第 42 卷)(上),人民出版社 1979 年版。

[57] 《马克思恩格斯全集》(第 19 卷)(上),人民出版社 1971 年版。

[58] 《马克思恩格斯全集》(第 46 卷)(下),人民出版社 1980 年版。

[59] 《马克思恩格斯全集》(第 3 卷),人民出版社 1960 年版。

[60] 〔德〕马克思、恩格斯:《共产党宣言》,成仿吾译,人民美术出版社 1945 年版。

[61] 《马克思列宁主义美学概论》,杨成寅译,人民美术出版社 1962 年版。

[62] 袁桂林:《基础教育改革与发展》,东北师范大学出版社 2002 年版。

[63] 〔美〕E. 博登海默:《法理学:法哲学及其方法》,邓正来译,中国政法大学出版社 2004 年版。

[64] 〔美〕哈里·D. 格劳斯、大卫·D. 梅耶:《美国家庭法精要》(第 5 版),陈苇译,中国政法大学出版社 2010 年版。

[65] 〔美〕罗尔斯:《正义论》,何怀宏、何包钢、廖申白译,中国社会科学出版社 1988 年版。

[66] 〔美〕罗纳德·德沃金:《认真对待人权》,朱伟一等译,广西师范大学出版社 2003 年版。

[67] 〔美〕罗伯特·曼戈贝拉·昂格尔:《法律分析应当为何?》,李诚予译,中国政法大学出版社 2007 年版。

[68] 〔美〕米基·英伯等:《美国教育法》,李晓燕等译,教育科学出版社 2011 年版。

[69] 〔美〕内尔达·H. 坎布朗-麦凯布:《教育法学——教师与学生的权利》,江雪梅等

译，中国人民大学出版社 2010 年版。

[70] [美] 玛格丽特·E. 罗森海姆：《少年司法的一个世纪》，高维俭译，商务印书馆 2008 年版。

[71] [美] 乔万尼·萨托利：《民主新论》，阎克文译，上海人民出版社 2009 年版。

[72] [美] 纳坦·塔科夫：《为了自由——洛克的教育思想》，邓文正译，生活·读书·新知三联书店 2001 年版。

[73] [美] David Shaffer：《发展心理学：儿童与青少年》（第 6 版），邹泓译，中国轻工业出版社 2005 年版。

[74] [美] 约翰·W. 桑特洛克：《儿童发展》（第 11 版），桑标等译，上海人民出版社 2009 年版。

[75] [美] 卡尔·罗杰斯：《自由学习》，王晔辉译，人民邮电出版社 2015 年版。

[76] [美] 特拉维斯·赫希：《少年犯罪原因探讨》，吴宗宪等译，中国国际广播出版社 1997 年版。

[78] [美] 富兰克林·E. 齐姆林：《美国少年司法》，高维俭译，中国人民公安大学出版社 2010 年版。

[79] [美] 巴里·C. 菲尔德：《少年司法制度》，高维俭等译，中国人民公安大学出版社 2011 年版。

[80] [美] 杜威：《民主主义和教育》，王承绪译，人民教育出版社 2001 年版。

[81] [美] Urie Bronfenbrenner：《人类发展生态学》，曾淑贤等译，心理出版社 2010 年版。

[82] [美] E. P. 克伯雷：《外国教育史料》，任宝祥等译，华中师范大学出版社 1991 年版。

[83] [美] 约翰·杜威：《学校与社会·明日之学校》，赵祥麟等译，人民教育出版社 1994 年版。

[84] [美] 克利福德·格尔茨：《文化的解释》，韩莉译，译林出版社 2014 年版。

[85] [美] 罗斯科·庞德：《通过法律的社会控制》，沈宗灵译，商务印书馆 1984 年版。

[86] 祁型雨：《利益表达与整合：教育政策的决策模式研究》，人民出版社 2006 年版。

[87] 秦梦群：《美国教育法与判例》，北京大学出版社 2006 年版。

[88] 秦惠民：《走向教育法制的深处——论教育权的演变》，中国人民大学出版社 1998 年版。

[89] 强世功：《立法者的法理学》，生活·读书·新知三联书店 2007 年版。

[90] 邱学青：《学前儿童游戏》，江苏教育出版社 2008 年版。

[91] 孙宏艳主编：《中国少年儿童十年发展状况研究报告（1999—2010）》，人民日报出版社 2011 年版。

[92] 钱宁主编：《现代社会福利思想》（第 2 版），高等教育出版社 2013 年版。

[93] [日] 筑波大学教育学研究会：《现代教育学基础》，钟启泉译，上海教育出版社

2003 年版。

[94] ［日］大须贺明：《生存权论》，林浩译，法律出版社 2001 年版。

[95] 沈宗灵：《现代西方法理学》，北京大学出版社 1992 年版。

[96] 史静寰等：《当代美国教育》，社会科学文献出版社 2012 年版。

[97] 宋增伟：《制度公正与人的全面发展》，人民出版社 2008 年版。

[98] 申素平：《教育法学：原理、规范与应用》，教育科学出版社 2009 年版。

[99] 孙绵涛：《教育管理学》，人民出版社 2006 年版。

[100] 孙惠春主编：《国外教育法制比较研究》，黑龙江人民出版社 2002 年版。

[101] 孙云晓、张美英主编：《当代未成年人法律译丛（美国卷）》，中国检察出版社
      2006 年版。

[102] 孙云晓、张美英主编：《当代未成年人法律译丛（英国卷）》，中国检察出版社
      2006 年版。

[103] 孙云晓、张美英主编：《当代未成年人法律译丛（日本卷）》，中国检察出版社
      2006 年版。

[104] 桑标主编：《儿童发展》，华东师范大学出版社 2014 年版。

[105] 莎莉：《世界主要国家和地区学前教育法律研究及启示》，光明日报出版社 2013
      年版。

[106] 宋占美：《美国学前教育课程标准的实践与思考》，华东师范大学出版社 2014 年版。

[107] 《陶行知全集》（第 4 卷），四川教育出版社 2005 年版。

[108] 泰勒：《原始文化》，蔡江农编译，浙江人民出版社 1988 年版。

[109] 涂尔干："教育及其性质与作用"，载张人杰：《国外教育社会学基本文选》（修订
      版），华东师范大学出版社 2009 年版。

[110] 佟丽华主编：《未成年人法学》，中国民主法制出版社 2007 年版。

[111] 温辉：《受教育权入宪研究》，北京大学出版社 2003 年版。

[112] 滕大春：《外国教育通史》，山东教育出版社 1993 年版。

[113] 檀传宝等：《公民教育引论》，人民教育出版社 2011 年版。

[114] ［苏］维果茨基：《维果茨基教育论著选》，余震球译，人民教育出版社 2005 年版。

[115] 唐汉卫：《现代美国道德教育研究》，山东人民出版社 2010 年版。

[116] 汪习根：《法治社会的基本人权——发展权法律制度研究》，中国人民公安大学出版
      社 2002 年版。

[117] 王雪梅：《儿童权利论：一个初步的比较研究》，社会科学文献出版社 2005 年版。

[118] 吴海航：《日本少年事件相关制度研究——兼与中国的制度比较》，中国政法大学出
      版社 2011 年版。

[119] 王锐生、景天魁：《马克思关于人的学说》，辽宁人民出版社 1984 年版。

[120] 王本余:《教育与权利：儿童的教育权利及其优先性》，福建教育出版社 2012 年版。

[121] 王甘编:《童年二十讲》，天津人民出版社 2008 年版。

[122] 王丽萍:《亲子法研究》，法律出版社 2005 年版。

[123] 王英杰:《美国教育》，吉林教育出版社 2000 年版。

[124] 王家通:《日本教育制度——现状趋势和特征》，淳文图书出版公司 2003 年版。

[125] 王智新、潘立:《日本基础教育》，广东教育出版社 2004 年版。

[126] 王丽荣:《当代中日道德教育比较研究》，广东人民出版社 2007 年版。

[127] 吴鹏飞:《儿童权利一般理论研究》，中国政法大学出版社 2013 年版。

[128] 王利明编:《民法学》（第 2 版），复旦大学出版社 2015 年版。

[129] 王利明编:《人格权法研究》，中国人民大学出版社 2005 年版。

[130] 吴俊升:《教育哲学大纲》，商务印书馆 1943 年版。

[131] 吴海航:《日本少年事件相关制度研究：兼与中国的制度比较》，中国政法大学出版社 2011 年版。

[132] 夏正林:"论规范分析方法与法学研究方法"，载葛洪义主编:《法律方法与法律思维》（第 7 辑），中国政法大学出版社 2011 年版。

[133] 信春鹰主编:《中华人民共和国未成年人保护法释义》，法律出版社 2007 年版。

[134] 肖光辉主编:《法理学》，中国政法大学出版社 2011 年版。

[135] 许崇德主编:《宪法学（外国部分）》，高等教育出版社 1996 年版。

[136] 许育典:《基本人权与儿少保护》，元照出版公司 2014 年版。

[137] 徐显明主编:《公民权利义务通论》，群众出版社 1991 年版。

[138] 肖泽晟:《宪法学——关于人权保障与权力控制的学说》，科学出版社 2004 年版。

[139] 肖荣主编:《营养医学与食品卫生学》，北京协和医科大学出版社 2003 年版。

[140] 余雅风主编:《新编教育法》，北京师范大学出版社 2008 年版。

[141] 余雅风主编:《学生权利概论》，华东师范大学出版社 2009 年版。

[142] 余雅风:《学生权利与义务》，江苏教育出版社 2012 年版。

[143] 余雅风:《构建高等教育公共性的法律保障机制》，北京师范大学出版社 2010 年版。

[144] 劳凯声、余雅风主编:《中国教育法制评论》（第 12 辑），教育科学出版社 2014 年版。

[145] 尹力主编:《教育法学》，人民教育出版社 2015 年版。

[146] 尹力:《儿童受教育权：性质、内容与路径》，教育科学出版社 2011 年版。

[147] 尹琳:《日本少年法研究》，中国人民公安大学出版社 2005 年版。

[148] 严海良:《人权论证范式的变革：从主体性到关系性》，社会科学文献出版社 2008 年版。

[149] ［意］玛丽亚·蒙台梭利:《童年的秘密》，马荣根译，人民教育出版社 1990 年版。

[150] ［意］巴蒂斯塔·莫迪恩:《哲学人类学》，李树琴、段素革译，黑龙江人民出版社

2005 年版。

[151] [英] 汤林森:《文化帝国主义》,冯建三译,上海人民出版社 1999 年版。

[152] [英] 雷蒙·威廉斯:《文化与社会》,吴松江、张文定译,北京大学出版社 1991 年版。

[153] [英] 约翰·洛克:《教育漫话》(第 3 版),徐大建译,上海人民出版社 2014 年版。

[154] [英] 约翰·密尔:《论自由》,程崇华译,商务印书馆 1959 年版。

[155] [英] 恩靳·伊辛、布雷恩·特纳主编:《公民权研究手册》,王小章译,浙江人民出版社 2007 年版。

[156] [英] 奥德丽·奥斯勒、休·斯塔基:《变革中的公民身份:教育中的民主与包容》,王啸、黄玮珊译,教育科学出版社 2012 年版。

[157] [美] 凯特·斯丹德利:《家庭法》,屈广清译,中国政法大学出版社 2004 年版。

[158] [英] J. G. 史密斯、B. 霍根:《英国刑法》,马清升译,法律出版社 2000 年版。

[159] [英] 马林诺夫斯基:《文化论》,费孝通译,中国民间文艺出版社 1987 年版。

[160] 衣俊卿:《文化哲学:理论理性和实践理性交汇处的文化批判》,云南人民出版社 2001 年版。

[161] 姚建龙:《长大成人:少年司法制度的建构》,中国人民公安大学出版社 2003 年版。

[162] 杨春福:《权利法哲学研究导论》,南京大学出版社 2000 年版。

[163] 杨成铭主编:《人权法学》,中国方正出版社 2004 年版。

[164] 杨一鸣主编:《从儿童早期发展到人类发展:为儿童的未来投资》,中国发展出版社 2011 年版。

[165] 《列宁选集》(第 4 卷),人民出版社 1995 年版。

[166] 《马克思恩格斯选集》(第 4 卷),人民出版社 1995 年版。

[167] 赵祥麟、王承绪:《杜威教育论著选》,华东师范大学出版社 1981 年版。

[168] 《陶行知教育文选》,教育科学出版社 1981 年版。

[169] 美育学杂志社等:《中国美育发展报告(2011-2015)》,上海三联书店 2016 年版。

[170] 周宗奎:《儿童社会化》,湖北少年儿童出版社 1995 年版。

[171] 张人杰主编:《国外教育社会学基本文选》,华东师范大学出版社 2009 年版。

[172] 赵中建:《教育的使命——面向二十一世纪的教育宣言和行动纲领》,教育科学出版社 1996 年版。

[173] 赵俊:《少年刑法比较总论》,法律出版社 2012 年版。

[174] 赵晓力主编:《宪法与公民》,上海人民出版社 2004 年版。

[175] 张琨:《教育即解放:弗莱雷教育思想研究》,福建教育出版社 2008 年版。

[176] 张维平、马立武:《美国教育法研究》,中国法制出版社 2004 年版。

[177] 张文显:《法哲学范畴研究》,中国政法大学出版社 2001 年版。

［178］张晓东:《德育政策论》,人民教育出版社 2011 年版。

［179］张旸:《教育需要论》,教育科学出版社 2011 年版。

［180］章海山等:《斯芬克斯现代之谜的破解——马克思主义人的哲学研究》,中山大学出版社 2009 年版。

［181］周小虎:《为了儿童的利益:美英学前教育政策比较研究》,山东教育出版社 2015 年版。

［182］田辉等:《日本基础教育》,同济大学出版社 2015 年版。

英文著作类

［1］ A. Eide, *The United Nations Convention on the Rights of the Child: the Right to An Adequate Standard of Living*, Martinus Nijhoff Publishers, 2006.

［2］ A. Eide, "Cultural Rights as Individual Human Rights", in A. Eide et al. (eds.), *Economic, Social and Cultural Rights*, Martinus Nijhoff Publishers, 2001.

［3］ *Department for Children, Schools and Families, Your Child, Your Schools, Our Future: Building A 21Century School System*, London: The Parliamentary Bookshop, 2009.

［4］ J. Gibbons, S. Conroy, C. Bell, *Operating the Child Protection System: a Study of Child Protection Practices in English Local Authorities*, London: HMSO, 1995.

［5］ James Crawforded, "The Rights of Peoples: 'Peoples' or 'Governments'?", *the Rights of Peoples*, Clarendon Press, Oxford, 1985.

［6］ Philip E. Veerman, *The rights of the Child and the Changing Image of Childhood*, Martinus Nijhoff Publishers, 1991.

［7］ Mona El-Sheikh, *Sleep and Development: Advancing Theory and Research*, Wiley, 2015.

［8］ Oscar Schachter, *Implementing the Right to Development: Programme of Action*, Martinus Nijhoff Publishers, 1992.

［9］ John Thacher & David Evans, *Personal, Social and Moral Education in a Changing* World, Delmar Pub, 1988.

论文类文献

中文期刊

［1］包运成:"我国儿童发展权的保障——以《儿童权利公约》在中国的实施为视角",载《辽东学院学报(社会科学版)》2011 年第 4 期。

［2］[波]雅努兹·西摩尼迪斯:"文化权利:一种被忽视的人权",黄觉译,载《国际社会科学杂志(中文版)》1999 年第 4 期。

［3］蔡迎旗:"改革开放以来我国民办幼儿教育的回顾与思考",载《学前教育研究》2003

年第 Z1 期。

［4］陈江新：“留守儿童发展权在体制壁垒中的突围之道”，载《学理论》2010 年第
31 期。

［5］陈文等：“城镇儿童医疗保障的演变与发展现况分析”，载《中国卫生政策研究》2009
年第 2 期。

［6］戴兆国：“德性、规范与传统”，载《学术界》2003 年第 5 期。

［7］丁德昌、周建国：“表达自由的法理价值与法律保障”，载《黑龙江省政法管理干部学
院学报》2012 年第 1 期。

［8］杜承铭、谢敏贤：“论健康权的宪法权利属性及实现”，载《河北法学》2007 年第
1 期。

［9］杜筠翔：“结社自由的基本权利属性定位”，载《行政与法》2012 年第 4 期。

［10］杜承铭：“论表达自由”，载《中国法学》2001 年第 3 期。

［11］贺江群、胡中锋：“日本中小学校园欺凌问题研究现状及防治对策”，载《中小学德
育》2016 年第 4 期。

［12］高敏、李佳孝：“学校保护中小学生发展权的现状与对策”，载《太原师范学院学报
（社会科学版）》2007 年第 4 期。

［13］高秦伟：“美国‘在家教育’的合宪性及其法律规制”，载《比较教育研究》2010 年
第 6 期。

［14］关颖：“关于童年的思考——论独生子女发展权的家庭保护”，载《当代青年研究》
2009 年第 3 期。

［15］郭开元：“论未成年人权利的法律保护”，载《少年儿童研究》2010 年第 6 期。

［16］龚向和：“生存权概念的批判与重建”，载《学习与探索》2011 年第 1 期。

［17］黄学贤、齐建东：“试论公民参与权的法律保障”，载《甘肃行政学院学报》2009 年
第 5 期。

［18］贺颖清：“中国儿童参与权状况及其法律保障”，载《政法论坛》2006 年第 1 期。

［19］黄东日：“社区保护——未成年人成长的现实需要”，载《社会工作研究》1995 年第
3 期。

［20］龚向和：“生存权概念的批判与重建”，载《学习与探索》2011 年第 1 期。

［21］姜素红：“发展权应成为当代法制保障的重点”，载《长沙电力学院学报（社会科学
版）》2003 年第 4 期。

［22］焦洪昌：“论作为基本权利的健康权”，载《中国政法大学学报》2010 年第 1 期。

［23］江夏：“美国联邦儿童福利支出对早期保育与教育发展的积极影响及其启示”，载
《外国教育研究》2013 年第 7 期。

［24］金生鈜：“论人的教育需要”，载《中国人民大学教育学刊》2011 年第 2 期。

[25] 何善平："民办幼儿园法律地位探讨"，载《陕西学前示范学院学报》2015 年第 1 期。

[26] 何颖："发展权：人权实现与发展的保障"，载《新视野》2008 年第 5 期。

[27] 鲁洁："关系中的人：当代道德教育的一种人学探寻"，载《教育研究》2002 年第 1 期。

[28] 李龙、夏立安："论结社自由权"，载《法学》1997 年第 12 期。

[29] 李相禹、康永祥："幼儿园教育'去小学化'的制度基础及对策建议"，载《教育科学研究》2014 年第 7 期。

[30] 李佳怡："关于中小学心理健康教育面临的问题及对策探讨"，载《当代教育理论与实践》2016 年第 11 期。

[31] 李梦阳："网络环境下未成年人发展权及其保护"，载《人权研究》2019 年第 2 期。

[32] 连保君、孟鸣歧："论人权中的发展权问题"，载《北京师范大学学报（社会科学版）》1992 年第 3 期。

[33] 刘继同："儿童健康照顾与国家福利责任——重构中国现代儿童福利政策框架"，载《中国青年研究》2006 年第 12 期。

[34] 刘兹恒、武娇："公共图书馆未成年人服务的指导文件——学习《中国儿童发展纲要（2011-2020 年）》"，载《图书与情报》2012 年第 1 期。

[35] 刘海年："适当生活水准权与社会经济发展"，载《法学研究》1998 年第 2 期。

[36] 林泳海、徐宝良："粤西地区农村幼教'小学化'现象调查与'去小学化'的教育对策"，载《鲁东大学学报（哲学社会科学版）》2016 年第 4 期。

[37] 梁新明、翟红芬："发展权的基本人权定位"，载《法制与经济（下旬刊）》2008 年第 16 期。

[38] 柳华文："中国儿童权利保护新趋势——评《中国儿童发展纲要（2011-2020 年）》"，载《中国妇运》2012 年第 3 期。

[39] 刘金霞："德国、日本成年监护改革的借鉴意义"，载《中国青年政治学院学报》2012 年第 5 期。

[40] 郎玉坤："日本整顿网络环境对中国的法律启示"，载《网络传播》2009 年第 7 期。

[41] 马焕灵、杨婕："美国校园欺凌立法：理念、路径与内容"，载《比较教育研究》2016 年第 11 期。

[42] 马蕾："对未成年人保护法修改的几点法理学思考"，载《山东行政学院山东省经济管理干部学院学报》2007 年第 S1 期。

[43] 马兰花："未成年人立法之我见"，载《青海民族大学学报（社会科学版）》2012 年第 1 期。

[44] 孟戡："浅议中国家庭中儿童的发展权"，载《理论导报》2007 年第 8 期。

［45］ 牛旭：“美国网络儿童色情物品持有罪的立法变革”，载《当代青年研究》2016 年第
　　　3 期。

［46］ 彭清燕、汪习根：“留守儿童平等发展权法治建构新思路”，载《东疆学刊》2013 年
　　　第 1 期。

［47］ 彭清燕：“农村留守儿童平等发展权理论新思考”，载《当代青年研究》2012 年第
　　　12 期。

［48］ 潘先伟：“论中国电影分级制度难产的深层原因”，载《电影文学》2008 年第 3 期。

［49］ ［日］福田雅章：“少年法的扩散与少年的人权”，载《刑法杂志》1984 年第 27 卷。

［50］ 祁型雨：“略论教育立法的内生性”，载《齐齐哈尔大学学报（哲学社会科学版）》
　　　2000 年第 4 期。

［51］ 齐小力：“论表达自由的保障与限制”，载《中国人民公安大学学报（社会科学
　　　版）》2010 年第 2 期。

［52］ 任宝贵、陈晓端：“美国家庭作业政策及其启示”，载《教育科学》2010 年第 1 期。

［53］ 孙沙沙：“保护儿童发展权视域下的网络色情立法监管”，载《郧阳师范高等专科学
　　　校学报》2011 年第 1 期。

［54］ 石京等：“日本交通安全对策的借鉴与启示”，载《道路交通与安全》2009 年第 1 期。

［55］ 上官丕亮：“究竟什么是生存权”，载《江苏警官学院学报》2006 年第 6 期。

［56］ 申素平：“受教育权的理论内涵与现实边界”，载《中国高教研究》2008 年第 4 期。

［57］ 苏君阳：“义务教育公共性的法律解读——《中华人民共和国义务教育法》修订后的
　　　思考”，载《中国教育学刊》2007 年第 3 期。

［58］ 苏雪云等：“美国早期干预政策的发展：基于婴幼儿脑科学研究的变革”，载《全球
　　　教育展望》2016 年第 10 期。

［59］ 尚晓援、陶传进：“中国儿童福利制度的权利基础及其限度”，载《清华大学学报
　　　（哲学社会科学版）》2009 年第 2 期。

［60］ 尚晓援：“中国面临照料福利的挑战”，载《人民论坛》2011 年第 2 期。

［61］ 宋超等：“中国 2010-2012 年 6～17 岁儿童青少年睡眠状况”，载《中国学校卫生》
　　　2017 年第 9 期。

［62］ 汪习根：“发展权法理探析”，载《法学研究》1999 年第 4 期。

［63］ 汪习根：“发展权含义的法哲学分析”，载《现代法学》2004 年第 6 期。

［64］ 吴占英、伊士国：“我国立法的价值取向初探”，载《甘肃政法学院学报》2009 年第
　　　3 期。

［65］ 吴国平：“我国未成年人监护立法的不足与完善”，载《政法学刊》2008 年第 1 期。

［66］ 夏清瑕：“个人发展权探究”，载《政法论坛》2004 年第 6 期。

［67］ 肖川：“试论人的可教育性、教育的需要性和教育的意向性”，载《北京师范大学学

报（社会科学版）》1992 年第 3 期。

[68] 谢敬仁等："国外特殊教育经费投入和使用及其对我国特殊教育发展的启示"，载《中国特殊教育》2009 年第 6 期。

[69] 徐显明："生存权论"，载《中国社会科学》1992 年第 5 期。

[70] 陶建国："日本校园欺凌法制研究"，载《日本问题研究》2015 年第 2 期。

[71] 佟丽华："对未成年人监护制度的立法思考与建议"，载《法学杂志》2005 年第 3 期。

[72] 王利明："论个人信息权在人格权法中的地位"，载《兰州大学学报（哲学社会科学版）》2012 年第 6 期。

[73] 王本余："儿童权利的观念：洛克、卢梭与康德"，载《南京社会科学》2010 年第 8 期。

[74] 王东霞："公民受教育权的保障制度研究：以美、日受教育权保障制度为例"，载《前沿》2009 年第 8 期。

[75] 王雪梅："从《儿童权利公约》的视角看中国儿童保护立法"，载《当代青年研究》2007 年第 10 期。

[76] 王印华、张晓明："日本学习指导要领中法律教育内容的修改及其价值取向"，载《现代中小学教育》2014 年第 3 期。

[77] 王福兰："日本学前教育财税支持新政及借鉴"，载《税务研究》2016 年第 6 期。

[78] 汪利兵、邝伟乐："英国义务教育学龄儿童'在家上学'现象述评"，载《比较教育研究》2003 年第 4 期。

[79] 徐志刚："日本'家庭教育支援推进事业'解读"，载《中国家庭教育》2009 年第 4 期。

[80] 谢琼："福利、福利制度与福利权"，载《中国行政管理》2013 年第 4 期。

[81] 谢敬仁等："国外特殊教育经费投入和使用及其对我国特殊教育发展的启示"，载《中国特殊教育》2009 年第 6 期。

[82] 徐黎丽、石璟："论米德对文化人类学的贡献"，载《思想战线》2005 年第 3 期。

[83] 余雅风："未成年人发展权与农村青少年发展的立法保护"，载《"十一五"与青少年发展研究报告——第二届中国青少年发展论坛暨中国青少年研究会优秀论文集（2006）》。

[84] 余雅风："确立义务与法律责任：预防青少年网络社会问题"，载《北京青年政治学院学报》2008 年第 1 期。

[85] 余雅风："论网络环境下未成年人的立法保护"，载《少年儿童研究》2009 年第 8 期。

[86] 余雅风："论我国普通高中教育的法律规制"，载《华南师范大学学报（社会科学

版）》2010 年第 6 期。

［87］余雅风："学生在校人身损害责任的法律解读与思考"，载《教育研究》2011 年第
　　　10 期。

［88］余雅风："教育立法必须回归教育的公共性"，载《北京师范大学学报（社会科学
　　　版）》2012 年第 5 期。

［89］余雅风："防治校园欺凌和暴力，要抓住哪些关键点"，载《人民论坛》2017 年第
　　　2 期。

［90］余雅风、吴会会："深化依法治国实践亟须提升中小学法治教育实效"，载《中国教
　　　育学刊》2018 年第 3 期。

［91］尹力："良法视域下中国儿童保护法律制度的发展"，载《北京师范大学学报（社会
　　　科学版）》2015 年第 3 期。

［92］姚建龙："论少年刑法"，载《政治与法律》2006 年第 3 期。

［93］于改之："儿童虐待的法律规制——以日本法为视角的分析"，载《法律科学（西北
　　　政法大学学报）》2013 年第 3 期。

［94］杨传刚："日本保护未成年人免受不良网站侵害的立法与启示"，载《河北青年管理
　　　干部学院学报》2011 年第 4 期。

［95］严妮："农村残疾儿童生存权和发展权状况值得关注——基于《儿童权利公约》和
　　　《残疾人权利公约》的分析"，载《残疾人研究》2012 年第 2 期。

［96］翟红芬："发展权的基本人权价值"，载《法制与经济》2009 年第 12 期。

［97］赵文："从联合国《儿童权利公约》看上海未成年人权利保护"，载《上海青年管理
　　　干部学院学报》2008 年第 3 期。

［98］中国青少年研究中心课题组："中国未成年人权益状况报告"，载《中国青年研究》
　　　2008 年第 11 期。

［99］张传华："外国未成年人立法理念的新动向"，载《法制与社会》2006 年第 23 期。

［100］张家军："小学生公民素养的调查研究"，载《华东师范大学学报（教育科学版）》
　　　2017 年第 6 期。

［101］张远丽："0-3 岁儿童早期教育师资培养的困境及建议"，载《成都师范学院学报》
　　　2017 年第 4 期。

［102］郑富兴、高潇怡："道德共识的追寻——美国新品格教育的内容浅析"，载《外国教
　　　育研究》2004 年第 11 期。

［103］郑敬斌、王立仁："谈中小学法制教育内容的误区与完善——基于思想品德课教材
　　　内容梳理的视角"，载《教育探索》2011 年第 8 期。

［104］赵勇："英国青少年司法体系的改革及启示"，载《中国青年政治学院学报》2003
　　　年第 5 期。

［105］周冲：“中小学社团活动及体育、美育问题探讨——中日比较教育视角”，载《教育参考》2015 年第 2 期。

［106］周国韬：“论综合学习课程的设置及其启示——日本中小学课程改革的新发展”，载《现代教育科学》2002 年第 2 期。

英文期刊

［1］Arjun Asengupta, "On the Theory and Practice of the Right to Development", *Human Rights Quarterly*, 2002, 24 (4).

［2］Arjun Sengupta, "the Right to Development as a Human Right", *Economic and Political Weekly*, 2001, 36 (27).

［3］Florentina Burlacu, " Children's Rights to Education", *Euromentor*, 2012 (4).

［4］Karen Boadley, " Equipping Child Protection Practitioners to Intervene to Protect Children from Cumulative Harm: Legislation and Policy in Victoria, Australia", *Australian Journal of Social Issues*, 2014, 49 (49).

［5］Ciara Daey, "Toward Greater Recognition of the Right to Play: An Analysis of Article 31 of the UN CRC", *Children & Society*, 2011, 25 (1).

［6］E. W. Eidner, "The Misunderstood Role of the Arts in Human Development", *Phi Delta Kappen*, 1992, 73 (8).

［7］Frances Stewart, "Basic Needs Strategies, Human Rights, and The Right to Development", *Human Rights Quarterly*, 1989, 11 (3).

［8］Francis Schrag, "The Child's Status in the Democratic State", *Political Theory*, 1975, 3 (4).

［9］George Kent, "Realizing International Children's Rights Through Implementation of National Law", *the International Uournal of Chidlren's Rights. Printed in the Netherland*, 1997, 5 (4).

［10］Gareth Joneself, "A Children and Development: Rights, Globalization and Poverty", *Progress in Development Studies*, 2005, 5 (4).

［11］John Eekelaar, "the Emergence of Children's Rights", *Oxford Journal of Legal Studies*, 1986, 6 (2).

［12］John O'Manique, "Human Rights and Development", *Human Rights Quarterly*, 1992, 14 (3).

［13］Irene Hadiprayitno, "In Search of National Action to Implement the Right to Development", *SSRN Electronic Journal*, 2005 (2).

［14］Karel de Vey Mestdagh, "The Rights to Development", *Netherlands International Law Review*, Asser Press, 1981, 28 (1).

［15］ Laura Lundy, "Children's Rights and Educational Policy in Europe: the Implementation of the United Michael Freeman, The Human Rights of Children", *Current Legal Problem*, 2010, 63 (1).

［16］ Michelle Cutland, "Child Abuse and Its Legislation: the Global Picture", *Humboldt Journal of Social Relations*, 2012, 34 (8).

［17］ M. de Winter, C. Baerveldt, J. Kooistra, "Enabling Children: Participation as A New Perspective on Child-health Promotion", *Child Care Healthy & Development*, 1999, 25 (1).

［18］ N. Peleg, "Reconceptualising the Child's Right to Development: Children and Capability Approach", *Social Science Electronic Publishing*, 2017, 21 (3).

［19］ "Nations Convention on the Rights of the Child", *Oxford Review of Education*, 2012, 38 (4).

［20］ Pia Rebello Britto, Nurper Ulkuer, "Child Development in Developing Countries: Child Rights and Policy Implications", *Child Development*, 2012, 83 (1).

［21］ Subrata Roy Chowdhury, Erik M. G. Denters, Paul J. I. M. de Waart, "The Right to Development in International Law", *Martinus Nijhoff Publishers*, 1992, 2 (1).

［22］ C. Wellman, "the Proliferation of Rights: Moral Progress or Empty Rhetoric", *Westview Press*, 1999, 110 (3).

博硕论文类

［1］ 蔡卓芸："全球化背景下发展中国家的发展权问题研究"，昆明理工大学 2010 年硕士学位论文。

［2］ 胡凡青："儿童发展权及其法律保护研究"，南京工业大学 2013 年硕士学位论文。

［3］ 高建民："美国基础教育财政发展史研究"，河北大学 2004 年博士学位论文。

［4］ 何善平："3-6 岁儿童受教育权保护研究"，陕西师范大学 2013 年博士学位论文。

［5］ 李宁："浅析儿童权利的法律保护"，山东大学 2007 年硕士学位论文。

［6］ 芦雷："我国中小学公民教育目标与内容重构研究"，辽宁师范大学 2012 年博士学位论文。

［7］ 刘智成："儿童游戏权研究"，南京师范大学 2014 年博士学位论文。

［8］ 孟岩："儿童福利权法律保护研究"，吉林大学 2014 年硕士学位论文。

［9］ 彭娟："论《儿童权利公约》在日本的实施"，湘潭大学 2011 年硕士学位论文。

［10］ 饶勇："流浪儿童权利法律保护研究"，中南民族大学 2012 年硕士学位论文。

［11］ 宋青楠："智障儿童发展权的法律保护"，黑龙江大学 2013 年硕士学位论文。

［12］ 宋丁博男："论我国儿童发展权的法律保障"，武汉大学 2018 年博士学位论文。

［13］ 孙毅："论儿童发展权法律保护的原则"，山东大学 2007 年硕士学位论文。

［14］ 孙艳艳："儿童与权利：理论建构与反思"，山东大学 2014 年博士学位论文。

［15］谌香菊："儿童发展权保护立法研究"，广东商学院 2008 年硕士学位论文。

［16］王勇民："儿童权利保护的国际法研究"，华东政法大学 2009 年博士学位论文。

［17］王素蕾："家庭教育立法与儿童成长保护机制研究"，南京师范大学 2011 年硕士学位论文。

［18］杨国平："论儿童发展权及其法律保护"，贵州大学 2008 年硕士学位论文。

［19］杨文颖："日本家庭教育法律制度"，北京师范大学 2014 年硕士学位论文。

［20］杨盛欢："中美少年司法制度比较研究"，华东政法大学 2009 年硕士学位论文。

［21］张杨："西方儿童权利理论研究"，吉林大学 2011 年博士研究生学位论文。

［22］张利洪："学前儿童受教育权研究"，西南大学 2013 年博士学位论文。

［23］邹光鑫："美国残疾儿童受教育权立法保护研究"，沈阳师范大学 2011 年硕士学位论文。

后 记

本书是在博士论文写作基础上几经修改而完成的。我国《未成年人保护法》经历前所未有的大修，论文也一直在修改，对于未成年人发展权的思考也从未停止过。回想四年前，论文完成，如释重负，感激之情油然而生。至今仍心怀感恩前行。特在此附上论文致谢。此外，本书出版得到所在学院的资助，在此表示感谢。

正值五月，北师大校园已是一片花的世界，令人心存美好。我的论文写作即将收尾，六年的博士学习生涯也将画上句号。博士论文写作的过程好似完成一项工程，更似跑一场马拉松，今天终于到了终点。但我也很清楚，未成年人发展权这一研究所做的工作和探究远远没有达到它应有的高度和前瞻性，我在未来的研究中还需付出诸多努力。

感谢我的导师余雅风教授。第一次见到老师是在读硕士期间，东北师范大学参加学术会议的时候。老师在台上做主题发言，深深吸引了我。老师气质优雅、学识渊博。尽管那时候老师并不认识我。在进入师门后，感恩得到老师治学与做人的悉心传授。在我论文写作过程中，老师从选题立意、论文框架和布局、行文措辞对我的论文进行了全方位指导。在我的想法摇摆不定时，老师鼓励我要有自己的思想，在学术这片田野中大胆探索。在我的研究迷失方向时，老师及时给予指引。在我论文写作陷入低谷时，老师鼓励和帮助我调整心态，战胜自己。每每有一点学术上的进步，她都会给予表扬。长期以来，在老师的激励和鞭策之下，我在学术上获得了成长和历练。老师的逻辑严谨、思维缜密，使我受益一生。我想说，遇上一位好老师是人生的幸运。老师教我学做人、做学问，无私亦无所求。我想自己是幸运的，是非常幸运的。

感谢首都师范大学劳凯声教授。我的博士论文选题的源头还要从劳老师那里说起。劳老师很早便开始注意到未成年人发展权，我后来有幸选择它作为博士论文选题。非常感谢劳老师对我论文的指导和帮助，提出了宝贵的意见。

感谢沈阳师范大学教育经济与管理研究所孙绵涛教授。硕士期间，我受到孙老师关于知识和方法的传授，打开了我的学术研究视野。在我博士论文写作中，孙老师多次关心我论文的进展情况，使我备受感动和鼓舞。

感谢我的硕士导师祁型雨教授。几年来，祁老师一直关心我的学习和进步。在我的论文写作遇到瓶颈的时候，我多次向老师求教，他总是及时给予帮助和鼓励。感谢祁老师的夫人詹丹女士。师母性格外向，热情开朗。这几年来她一直关心我的生活和学习，给予了我极大的信心和帮助。

感谢博士学习期间帮助和指导我的老师们。感谢刘复兴、尹力、薛二勇老师对我论文写作的指导。他们在我论文的开题以及预答辩过程中，提出了诸多宝贵的意见，使我对未成年人发展权的认识更加深入。老师们的意见和指导为我进一步完善论文提供了很好的帮助。感谢北京师范大学法学院刘培峰教授。刘老师是人权研究领域的专家。他以法学的视角给予我论文诸多帮助，使我倍受启发。感谢中国社会科院儿童权利研究专家王雪梅、柳华文以及《未成年人保护法》的起草者佟丽华。他们提供了我关于《未成年人保护法》修订方面的背景和资料，使我得以深入了解并展开自己的研究。

感谢我的师兄杨冰、徐赟，师弟茹国军、江国平、王祁然，师姐徐冬鸣、高山艳，师妹吴会会、刘盼婷、张艺炜、吕思燃、邹维娜、杨文颖、丁庆荣、王旭、邢海燕。我们一起学习、进步，他们还帮助我打开论文思路，非常感谢他们。

感谢我的同学陈黎明、王媛、王珊、刘羽、程薇、管贤强、李庭洲、张瑞。他们是我博士学习期间的挚友，我们一起度过了美好的学习时光。毕业后，他们仍关注我的论文进展，经常鼓励我，让我在论文写作的道路上感受温暖和力量。

感谢我的家人。感谢我的母亲张飞娥女士。她出身于农村，勤俭吃苦，为人和善。这些品质深深影响了我。在我写作最痛苦的时候，她以生活的经验告诉我铁杵磨成针的道理，给了我莫大的力量和动力勇往直前。感谢我的爱人卫仲河先生，我们相互扶持走过了十二个年头。他承担了家庭的重担，使我有精力全身心投入论文写作。他也是我的精神伴侣。这几年来，我总是向他倾吐自己的研究和问题。作为一个理科生，他常常一头雾水地看着我，但每一次还是耐心听我说完。有一天他告诉我自己喜欢法律，有种相见恨晚的感觉。我自愧学习已有几年，却不及他对法律的热情。他利用工作之余时间备考，顺利通过了国家司法考试。怀着满腔热忱，他毅然放弃现有工作，从事律师工作。我为他找到自己喜欢的事业而欣喜，更感激他这些年默默倾听我，为我付出。感谢我的公公婆婆，他们支持我的学业，给予我们这个小家庭莫大的经济支持和精神鼓励。

　　书山有路勤为径，学海无涯苦作舟。学术研究之路也是个人成长、蜕变的过程。化茧成蝶虽是美好的，我更感谢这一过程，与孤独为伴，勇于战胜困难的毅力和坚韧。这些使我终身受益，并驱使我不断向前。

李文静

2018 年 5 月 24 日于北京师范大学图书馆六层